中华传世藏书

【图文珍藏版】

论语

诠解

[春秋]孔子⊙原著

马博⊙主编

线装书局

陈亢

　　陈亢(公元前511~?),字子亢,一字子禽,春秋陈国人。亢言每多失,子贡谓曰:"君子一言以为知,一言以为不知,言不可不慎也。"

公西赤

公西赤(公元前509~?)，字子华，春秋鲁国人。赤齐庄而能肃，志通而好礼，摈相两相之事笃雅有节。孔子谓：“赤也，束带立于朝，可使与宾客言也。”

卜商

　　卜商(公元前 507~?)，字子夏，春秋卫国人。商
深思笃行，审于经学，六经之传后世，商功实居第一，
乃经学之宗师。

言偃

　　言偃(公元前 506~?)，字子游，春秋吴国人。偃为人公正方明而不拘末节，其行先成其虑，及事而用之；与子夏并以文学见称。

曾参

曾参(公元前505~前436),字子舆,
春秋鲁国南武城人。参深于自省,博无
不学,貌恭德敦,中夫孝、悌、忠、信。

颛孙师

　　颛孙师(公元前503~?)，字子张，春
秋陈国人。师美功不伐，贵位不善，不侮
不佚，不傲无善；晚年且深得夫子之道，
于圣学之传，与子夏、子游并举。

公冶长篇第五

瑚琏之器

【语义】

就字面讲,是如同宗庙中盛放黍稷的祭器那样的器具,比喻有才能之人、堪当大任之人。

乘桴浮海

【语义】

义为乘坐木排浮于海上,以与社会脱离。

闻一知十

【语义】

义为知道一件事就可以类推很多事,形容人聪敏异常,善于类比。

【语评】

"闻一知十"的关键在开动脑筋,善于联想。

闻一知二

【语义】

义为知道一件事只能类推两件事。与"闻一知十"相对,言其少也。

论语诠解

《论语》中的成语

朽木不雕（又朽木不可雕、朽木难雕、木朽不雕、朽棘不雕）

【语义】

义为腐朽的木头是不可以在上面作雕刻的。比喻人已经败坏到了不可救药的地步，如《周书·杨乾运传》："今大贼初平，生民离散，理宜同心戮力，保国宁民。今乃兄弟亲寻，取败之道也。可谓朽木不雕，世衰难佐。"

朽木粪土

【语义】

义与下"朽木粪墙"同。不同者"墙""土"而已，"粪墙"由粪土所筑。后喻不堪造就的人或无用之物，如宋周密《齐东野语》卷十七："杜牧有睡癖，夏侯隐号睡仙，其亦知此乎？虽然，宰予昼寝，夫子有朽木粪土之语。"又汉王充《论衡·问孔》："朽土粪土，败毁不可复成之物，大恶也。"

番君鬲

朽木粪墙

【语义】

义为不堪造就。后喻局面已不可收拾或事情已不可救治，如梁启超《瓜分危言》一章："维新之望几绝，鱼烂之形久成，朽木粪墙，终难扶掖。"

朽木生花

【语义】

就字面讲是死朽的树木又转而变活,由枯转荣。后喻事物在败落中又有了转机,重获新生,如清李渔《比目鱼·假神》:"朽木生花,白骨生肌,都亏你再把鸿钧铸。"

【语评】

栽了跟头乃至有过恶迹的人,只要吸取教训,痛改前非,皆会有花样的光明前景。

朽木死灰

【语义】

就字面讲是朽烂了的木头,熄灭了的灰土,喻毫无生气。

朽木之才(又朽木之材)

【语义】

义为像是腐烂木头一样的才能,喻不可造就或无用之人,如元无名氏《认金梳》三折:"量你何足道哉?斗筲之器,粪土之墙,朽木之才,精狗儿之人。"由此又简化为"朽才""朽材",喻衰朽之人,常用作谦辞,如唐元稹《为萧相国让官表》:"岂谓陛下特迁宸鉴,曲用朽才。"又如《汉书·孔光传》:"臣以朽材,前比历位典大职,卒无尺寸之效,幸免罪诛,保全首领。"又引申指不堪造就之才,如柳青《狠透铁》十:"老检察用手掌打击他的霜白脑袋,恨自己:'你什么时候才学会完全按上级党的指示办事呢?朽才!'"

粪土之墙

【语义】

义为粪土筑成的墙壁,比喻不堪造就,亦用于比喻毫无用途。

粪土之墙不可圬

【语义】

义为粪土做成的墙壁难以进行粉刷。喻人难以教养、救药,如元王氏《寄情人》曲:"斗筲之器成何用,粪土之墙不可圬。"

听其言而观其行（又听言观行）

【语义】

义为听了他的言语,还要观察他的行动。

【语评】

此为识人之妙法。

敏而好学

【语义】

义为聪明而且好学。

【语评】

"敏"作为聪明来讲首先来自先天,不过那是有限的,而好学却是来自后天的养成,那是无限的。勤能补拙,好学能补先天之不足,孔子说"性相近也,习相远也"（《阳货篇第十七》之第 2 章），就包含着这个道理。

　　孔子说他自己不是"生而知之"，他是在学了之后才变得聪明和懂得了很多的，而且是在艰难困苦的环境中磨炼出来的。《子罕篇第九》之第 6 章讲太宰向子贡询问道："夫子圣者与？何其多能也？"子贡回答说："固天纵之将圣，又多能也。"孔子听到这件事情之后，感慨地说："太宰知我乎？吾少也贱，故多能鄙事。君子多乎哉？不多也。"孔子的人所不及的地方就是好学，他说："十室之邑，必有忠信如丘者焉，不如丘之好学也。"（《公冶长篇第五》之第 28 章）岂止是好学，简直是好学入迷，沉浸其中，以学为乐，孔子自身的体会是："知之者不如好之者，好之者不如乐之者。"（《雍也篇第六》之第 20 章）孔子钟爱颜回，最重要的也在于颜回好学，并且沉浸其中。这里有两段话可以证明，一段是当哀公问他"弟子孰为好学"时，孔子回答说："有颜回者好学，不迁怒，不贰过。不幸短命死矣。今也则亡，未闻好学者也。"（《雍也篇第六》之第 3 章）一段是他自发的感慨："贤哉，回也！一箪食，一瓢饮，在陋巷，人不堪其忧，回也不改其乐。贤哉，回也！"（《雍也篇第六》之第 11 章）能够在极端艰难困苦的环境中，坚守自持而岿然不动，沉迷学习而苦苦追求的，在孔子的数千的学生中，颜渊是最具代表性的一个。

不耻下问

【语义】

义为不以向不如自己的人虚心请教为羞耻。

【语评】

"尺有所短，寸有所长"。任何一个人都不可能精通和包罗一切知识，皆有不如人处，知识的积累在谦虚好学，以他人为师，以书本为师，乃至以万物为师。切记，要有所提高，必须放下架子，不耻下问。

【语注】下：既指在地位上不如自己的人，又指在学问上不如自己的人。

善与人交

【语义】

义为擅长与他人交往。

【语评】

善与人交乃人之一大长处，特别是在当今，在市场经济的条件下、在激烈对抗的竞争中尤其如此。只是，不可以花言巧语去忽悠，不可以金钱权势去拉拢，不可以吃喝玩乐套近乎，不可以丧失人格去攀附。那不是善与人交。善与人交当是赤诚相待，热心助人，崇尚诚信，和而不同。

久而敬之

【语义】

义为相处愈久，愈感到可敬。

【语评】

俗话说："路遥知马力，日久见人心。"朋友相交，"久而敬之"最为可贵。

三思而后行（又三思而行）

【语义】

义为事情要经过反复思考然后去做，喻处事谨慎、思考周详。

【语评】

做事之前应该反复思考，想一想为什么要做这件事情（原因），是不是可以去做（条件），做的过程当中会出现一些什么问题（困难），最后的结果会是什么样子（得失）。深思熟虑之后，再做起来，就会有备无患，顺利进行，并且较好地达到目的。《中庸》说得好：

"凡事豫则立,不豫则废。言前定则不跲,事前定则不困,行前定则不疚,道前定则不穷。"

愚不可及

【语义】

本指善于装傻别人不能赶上,亦是大智若愚非常人所能比及的意思。后演绎而指极其愚蠢或愚蠢无比,如鲁迅《朝花夕拾·范爱农》:"我们醉后常谈些愚不可及的疯话,连母亲偶然听到了也发笑。"

斐然成章

【语义】

义为诗词文章华丽优美,内容义含丰满生动。

不念旧恶

【语义】

义为不要总是记着别人过去的不是。

【语评】

为人要宽容,要经常想着别人的好处,不要总是想着别人的不是,这是与人和谐相处的一条重要原则。

伐善施劳

【语义】

义为夸耀自己的好处,表白自己的功绩。

【语评】

做人,最好是把别人对自己的好处记住,把自己对别人的好处忘掉。这样,才能保持自己内心的一种满足和保持对人的一种付出的愿望。"伐善施劳"者,总觉得世事于己不公。

安老怀少(又老安少怀)

【语义】

让老年人生活得安适,让孩子们都得到关爱。

见过自讼(又计过自讼)

【语义】

义为发现自己的过错能够主动地检讨自责。

【语评】

检讨自责不是目的,目的在于找出原因,记取教训,不再贰过。

【语注】计:考虑,此处引申做检查讲。自讼:自己责备自己。

十室之邑,必有忠信

【语义】

义为只要是有十来户人家的地方,就有忠诚信实的人。

【语评】

与"三人行,必有我师焉"(《述而篇第七》之第 22 章)以及"德不孤,必有邻"(《里仁篇第四》之第 25 章)相联而思,孔子告诉我们,要看到人间真的一面,善的一面,美的一面,要看到希望和前途,不要被世俗的假丑恶迷住了眼睛,垂头丧气,悲观失望。

雍也篇第六

肥马轻裘（又裘马轻肥、轻裘肥马）

【语义】

从字面讲,义为骑着高大肥壮的马匹、穿着轻柔暖和的皮衣,形容生活富有豪华。宋朱熹《论语集注》言:"乘肥马、衣轻裘,言其富也。"

乘肥衣轻（又衣轻乘肥）

【语义】

义为乘坐体肥膘壮的大马,穿着轻柔暖和的皮衣,言其生活富有奢华。

衣马轻肥（又衣轻马肥）

【语义】

即"衣轻马肥",义为穿着的皮衣轻柔暖和,乘坐的马匹膘肥体壮。

周急继乏（又周急济贫、周贫济急）

【语义】

义为救助急需接济的贫困的人。

【语评】

"周急继乏"属义之举,出自同情之心,为人之美德。

邻里乡党

【语义】

义为同乡同村的人。

【语注】周制,五家为邻,五邻为里,五百家为党,一万二千五百家为乡。

犁牛之子

【语义】

喻父虽不善但是无损于儿女的贤明,三国·魏何晏《论语集解》曰:"言父虽不善,不害于子之美。"

【语评】

孔子是反对血统论的,他认为不好的父亲也能生出优秀的儿子。孔子在这里表面上说的是相貌,实际上指的是人品。作为学识和品德,关键是后天的习养。

犁生骍角(又犁牛骍角)

【语义】

就字面讲是,杂色牛生了个毛色赤红、两角周正的小牛。喻不善之父生了个贤明的儿女,如明冯梦龙《智囊补·术智·司马相如》:"卓王孙始非能容相如也,但看临邛令面耳;终非能婿相如也,但恐辱富家门面耳。文君为之女,真可谓犁生骍角矣。"

伯牛之疾

【语义】

后喻指不治之恶症。宋朱熹《论语集注》言:"'有疾',先儒以为癞也。……而自牖执其手，盖与之永诀也。"

【语评】

天有不测之风云，人有旦夕之祸福。命不可测！但是，努力向上、奋求却不可一日缺无。

箪食瓢饮

【语义】

义为用箪盛饭吃，用瓢舀水喝，形容生活清贫穷苦。

【语评】

此章盛赞颜渊之德。《孟子·告子下》有言："舜发于畎亩之中，傅说举于版筑之间，胶鬲举于鱼盐之中，管夷吾举于士，孙叔敖举于海，百里奚举于市。故天将降大任于是人也，必先苦其心志，劳其筋骨，饿其体肤，空乏其身，行拂乱其所为，所以动心忍性，曾益其所不能。""箪食瓢饮"是造就人才的必由之路。切记，"生于忧患，而死于安乐也"（《孟子·告子下》）！

一箪一瓢

【语义】

一箪饭食、一瓢饮水，义为生活艰难穷苦。

箪瓢屡空（又箪瓢屡罄）

【语义】

义为饮食不继，生活穷苦。

中华传世藏书

论语诠解

《论语》中的成语

一三三九

【语评】

艰难困苦,玉汝于成。穷则思变。穷也是一种"财富",是一种向上的动力。许许多多的有成就者,皆是在经过穷苦的磨炼之后而取得惊人的业绩的。凡事皆有两面,并且永在变化之中。"天行健,君子以自强不息"(《易经·乾传·乾》),善于利用环境条件,不断催促利我新生,最终必定是阳光灿烂,走向成功。

箪瓢之乐

【语义】

本指颜回虽生活穷苦,却是能从中感知读书之快乐,后用以泛指安贫乐道的生活情趣。

箪瓢陋室

【语义】

义为吃着箪盛的饭食,住着简陋的房屋,亦是言其生活贫穷之状。

弊衣箪食

【语义】

就字面讲,义是穿着破旧的衣服,吃着箪盛的饭食,亦是形容生活的清贫穷苦。

陋巷箪瓢(又箪瓢陋巷)

【语义】

义为居住在狭窄破烂的巷道,过着箪食瓢饮的生活,也还是形容生活清贫穷苦。

不堪其忧

【语义】

义为不能忍受那样的忧愁。

不改其乐

【语义】

本为不改变他自己读书的乐趣,后泛指。

安贫乐道(又乐道安贫、甘贫乐道)

【语义】

义为安于穷苦生活,以思想上、精神上的追求为乐。

守道安贫(又安贫守道)

【语义】

义为坚守信念而安于贫困。"道"是事理,此指对真理追求的信念。

中道而废

【语义】

义为走到半道上就停止了,不肯继续前进。

【语评】

这对许多人来讲,都是常见的事情,问题是要做具体分析。空想的、不切合实际的那些事情,做的过程当中,发现了,做不下去了,应该马上停止,这是对的;有一些是应该坚持做下去的,因为懒于思考、害怕困难、缺乏毅力而随意放弃,这是不对的。孔子批评的是后者。他认为,一般情况下,人和人之间并没有太大的区别,性相近也,只要努力,别人能够做到的事情,自己也应该能够做到,因此不承认"中道而废"是由于"力不足"的缘故。孔子在《里仁篇第四》之第6章中阐述这个思想的时候,说道:"我未见力不足者。盖有之矣,我未之见也。"孔子因材施教,他认为一般情况下不会出现"力不足"的问题,即使因天赋上的差异而导致能力上的不同,但是勤能补拙,倘若能像《中庸》所说的"人一能之,己百之;人十能之,己千之",那就无论是什么样的不足,也都是可以弥补的。所以他强调凡是遇到这种情况的时候,首先要从自己主观上检查原因,成否皆取决于己。《子罕篇第九》之第19章一段话讲的就是这个道理,说:"子曰:'譬如为山,未成一篑,止,吾止也;譬如平地,虽覆一篑,进,吾往也。'"孔子教导我们,一切事情,成功也罢,失败也罢,决定的因素不在别人,而在自己;做事要有始有终、坚持到底,不可半途而废。

行不由径

【语义】

就字面讲是,走路不走狭窄弯曲的小路。喻行为光明磊落,不去巴结逢迎,不走歪门邪道。

【语评】

此当为做人、做事之准则。不要投机取巧,不要通过不正当的途径去谋图求得。

文质彬彬(又彬彬文质、文质斌斌)

【语义】

形容一个人又富有文采、又朴实无华的样子。

这是孔子关于做人标准的度的要求,即表里要配合得当。

从哲学的角度讲,文质彬彬是一个矛盾统一体表里两个方面的恰当的配合。表里两个方面,是任何一个人、任何一件事和任何一种物都普遍存在的:人有外在的体貌特征和内里的人性品格,事有外在的方式方法和内里的功绩时效,物有外在的实体包装和内在的质的价值,文章有外在的文体语言和内在的思想内容,等等,问题在于能否恰当协调地结合、搭配在一起。

因材施教

【语义】

义为根据不同的人的不同情况,施以不同的教育内容和不同的教育方法。

【语评】

“因材施教”是孔子教育思想的一个非常重要的组成部分,孔子在教学的过程中,依据不同学生的个性特征而施以不同的教育方法。这其中最为典型的是《先进篇第十一》之第 22 章,讲子路和冉有皆问“闻斯行诸”,孔子的回答却是一为否定一为肯定,公西华问其因,子曰:“求也退,故进之;由也兼人,故退之。”此处“进”为使动用法,“进之”义为使之勇进;“兼”作倍、胜过讲,“兼人”义是勇为人先;“退”是退缩,“退之”义为使之退缩,“退”亦为使动用法。

庚壶

敬而远之

【语义】

义为尊敬他但是却不能与他保持一种亲密的关系,而是远离于他。后引申指表面上尊敬他而实际上远离他,如老舍《四世同堂》三四:"比他穷的人,知道他既是钱狠子,手脚又厉害,都只向他点头哈腰的敬而远之。"

【语评】

对于位高者、权势者以及心怀不测的人,当持此态度。对人当诚当信,然而,人对我,未必皆然,当心存戒备。俗云:"害人之心不可有,防人之心不可无。"

先难后获

【语义】

义为先去付出而后再去考虑获取自己应得的东西。

【语评】

先去努力付出而后再考虑获得的问题,这是孔子的一贯思想,对于国家当然就更是如此,《颜渊篇第十二》之第21章孔子说过"先事后得,非崇德与"、《卫灵公篇第十五》之第38章又说"事君,敬其事而后其食",可以为证。社会上各种各样的人都有,有的人付出的多而得到的少,有的人付出的少而得到的多,不劳而获的人亦大有存在,所以说世道难得公平,自古而然。一个有道德、有责任、有追求、有理想的人应该多作付出而不计回报。《乡党篇第十》之第22章为:"朋友死,无所归。曰:'于我殡。'"孔子图什么呢?他没有回答。但是我们知道,他说过仁者"爱人"(《颜渊篇第十二》之第22章)。

乐山乐水

【语义】

义为各人的喜爱不同,亦是各人有各人不同的一些看法。

知水仁山

【语义】

义与"乐山乐水"同。

【语评】

见上,由"知者乐水,仁者乐山"简化而成。

从井救人

【语义】

义为听到有人掉入井中,则跟着下到井里,救助落井之人。

【语评】

从井救人是义之要求,为君子之举。然而事不可测,须提防小人之诬罔。而今,见死不救者有之,见死戏弄者有之,甚至对于救死之人亦加以戏侮,世风日下,常使人感到凄凉悲哀。在全社会呼唤人性、培养德性、倡导正气、提升精神,事关重大,当是刻不容缓。

中庸之道

【语义】

义为不偏不倚、无过不及的思想和处事的态度、方法。

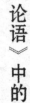

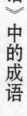

【语评】

以往有人批判"中庸之道"为调和折中之道，其实，孔子所讲的是一种公平、公正、公允的为人和处事的方法，这应该是大家都可以接受的一种为人和处事的方法，是一种保持社会人际关系和谐、和睦、和美的为人和处事的方法，是一种恰到好处的为人和处事的方法。这有什么不好？退一步讲，就是"调和折中"，倘若能够保持社会的安定祥和，使得人民安居乐业，又有什么不好？

博施济众

【语义】

义为广泛地施舍恩惠，救助人民大众。

【语评】

上言"周急继乏"，让他人摆脱暂时的困境，这是仁人之心，是比较容易做得到的；"博施济众"，让天下人都能过上幸福的生活，这是圣人之心，而且未必能够做得很好。做任何事情都是这样，一时一事的，比较而言好做一些，持久全体的则难以如意。

能近取譬

【语义】

义为能就近拿来打比方说明问题。后亦喻为能从自身出发，而设身处地来推己及人，如章炳麟《菌说》："独夫为我，即曰贪贼；能近取譬，即曰仁义。"引而申之，在本章中，亦是从身边的事情做起的意思，孔子认为这是通向仁人的方法、途径。

述而篇第七

述而不作

【语义】

义为只是陈述前人的成说,自己并不创新。

【语评】

创新亦可以有二解:一是前人已经提出或讲过的,随着时代的发展和研究的深入,不断发掘其内含的意义,为我所用。古为今用、洋为中用就包含着这样的意思。二是过去没有人提出或讲过的,自己提了出来、讲了出来,另辟了蹊径。孔子说他"述而不作"是谦虚之言,孔子是作在述中。他开民间教育之先河,他提出的治国安邦的主张影响了两千多年封建社会的发展,他提出的有关教育的思想至今影响着我们的社会,他提出的为人处世的许许多多的有益教导将会继续影响世世代代的中国人民并且为世界人民所敬仰。

信而好古

【语义】

义为崇尚并且喜欢古贤的思想。

【语评】

好古与媚古不同,不是说过去的一切都好,过去的也有一些糟粕。问题是过去的许多精华的东西,后来有些人也都把它忘记了,抛弃了,而对于西洋的一些似懂非懂的东西视若至宝。当今,单是以孔子命名的学院,在国外就有七八十所之多,而国内有的人对于孔子却依然是嗤之以鼻,就此而言,难道还不足以使我们深刻思考吗?

默而识之

【语义】

义为默默地把它牢记于心。

【语评】

古之学者为己。把知识默默地记在心里,不去到处炫耀声张,就犹如海绵吸水,表面上看不出来,但是当去动用它的时候,才会发现它原来是沉甸甸的。

学而不厌,诲人不倦

【语义】

义为努力学习而不知满足,教诲他人而不知疲倦。

【语评】

"学而不厌"指的是从外界的汲取,包括学习知识、学习做人、学习处事;"诲人不倦"指的是对人的付出,包括教人知识、教人做人、教人处事。作为一名教师,有了这两句话与他为伴,他就会成为非常优秀的教师;作为一名常人,有了这两句话与他为伴,他就会成为人之益友。

学而不厌

【语义】

义与上同。亦可理解为学习永不满足,永无倦意。

【语注】厌:于此既含有满足之意,又含有厌倦之意。

诲人不倦（又诲而不倦）

【语义】

义与上同。

于我何有

【语出】见上，由"何有于我哉"颠倒精简而成。

【语义】

本义为这对于我来说有什么难处呢？后引申指外界事物与己关系不大。

梦见周公

【语义】

本是孔子哀叹其年老体衰，实现周公治理社会的理想已经无望之词，后引申为打瞌睡的代称，又喻夜梦，亦喻为做个好梦或是做了个好梦。或省作"周公"，如唐卢仝《走笔谢孟谏议寄新茶》诗："日高丈五睡正浓，军将叩门惊周公。"

周情孔思

【语义】

义为周公和孔子的思想感情，常用以赞美人的高尚情操。

依仁游艺

【语义】

义为不要离开仁爱这个核心而在六艺中纵横驰骋。

不愤不启，不悱不发

【语义】

义为不是到了想要弄明白而汲汲弄不明白的时候不去启发引导，不是到了想说出来而汲汲说不出来的时候不去启发点破。

【语评】

现代教育界批判传统教育是一味灌输而不知启发，其实并不尽然。孔子就主张启发教学，主张首先是要把学生的学习的积极性调动起来，"不愤不启，不悱不发"就是一种典型的启发教学的方式方法。而且，孔子并不满足于此，他说："知之者不如好之者，好之者不如乐之者。"（《雍也篇第六》之第 20 章）只是满足于知道学习的重要性是不够的，只是满足于一般的爱好学习也是不够的，要沉浸于学习之中，以学习为乐，这是比启发教学更为高一层次的、更加自觉的、更为理想的一种学习状态和学习境界。

举一反三（又一举三反）

【语义】

义为举出一件事情就可以类推出其他许多事情，说明一个人善于思索联想，由此及彼，触类旁通。

【语评】

此为学习之重要方法之一。善学者善于思想考虑，善于类推联比。什么叫作融会贯通？举一反三是也。

举隅反三

【语义】

义与"举一反三"同。

一隅三反

【语义】

义与列举一个方面则可以类推出多个方面。

用行舍藏（又用舍行藏、行藏用舍）

【语义】

义为任用我的时候我就认真推行我的治国主张,不用我的时候我就退而隐居,把我的治国主张善藏起来。

【语评】

货卖识者,士为知己。

暴虎冯河

【语义】

比喻有勇无谋,莽撞行事。

【语评】

孔子主张有勇有谋,一事当前多作思考;反对有勇无谋,心血来潮而莽撞行动。

死而无悔（又死而不悔）

【语义】

义为就是死去也不后悔,亦即死也心甘。

【语评】

为理想而奋斗当有此种豪情壮志和献身精神。

临事而惧

【语义】

就字面解是，遇到事情而心有畏惧之感，亦即遇到事情的时候一定要谨慎小心地去对待。

【语评】

"临事而惧"不是畏惧做事，而是畏惧做不好事。一个人有了这样一种心态，做起事来"如临深渊，如履薄冰"，时时谨慎小心，处处踏实认真，那就一定能把事情做好。

好谋而成

【语义】

义为喜欢思考谋划并且达到成功之处，因此译为"市场守门卒。"又，作拿着鞭子为人赶车讲，似更为妥帖。后多指卑贱的差役，如南朝·宋刘义庆《世说新语·任诞》："少年苦执鞭，恒患不得快饮酒，使其酒足余年，毕矣。"

【语评】

此章与《里仁篇第四》之第 5 章"子曰：'富与贵，是人之所欲也，不以其道得之，不处也；贫与贱，是人之所恶也，不以其道得之，不去也'"义有相同，言人做事一定要走正道，要有正义感，要有一种仁人的志气和节操。可与不可、处与不处的界线是符不符合于道义。

从吾所好

【语义】

义是顺从自己心里所喜欢的，想做什么事情就做什么事情。

从吾所好不是随心所欲，胡作非为，而是在安守本分和做人的原则之下。

三月不知肉味

【语义】

义为三个月的时间里都没有察觉到肉的香味。言其陶醉于音乐的优美的旋律之中，日夜思之而不能顾及其他。后引申指痴迷于某一事物之中，专心于此，全神贯注，对其他事物全然不放在心上，如瞿秋白《文艺杂著续辑·"向光明"》："说穿了又有什么趣味，你忍心叫人'三月不知肉味'？"又引申指生活清贫，或长时间没有吃肉。

【语评】

只有沉浸于学习和事业之中，才能达及此种境界。

求仁得仁

【语义】

就字面讲是想要求取仁德而最终得到了仁德，义为如愿以偿。

【语评】

各人有各人的理想和追求。依据于个人的情志兴趣和知识能力，而不在于是大是小、是高是低，只在自我陶醉、自得其乐，不与他人攀比。孔子周游列国是为了宣传和推行自己的治国主张，而不是为了谋得高官便肯于与世苟同。所以行与否，皆能得以安慰。他的这个思想于本章中亦可见到一斑。"夫子为卫君乎"中之"为"作帮助讲，亦含有赞同之意，这句话翻译出来就是"老师会赞同卫君的治国方法并且帮助他治理卫国吗"？孔子的回答从反面引申就是"我怎么能够放弃我的追求而与他同流合污呢"？

疏食饮水（又疏食水饮、水饮疏食）

【语义】

亦可视为"食疏饮水"，义为吃着粗食，喝着凉水，形容生活的艰苦。

饭疏饮水（又饭蔬饮水）

【语义】

义同"疏食饮水"。

饮水曲肱

【语义】

义与"饭疏食饮水，曲肱而枕之"同，形容生活的艰难困苦。

疏水箪瓢（又蔬水箪瓢）

【语义】

喻生活贫穷，饮食简陋。

弊衣疏食

【语义】

义为穿着破烂的衣服，吃着粗糙的食物。

【语评】

弊衣疏食而不气馁，发愤图强而不志衰，此为走向成功之肇端。

乐在其中

【语义】

本为在艰苦简陋的生活中亦自有乐趣。后泛指在从事某一活动之中自得其乐,如晋皇甫谧《高士传·陈仲子》:"夫子左琴右书,乐在其中矣。"

富贵浮云(又浮云富贵)

【语义】

义为视富贵如同浮云。言其志高,在于理想的追求而不在于生活的享受。

【语评】

不是笼统地说富贵如同浮云,而是说"不义而富且贵,于我如浮云"。义在倡导一种精神、志气。倘若人人都能做到"不义而富且贵,于我如浮云",那么我们的这个社会就将到处风行正气,乌七八糟的东西就将净尽除去!

发愤忘食

【语义】

义为痛下决心,积极努力,读起书来连吃饭都忘记了。本指孔子痴迷于学习之中。后泛指,既指学习,亦指专心致志于某种事业或某种工作,如汉荀悦《汉纪·昭帝纪》:"欣欣然发愤忘食,日新其德。"

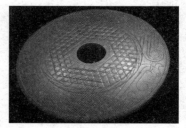

和氏璧

【语评】

有大志者必当发愤忘食,"愤"于此含有一种怒发之意。不能发愤忘食者,即使有大志亦不能久立,更不能达成。

乐以忘忧

【语义】

义为沉溺于学习的满足和对于真理的追求之中，而忘记了忧愁烦恼。后泛指因贪图眼前的欢乐而忘记了忧愁之事，如元王实甫《丽春堂》第三折："渔夫，将我这小小船儿棹将过去，惊起那几行鸥鹭。似这等乐以忘忧，胡必归欤？"

【语评】

"乐以忘忧"有英才之乐以忘忧，亦有庸才之乐以忘忧。奋斗中的乐以忘忧，为英才之乐以忘忧；享乐中的乐以忘忧，为庸才之乐以忘忧。

不知老之将至

【语义】

义为不知道年纪垂老就要来到。本指沉迷于学习和事业之中而忘记了岁月的流逝，后亦用指人沉醉于游乐之中而忘记了年老。

【语评】

有志之人沉迷于学习和事业之中而不知老之将至，花花公子沉迷于酒色和游乐之中而虚度自己一生。

生而知之

【语义】

义为生来就知道，如老舍《牛天赐传》："天赐给了我们这个办法，他似乎是生而知之的。"

【语评】

此说和例句是一种比喻的说法,实际上,说人生下来就知道许多事情、懂得很多知识是根本不可能的。孔子深知此理,他认为自己的所知是靠着个人的勤奋和努力而求得来的。《子罕篇第九》之第 6 章云:"太宰问于子贡曰:'夫子圣者与? 何其多能也?' 子贡曰:'固天纵之将圣,又多能也。'"子贡的意思是说孔子的圣人之资质和多能之才干是上天赋予的。孔子不同意这样的说法,他说:"太宰知我乎? 吾少也贱,故多能鄙事。"并且说,在上位的统治者他们有像我这样的经历吗? 那是很少有的。言外之意是说正是因为他们缺乏在困难环境中的锻炼提高和勤奋勉力的刻苦学习,所以才缺乏像我这样的知识和能力。孔子一再强调他的知识和才干是学得的,而且特别强调是在艰苦的生活的实践环境中学得的。

学而知之

【语义】

义为在学习之后才能得知。

【语评】

此为知识获得之普遍方法,也是知识获得之唯一方法。即使"生而知之者"(《季氏篇第十六》之第 9 章)也绝不等于说是生下来就拥有了知识。《季氏篇第十六》之第 9 章"学而知之",与此"学而知之"不同。在那里,"知"读 zhì(智),此处"知"读 zhī(之)。

好古敏求

【语义】

义为喜欢古代文化而黾勉求取。

子不语怪

【语义】

义为孔子不谈论关于怪异、暴力、悖乱、鬼神一类的事情。后以"子不语怪"泛指不谈论怪异之事,如明冯梦龙《醒世恒言》卷四:"然虽如此,又道是子不语怪,且阁过一边。"

怪力乱神

【语义】

义与上同。后泛指怪异、暴力、叛乱、鬼神等背情逆理的事情,如鲁迅《中国小说史略》第二七篇:"(《儿女英雄传》)书首有雍正甲寅观鉴我斋序,谓为'格致之书',反《西游》等之'怪力乱神'而正之。"

择善而行

【语义】

义为选择那些好的方面照着去做。

改过迁善(又改行迁善)

【语义】

义为改正过错而迁移至善,亦是改恶从善之意。

弋不射宿

【语义】

义为孔子不射归巢的鸟。

【语评】

归巢之鸟,常有幼雏在窝待哺,射杀之则断其后。由此,我们可以看出孔子对于动物的保护的思想,以及他对于自然环境的可持续发展的认识。与此章有关的还有《乡党篇第十》之第27章"色斯举矣,翔而后集。曰:'山梁雌雉,时哉时哉!'子路共之,三嗅而作",我们可以从中进一步体会到孔子天人合一、与大自然和谐相处的愉悦心情。

多闻强识(又博闻强识、博闻强志、多闻强记、博闻强记、洽闻强记)

【语义】

本义为多多地去听,竭力地去记。"强"本当读 qiǎng(抢),作竭力、勉力讲。后渐演变为"强"读 qiáng(墙),作强盛、强健讲,"强识"义为记忆力很强;而"多闻"亦相应引申为形容知识丰富。如,《三国志·魏书·文帝纪》:"文帝天资文藻,下笔成章,博闻强识,才艺兼该。"又,宋释普济《五灯会元·天台韶国师法嗣》:"杭州九曲观音院庆祥禅师,余杭人也,辩才冠众,多闻强记,时天台门下推为杰出。"

【语评】

孔子认为有天生智者,显得非常聪明的人,也有天生智力就不健全,显得非常呆傻的人,所以他说"唯上知与下愚不移"(《阳货篇第十七》之第3章)。但是他也认为,就绝大多数的人来说,则是"性相近也,习相远也"(《阳货篇第十七》之第2章)。

中国历史上,有许多王朝的开国者都喜欢把自己打扮成非是人种而是龙种、神种,以显示自己绝顶的高贵、聪明和能力上的过人。孔子不然,他把自己置身于绝大多数之中,从来不承认自己是天生的聪明,比起"生而知之者"(《季氏篇第十六》之第9章)来说,他在智力上是次一等的人,他的聪明和才智,靠的是多闻、多见而记之,靠的是"择其善者而从之"。在这里,我们要特别注意"善"字,这既是多闻、多见而记之的原则和内容,也是择而"从之"的原则和内容,要有"见善如不及,见不善如探汤"(《季氏篇第十六》之第11

君子不党

【语义】

义为君子不偏袒私情。

【语评】

君子光明正大,磊落坦荡,以仁为己任,以义为准则,视世上之人皆为天之骄子,无私无我,无偏无倚,所以说"君子不党"。

威而不猛

【语义】

义为看上去容貌威严,但是说话、态度却不凶猛。

泰伯篇第八

无得而称

【语义】

义为找不到恰当的语言来称颂他,亦即他好得已经无法形容。

故旧不遗（又故旧不弃）

【语义】

义为不要抛弃自己的老朋友。

【语评】

此言告诉我们不要喜新厌旧，不要忘记过去，不要忘恩负义。儒家提倡亲亲之道，其中就包含有此意。

而今而后

【语义】

义为从今以后。

犯而不校（又犯而勿校）

【语义】

义为有人冒犯了自己而不予计较。

【语评】

此言人当宽宏大量。这是需要有相当思想修养和大度豁达的人才能做得到的。《公冶长篇第五》之第 23 章有"不念旧恶"句，与"犯而不校"有联璧之美，"犯而不校"言当时，"不念旧恶"言其后。

【语注】犯：顶撞，触犯。校：计较。

六尺之孤

【语义】

义指年龄很小的孤儿。

【语评】

托孤于人,年龄越小,需要他人呵护的时间越长,非有心诚不二、持久有恒之君子不可担当此任,故不可不慎。

托孤寄命

【语义】

义为受命担当起辅佐年幼国君或是年幼孤儿的重任。

任重道远(又道远任重)

【语义】

就字面解是担子很重,道路很远,比喻肩负着重大艰巨的任务而又要去经历长期艰苦的斗争。

死而后已(又死而后止)

【语义】

义为直到死后方才停止,形容终生为之奋斗,奉献出自己的全部心血和精力。

笃信好学

【语义】

义为既有远大理想的追求,又有好学向上的品格。

【语评】

人不能没有信仰。没有信仰的人,犹如在大海航行失去了航标,也就没有了生活的目的和方向。

守死善道

【语义】

义为拼死守卫正确的思想学说。

不在其位,不谋其政

【语义】

可译作:不在那个位子上,就不去考虑那个位子上应该去做的事情。

【语评】

孔子所言并非是绝对不能去思考职分之外的事情,而是批评那些想入非非而不能专心于自己本职工作的人。不要荒废了自己的田地而对别人去指手画脚,人各有其职责,首先的和最重要的是要把自己应该去做的事情做好。

如恐不及

【语义】

义为就好像是生怕赶不上似的。

卑宫菲食(又菲食卑宫)

【语义】

就字面讲,义为住的是低矮简陋的房屋,吃的是粗疏低劣的饭食。喻指开国君主一心在于民众,励精图治,自奉节俭而不事个人享受的功德。后泛指清苦贫寒的生活,如《明史·史可法传》:"夫我即卑宫菲食,尝胆卧薪,聚才智精神,枕戈待旦,合方州物力,破釜沉舟,尚虞无救。"

【语评】

在上位者,能够做到卑宫菲食的,大多为开国之君主,后继者则难之。因为前者生于忧患,深知日月之艰,百姓之难;而后者于父祖庇荫之下,安于享乐,不知世事,最后闹得断送了祖宗的基业。中国数千年封建历史,总是在不断地这样重复之中而不能深刻吸取教训。孟子说"生于忧患,而死于安乐也"(《孟子·告子下》),俗语有"吃得苦中苦,方为人上人",这些话都是很有道理、发人深省的。

子罕篇第九

斯文扫地(又斯文委地)

【语义】

义为文化或文化人没有地位,得不到他人的尊重,如巴金《关于〈寒夜〉》:"那一段时期的确是斯文扫地。我写《寒夜》,只有一个念头:这种情况不能再继续下去。"后引申指文人自甘堕落,如清昭梿《啸亭续录·王树勋》:"诸名士以翰墨名流,而甘为缁衣弟子,以至遭其笞挞,亦可谓斯文扫地矣。"

空空如也

【语义】

义为心里空荡荡的,什么都没有。本是形容人的谦虚。后引申指一无所有,如清褚人获《坚瓠秘集·狡僧》:"已乃僧忽他出,数日不返,探其箧笥,空空如也。"又如鲁迅《南腔北调集·〈自选集〉自序》:"(我)此后就一无所作,'空空如也'。"

叩其两端

【语义】

义为从两端探求。

【语评】

孔子说鄙夫求教他的时候自己什么都不知道当然是谦虚之词,在这里,他是想要告诉我们一个解决问题的很好的方法,那就是从事情的两极思考,左想一想,右想一想,正想一想,反想一想,向着一个正确的解决途径靠拢,这就是"叩其两端而竭焉"。记得在20世纪60年代,全国都在学习钱学森的优选法。这个优选法,其实细细去想,就与孔子所说的叩其两端有许多相同的地方,也是强调的从两端开始向中间探求,先优选其半,然后再从优选半边之两端向中间探求,再优选其半,以致最后求得一个正确的解决问题的方法。

凤鸟不至

【语义】

义为凤鸟不再飞来了。古时候,每当天下大治、世界太平的时候,就会有祥瑞出现,如凤鸟飞至、河出画图等,"凤鸟不至,河不出图"比喻政治不清明、社会不太平。

河不出图

【语义】

义为黄河里很长时间没有出现图画了。比喻乱世将至，天下不会再有太平。

仰之弥高，钻之弥坚（又仰高钻坚、钻坚仰高）

【语义】

义为愈仰望愈觉得高大，愈钻研愈觉得艰深。

【语评】

这是颜渊对孔子的赞语，前者言孔子人格，后者言孔子学问。而今来看孔子，怕亦是如此。想打倒孔子、想否定孔子、想丑化孔子者大有人在，且无论在孔子逝世两千五百年之后，孔子生时亦有人对他进行排挤、打击，比如齐景公曾问政于孔子，对于孔子的政见非常欣赏（《颜渊篇第十二》之第11章：齐景公问政于孔子。孔子对曰："君君，臣臣，父父，子子。"公曰："善哉！信如君不君、臣不臣、父不父、子不子，虽有粟，吾得而食诸"），后来由于人进谗言，他离开了（《微子篇第十八》之第3章：齐景公待孔子曰："若季氏，则吾不能，以季、孟之间待之。"曰："吾老矣，不能用也。"孔子行）；孔子曾在鲁国从政，干得很出色，然而由于受人冷落，他出走了（《微子篇第十八》之第4章：齐人归女乐，季桓子受之，三日不朝，孔子行）。《子张篇第十九》之第23章、24章、25章还连续记载几起叔孙武叔、陈子禽诋毁和贬低孔子的事。但是，孔子并没有被打倒。他死的时候，据《史记》记载，鲁哀公曾为之作诔，曰："旻天不吊，不慭遗一老，俾屏余一人以在位，茕茕余在疚。呜呼，哀哉！尼父，毋自律！"我们从司马迁的赞词中亦可以感受出孔子死时和死后社会对他的称誉。司马迁说："《诗》有之：'高山仰止，景行行止。'虽不能至，然心乡往之。余读孔氏书，想见其为人。适鲁，观仲尼庙堂车服礼器，诸生以时习礼其家，余祇回留之不能去云。天下君王至于贤人众矣，当时则荣，没则已焉。孔子布衣，传十余世，学者宗之。

自天子王侯,中国言六艺者折中于夫子,可谓至圣矣!"两千五百年后,孔子怕是仍然打倒不了、否定不了、暗淡不了。孔子是一个"其生也荣,其死也哀"(《子张篇第十九》之第25章)的人,他将万世永存! 倘若孔子被打倒了,消失了,中华民族的万丈光芒怕也就失色不少。

世界上有许多奇怪的事,常常让人不得其解。就拿孔子来说,据说美国旅游胜地大峡谷有一座山被命名为孔子山;据说外国有一本书叫作《人民年鉴手册》,把孔子列为人类十大思想家之首;据说世界上有许许多多自然科学和人文科学的大家们都十分推崇孔老先生,而今在联合国又设立了孔子教育奖,一年一度用于奖励在教育事业中做出突出贡献的个人。但是,在孔子的祖国,他的同胞的后世子孙中,却有人偏偏对他恨之入骨,甚至批判、打倒都不能稍止咬牙切齿之愤,那当然就更谈不上去继承这一份宝贵遗产和弘扬民族的这一优秀传统的文化精神了,你说是奇也不奇,怪也不怪?

循循善诱(又恂恂善诱、循循诱人)

【语义】

义为善于有步骤、有次序地引导别人。一般指解决学习和思想中的问题。

【语评】

此为老师和长者对学生和幼者应有的教育方法和态度。

欲罢不能

【语义】

义为想要停止但是不能够让他停止下来。本来是指学习上的急切心情不能中止,后泛指在其他方面由于情势的原因而不能停下,如汉陈琳《答东阿王笺》:"载欢载笑,欲罢不能。"又如鲁迅《坟·从胡须说到牙齿》:"我从小就是牙痛党之一,并非故意和牙齿不痛的正人君子们立异,实在是'欲罢不能'。"

【语评】

对于知识和理想的追求,当有此种精神。只有好之乐之,沉迷其中,才可能做到欲罢不能。

韫椟而藏

【语义】

义为包裹起来放在匣子里加以珍藏。

【语评】

从这一章中,我们可以感受到孔子急于从政的心情,其迫切之程度,甚至公山弗扰谋图造反,召他前往,他都想去(《阳货篇第十七》之第5章);佛肸谋图造反,召他前往,他也都想去(《阳货篇第十七》之第7章)。当然他去,正如他自己所说:"如有用我者,吾其为东周乎!"(《阳货篇第十七》之第5章)他是不会与他们同流合污的,他说:"不曰坚乎,磨而不磷;不曰白乎,涅而不缁。"(《阳货篇第十七》之第7章)在一段时期内,孔子对自己是非常有信心的,他甚至踌躇满志地讲:"苟有用我者,期月可也,三年有成。"(《子路篇第十三》之第10章)在孔子看来,一个人如果到了四十、五十岁仍然没有作为,那么他的这一辈子怕是也就光阴虚度了(由《子罕篇第九》之第23章"后生可畏,焉知来者之不如今也?四十、五十而无闻焉,斯亦不足畏也已"引申而出),而

几何印纹硬陶罐

这也正是他所最为担心和忧虑的,他说过:"君子疾没世而名不称焉。"(《卫灵公篇第十五》之第20章)他不甘心一辈子就做匏瓜,所以说"焉能系而不食"(《阳货篇第十七》之第7章)?

就孔子个人的心愿而言,他很希望去过曾皙所说的"莫春者,春服既成,冠者五六人,

童子六七人,浴乎沂,风乎舞雩,咏而归"(《先进篇第十一》之第 26 章)那样一种陶醉于大自然之中的悠然生活,倘若是天下有道,他绝不会在政治的风波中劳碌奔波(《微子篇第十八》之第 6 章有"天下有道,丘不与易也"句),但是,天下无道啊!世事的动乱,百姓的苦难,迫使他有着强烈的改造社会的愿望。他推行自己治国主张的目的,是为了让人民大众都能安居乐业,过上幸福的生活。只是,他没有实现自己抱负的命运和环境。

善贾而沽(又善价而沽)

【语义】

义为有了好的价钱就卖出去。

【语评】

"善贾而沽"为生意场上的经典语言,意为只要有好的价钱我就马上把手头上的货物卖出。于本章中,不过是比喻而已,反映了人的急切从政的心理,意为只要有人理解我、信任我,我就愿意即刻为他竭尽全力实施我的治国主张,丝毫没有为人付出也需要斤斤计较的意思。

待贾而沽(又待价而沽)

【语义】

义为等着有了好的价钱就卖出去。此处以物喻人,后亦指物。

何陋之有

【语义】

就字面讲是有什么偏远鄙陋的呢?此处用反诘语气加以否定。"德不孤,必有邻"(《里仁篇第四》之第 25 章)。只要是有君子居住在那里,学富五车,才华横溢,就会不断有人上门切磋求教，就不存在偏远鄙陋的问题。

【语评】

不求享乐，不贪安逸，此为君子之品格。由于对社会现实的不满而又无法对现实社会进行改造变革，有的时候孔子的思想上也难免产生逃离社会的消极思想，此章为其一。他如《公冶长篇第五》之第7章所言："道不行，乘桴浮于海。"后亦引申指条件简陋。"何陋之有"含着身处逆境而不以为然之意。

逝者如斯

【语义】

义为时光像是东流的河水，日日夜夜，永不停止。

【语评】

人生苦短，岁不我待，有多少人后悔已往的蹉跎而无法追补，因此我们对于眼前如流水而去的时间要格外珍惜。"莫等闲白了少年头，空悲切。"（宋岳飞《满江红》）

不舍昼夜

【语义】

义为无论是在白天还是在黑夜，都不停止。

【语注】舍：放弃、废止，此处引申作停止讲。

川流不息

【语义】

义为河水东流永不停止，比喻对时光流逝的哀叹。后引申形容行人和车马来来往往像是河水在流逝一样，如清吴敬梓《儒林外史》第二七回："两个丫头川流不息的在家前屋后的走。"

未成一篑

【语义】

义为堆山未成,只差了一筐土,喻功败垂成。

【语评】

俗话说:"行百里者半九十。"事情常常是这样的,"无限风光在险峰"。然而愈向上攀登,则愈是艰险费力,愈是需要勇气,愈是需要信心、需要毅力,所以说能够坚持到底、做到善始善终是最可贵的。未成一篑而功败垂成,尤其是令人遗憾、让人可惜。

苗而不秀

【语义】

就字面讲为禾苗成长而不开花结果,本义是哀叹颜渊早死而没有最后成为栋梁之材。后喻徒有其表而无其实,如元王实甫《西厢记》第四本第二折:"你原来'苗而不秀'。呸!你是个银样镴枪头。"

苗而不穗

【语义】

义与"苗而不秀"同。

秀而不实

【语义】

就字面讲,义是开花而不结实。后喻指人命短浅而不能尽享天年,如唐杨炯《从弟去

《论语》中的成语

盈墓志铭》:"岂期数有迍否,天无皂白。苗而不秀,秀而不实,盖有是夫!"亦喻学识有成而最终无果,如元无名氏《举案齐眉》第一折:"便道是秀才每秀而不实有矣夫,想皇天既与他十分才,也注还他一分禄,包的个上青云平步取。"

华而不实

【语义】

义为只开花不结果。后引申指外在好看而内里空虚,亦是徒有外表之意,如毛泽东《改造我们的学习》三:"华而不实,脆而不坚。……这就是我们队伍中若干同志的作风。"

【语评】

做人当朴实无华,不可华而不实。

后生可畏

【语义】

义为年轻人是可敬畏的。宋朱熹《论语集注》言:"孔子言后生年富力强,足以积学而有待,其势可畏。"

【语评】

社会发展的一般规律是一代胜似一代,青年超越老年,青年人永远代表着社会的发展和未来。孔子深知此理。

匹夫不可夺志

【语义】

义为即使一个普通的老百姓,也不能随便强夺其志。

岁寒松柏

【语义】

比喻在艰难困苦之中,才能看出一个人的精神和气节。

乡党篇第十

侃侃而谈(又侃侃而言、侃侃直谈)

【语义】

义为从容不迫地交谈。

【语评】

此为有文化和有修养的人的言谈表现,头脑清晰,条理有序,抑扬顿挫,悠然自得。

踧踖不安

【语义】

义为因紧张拘束而心神不能安定。

屏气凝神

【语义】

就字面讲是闭住呼吸、集中精神,形容聚精会神的样子,精力高度集中连气都不敢出。

食不厌精，脍不厌细

【语义】

义为粮食舂得越精越好，鱼肉切得越细越好，形容饮食精美细致，非常讲究。

【语评】

此章所说，大概是孔子在鲁国做大司寇以及行摄相事时的生活要求，且亦明显有夸大成分，孔子在陈绝粮时，对此则怕完全是一种非分之想。当然就全章言，其中也包含有不少卫生保健知识的内容，这也是当今我们研究孔子时需要注意的一个问题。除本章所言外，还有本篇之第 10 章"食不语，寝不言"，第 16 章"康子馈药，拜而受之。曰：'丘未达，不敢尝'"，还有《八佾篇第三》之第 20 章讲的"乐而不淫，哀而不伤"等，相联而思，我们可以得出结论：孔子重视养生，善于养生。

食不语，寝不言

【语义】

可译作：吃饭的时候不要说话，睡觉的时候不要交谈。

【语评】

此成语亦可视为卫生保健箴言。不是一句话都不要说，而是说不要高谈阔论，喋喋不休。如果是那样的话，吃饭时则容易呛噎，睡觉时则难以入眠。

先进篇第十一

三复白圭

【语义】

义为南容反复诵读白圭之诗，并且牢牢记在心里。后以"三复白圭"喻慎言慎行，牢记在心,如唐骆宾王《夏日游德州赠高四》诗:"一诺黄金信,三复白圭心。"

【语注】三:此处为多次、再三之意。复:反复,亦言其多。白圭:指《诗经·大雅·抑》中之四句诗。三国·魏何晏《论语集解》引汉孔安国曰:"《诗》云:'白圭之玷,尚可磨也;斯言之玷,不可为也。'南容读诗至此三反覆之,是其心慎言也。"

三复斯言(又三复其言)

【语义】

义为反复诵读和体会这几句话。后泛指,如宋苏轼《答毕仲举书》:"三复斯言,感叹无穷。"

不得其死

【语义】

义为不能善终。子路好勇暴烈,孔子总担心他不能和别人一样享尽寿数,所以作如是说。又省作"不得死",如唐杜甫《遣兴》诗之一:"嵇康不得死,孔明有知音。"

一仍旧贯(又一仍其旧)

【语义】

义为一切仍然按照旧例去做。本言闵子骞不事奢侈豪华,后泛指,如郭沫若《古代研究的自我批判·论所谓"封建"制》:"侯甸男邦采卫是沿用着殷人的体制,所有一切的内服外服也一仍旧贯。"

【语评】

于今而言,有些事当一仍旧贯,比如生活上不事奢华;有些事则当创造创新,比如在学业的研究和事业的发展上。生活上要常看看过去,常看看还有许多人不如自己,那么心理上就易于平衡,易于满足;工作上要常看看将来,常看看有许多人冲在了自己的前头,那么就易于激发上进,不甘落后。

夫人不言,言必有中

【语义】

义为那个人平时不大言语,但是一说出话来那就一定是中的之言。

【语评】

不言未必就好,但是言出则必须力求中的。

言必有中

【语义】

义为说话一定要说到点子上。

升堂入室(又入室升堂、登堂入室)

【语义】

就字面讲是登上堂屋进入内室。本指子路弹瑟,"升堂"喻刚刚入门,"入室"喻达到很高境界。后比喻学问或技艺已经达到了相当高的程度,如《三国志·魏志·管宁传》:"娱心黄老,游志六艺,升堂入室,究其阃奥,韬古今于胸怀,包道德之机要。"又用以称赞在学问或技艺上由浅入深,渐入佳境,如孙中山《知难行易》第三章:"由文法而进窥古人之文章,则升堂入室,有如反掌。"

【语评】

学问要循序渐进,升堂为入室之路,切不可站在院中讥刺刚进堂屋而未入于内室之人。

过犹不及

【语义】

义为过了和不及是一样的。

【语评】

"过犹不及"讲的是度的问题。"度"是一个范围,一个区间,任何人去做任何事情,都只能在这个范围或这个区间之内,不可不入,亦不可越出,"过"和"不及"皆在"度"外。"过"是对"度"的突破,"不及"是达不到"度"的要求。做过头了,或是做得不够,其结果都是一样的,都是没有做好。做事必须是在"度"内,无过而又无不及。而且,"度"内亦有最佳临界,做事的最理想状态是恰到好处。

有过之而无不及

【语义】

义为做事屡屡过头而很少有不够的时候。

【语评】

"过之"与性格勇猛激进有关,"不及"号性格过慎退缩有关。"勇"为美德,过激则反;"慎"为美德,拘谨则反。

有不及而无过之

【语义】

义为做事常有做得不够的时候而很少过头。

【语评】

有的人做事勇猛,所以常有过分过头;有的人做事拘谨,所以常有不够不足。有的人是"有过之而无不及",有的人是"有不及而无过之"。孔子因材施教,对于有过者,则使"退之";对于不及者,则使"进之"。参见下面成语"闻斯行诸"所源本篇之第22章。

鸣鼓而攻之（又鸣鼓而攻）

【语义】

义为大张旗鼓地抨击反对他。

【语评】

孔子主张"周急不继富"（《雍也篇第六》之第4章）,赞同"博施于民而能济众"（《雍也篇第六》之第30章）,因此对于为富者敛财的冉求怒不可遏。发动弟子们"鸣鼓而攻之"则不但在于制止冉求,同时也在于教育其他学生。

【语注】鸣:使物发声,此处作击打讲。攻:攻击,此处作反对、抨击讲。

群起而攻之（又群起而攻）

【语义】

义为大家一起来反对他。

亿则屡中

【语义】

义为经商猜测行情的变化,屡屡猜中。后引申泛指料事如神。

闻斯行诸

【语义】

义为听到之后就马上行动,犹言今之闻风而动。

孔子教育学生，因其材质而施以不同的方法。他的这种教育教学思想在《论语》中多可感知，此章最具代表。

一日之长

【语义】

义为年龄比别人稍大一点，亦含经历和见识稍多一些的意思。

【语评】

此为孔子自谦之语。即使一日之长，亦当以师待之。

沂水春风（又春风沂水）

【语义】

就字面讲是在春风中，在沂水边，形容沉浸于大自然之中的一种志高旷达的生活情趣。后引申指孔学的教益、师长的熏陶，如清文康《儿女英雄传》三九回："人生在世，既做了个盖世英雄，焉得不短如春梦！这位霸王果然能照我家子晰公一般，领略些沂水春风乐趣，自然上下与天地同流了哇！又怎得会短如春梦！"

交龙纹鼎

【语评】

孔子说他也希望逍遥于沂水春风之中，和他的学生一起过着咏而归的生活，那只能是国富民强、天下太平的盛世才可以出现的事情，在他所处的那个时代只能是一种幻想。命运对他的安排,只能是困顿颠簸,苦口于向统治者进言劝说。他向往着一个美好的社会,然而却是没有条件带领人民群众朝着目标前进。

沂水舞雩

【语义】

泛指心旷神怡、逍遥自在而放情游乐。

【语注】雩:本为古代求雨的祭祀活动,此指求雨之祭台。

沂水弦歌

【语义】

义同"沂水舞雩",指逍遥自在、游乐歌唱。

喟然长叹

【语义】

义为因深有感触而长声叹息。

【语评】

孔子的"喟然长叹",一方面反映了他对现实世界的悲哀和无奈,同时也反映了他对未来世界的理想和期待。

颜渊篇第十二

克己复礼(又复礼克己)

【语义】

义为抑制个人的私欲,使言行符合于礼的要求。

【语评】

此为儒家修身之重要衡量标准,一切都要以礼为依归。过去曾经一度对此口诛笔伐,大批特批,视其为反动透顶的复辟言论,而今怕是亦还有人耿耿于怀而加以反对。其实"克己复礼"这个话在现在乃至遥远的将来,应该说都会有着积极而重要的现实意义和长远而永存的历史意义,吾不知在什么时候、在什么地方,人可以随心所欲而不顾及其他,不需要遵循一定的处世的规则,这就是"礼"的实质要求和所指。时移事易,为什么至今仍然死抱着"礼"就一定是奴隶主阶级的制度规范而不能赋予时代的新鲜含义?

为仁由己

【语义】

参见"为仁由己,而由人乎哉"?

敬谢不敏

【语义】

本义为虽然我生性愚笨,能力不及,但是您能这样谆谆教导于我,我仍然感谢不已,愿意努力照着去做。此为颜渊自谦之词。后渐演变为辞谢之语,义为能力不行或不能接受,如郭沫若《洪波曲》二章:"假设我们要拿着'一个主义'的尺度来衡量人才,那我就敬谢不敏,实在连一打也找不到。"又如吴晗《再谈神仙会和百家争鸣》:"这几年有许多杂志报纸要我写这方面的文章,我只好敬谢不敏,不能鸣,更不用说争了。"又省作"谢不敏",如《左传·襄公三十一年》:"使士文伯谢不敏焉。"

如见大宾(又如遇大宾)

【语义】

义为像会见尊贵重要的宾客一样,形容做事恭谨认真。

己所不欲，勿施于人（又己所不欲，毋加诸人）

【语义】

义为自己不想要和不愿意的，不要强加于人。

【语评】

这是孔子这位伟大仁人天宽地厚博大胸怀的自然流露，是他向全人类发出的惊天动地的箴言和警语。据说，这句话曾经写入 18 世纪法国大革命时期雅各宾派领袖罗伯斯庇尔所起草的《人权和公民权宣言》之中。这句话也应该成为我们每一个人立身处世的根本准则。将心比心，一切都会变得美好起来。

推己及人

【语义】

义为由自己而推想到别人，亦是设身处地替别人着想之意。

【语补】《公冶长篇第五》之第 12 章"我不欲人之加诸我也，吾亦欲无加诸人"、《雍也篇第六》之第 30 章"己欲立而立人，己欲达而达人"亦可推演出推己及人来。朱熹在《论语集注》中所言"以己及人，仁者之心也""敬以持己，恕以及物，则私意无所容而心德全矣"，可以为之佐证。

内省不疚

【语义】

义为自我检查反省而无愧疚不安。

【语评】

只有无错无悔、无私无我，才会内省不疚，才会如此地心地坦然。

死生有命

【语义】

义为死也好生也好,命中都是有一定的,亦是死生命中皆有安排。

【语评】

"命"可以理解为命运,"天命"大言之可以理解为天之运行规律,小言之可以理解为上天对人的命运的安排,与"命"的意思相同。

关于人有没有命运的问题,应该说既有迷信的解释,也有科学的解释。其实迷信的解释也好,科学的解释也好,有许多都是含混而不清的。比如说,从科学的角度来讲,人的一生是必然性和偶然性的交结运行的过程,这中间,有个人努力所能解决的,也有个人努力所不能解决的,还有经过个人努力可以解决而没有去进行努力的,出现这种种情况有主观上的原因,也有客观上的原因,还有主观和客观处于一种交织的状态的缘由。所有这一切,人在百思而不得其解的时候,便很自然地归结于"命运"二字,或是说"命中注定",以为精神上的一种解脱,对于生死富贵难以解释清楚的事就尤其如此。这不是又回到迷信的解释的道路上了吗?世界上有许多著名的科学家和政界的伟人都虔诚地信奉着宗教,或许多少都与此有关。所以说,"死生有命"也好,"富贵在天"也好;科学的解释也好,迷信的解释也好,作为无奈的一种口语,皆不可以过多地去做挑剔、指责。

四海之内皆兄弟也(又四海皆兄弟)

【语义】

义为全中国到处都有你的同胞兄弟。

【语评】

有一首歌,叫《让世界充满爱》,中间有两句歌词是:"只要人人都献出一点爱,世界就会变成美好的明天。"记得最初在电视上听到这首歌,看到那个让人动心的场面的时候,抑制不住,只好让老泪纵横。"爱"在我们现时的国家和我们现时的社会,有时显得很多,有时又显得太少。这里所说的"爱",是一种出于同情的心性。倘若人人都能以同胞兄弟、骨肉亲情相处,相亲相爱,相帮相扶,那么,我们这个国家和社会就会百尺竿头,更进一步,变得更加美好。全中国的每一个人,同一姓的,追根溯源皆是一家;不同姓的,转弯抹角皆是亲戚。无论认识的,或是不认识的,皆是骨肉同胞,皆是姐妹兄弟。

恭而有礼

【语义】

义为对人恭敬而有礼貌。

【语评】

对于任何一个人,无论是贵者、贱者,富者、贫者,强者、弱者,俊者、丑者,都理当如此。

浸润之谮

【语义】

义为逐渐对人发生作用、积久形成影响的中伤的言论。

【语评】

"浸润之谮",还有"肤受之诉",皆为高手害人之术,让人在不经意中受到伤害,等到察觉之时,事已铸就,晚矣。

肤受之诉（又肤受之言）

【语义】

义为表面上浮泛不实而实际上却利害切身的言论。

足食足兵（又足兵足食）

【语义】

义为粮食、军备都很充足。

【语评】

作为一个独立的国家，"足食"和"足兵"是立国之根基所在，无充足之粮食则无人民之安居，无强大之军备则无国防之巩固。然而孔子认为，除了这两项之外，还有一个更为重要的是人民对于执政者的信任和信心，这是一种向心的牢不可破的凝聚力量和万众一心的奋发精神，有了这样一种力量和精神，没有粮食可以生产粮食，没有军备可以建立起来。信任和信心是一个国家的灵魂。

必不得已

【语义】

义为形势逼迫不能原地停留必须重新做出选择，表示无可奈何的样子。

去食存信

【语义】

义为宁可失去粮食饿死也要不失信任。

《论语》中的成语

【语评】

"去食"不是去人民之食,不顾人民的死活,而是去统治者自己之食。"去食"也不是干脆断炊,而是降低生活的标准,做到与人民群众同甘共苦。哪个朝代的统治者肯于自己饿死?"去食"是孔子对统治者的一种激励,在提倡一种精神。"存信"是存人民群众对于统治者的信任,存人民群众在当政者领导下对于发展和前途的信心。

民无信不立

【语义】

义为老百姓对统治者失去信任,失去信心,国家就不能巩固强大起来。

【语评】

有信无信在这里讲的是人心的向背问题,信与否取决于统治者是否以道治国。得道多助,失道寡助,无道亡国垮台。《后汉书·皇甫张段列传》注引《孔子家语》说得好:"夫君者舟也,人者水也,水可载舟,亦可覆舟。君以此思危,则可知也。"

驷不及舌

【语义】

就字面讲是一辆四匹马拉的车子飞快前奔也赶不上舌头上说出去的话的传播速度,犹"一言既出,驷马难追"。言外之意是说话一定要谨慎小心,否则就难以挽回。

爱之欲其生,恶之欲其死

【语义】

义为喜欢他的时候则希望他永远活在人世,不喜欢他的时候则恨不得让他立刻死去。

一个人如果只是从自己一时的爱憎好恶出发去对待他人,则就容易走向极端。对人要有一个基本的、历史的、全面的分析。

君君臣臣

【语义】

义为为君者应守君道,为臣者应尽臣责。

片言折狱(又片辞折狱)

【语义】

本为简短几句话就把官司判决了,言子路善于决事。后用作称颂官吏贤明的词语,如唐李华《唐赠太子太师崔公神道碑》:“古之廷评,伏念惟刑。我闻德声,继佐葭萌;安道和俗,化行三蜀;波汾之曲,片言折狱。”又引申指三言两语就能判断是非,如明卓人月《答詹曰至书》:“所谕西江、金沙之异同,真是片言折狱。”

【语评】

于今而言,人们打官司,片言不片言倒无所谓,最重要的是公平公正,司法部门能够深入调查,弄清真相,秉公执法,铁面办事;人们最害怕的是法官出于私心,偏袒人情,贪赃枉法,中饱私囊。旧社会有“天下衙门朝南开,有理没钱莫进来”的说法,新社会理当戒之。

君子成人之美,不成人之恶(又君子成人之善,不成人之恶)

【语义】

义为凡是君子,总是帮助他人成就好事,不帮助他人做成坏事。

【语评】

人当有善心善念,善思善想,善言善语,善行善举,成人之美是与人为善的重要的突出的表现。是成人之美还是成人之恶,究其根源在为人还是为己。

成人之美

【语义】

义为帮助别人成就好事。后亦引申指帮助别人实现美好的愿望或成全他人为善的美名,如清吴沃尧《二十年目睹之怪现状》第三五回:"这是成人之美的事情,何必言感。"

【语评】

"成人之美"为君子之举。

成人之善

【语义】

义为成全他人的善心或是善举。

成人之恶

【语义】

义为促使别人成其坏事。

【语评】

此为小人之举。

风行草偃(又风行草靡、草靡风行、风行草丛)

【语义】

义为风在草上吹过,草必然弯腰低头,比喻百姓被道德感化而顺从君上。后亦引申指德行崇高者对世态有很深影响,如宋陈亮《癸卯秋答朱元晦秘书熹书》:"世俗日浅,小人举措已足以震动一世,使秘书得展其所为,于今日断可以风行草偃。"

【语评】

俗话说"上梁不正下梁歪",从来都是上行下效。任何时候,百姓都是好百姓,都是善良的、无辜的。只有不好的领导,没有不好的群众;人民中间发生的问题,说到底都是统治者的过错。虞舜说得好:"朕躬有罪,无以万方;万方有罪,罪在朕躬。"武王说得好:"虽有周亲,不如仁人。百姓有过,在予一人。"(《尧曰篇第二十》之第1章)为政者不可不无私无我,不可不光明正大,不可不身先士卒,不可不严己宽人,不可不廉洁自持,不可不关注民生。

质直好义

【语义】

义为思想耿直,喜欢道义。

察言观色

【语义】

义为观察别人的言语和脸色,揣摩其内心之所欲。

【语评】

察言观色亦可做具体分析:察上言、观上色,顺从上意,则多有逆下;察下言、观下色,顺从下意,则多有逆上;既察上言、观上色,又察下言、观下色,全面思考,妥善处置,则上下皆能满意。凡事要取中庸,做到不偏不倚。

不求闻达

【语义】

义为不追求社会的声名和官场的通达。

【语评】

默默奉献而不求闻达,既不求个人的名声,亦不求个人的显达,这是极其难以做得到的。且不说孔子的学生不能摆脱名、达的束缚,就是孔子也说过"四十、五十而无闻焉,斯亦不足畏也矣"(《子罕篇第九》之第 23 章)这样的话,更何况你我凡夫俗子。有言道:"雁过留声,人过留名。"作为普通的人来说,盖棺论定,人说"好人",则感足矣。好人者,当老实人、说老实话、做老实事是也。

先事后得

【语义】

义为先去做事,先去努力付出,而后再去考虑应得和报酬的事。

【语评】

做人理当如此,不过为此而付出代价、上当受骗者也不在少数。

一朝之忿(又一旦之忿)

【语义】

义为一时之恼怒。

【语评】

因一朝之愤而做出终生后悔事情的多矣,所以不可不时时警惕自己。

忠告而善导之(又忠告善导)

【语义】

义为忠言劝告,并且善于引导。

以文会友

【语义】

义为拿着自己的文章去与朋友相交聚会,切磋共勉。

【语评】

俗话说:"君子之交淡如水。"清茶一杯,研究探讨,言个人之高志,论天下之治道,相互激励,躬行实践,此为"以文会友"之质。此章告诉我们要珍惜时间,交友务求有益,与"群居终日,言不及义"(《卫灵公篇第十五》之第 17 章)和"放言"高论(《微子篇第十八》之第 8 章)意恰相反。

子路篇第十三

必也正名

【语义】

义为一定要辨正名位、确定职分,亦是一定要明确各职务岗位的权力和责任。

【语评】

于今而言,亦可引申指做事必须有足够的、正当的原因。

名不正则言不顺(又名不正而言不顺)

【语义】

义为名分不正则说话就不能理顺,亦是名实不符时道理就讲不通的意思。

名正言顺

【语义】

义为名分端正了说起话来就理通言顺,亦是名实相符了道理就能够讲通之意。

【语评】

凡事皆如此,只是立场不同便会得出完全相反的结论。有统治者的名正言顺,也有被统治者的名正言顺;有侵略者的名正言顺,也有反抗者的名正言顺;有强者的名正言顺,也有弱者的名正言顺;有少数人的名正言顺,也有多数人的名正言顺。名正言顺应该更多地站在屈从的、受侵的、弱者的、多数的人的一边来做思考。

刻菱纹针刺熏炉

正名定分

【语义】

义为辨正名分。

无所措手足（又无所措手、手足无措、手脚无措、莫措手足）

【语义】

就字面讲是手脚不知如何安放才好,形容不知道如何去做,好像是怎么去做都不合适,都害怕做错。

樊迟之问

【语义】

义指种田种菜之事。

富之教之

【语义】

让他们赶快富裕起来,让他们赶快接受教育。

【语评】

按照传统的思想,子多福多,人丁兴旺是家庭兴旺、国家兴旺的重要标志。孔子把人口当作财富来看待,所以希望国家人口众多。这种观点,即是在如今人口多到已经成为国家重压的情况下都不能不说是一种积极的、向上的和乐观的。作为国家的统治者,无论古今,最为重要的就是尽快地让人民富裕起来并且让人民受到良好的教育。当然,现在已经看得清楚,人口的发展也得有着一个科学的观点和认识。只是,这在两千五百年前无论如何是不可能认识到的。

期月有成

【语义】

义为在一个月的时间里就能见到成绩,喻做事、治国成效之神速和卓著。

胜残去杀(又去杀胜残、损残去杀)

【语义】

义为战胜残暴,废除杀戮。

一言兴邦

【语义】

义为一句话就可以使国家兴旺起来。

一言丧邦

【语出】见上,由"一言而丧邦"精简而成。

【语义】

义为一句话就可以使国家败亡。

【语评】

事到如今,虽不能说在位统治者是金口玉言,一言九鼎,但是一个重要决策的成功或失误而导致国家、地区大受其益或大受其害的例子却举不胜举。为政者决策不可不慎。

近悦远来（又悦近来远）

【语义】

本指使国内的人民安居欢悦,使国外的人远来归附,义含天下归心。引申而泛指使近处的人心情喜悦,使远处的人欣闻来归,多用于商家作招徕客人的用语,如汪曾祺《王四海的黄昏》:"灯笼两侧贴着扁宋体的红字,一侧写道'招商客栈',一侧是'近悦远来'。"

【语评】

能够做到近悦远来者,就国家言,定是太平盛世;就商家言,定能四季发财。

欲速则不达（又欲速不达）

【语义】

义为过于贪急图快则反而达不到目的。

【语评】

做事当然要讲究速度,但是不可过分贪求,一味贪求快速则问题百出。

证父攘羊

【语义】

义为证明父亲偷了别人家的羊,比喻坚持正义、不徇私情。

【语评】

孔子是不同意这样去做的,但也不是要包庇徇私。对于父亲的错误,他主张要有一个比较妥当的处理方法,不是隐瞒父亲的错误,而是要讲究策略、讲究方式,要帮助父亲提高认识,而后加以改正。如果说《里仁篇第四》之第18章孔子讲的"事父母几谏。见志不从，又敬不违，劳而不怨"还不足以说明孔子的这个思想的话，我们还可以引用儒家经典著作《礼记·内则》中的"父母有过，下气怡色，柔声以谏。谏若不入，起敬起孝，说则复谏。不说，与其得罪于乡党州闾，宁熟谏。父母怒，不说，而挞之流血，不敢疾怨，起敬起孝"来做补充。宋朱熹《论语集注》在《里仁篇第四》之第 18 章下是这样注释的："此章与《内则》之言相表里。几，微也。微谏，所谓'父母有过，下气怡色，柔声以谏'也。'见志不从，又敬不违'，所谓'谏若不入，起敬起孝，悦则复谏'也。'劳而不怨'，所谓'与其得罪于乡党州闾，宁熟谏。父母怒，不悦，而挞之流血，不敢疾怨，起敬起孝'也"。不能说孔子在"孝"的问题上没有较大的局限性，但孔子绝不赞同愚孝。《孔子家语·六本》中讲了一个故事，是很能说明这个问题的。故事这样说道："曾子耘瓜，误斩其根。曾皙怒，建大杖以击其背，曾子仆地而不知人久之。有顷，乃苏，欣然而起，进于曾皙曰：'向也，参得罪于大人，大人用力教参，得无疾乎？'退而就房，援琴而歌，欲令曾皙而闻之，知其体康也。孔子闻之而怒，告门弟子曰：'参来，勿内。'曾参自以为无罪，使人请于孔子。子曰：'汝不闻乎？昔瞽瞍有子曰舜，舜之事瞽瞍，欲使之，未尝不在于侧；索而杀之，未尝可得。小棰则待过，大杖则逃走，故瞽瞍不犯不父之罪，而舜不失烝烝之孝。今参事父，委身以待暴怒，殪而不避，既身死而陷父于不义，其不孝孰大焉？汝非天子之民也，杀天子之民，其罪奚若？'曾参闻之曰：'参罪大矣。'遂造孔子而谢过。"孔子是反对愚孝的。

父为子隐

【语义】

义为父亲为儿子隐瞒过错。

子为父隐

【语义】

义为儿子为父亲隐瞒过错。

行己有耻

【语义】

义为做事的时候,自己要有荣耀、耻辱之感。做好了,要感到荣耀;做得不好,要感到耻辱。言外之意是,一定要努力把事情做好。

【语评】

"有耻"是激励上进的一种动力。

言必信,行必果(又言信行果、言信必果)

【语义】

本义为凡是说了的话句句都要讲求信实,凡是去做的事件件都要坚持到底,盲目兑现落实,而不去考虑对错。后引申为说话一定要坚守信用,做事一定要坚决果断、坚持到底,如毛泽东《关于蒋介石声明的声明》:"共产党的'言必信,行必果',十五年来全国人民早已承认。"

【语评】

说到做到,绝不食言,此为做人应有之言行准则。当然,按照孔子的思想,这里的"言""行"必须要符合"义"的原则。

斗筲之人(又斗筲之才、斗筲之材、斗筲之辈、斗筲小人、斗筲小器、斗筲之器、斗筲之徒、斗筲之子)

【语义】

义为心胸狭隘、才识短浅的人。

和而不同

【语义】

义为和睦相处而不强求同一。

【语评】

《学而篇第一》之第12章有"礼之用,和为贵"句。"和"当然是有原则的,但是"和"也包含着退让,和谐相处不一定要样样强求一律,可以求同存异。温家宝总理2003年12月10日在美国哈佛大学发表的演说中,正确揭示、强调了"和而不同"的内涵、价值和重要性,他说:"中华民族具有极其深厚的文化底蕴。'和而不同',是中国古代思想家提出的一个伟大思想。和谐而又不千篇一律,不同而又不彼此冲突;和谐以共生共长,不同以相辅相成。用'和而不同'的观点观察、处理问题,不仅有利于我们善待友邦,也有利于国际社会化解矛盾。"

好之恶之

【语义】

就其本义而言,是说喜欢某人的时候一片叫好声,讨厌某人的时候一片谴责声。今泛指对一个人是喜欢还是厌恶。

【语评】

孔子认为,无论是所有的人都说某个人好,还是所有的人都说某个人不好,那都是不正常的一种状况。他在这里既批评了你好我好、一团和气的老好人的思想,也批评了缺乏个人主见、随声附和的无是非观点的人的立场。老好人是明哲保身,到处逢迎捧场,对谁都不得罪;无是非观点的人不坚持原则,人云亦云,跟风随流,他们都不会得出对一个人的正确认识。

本章中，孔子讲了一个很好的辩证法的思想：一般的情况下，一个人不可能让所有的人都说他好，也不可能让所有的人都说他不好，任谁都有他的相对比较亲近的几个朋友，哪怕是狐朋狗党。因此，好人说他好，坏人说他不好，这样的人就是好人；坏人说他好，好人说他不好，这样的人就不是好人。何以判断说他好的人都是好人，说他不好的人都是坏人，这是一个又进一层的问题。世事是复杂的，一般的情况下，我们生活的环境总是真善美多于假恶丑，只要多数人说他好，少数人说他不好，为人也就算是可以的了，追求百分之百是不可能的。多数人说他不好，少数人说他好，对于这样的人就需要进行再思。

将本章与《卫灵公篇第十五》之第28章孔子所说的"众恶之，必察焉；众好之，必察焉"相联而思，结论是：识人也好，做事也好，都要通过自己的观察和思考，而且要站在仁义道德的立场之上，争得大多数人的赞同、支持和肯定。

刚毅木讷

【语义】

义为做事要刚强果决，为人要朴实寡语。

【语评】

孔子认为这是接近于仁人的一些好的品德。

关于孔子对"讷"的认识，我们在《为政篇第二》箴谏"先行，其言而后从之"和《雍也篇第六》成语"先难后获"条目下已经做过引述。一味地埋头苦干而不"夸耀"自己，这在过去的时代里是对的，主要是指在文化大革命之前，那时全国上下都在大力提倡老黄牛的苦干精神，提倡默默无闻的奉献精神。而今，时代发展了，是市场经济了，对人也有了新的要求，不但要能干，而且要能说，要善于宣传自己，善于与人交际。相对而言，诚朴、少言、只是死出力气而不善于交际的人在社会上则明显处于劣势的地位。

切切偲偲

【语义】

义为互敬互勉、切磋琢磨的样子。

【语评】

此为学友、朋友、同志相处时必须知晓之重要原则。互敬,则友情得以持久;互勉,则心态昂扬上进;切磋琢磨,才能使思想不断得以提高,学业不断得以精进,品德不断得以纯净,意志不断得以磨炼。

宪问篇第十四

克伐怨欲

【语义】

义为好胜、自夸、怨恨、贪婪。

【语评】

此为四种坏的德行,当戒之改之、避之远之。

危言危行(又危行危言)

【语义】

即直言直行,义为讲正直的话、做正直的事。

【语评】

此为国治开明时期应有的言行。

仁者有勇

【语义】

义为仁人必然有勇敢的行为。

见利思义

【语义】

义为看到有利于己的事情,一定要想一想是否合乎道义。符合的则可取得,不符合的则当放弃。

【语评】

思利者,当依于义。

"义"是什么? 我们在《为政篇第二》成语"见义勇为"条下已有解释,言凡符合于正道正理和符合于道德规范的皆可称之为义。由此我们可以进一步感受到孔子义一利二、义主利从的思想。孔子把依于利还是依于义作为划分君子与小人的重要标准,他说:"君子喻于义,小人喻于利。"孔子认为:"放于利而行,多怨。"(以上见《里仁篇第四》之第 16 章、12 章)

见利忘义

【语义】

义与"见利思义"相反,为看到有利于己的事情就忘记了道义。言其一心在于谋得而无论该与不该。

【语评】

此是小人之行为。

见危授命（又见危致命）

【语义】

义为在危难时刻，勇于冲上前去，不惜付出自己的生命。

【语评】

此是热血义士之壮举。危者，此指国家和民族处于生死存亡之紧要关头也。《子张篇第十力》之第 1 章中有"见危致命"，为"士"当具有之思想品德。

临危授命（又临危致命）

【语义】

义为面对危难勇于献出生命。

久要不忘（又久要不可忘）

【语义】

即不忘旧约，亦是时间再长也不要忘记对人的约言。

【语评】

此言主旨在，永远也不要忘记自己对别人的承诺。

时然后言，义然后取

【语义】

义为合时而言，合义而取。

义然后取

【语义】

义为只有符合于义理,才能够去伸手取得。

【语评】

"义"与"仁"等肩齐高,超过一切,杀身成仁而舍生取义是也。

谲而不正

【语义】

义为狡诈而不正派。

九合一匡（又一匡九合）

【语义】

本义为多次与诸侯国会合相商,匡正思想而使局势得以稳定统一。春秋时,各诸侯国离心倾向极其明显,不听从周王朝的统一指挥,齐桓公为了维护周王朝的统治秩序,依靠自己的军事实力,多次会合诸侯遵从中央,使当时混乱的局势暂时得以匡正。后引申指卓越的治国才能。

【语评】

此言管仲之丰功。在对管仲的评价上,孔子看重的是国家的统一、人民的安宁、社会的有序,而不是其他。参见《八佾篇第三》之第1章成语"是可忍,孰不可忍"

管仲

匡合之功

【语义】

泛指治理国家的功劳。

一匡天下

【语义】

义为统一和匡正天下使之踏上正确轨道。

被发左衽

【语义】

本为古代少数民族的打扮服饰,因不为中原所齿,故喻指处于落后的状态。

大言不惭

【语义】

义为说起大话来不感到羞愧。宋朱熹在《论语集注》中为"其言之不怍"作注时说:"大言不惭,则无必为之志,而不自度其能否矣。欲践其言,岂不难哉?"

以德报怨(又德以报怨)

【语义】

义为用恩德来对待怨恨。

以直报怨

【语义】

义为用正直来对待怨恨。

【语评】

"以德报怨""以直报怨"说的是对待他人怨恨的两种不同的方法,孔子主张用个人的公正无私和刚正不阿的凛然正气来对待他人的怨恨,怀柔虽然可以泯灭怨恨的情绪,但是解不开怨恨的疙瘩。

以德报德

【语义】

义为用恩德来报答恩德。

【语评】

俗话说:"点滴之恩,当以涌泉相报。"不要忘记他人的恩德,当加倍以恩德报之。

怨天尤人

【语义】

义为既怨恨于天,又责怪于人。其实,该章中也隐隐透露出孔子的失意和牢骚,只是他并不归结为对天地和他人的怪罪罢了。

下学上达

【语义】

义为学习一般的知识却达到了一种很高深的见解。

【语评】

不平凡寓于平凡之中。能否于平凡中发现不平凡处,全在于个人的体味和感悟,《子张篇第十九》之第4章子夏言"虽小道,必有可观者焉"、第22章子贡言"文武之道,未坠于地,在人。贤者识其大者,不贤者识其小者,莫不有文武之道焉",皆含有此理。

知其不可而为之

【语义】

义为明明知道是不可能的,却硬着头皮去做,后引申指做事不计后果或是决心很大。

【语评】

此是隐者对孔子的评价。

孔子与隐者决然不同,虽然他也曾产生过"道不行,乘桴浮于海"(《公冶长篇第五》之第7章)的退隐思想,但是由于天下、国家、社会、百姓的事情总是牵挂心上,终不能将退隐付诸行动。他的命中注定,只能是孜汲追求,终生奋斗,即使明知自己的主张不能通行,然而良心使然,亦不能终止。

硁硁之见

【语义】

义为浅陋而固执的看法。

修己以敬

【语义】

义为加强个人的思想品德修养并且严肃认真地对待自己的工作。

【语评】

从个人做起,从小事做起,不断提高自己的修养和提高对自己的要求,认真地、谨慎地去做好自己应该去做的事情,而最终的目标则是要放眼于全中国。

修己安人

【语义】

加强个人的思想品德修养,使他人得以安乐。

【语评】

修养自己的目的在于为着别人,自己生活得好同时也要让别人生活得好,这是孔子的一贯思想。孔子所说的"君子成人之美,不成人之恶"(《颜渊篇第十二》之第 16 章)、"己欲立而立人,己欲达而达人"(《雍也篇第六》之第 30 章)、"老者安之,朋友信之,少者怀之"(《公冶长篇第五》之第 26 章)以及"己不所欲,勿施于人"(《颜渊篇第十二》之第 2 章)都包含有这样的意思。

老而不死

【语义】

义是老而无德,为斥骂无德老人之言。今多作戏言。

老而不死是为贼

【语义】

本为骂人之语,说的是原壤从小到大,无德无能,游手好闲,无所事事,老了不死还白吃粮食,祸害他人。后亦用于指斥老而无德,如元马致远《荐福碑》第四折:"你道你父亲年老更残疾,他也不是个好的,常言道:'老而不死是为贼。'"

卫灵公篇第十五

在陈之厄

【语义】

本来讲的是孔子周游列国,在陈国断绝了粮食,处于困境。后比喻处于贫穷困难之中,如清李汝珍《镜花缘》第五一回:"幸亏女大王将衣箱送还;若不送还,只怕还有什么在陈之厄哩!"

君子固穷

【语义】

义为君子安于贫穷。

【语评】

人当努力奋发,不懈追求,然而"死生有命,富贵在天",也常有付出之后而不能获得的情况。即使如此,也不能怨天尤人,更不能心生邪念去谋图不轨。这就叫"君子固穷"。就日常生活而言,《雍也篇第六》之第 11 章"子曰:'贤哉,回也! 一箪食,一瓢饮,在陋巷,人不堪其忧,回也不改其乐。贤哉,回也'",可视之为"君子固穷"的样板。

无为而治

【语义】

义指在上者不要任凭个人的主观愿望随意发号施令,国家就可以得到治理。"无为"

不是不为,而是不要胡为。

儒家的"无为而治"与道家的"无为而治"有所不同。儒家的"无为而治"是主张任用贤人,以德治国,不施刑罚,而使国家得到治理,如汉刘向《新序·杂事四》:"故王者劳于求人,佚于得贤。舜举众贤在位,垂衣裳恭己无为而天下治。"三国·魏何晏《论语集解》曰:"言任官得其人,故无为而治。"后多以"无为而治"喻寓治于教化之中,如唐张谓《虞帝庙碑铭序》:"于斯之时,君明于上,人化于下,山川鬼神,亦莫不宁,鸟兽鱼鳖,众乎咸若,无为而治,其圣也欤!"道家的无为而治是主张清静虚无,顺应自然,不求有所作为而使国家得到治理,如《淮南子·说山训》:"人无为则治,有为则伤;无为而治者载无也,为者不能有也;不能无为者,不能有为也。"后亦引申指不需要耗费多少气力就能够把事情办好,如老舍《四世同堂》十三:"假若人们都像钱先生,巡警们必可以无为而治。"

【语评】

无论是儒家的无为而治,还是道家的无为而治,都不是说什么事情都不去做,而是说不要去做违反自然和社会发展规律的事情。不同的是,儒家主张任用贤人,即懂得自然和社会发展规律、懂得社情和民心的人去积极引导;而道家则是主张不要扰民,让群众自己去依从自然。

参前倚衡

【语义】

义为无论站立还是坐下都能看到警戒忠告之言语,喻牢记在心。

志士仁人(又仁人志士)

【语义】

义为有宏伟志向而又有高尚仁德的人,今多指爱国之志士。

杀身成仁（又舍身成仁、杀身成义）

【语义】

义是为了成就仁义，可以牺牲自己的生命。

工欲善其事，必先利其器

【语义】

义为工匠要想做好自己的活计，就必须使自己使用的工具精良锐利。此言原本在于比喻培养仁德一定要创造一些好的条件，这就是要多和贤者、仁者接近交往，后则用其直白。

人无远虑，必有近忧

【语义】

可译作：如果没有深远的思虑，则一定会有眼前的忧患。

【语评】

此处言人不能只考虑眼前的利益，只看到蝇头小利，要考虑到长远，看到最终的目标。这样，在前进的道路上则会少有忧心和挫折。

深谋远虑

【语义】

义为谋划周密，考虑长远。

【语评】

只有谋之深、虑之远，才能做到有备无患，处事不惊。

知贤不立

【语义】

义为明知其贤却不任用。

【语评】

"知贤不立"为妒贤嫉能表现之一,此为小人之举。

躬自厚而薄责于人

【语义】

义为多责备自己、少责备别人,或严责自己、轻责别人。

【语评】

为人处世,理当如此。"躬自厚"有利于促使自己提高、进步,"薄责于人"有利于与人团结、和睦。

群居终日,言不及义

【语义】

义为整日在一起相处,所言却都不入正理。

【语评】

旷费时日,费口费舌,消耗生命,于己无补,君子不为也。

言不及义

【语义】

义为所说的话不能达及义理。

【语评】

言不及义者,东拉西扯,废话连篇也。

好行小慧

【语义】

义为喜欢耍小聪明。

【语评】

"好行小慧"者未必能讨人喜欢,然而"好行小惠"却往往可以笼络常人之心,特别对于小人是如此,因为"小人怀惠"(《里仁篇第四》之第 11 章)。

好行小惠(又好施小惠)

【语义】

义为喜欢施行小恩小惠。

群而不党

【语义】

义为结群相处但不结党营私。

以言举人

【语义】

义为因其言好而推荐其人。

【语评】

此为察人举人之片面观点。《公冶长篇第五》之第 10 章有孔子所言"始吾于人也,听其言而信其行;今吾于人也,听其言而观其行"句,相联而思,切记,切记!

以言取人

【语义】

义为用言语作为衡量是好还是不好的标准来选取和任用人才。

以人废言

【语义】

义为因人的地位卑下或者犯过错误而否定他说过的正确的话。

直道而行(又正道而行)

【语义】

义为凭借正直无私的思想和方法去立身做事。

小不忍则乱大谋

【语义】

义为在小的局部的环节上不肯做出忍让,就将打乱大的整个的谋划。

【语评】

大丈夫能屈能伸。孔子告诉我们,做事该进则进,该退则退,要顾全大局,不要因小失大。

过而不改，是谓过矣

【语义】

可译作：有了过错而不能改正，这才是真正的过错。

【语评】

世界上怕是没有哪一个人敢于说他没有犯过错误或是说他永远不会去犯错误，圣人也有过错，更何况人非圣贤，孰能无过？有了过错并不可怕，可怕的是坚持过错而不愿意和不能够改正过错，所以孔子说"过，则勿惮改"（《学而篇第一》之第 8 章）。人应该做到过而能改，哪怕是噘着个嘴，很不高兴，也可以，总是对人对己皆为有利。而且，这既不会伤身破财，也不会丢失脸面，《子张篇第十九》之第 21 章子贡说得好："君子之过也，如日月之食焉：过也，人皆见之；更也，人皆仰之。"当然，要做到闻过而喜，那可就不容易了，必须要有圣人的思想境界。

孔子不但是一个过而能改的人（《阳货篇第十七》之第 4 章：子之武城，闻弦歌之声。夫子莞尔而笑，曰："割鸡焉用牛刀？"子游对曰："昔者偃也闻诸夫子曰：'君子学道则爱人，小人学道则易使也。'"子曰："二三子，偃之言是也！前言戏之耳"），而且是善于三省、善于及时发现并且弥补不足的人（《为政篇第二》之第 5 章：孟懿子问孝，子曰："无违。"樊迟御，子告之曰："孟孙问孝于我，我对曰，无违。"樊迟曰："何谓也？"子曰："生，事之以礼；死，葬之以礼，祭之以礼。"宋朱熹《论语集注》言："夫子以懿子未达而不能问，恐其失指，而以从亲之令为孝，故语樊迟以发之"），而且是一个闻过即喜的人（《述而篇第七》之第 31 章：陈司败问："昭公知礼乎？"孔子曰："知礼。"孔子退，揖巫马期而进之，曰："吾闻君子不党，君子亦党乎？君取于吴，为同姓，谓之吴孟子。君而知礼，孰不知礼？"巫马期以告，子曰："丘也幸，苟有过，人必知之。"由此引申而出）。也有不承认自己有错、不愿意改正错误的人，谁呢？小人。《子张篇第十九》之第 8 章子夏曰："小人之过也，必文。"承认不承认会犯错误，有没有勇气去改正错误，是判断君子与小人的又一个重要标准。

当仁，不让于师

【语义】

可译作：面对仁义之事，自己要抢着去做，连对老师也不谦让。

当仁不让（又当仁不逊）

【语义】

义为面对仁义之事要勇于承担，决不谦让。

【语评】

当仁不让是测评社会文明程度和社会风尚好差的重要尺度。倘若"当仁不让"能够成为社会的自觉行为，那么人间真情、真爱将会遍及祖国山河大地。

敬事后食

【语义】

义为首先要严肃认真地把事情做好，而后再去考虑报酬的事。

【语评】

未做其事，先言其酬，按照传统的观点来说，俗气。然而今天，在市场经济的情况下，倒似乎是渐渐成了天经地义。这大概是因为雇用者多有不仁，受雇者智生对策而慢慢形成的规矩。人心不古，世道的变化有时让人难以猜测。然而多做付出、无私奉献，这恐怕是在任何时候都应该提倡的一种先进的思想文化。

有教无类

【语义】

可译作:教育无贵贱贫富之分,人人皆得享而有之。

【语评】

"有教无类"是孔子提出的教育超然于阶级之外的著名思想。孔子虽然不能摆脱阶级的束缚,但是"有教无类"却表达了人类普遍的共同的心理良知,无论是古是今。

不相为谋

【语义】

义为因为思想、立场不同,相互之间不能相商共事。

道不相谋

【语义】

义与"道不同,不相为谋"同。

各不相谋

【语义】

义为各人做各人的事情,相互之间从不来往协商。

季氏篇第十六

社稷之臣（又社稷臣）

【语义】

春秋时期，附庸于大国的小国称社稷之臣。后泛指担当国家大任、关系国家安危之重臣，如《礼记·檀弓下》："有臣柳庄也者，非寡人之臣，社稷之臣也。"又作社稷臣，如《史记·袁盎晁错列传》："绛侯所谓功臣，非社稷臣。社稷臣主在与在，主亡与亡。"

神兽

社稷之器

【语义】

义为国家的栋梁之材。

社稷之役

【语义】

义为国家重臣应该担负的职责。

陈力就列

【语义】

义为根据各人贡献的才力而就任于相应的官职，亦是根据各人的能力大小而任职的意思。

【语评】

人要对自己有个基本的掂量，不能自不量力，不能盲目攀比。

危而不持

【语义】

本义为看到他人遇到危险而不去帮扶。后泛指国家到了危亡时刻而不去救助，如《晋书·周浚传》："馥位为征镇，握兵方隅，召而不入，危而不持，亦天下之罪人也。"

【语评】

"危而不持，颠而不扶"与《宪问篇第十四》之第 12 章成语"见危授命"和《卫灵公篇第十五》之第 9 章成语"杀身成仁"义恰相反。

持危扶颠

【语义】

义与"危而不持，颠而不扶"相反。后泛指扶持危殆局面，如宋李纲《辞免尚书右仆射第一表》："持危扶颠，允迪栋隆之吉；力小任重，免贻鼎折之凶。"

扶危济困（又扶危济急、扶危救困、扶困济危、救危扶倾）

【语义】

义为帮助和救济危难穷困的人。

虎兕出柙

【语义】

本为老虎和犀牛从笼子里跑了出来,喻管理者没有担负起应有的责任,亦喻坏人逃跑。

龟玉毁椟

【语义】

本为龟甲和宝玉毁坏在匣子中,喻大臣失职而导致国家危亡,宋邢昺《论语注疏》云:"言是典守者之过也,以喻主君有阙,是辅相者之过也。"后喻美好的事物被弃置浪费。

既来之,则安之

【语义】

本指招徕远方之人,并加以安抚。后引申指既然已经来了,那就安下心来,如沙汀《代理县长》:"好好养你的病吧——既来之,则安之。"

季孙之忧

【语义】

义为季孙的忧患,喻祸患将发生在内部而不是在外部。

分崩离析

【语义】

义为分裂、崩溃、离散、瓦解,喻国家或集团组织四分五裂,彻底瓦解。

祸起萧墙（又祸发萧墙、祸生萧墙、祸兴萧墙、祸稔萧墙、萧墙祸起）

【语义】

义为祸患发起于内部。

变起萧墙

【语义】

义为变故生于内部。

衅发萧墙（又衅起萧墙）

【语义】

义为祸乱发生于内部。

益者三友

【语义】

义为有益的朋友有三种，暗含直谅多闻。

直谅多闻（又多闻直谅）

【语义】

义为正直、诚信、知识渊博，暗含益者三友。

直谅之友

【语义】

义为正直、诚信、知识渊博的朋友。虽无"多闻"但是"多闻"暗含其中,不宜排除在外。

血气方刚(又血气方盛、血气方壮)

【语义】

义为精力正当旺盛、身体正当健壮、性情正当刚烈。

血气之勇

【语义】

义为由一时感情冲动而迸发出的勇猛的行为。

生而知之(又生而智之)

【语义】

义为生下来就显得很是聪明,异于他人。

困而学之

【语义】

义为遇到困难了才知道学习。

困而不学

【语义】

义为遇到困难了还是不知道用功学习。

见得思义

【语义】

义为看到有利可图的事情一定要考虑是否符合义的要求,言外之意是不符合义的绝不去取。

【语评】

此成语与《宪问篇第十四》之第 12 章成语"见利思义"近同,与其第 13 章成语"义然后取"关系密切。首先是见得思义、见利思义,而后才是义然后取。

过庭之训

【语义】

喻指父亲对儿子的教诲。

阳货篇第十七

怀宝迷邦(又迷邦怀宝)

【语义】

义为怀有治国之品德和才能却不为国家出力而使国家处于迷乱状态。

上智下愚

【语义】

义为天赋绝顶聪明的人和生来智障呆傻的人。

【语评】

孔子这里所说的"上知"和"下愚"指的是由于特殊的遗传和生理原因所造成的,这两种人智力上的差别是难以改变的。然而,天赋异常聪明在后天泯灭者古已有之,今亦有见,古今神童时有出现,有几人成大器者? 北宋王安石写过一篇《伤仲永》的文章,讲他亲身经历的一件事。说是金溪县有个孩子叫仲永,绝顶聪明,五岁的时候就写得一手好诗,他的父亲天天领着他游走各处,夸耀显示,却不教他学习。十二三岁的时候已不如前。又过了七年,则"泯然众人矣"。王安石感慨地说:"仲永之通悟,受之天也。其受之天也,贤于材人远矣。卒之为众人,则其受于人者不至也。"先天再聪明的人,也都必须经受后天的学习和培养。倒是在科学异常发达的今天,智力有障碍者渐有改变将成为可能。

《季氏篇第十六》之第 9 章"生而知之者,上也;学而知之者,次也;困而学之,又其次也;困而不学,民斯为下矣",与此处之"上知""下愚"不同。

下愚不移

【语义】

本义为下等的愚人是不可能改变的,言指由于生理缺陷而导致生下来呆傻的人,则难以使其在后天转变。后引申指不求上进、不去学好,如清西周生《醒世姻缘传》五〇回:"无奈那下愚不移的心性,连自己竟忘记了那秀才是别人与他挣的,居之不疑。"亦用作谦辞。

弦歌之声

【语义】

义为弹琴鼓瑟和唱歌诵读的声音,后亦用于泛指教化和教学活动。

割鸡焉用牛刀（又杀鸡焉用牛刀）

【语义】

就字面讲是,杀鸡为什么要用宰牛的刀子？义为小的事情不必动用大的力量,亦含有大材小用之意,如《水浒传》第六三回:"割鸡焉用牛刀,自有战将建功,不必主将挂念。"又如元尚仲贤《单鞭夺槊》二折:"则这割鸡焉用牛刀乎,小将那消大帅收。"

牛刀割鸡

【语义】

义为用牛刀杀鸡。喻大材小用,如汉王充《论衡·自纪》:"牛刀割鸡,舒戟采葵,鈇钺裁箸,盆盎酌卮,大小失宜,善之者希。"

牛刀小试（又小试牛刀）

【语义】

义为稍微试用一下宰牛的刀子,亦是让有大才干的人先在小的事情上略微展示一下他的身手,暗含有很大的本领,如明王錂《寻亲记·枉招》:"两袖天香下九重,牛刀小试宰华风。"

磨而不磷, 涅而不缁

【语义】

义为极坚硬的东西磨也磨不薄,极白净的东西染也染不黑,比喻有坚定理想和坚强意志的人不会受到环境的影响。

【语评】

做人理当如此,然谈何容易!必须是具有极高思想修养,同时又具有坚强意志毅力的人,怕是才可以做到。

磨而不磷

【语义】

义与上同。

涅而不缁(又涅而不渝)

【语义】

义与上同。

匏瓜徒悬(又匏瓜空悬)

【语义】

本为孔子自况之说,义是像匏瓜一样,因无有用处而悬挂于壁。后亦用于比喻有才而不为世用,如三国·魏王粲《登楼赋》:"惧匏瓜之徒悬兮,畏井渫之莫食。"

【语评】

此言反映了孔子出仕为官的急切心情,《论语注疏》:"言孔子欲不择地而治也。"孔子怎么能够不心急如焚呢？"子在川上，曰：'逝者如斯夫！不舍昼夜。'"（《子罕篇第九》之第 17 章）一个人能有多少个日日夜夜？而且，孔子认为一个人如果到了四十、五十岁以后仍然没有作为，那么他这一辈子也就完了（《阳货篇第十七》之第 26 章、《子罕篇第九》之第 23 章），他是不甘心自己总像匏瓜一样空挂在墙上而不为人所用，不能为国家出力、为人民谋福啊！

系而不食

【语义】

本义为不能空挂在那里而不被人用，后引申指看起来很好但是没有用途。

面墙而立（又墙面而立）

【语义】

义为面对墙壁站立，什么也看不见，什么也不知道。后喻以不爱学习、不学无术，如《晋书·凉武昭王李玄盛传》："古今成败，不可不知，退朝之暇，念观典籍，面墙而立，不成人也。"

色厉内荏

【语义】

义为表面严厉而内心怯懦。

穿窬之盗

【语义】

义为小偷，即偷窃他人钱财的人。

斗筲穿窬

【语义】

比喻人之鄙陋苟且之行为。亦喻器量狭小、才识浅薄之小人，如宋苏轼《张九龄不肯用张守珪牛仙客》："西汉之末，敢言者惟王章、朱云二人，章死而云废，则公卿持禄保妻子如张禹、孔光之流耳。故王莽以斗筲穿窬之才，盗取神器如反诸掌。"

道听途说（又道听涂说）

【语义】

就字面讲是，在路上听见又在路上去说，泛指没有根据的传闻。

患得患失

【语义】

义为在没有得到时唯恐不得，当得到之后又唯恐失掉，形容斤斤计较个人得失。

【语评】

患得患失为心喜思谋而又目光短浅、狭隘自私、悭吝惜物、束手束脚者之常有表现。

无所不至

【语义】

就字面讲是没有什么地方不能达至。后比喻什么事情都能干得出来，多用于贬义，如《红楼梦》第四回："今日会酒，明日观花，甚至聚赌嫖娼，无所不至。"

恶紫夺朱

【语义】

古以朱为正色,喻正统。本指孔子厌恶异端乱了正统,邪说乱了正道。后引申指小人颠倒是非、混淆黑白、以邪代正、以异端充正理,如元刘致《端正好·上高监司》套曲:"不是我论黄数黑,怎禁他恶紫夺朱。"

朱紫有别

【语义】

义为正邪、美丑决然不同,它们是有区别的。

红紫乱朱(又红紫夺朱)

【语义】

"红紫"皆为间色,"朱"(大红色,比绛色亦即深红色浅,比赤色深)为正色,"红紫乱朱"喻以邪夺正,如汉赵岐《<孟子>题辞》:"孟子闵悼尧、舜、汤、文、周、孔之业将遂湮微,正涂壅底,仁义荒怠,佞伪驰骋,红紫乱朱。"

礼坏乐崩(又礼乐崩坏)

【语义】

义为纲纪废弛,社会混乱。

【语评】

孔子坚持要守三年之丧是从"子生三年,然后免于父母之怀"的意义上讲的,不能说没有道理,但是宰我所言"君子三年不为礼,礼必坏;三年不为乐,乐必崩"也不能说就没有道理,而且关键的问题在是不是"祭思敬,丧思哀"(《子张篇第十九》之第 1 章子张语),事情总不能长期地搁置起来不去处理,积久则矛盾丛生,难以解决,所以孔子批评说"予之不仁也"实在是有些过分。

心平气和而论,对于父母的爱敬和孝心,重要的应该表现在父母健在之时,表现在父母有了困难或是在病痛之中的时候,经常地与父母团聚一起,照顾父母的饮食起居,安慰父母的情感心灵,而不是在父母亡故之后大操大办,显示于人。而今,世道正在变化,三年之丧早已成为历史,一年怕是也极其罕见,能够在一月之中时时念叨父母者怕是亦不多有。而尤有甚者,把年老体衰之父母视为包袱,弃之不顾,乃至虐待仇杀者亦能下得去手,让人心寒悲凄。

饱食终日,无所用心

【语义】

义为整天吃得饱饱的,什么事不想也不干。

【语评】

此为懒汉之情态。

义以为上

【语义】

意思是说"义"为思想和行为的最高准则。

居下讪上

【语义】

义为位居下属而诽谤上司,亦是背地里说领导的坏话。

讦以为直

【语义】

即"以讦为直",义为以攻击别人的过失和揭发别人的隐私来标榜自己的正直。

【语评】

此为做人之一种恶习。

微子篇第十八

枉道事人

【语义】

本为以歪邪的方法来侍奉上司。后形容不择手段讨好他人,如清顾炎武《日知录·不动心》:"凡人之动心与否,固在其加卿相行道之时也。枉道事人,曲学阿世,皆从此而始矣。"

【语评】

为人不尚虚假,当真实透明。

父母之邦

【语义】

义为父母所在的国家,亦即自己出生的国家,亦即祖国。

【语义】

后以楚狂泛指狂士,如唐韩愈《芍药歌》:"花前醉倒歌者谁?楚狂小子韩退之。"

往者不可谏,来者犹可追(又往者不可及,来者犹可追)

【语义】

义为过去的事情已经无可挽回,但是以后的事情却还是可以把握的。言外之意是不要纠缠在过去的事情里不能自拔,要牢牢把握住今天,寄希望于明天。

【语评】

已经过去的,再大的失败、再大的损失,皆无可挽回,那就让它过去好了。要珍惜和把握住今天,规划好明天,将失败转化为成功,把失掉的再找回来。一味唠叨过去,念念不忘,说不定又会重蹈覆辙。

来者犹可追

【语义】

义为以后的事情还是可以追及和把握的。

无人问津

【语义】

本义为没有人打听渡口。后引申指事物已被冷落,没有人再感兴趣、再去过问,如清平步青《霞外攈屑·论文上·王弇州文》:"易代而后,坛坫门户俱空,遂无人问津矣。"

指点迷津

【语义】

义为告诉别人迷途所在。

四体不勤,五谷不分

【语义】

就字面讲,义为你们这些读书人不参加农业劳动,连五谷都分辨不清,言外之意是问人有这么问的吗? 后喻读书人脱离生产劳动,缺乏实际知识,如清文康《儿女英雄传》三三回:"不然,你只看'道千乘之国,使民以时'的那个'时'字,可是四体不勤、五谷不分的人说的出来的?"

【语评】

"四体不勤,五谷不分"常用来比喻读书人脱离实际生活和生产劳动,手不能提,肩不能挑,缺乏独立自理能力的一种状态。今日较之昨日,有过之而无不及。年轻的读书人啊,当自警自勉。

五谷不分

【语义】

义为人脱离生产劳动,连起码的农业知识都没有,后亦形容好吃懒做、不爱劳动。

杀鸡为黍

【语义】

就字面讲是杀鸡做黍饭,义为盛情招待客人。

降志辱身

【语义】

义为降低志向、辱没身份,与世俗同流合污。

放言高论

【语义】

义为毫无顾忌地大发议论。

无可无不可

【语义】

就字面讲是,没有什么可以,也没有什么不可以,义为没有定见,怎么都行。

【语评】

孔子的"无可无不可",是就出仕和退隐而言,这是孔子暮年的无所谓的一种思想状态。他在周游列国的路上,眼看游说无望,说:"归与!归与!吾党之小子狂简,斐然成章,不知所以裁之"(《公冶长篇第五》之第22章),就已经反映了他的这种倾向。今天我们对于"无可无不可",可以这样去认识:在非原则、可退让的问题上,不必过于坚持,随从他人,反映了一个人处世的灵活和圆通;但是在原则的、不可退让的问题上也采取无可无不可的态度,则意味着向对立的屈从和投降。

求备一人

【语义】

义为对人要求过分严格,各个方面都要十全十美。

【语评】

对人要求不可苛刻。求备一人是小人之举,孔子说:"小人难事而易说也。说之虽不以道,说也;及其使人也,求备焉。"君子使人的原则是"器之"(《子路篇第十三》之第25章),即根据他的能力和特长委派以适当的工作。

求全责备

【语义】

义为苛求完美无缺,指人,亦可指事。

子张篇第十九

尊贤容众

【语义】

义为尊重贤者,宽容众人。

【语评】

与人交往,中有贤者,亦有不贤者,有可交者,亦有不可交者。贤者、可交者当然为己所渴望,不贤者、不可交者亦不应该拒绝。人当有向上之思想,亦当有助人之善心。拒人者,人亦拒之。所以,还是子张的话说得好,要"尊贤容众"。

文过饰非(又饰非文过)

【语义】

义为掩饰自己的过错。

有始有卒（又有始有终）

【语义】

义为做事要做到底，有头有尾，有始有终。

恶居下流

【语义】

义为厌恶处于众恶所归的境地。

【语评】

"恶居下流，天下之恶皆归焉。"这是历史上常见的一种现象。中国人的偏激也是有传统的，说起某个人好，一切好的东西都堆在他的身上；说起某个人坏，一切坏的东西都堆在他的身上。孔子的头脑还是比较清楚的，他只论述具体的事情；他的弟子子贡的头脑在这一点上也是比较清楚的，所以说"纣之不善，不如是之甚也"。

学无常师

【语义】

义为学习没有固定的老师。

【语评】

善学的人，向所有的人学习，无论是敌人还是友人，是尊贵之人还是卑贱之人，是学识高于自己的人还是学识不如自己的人，是富人还是穷人，重要的是学习别人的一技之长而为己所有。孔子是一个学无常师的人，据史书记载，他问礼于老聃，学琴于师襄，他说："三人行，必有我师焉。"正是因为他能够不耻下问，虚心向所有的人学习，"择其善者而从之，其不善者而改之"（《述而篇第七》之第22章），所以他才能达到所有的人都不能达及的圣人的高度。

圣人无常师

【语义】

义为圣人没有固定的老师。

宫墙数仞

【语义】

本指住宅的围墙有好几丈高,后喻学识渊博、不可企及。

不得其门而入

【语义】

就字面解是不找到大门就不能入内,后比喻找不到解决问题的途径或是形容认识的浅薄。

门墙桃李(又桃李门墙)

【语义】

后喻老师所教育的学生或他人所栽培的后生,如明归有光《与曹按察书》:"雉城朱进士曾负笈函丈,今魁秋榜,足为门墙桃李之光。"

生荣死哀(又生荣亡哀)

【语义】

义为生时受人敬仰,死后让人哀念。后常用来吊唁,称誉受人尊敬的死者,如唐王勃

《平台秘略赞·慎终》:"生荣死哀,身没名显。"

【语评】

孔子是生荣死哀的人,一切为国家、民族、人民奉献牺牲的人都是生荣死哀的人。

尧曰篇第二十

兴灭继绝(又兴废继绝、兴微继绝、兴亡继绝、存亡继绝、继绝兴亡、兴灭举废)

【语义】

义为扶持已经灭亡了的王室,延续已经断绝了的香火。

【语评】

"兴灭继绝"不是说把已经被打倒和推翻了的政权再重新建立起来,让他们复辟,而是说对于被打倒和推翻了的旧政权的那些人,特别是他们的后代子孙,不要斩尽杀绝。中国封建王朝的历史上,有多少满门抄斩、家族灭绝的株连酷刑,孔子是不赞同的。孔子主张以德服人。

天下归心

【语义】

义为天下的老百姓心悦诚服,其心归顺。

惠而不费

【语义】

义为施惠于人而无所耗费。

【语评】

因时而动,依从众心,上下协力,助其所成,民得实惠而国无耗费,此为治国之上策。"因民之所利而利之"可为《卫灵公篇第十五》之第 5 章"无为而治"作注。

望而生畏

【语义】

义为远远看去就让人感到敬畏。

不教而杀(又不教而诛)

【语义】

义为不对民众进行教育,不告诉人们应该如何去做,而在人一旦出现差错时就加以杀戮惩罚。

【语评】

此为暴君治国之法。

第九章 《论语》名言解读

第一节 修身之本

　　孔子思想的核心是一个"仁"字。他认为"仁"是君子必备的修养,一个人一旦将"仁"修养到一定程度,那么君子所需要的其他素养也会随之而至。当然,这个修养的过程将会非常艰难、非常漫长,甚至需要付出一生。

　　在孔子名言中,有相当大的部分都在阐述"仁"以及如何围绕"仁"修身的问题。其中既有高屋建瓴的理论阐释,如"人而无信,不知其可也",也有关于修身之法的阐述,如"见贤思齐焉,见不贤而内自省也"。孔子这些名言至今仍是人们修身之根本。

一、君子周而不比,小人比而不周

【名言】

子曰:"君子周而不比,小人比而不周。"

——《论语·为政》

【译文】

孔子说:"君子团结人而不搞勾结拉拢,小人只搞勾结拉拢而不团结人。"

【解读】

孔子认为,君子不会为了自己的私利而拉帮结派,但是小人却会这样做。事实上,几千年的中华文明史时时刻刻都在验证着这句真理！

　　春秋时期的祁奚就是一位周而不比的君子。祁奚有着丰富的为臣经验，治世谋略，具有良好的以国为重，不挟私见、私怨的良臣品德。祁奚所处的时代，是周天子一代不如一代，无力统驭天下，大权旁落的时代；是"春秋无义战"，大国争霸，强者为伯，挟天子以令诸侯的时代；也是晋文公称霸中原后，其子孙后代政治上无所建树，朝政日趋腐败，晋国面临危机日重的时代。

　　恰在这时，荒淫奢侈的晋厉公死于非命，晋悼公莅临。悼公立志要复兴文公霸业，重振晋国国威。他重整吏治，调整百官，任贤用能。久以贤良著称、无私饮誉的祁奚，遂被推任为中军尉，以羊舌职为其辅佐。

　　三年之后，年逾半百的祁奚，觉得自己年老力衰，精力不济，恐有负国家希冀，阻塞贤才仕途，便以年迈告老，请求悼公另选良臣。

　　悼公见他辞恳言切，便准他告老并请他推荐继任者。于是，祁奚举荐了解狐。当时的人们都知道解狐与祁奚有私仇，悼公遂问："解狐不是与你有仇吗？"

　　祁奚答道："公是问我谁可以胜任此职，又没有问我可与我有仇否！"然而，解狐尚未到职，便一命呜呼。

　　悼公请祁奚再行举荐。祁奚这次说："祁午可以继任此职。"悼公问："祁午不是你的儿子吗？"

　　祁奚坦然回答："公让我推荐的是适合此职之人，又没有问他是否为我的儿子！"

　　没过多长时间，任中军尉辅佐之职的羊舌职死了。悼公又请祁奚举荐合适人选。祁奚举荐了羊舌职的儿子羊舌赤。悼公对祁奚所荐之人，统统给以录用，于是，两个儿子，分别接替了两个老子的职位，祁午为中军尉，羊

祁奚

舌赤为中军尉佐。

事后有人对悼公说："择臣莫若君，择子莫若父。祁午自幼好学而不戏，守业而不淫；成年后，和安而好敬。每临大事，镇定自若，非义不举。他父亲举荐他是对的。"

孔子得知此事后，赞扬说："祁奚是个善于举荐贤良的能臣啊。他推举仇人，不是为取媚于天下；举荐儿子，不是因为偏爱己私；举荐辅佐，也不是结伙营党；完全是为国荐贤，唯才是举。"

不过在中国历史上像祁奚这样周而不比的君子实在不多，倒是比而不周的小人有不少。楚怀王时，屈原在朝担任左司徒的官职。他学识渊博，记忆力强，对国家治乱的道理非常清楚，并且擅长辞令。楚怀王很器重他。他在朝中和楚王一道商议国家大事，发布政令，对外接待各国使节，和各国的君王相酬酢。当时，上官大夫和屈原爵位相同，一心想获取楚王的宠信，非常嫉妒屈原的才华。

有一回，楚王指派屈原制定国家的法令。屈原刚刚起草，还没有定稿，上官大夫看见了，便想夺取这份草稿，屈原不给他。上官大夫因此怀恨在心，在怀王面前毁谤屈原说："大王指派屈原制定法令，没有一个人不知道。每当一道法令制定完成，颁布出来，屈原就自夸其功，认为除了自己以外，没有人能做得出来。"楚王听了大怒，也因此逐渐疏远了屈原。

屈原对于楚怀王被小人迷惑，耳朵不能辨别是非，眼睛不能分清黑白，感到很痛心，所以忧愁苦闷，沉郁深思，写成了《离骚》。屈原在《离骚》里，叙述远古帝喾的事迹，称扬近世齐桓的伟业，同时论及中古汤武的功绩，用来讽刺当时的政局。他文辞简约，托意深微；他心志高洁，所以喜欢用香草作譬喻；他行为廉正，所以一直到死，都为小人所不容。

后来，怀王客死于秦，他的长子顷襄王即位，用其弟子兰做令尹。子兰之前劝怀王入秦，楚国人因此对子兰很不满。屈原也对子兰贻误国事感到痛心。他虽然被放逐，乃眷恋楚国，希望能回到朝中来，他忠君爱国，希望能挽救楚国的颓势。但这一愿望最终未能实现。

令尹子兰听说屈原对他不满，大怒，叫上官大夫在顷襄王面前说屈原的坏话。顷襄王一气之下，便把屈原长期放逐到江南。屈原被放逐，来到江边，且行且歌，脸色憔悴。见到一个渔夫，渔夫问他："你不是三闾大夫吗？为什么来到这里呢？"

屈原说："世上的人大多是污浊的，只有我保持干净；众人都昏醉了，只有我依然清醒。所以我被放逐了。"

渔夫说："圣人能与世相推移，众人都醉了，你何不也喝点薄酒，何苦守身如玉，与世相忤，而招致被放逐的命运呢？"

屈原说："我听说，刚洗过头的人，一定要把帽子上的灰尘弹去；刚洗过澡的人，一定要拂去衣服上的尘土；人怎么能以清洁的身体去接受外界污浊的事物呢？我宁愿葬身鱼腹也不能让自己高洁的品格受到玷污！"于是他写下了《怀沙》赋。

就这样，屈原带着对楚国的深沉眷恋，带着他那坚贞、正直、高洁的品质，抱着石头，投汨罗江自尽了。

屈原的气节和正义足可鄙视达官贵人，而生动感人的文章足可胜过《阳春白雪》这样的名曲。而像令尹子兰和上官大夫这样的比而不周的小人终将会遭到后世的唾弃。

二、人而无信，不知其可也

【名言】

子曰："人而无信，不知其可也。大车无輗，小车无軏，其何以行之哉？"

——《论语·为政》

【译文】

孔子说："一个人不讲信誉，不知道他怎么可以立身处世。这就像牛车没有輗，马车没有軏一样，那怎么能驾车走路呢？"

【解读】

在孔子看来，诚实、讲信誉是做人的基本素质，如果连这样的素质都不具备就根本无法在社会上立足。这就像牛车需要輗、马车需要軏才能正常驾驶一样。在我国历史上，深受儒家思想熏陶之人大多将信誉视为生命。北宋时期的著名武将种世衡便是一位这样的人。

北宋庆历三年冬天的一个早晨，大臣范仲淹正在巡视边境。他一边视察一边思考：环州（今甘肃省环县）的羌族部落大部分都在暗中与西夏元昊往来，这样很不利于朝廷统一大业。怎样才能招抚羌人，并使他们和宋朝联合，一起抵御西夏呢？

突然，范仲淹的脑海里冒出了一个名字——种世衡。种世衡是宋朝著名的将军，他率将士戍边多年，屡立大功。他对待西北各国和部落，非常讲诚信，恩威并施。此时，由种世衡负责修建的青润城已经完成，若由他去做环州知州，招抚羌族就会变成一件很容易的事了。

想到这里，范仲淹急忙命随从备马驾车，日夜兼程赶回京城汴梁。范仲淹不顾多日来旅途的颠簸劳顿，刚回到京城就马上进宫去见宋仁宗，并递上一本奏折，奏请皇上任命种世衡为环州知州。仁宗看罢奏折，听了范仲淹的建议，连连称赞道："爱卿所奏与朕所思不谋而合，好！好！"于是下旨，任命种世衡为环州知州。

种世衡接到朝廷圣旨后，深知肩上责任重大。他长期驻守边陲，与各少数民族打交道，深知朝廷只有善待他们，他们才会善待朝廷。种世衡匆匆收拾行装，连夜从青润城出发赶往环州。

由于种世衡在西北各少数民族中享有很高威望，所以羌族部落的酋长牛奴讹听说他来当知州，便亲自率众到环州郊外迎接。要知道这位酋长平时非常倔强，对汉人的官吏也一向傲慢无礼，是从不拜见州里的长官的。

种世衡见牛奴讹亲自迎接，大喜过望，十分感动，忙朝他拱手行礼道："承蒙酋长远迎，本官明日在府邸聊备薄酒，以示答谢。"

牛奴讹边还礼边说："能与种大人这样讲信义的君子打交道，我倍感荣幸。我想，还是按我们羌人待客的礼俗，请大人明日到我的营帐来，由我为大人接风洗尘。"

种世衡不假思索地回答道："多谢酋长厚意，明日本官一定前往。"

第二天晚上，到了约定时间，风雪漫天。部下向种世衡报告说："大人，外面狂风暴雪,道路险阻,而且牛奴讹凶狠狡诈,难以信任,为安全起见,还是别去吧。"

种世衡说:"那怎么行？本官一向以信义结交边民,牛奴讹也正是因此才与我相约,我怎可以不去呢？从我自身来说,不能违背自己做人的原则,一定要讲诚信;从国家利益考虑,现在正是以信义招抚羌族的大好时机,我岂能错过约定时间,失信于羌人？"

于是,种世衡顶风冒雪前往。到了羌族的营帐前,牛奴讹看到浑身是雪的种世衡,大为吃惊:"风雪这么大,路又滑,我以为种大人不会来了。我们羌族世世代代居住在这山上,汉人的官吏从来没有人敢到这里来,您是第一个。种大人,您难道一点儿都不疑心我吗？"

种世衡笑道:"疑者不来,来者不疑嘛。"

牛奴讹动情地说:"说心里话,今天种大人要是失约,我们羌人就会怀疑汉人的诚意……"

种世衡说:"所以,信义乃处世之本也。"

牛奴讹叹道:"可惜,朝廷像您这样的官员不多哎呀！他们来到此地,不是武力镇压就是设置圈套、横征暴敛,欺压百姓,哪有信义可言！"

种世衡道:"只要本官在此任上,一定严守信义,善待羌人,本官可以对天发誓！"

"若是朝廷的官员都像大人的话,一定会完成统一大业,边陲也就安宁了。"牛奴讹说着,率部落的男女老少围成一圈,按羌人的最高礼节向守信的种世衡行礼,表达对他的敬佩之情。后来,种世衡在环州创造了一番事业,为中华民族的融合做出了贡献。

像种世衡一样将诚信视为处世之本的人还有不少,明朝的俞绘也是一位这样的人。俞绘是滑县人,从小家境贫寒,但为人忠厚、学习刻苦已是远近闻名。经过十年苦读,俞绘考中了秀才,后来又通过乡试,取得了进京城参加会试的资格。

对此,俞绘既喜又忧:能参加会试,有可能苦日子就熬出头了,读书人哪个不期盼着这一天呢？可是,京城路途遥远,赴京的盘缠却毫无着落,想跟乡亲和朋友们借,却又羞于开口。众人得知后纷纷慷慨解囊,很快就凑够了他的路费。

第二天,俞绘一一告别众乡亲上路了。在途中,他省吃俭用,尽可能不浪费一文钱。不料当他在沛县住客店时,一个窃贼夜里潜入他的房间,将他的盘缠一掠而空。

早晨醒来，俞绘发现钱没有了，当时就如五雷轰顶，不禁号啕大哭。店老板和其他客人闻讯赶来，都表示同情却又无能为力。店老板听他说从滑县来，忽然想起沛县的冯县令也是滑县人，建议俞绘去求助，说不定县令看在老乡的分上，能借钱给他。走投无路的俞绘也只好抱着侥幸的心理去试试看了。

来到县衙门外，他向差役说明缘由，求见县太爷。冯县令听差役报告后，吩咐将俞绘带进来。

俞绘见了县令，就如见到再生父母，泪水不觉涌出。冯县令问明事情经过后，感觉俞绘是个忠厚老实的人，便取出十两银子，说："你也不必向我借了，这点银子算我赠予你的，估计够往返费用了。"

俞绘感激不尽，说："多谢恩人对晚生如此信任，自当终生铭记！晚生还是留一张借据吧，日后定要奉还的。"

冯县令笑道："不必了，既是同乡，又何必见外。我也不留你了，抓紧时间赶路吧。"说罢，他亲自将俞绘送到大门外。俞绘一拜再拜，含泪作别。

到了京城，俞绘如期参加了会试。结果出来了，俞绘没有金榜题名，不过值得庆幸的是他被任命为歙县训导（相当于县一级教育部门官员）。

歙县在徽州，地处皖南山区，离沛县千里之遥。俞绘到任后，兢兢业业供职，一直抽不开身。但他心里无日不记挂着欠冯县令的十两银子，期待有一天亲自登门致谢，奉还银子。

这一等就是三年。终于，俞绘有机会返家探亲了，途经沛县，正好可以去拜访冯县令，并奉还所借的银子。

谁知，俞绘一到沛县就听说冯县令早已病故，不由得悲伤万分。他四处打听，终于找到冯县令的儿子冯珏的住处。可等说明来意后，冯珏却说："家父在世时并没有提及借钱给你，也没有留下任何借据，所以这银子我不能收。"

俞绘道："我当时是要写借据的，但出于对我的信任，令尊坚持不要我写。如果因此就不还钱，我岂不辜负了令尊大人的信任？而且这样做也对不起自己的良心。如果令尊大人在世，他必定会对我很失望。所以，这银子还请你收下。"

从此,俞绘以诚信为本的精神便传开了,深受世人的敬重。

三、见贤思齐

【名言】

子曰:"见贤思齐焉,见不贤而内自省也。"

——《论语·里仁》

【译文】

孔子说:"见到贤人,就想向他看齐;见到不贤的人,就应该在内心自我反省有没有他那样的缺点。"

【解读】

孔子的这段话成了后世儒家修身养德的座右铭。"见贤思齐"是说好的榜样对自己的震撼,驱使自己努力赶上;"见不贤而内自省"是说坏的榜样对自己的"教益",要学会吸取教训,不能跟别人堕落下去。

唐代著名大画家周昉能在画坛上有所长进和成功的秘诀,就在于他能做到"见贤思齐",虚心听取各方人士的意见,拜众人为师,取众人之长,补己之短。

有一天,都城长安的章敬寺前,人群熙攘,热闹非凡。大家围着一幅壁画的草图,评头论足,议论纷纷。有的人赞扬它的妙处,有的人指摘画中的不足。

人们都自顾自地看画,谁也没有注意到人群中有一人与众不同。他不看画,却在侧耳细听各种议论。这个人就是壁画草图的作者周昉。

当时,唐德宗命他画章敬寺的壁画,他接受任务后,苦苦琢磨,精心构思,有时甚至睡梦中还在念叨着如何作画。画好草图后,本可一气呵成,但他没有这样做。他想,轻率从事,草草求成,是决不能取得突出成就的。于是,他想了个巧妙的办法:揭去遮在画面上的帐幕,让众人批评指点。

因章敬寺与长安的东门紧紧相连,是各界人士的出入要道,因此过往之人非常多,其中肯定不乏贤人。他这样做就是要看看那些贤人对画有什么意见。他听到这些意见后，认真修改，画稿越改越好。一个月之后，谁也挑不出毛病了，他才最后定稿。画成之后，观众赞不绝口，被评为第一流的佳作。

周昉之所以能够勤奋刻苦，善于吸取群众的智慧，关键是他有自知之明，视众贤人为师，拜众贤人为师，看到他人的长处，找到自己的不足。他始终如一地坚持这样做，他的艺术造诣越来越深，终于超过了当时有名的绘画大师韩干。

我国南宋时期的吕祖谦也是一个"见贤思齐"的人。吕祖谦是南宋时期中原人，出身于官僚家庭。他的祖父吕好问曾做过尚书右丞，家境殷实，他受过良好的家庭教育。他利用家中藏书颇多的优越条件，熟读历代经典著作。但他很不满足，觉得世界上最深奥的事莫过于学问了。他决心以贤者为师，不管走到哪里，听说谁的文章好，一定要见上一面，攀谈攀谈，把人家的优点学过来，补自己的短处。

当时出名的理学家朱熹是"二程"理学的四传弟子，也是吕祖谦的好朋友。因此，他十分注重向朱熹学习请教。由于吕祖谦博采众长，以贤者为师。学业成绩突出，考中了进士，以后又考上了博学宏词科，升任博士兼国史院编修。

当时对在任官吏，每年都进行考核，一些心中没底的人，考前四处寻风摸底。唯有吕祖谦，不动声色，胸有成竹。结果每次考试，他都名列前茅。

吕祖谦虽身居要职，文章优秀，但他仍坚持以贤者为师，经常与人切磋砥砺，如发现陆九渊这个后起之秀，便千方百计找他的文章来拜读。读了陆九渊的文章之后，他发现这个人果然名不虚传，有独到之处，于是和陆做了忘年交，经常在一起交谈，大有相见恨晚之意。

吕祖谦认为陆九渊大有可为。果然在科举考试中，陆九渊的文章最好，主考官互相传阅，都赞不绝口。吕祖谦看完后，指出此文乃陆九渊所做，众人以为他太武断了。吕祖谦指出：应拆封检验。一验证，果然是陆九渊的文章，大家赞叹吕祖谦好眼力。吕祖谦说："他的文章我仔细琢磨过，了解他的风格、特色，怎么看不准呢？"

四、君子喻于义，小人喻于利

【名言】

子曰："君子喻于义，小人喻于利。"

——《论语·里仁》

【译文】

孔子说："君子懂得的是义，小人懂得的是利。"

【解读】

孔子认为君子重义而轻利，他自己也是这样实践的。春秋时期，鲁国制定了一道法律，如果鲁国人在其他国家看见同胞被卖为奴婢，只要他们肯出钱把人赎回来，回到鲁国后，国家就会给他们以赔偿和奖励。这道法律执行了很多年，很多流落他乡的鲁国人因此得救，重返故国。

后来孔子有一个弟子叫子贡，是一个很有钱的商人。子贡从国外赎回来了很多鲁国人，但却拒绝了国家的赔偿。因为他自认为不需要这笔钱，情愿为国分担赎人的费用。但孔子却大骂子贡不止，说子贡此举伤天害理，祸害了无数落难的鲁国同胞。

孔子说："世上万事，不过义、利二字而已。鲁国原先的法律，所求的不过是人们心中的一个'义'字，只要大家看见落难的同胞时能生出恻隐之心，不怕麻烦去赎这个人，去把同胞带回国，那他就可以完成一件善举。事后国家会给他补偿和奖励，让这个行善举的人不会受到损失，而且得到大家的赞扬。长此以往，愿意做善事的人就会越来越多。所以这条法律是善法。"

孔子还说："子贡的所作所为，固然让他赢得了更高的赞扬，但是同时也拔高了大家对'义'的要求。往后那些赎人之后去向国家要钱的人，不但可能再也得不到大家的称赞，甚至可能会被国人嘲笑，责问他们为什么不能像子贡一样为国分忧。子贡此举是把'义'和'利'对立起来了，所以这不但不是善事，反倒是最为可恶的恶行。"

自子贡之后，很多人就对落难的同胞装作看不见了。因为他们不像子贡那么有钱，而且如果他们求国家给一点点补偿的话反而会被人唾骂。很多鲁国人因此而不能返回故土。

"义"就是"义"。如果义举尚得不到人们的称赞，反而遭来人们的批评和嘲笑，只会让更多的人得不到帮助。

当然，历史上也不乏"喻于利"的小人。秦昭襄王派大将白起攻打韩国，占领了韩国的野王，断绝了上党的交通。上党守将冯亭看出野王既已失陷，上党也就保不住，便认为与其让秦国把上党攻破，还不如把上党献给赵国，使秦国怨恨赵国夺走它将要得到手的土地，转而进攻赵国，以便韩国联合赵国共同抵抗秦国的侵略。于是冯亭派人带着上党的地图去见赵孝成王，要把上党献给他。

平阳君赵豹劝赵孝成王不要接受，理由是无缘无故接受别人的好处，是祸患的根源，而且韩国把上党献给赵国，不过是把祸患移到赵国头上罢了。

赵孝成王不同意赵豹的意见，又和平原君赵胜商议。赵胜却以为发动百万大军打一年半载的仗，未必能得到一座城，现在不需要一个兵，一斗粮，就可以得到上党土地，这是莫大的利益，不可失去这个好机会。

平原君的话，正符合赵孝成王的心思，随即派平原君到上党去接受土地，封冯亭为华阳君。可是赵孝成王没有高兴多少时候，秦国果真因为赵国轻易拿走了它就要攻破的上党，移过兵来攻打赵国，演出了秦军在长平坑杀赵卒四十万的惨剧。

"喻于利"者最终失去了"利"，而"喻于义"的人最终会得到利。美国哈理逊纺织公司的故事就说明了这个道理。1933年，经济危机笼罩着整个美洲大陆，大大小小的企业纷纷破产，许多曾经威风一时的老板也被迫加入到靠领取救济金生活的行列。那些残存的企业也都如履薄冰，小心翼翼地对待每一件事，唯恐因一点小小的纰漏，而导致整个企业的瓦解。正当经济危机在美国蔓延的时候，哈理逊纺织公司因一场大火化为灰烬。这对哈理逊公司无疑是雪上加霜。3000名员工悲伤地回到家里，等待着董事长宣布公司破产和失业风暴的来临。

在无望而又漫长的等待中，他们终于接到了董事会的一封信：向全公司员工继续支薪 1 个月。在全国上下一片萧条、人人都难自保的时候,能有这样的消息传来,员工们深感意外。他们惊喜万分,纷纷打电话或写信向董事长亚伦·傅斯表示感谢。

老板亚伦·傅斯则告诉他们:公司虽然损失惨重,但员工们更苦,没有薪水他们就无法生活,所以有一分钱,他都要发给员工。

3000 名员工一个月的薪水是笔不小的数目,更何况公司已经化为一片废墟。别说是在经济萧条的年代,即使是经济上升期,公司也很难再恢复元气。既然无力恢复,还自己掏腰包给员工发薪水,很多人都说亚伦·傅斯疯了。

一个月后,正当员工们为下个月的生活发愁时,又接到公司的第二封信,董事长宣布,再支付全体员工薪酬一个月。

3000 名员工接到信后,不再是意外和惊喜,而是热泪盈眶。在失业席卷全国、人人生计无着落、上班都拿不到钱的时候,能得到如此照顾,谁不感念老板的仁慈和宽厚呢?

第二天,员工们纷纷拥向公司,自发地清理废墟、擦洗机器,还有一些人主动去南方一些州联络被中断的货源,寻找好的合作伙伴。

三个月后,哈理逊公司重新运转起来。对于这一奇迹,有家报纸是这样描述的:员工们使出浑身解数,日夜不懈地卖力工作,恨不得一天干 25 小时,曾劝董事长亚伦·傅斯领取保险公款后一走了之和批评他感情用事、缺乏商业精神的人开始服输。

亚伦·傅斯用他"喻于义"的管理精神,使自己的事业蒸蒸日上。后来,哈理逊公司已成为美国最大的纺织品公司之一,分公司遍布 60 多个国家和地区。

五、不迁怒,不贰过

【名言】

哀公问:"弟子孰为好学?"孔子对曰:"有颜回者好学,不迁怒,不贰过。不幸短命死矣!今也则亡,未闻好学者也。"

——《论语·雍也》

【译文】

鲁哀公问孔子:"你的哪个弟子比较好学?"孔子回答说:"有个叫颜回的还不错,他不会把愤怒发散到其他人,不会犯同样的错误,不幸的是他过早地去世了! 现在已经没有这样的人了,我也没有听说过有好学的人了。"

【解读】

"不迁怒,不贰过"是孔子提倡的一种理想的人生境界。虽然人人都明白"不迁怒,不贰过"的道理,但是真正实行起来,却并不容易!

一位相声演员说过这样一个故事:一天,某先生因为堵车,迟到了几分钟,到办公室正待向主管解释,谁知主管当天受了老婆的气不高兴,便不问青红皂白,劈头就是一顿训斥:"不想干走人! 你的表是火星时间吗?"

某先生一天闷闷不乐,回到家见妻子正看肥皂剧看得很开心,气不打一处来,便向妻子嚷道:"整天看这些鬼东西,不嫌无聊吗?"

这做妻子的平时对丈夫很好,丈夫也很温情,今天见丈夫莫名其妙就骂人,十分难受,无处排遣,对正向她问作业的儿子说:"滚一边去,学习时不认真,这样的东西也要来问。"

儿子见平时细致温情的母亲暴怒,一时也不能接受。正好心爱的小狗来舔他的脚,这本是他们平时很温馨的时刻,此时委屈无处发泄,儿子就一脚将狗踢开。狗莫名其妙、伤心地离开了。

这个故事虽然是在相声之中出现的,但在现实生活中,每个人可能都遇到过,只是没这么巧罢了。这种迁怒于人的缺点很容易破坏人际关系,使得自己最终成为孤家寡人。

"不迁怒"不容易做到,"不贰过"同样不容易。虽然大家都懂得同样的错误不能犯两次的道理,但是真正能做到的人却并不多。孟孙与秦西巴的故事说的就是"不贰过"的道理。

孟孙是春秋时期鲁国的一位大夫,特别喜欢打猎。有一年秋天,山林里果实累累,正是野兽出来觅取冬储食物的时候,非常适合打猎。孟孙便带着一帮人马出发了。

孟孙发现前方树丛中有一大一小两只鹿,他喜出望外,策马就追。那两只鹿发现了动静,飞快地跑起来逃命,孟孙哪里肯放过它们,猛追不舍。这时,小鹿渐渐体力不支,落在后面,孟孙扔出一个套圈,把小鹿捉住了。他高兴极了,告诉他的随身部属秦西巴,说:"今天运气真好,逮住了这只鹿。你先把它装进笼子里,待会儿回家宰了,吃新鲜鹿肉。我再去追追那只大的!"说完,一挥鞭子,又往前追去。

秦西巴把鹿笼往马背上一捆,翻身上马就往回走。他想:我一定要妥善地把小鹿送到家,瞧今天主公多高兴啊! 正走着,忽然听到身后有蹄声,而笼内的小鹿也挣扎着。秦西巴回头一看,啊,那只大鹿正在不远处跟着呢!

秦西巴掉转马头要追,那母鹿转身就跑。秦西巴想:我哪能追得上啊? 把这只小的好生送回家吧! 他转身往回走,可是母鹿又跟上来了,远远地叫着,笼子里的小鹿也不停地挣扎叫闹。秦西巴听着听着,心中实在不忍,就把小鹿放了。小鹿飞快地跑到母鹿身边,回头望他一眼,两只鹿一起跑了。

孟孙回到家,就向秦西巴要那只小鹿,可是一听秦西巴把鹿放了,不禁勃然大怒! 他把秦西巴鞭打一顿,赶出了家门。

孟孙正在生气,他的夫人一手捧着简册,一手拉着孩子出来了,说:"夫君,我正在教孩子读书,不知为何前厅这般吵闹?"

当她知道孟孙为秦西巴生气的时候,又问:"不知秦西巴为何将鹿放了?"

孟孙说:"他说母鹿跟在身后一路啼叫,不忍心就把它放了。你说气人不气人?"

夫人一听,望了儿子一眼,便安慰说:"夫君息怒,秦西巴有此不忍之心,似乎可以原谅。我带孩子回房去了。"说完,领着孩子离开了。

孟孙望着夫人和孩子的背影,品味着夫人这"不忍之心"的话,突然有所感悟:是啊,秦西巴有对鹿的不忍之心,自己便把他赶走了,这对吗? 再说,自己想到的,只是鹿肉的美味;秦西巴想到的,却是母鹿和小鹿生死分离。一个有爱物之心的人,一定也有爱人之心,自己却把他赶走了,错了,错了,大错了!

孟孙将这件事想了好几天,最后决定:把秦西巴请回来。秦西巴一见孟孙就说:"主公,我是有过错的人。"

孟孙说:"不,有过错的是我。我请你回来,做我儿子的先生。一个有仁爱之心的人,一定能当好老师!"

从此以后,孟孙再也没有犯过类似的错误了。

六、不义而富且贵,于我如浮云

【名言】

子曰:"饭疏食饮水,曲肱而枕之,乐亦在其中矣。不义而富且贵,于我如浮云。"

——《论语·述而》

【译文】

孔子说:"吃粗粮,喝白水,弯着胳膊当枕头,也乐在其中。用不正当的手段得来的富贵,对于我来讲就像是天上的浮云一样。"

【解读】

在这段话中,孔子表达了这样一种思想,比起用不正当的手段来获取财富,简朴的生活更能够获得快乐。事实也是这样,用不正当的手段获取财富,先不说自己内心会时时受到良心的谴责,如果哪天东窗事发了,恐怕连过俭朴生活的机会都没有了。

周朝时,有个人叫陶答子。他在陶城做官三年,名声并不怎么好,但他的家产财富却翻了三倍。他的妻子劝他说:"没有能力做大官,这是祸害;没有功劳而家昌盛,这是积灾。现在你只贪求富贵越来越多。我听说南山有玄豹,在雾雨中隐藏七天而不下来觅食,为什么呢?它是想润泽皮毛长成斑纹,为的是能够隐藏自己躲避祸害。猪不择食长得肥壮了,就会被杀掉。现在你不修德而家越来越富有,灾祸就要到了。"

陶答子没有听妻子的话,反而将其赶出家门。结果仅过了一年,陶答子就因事发被处以死刑了。

不过,历史上将"不义而富且贵"当作"浮云"的人也有很多,如被世人称为亚圣的孟子。有一次,齐国派人送了一百斤金子给孟子,孟子拒绝了。第二天,薛国又送来五十两金子,他却接受了。

孟子的学生陈至秦十分奇怪,问道:"如果说昨天不接受齐国的金子是对的话,那么今天接受薛国的金子就应该是错的;反过来,如果今天是正确的,那么昨天就是错误的。这里有什么道理呢?"

孟子说:"在薛国的时候,当地发生了战争,国王要我为之考虑设防的事,所以我应该接受我劳动所得的报酬。至于对齐国我没有做什么事,却赠金给我,显然是想收买我,你哪里见过君子是可以用金钱收买的呢? 所以,不管是辞而不受,还是受而不辞,在我来说,都是根据道义来确定的。"

我国东汉时期的刘宠也是一个将"不义而富且贵"当作"浮云"的人。刘宠在任会稽郡太守时,轻徭薄赋,废除不合理的法令制度,禁止官吏欺压百姓,郡内秩序井然,百姓安居乐业。因为政绩突出,朝廷调他为将作大匠,即古代主管工程建设的官员。

在刘宠离任之时,百姓们依依不舍。山阴县若耶山谷五六位鬓发斑白的老人各带了一百文钱,想送给他,可刘宠不肯受。老人们流着泪对刘宠说:"我们是山谷小民。前任郡守屡屡扰民,夜晚也不放过,有时狗竟然整夜叫吠不止,民不得安。可自从您上任以来,夜晚狗都不叫吠了,官吏也不抓捕老百姓了。现在我们听说您要离任了,故奉送这点儿小钱,聊表心意。"

刘宠说:"我的政绩远远不及几位老者说的那样好,倒是辛苦父老了!"

老人们一定要他收下,盛情难却,刘宠只好收下几位老人各一文钱。他出了山阴县界,就把钱投到了江里。后人将该江改名为"钱清江",还建了"一钱亭""一钱太守庙"。从此,"一钱太守"的美称便流传开来。

刘宠入京后,历任宗正大鸿胪、司空、将作大匠、司徒太尉等职。有一次,他出京到外地去,路经亭舍想进去休息一下,由于穿着朴素被误认为农夫。官亭舍的小官拒而不纳,说:"我们这里特意整顿打扫一番,专门等待刘宠大人到来。你有什么资格来住呢?"

刘宠听了,一言不发,悄然离去。当时人们听到这件事,都称颂他是一位忠厚的长者。汉灵帝建宁二年，刘宠被免职返回乡里，后以老病卒于家中。清初，监察御史杨维乔在刘宠墓前题诗："居官莫道一钱轻，尽是苍生血作成。向使特来抛海底，莒波赢得有清名。"刘宠清廉俭朴的美德，载在《后汉书·循吏传》，被奉为楷模。

将"不义而富且贵"当作"浮云"已然不容易，做到富贵而且义，就更加不容易了。战国时期，孟尝君的门客冯谖买义的故事给世人上了生动的一课。

有一年，孟尝君的领地闹了饥荒，没有人愿去代收租税。冯谖毛遂自荐，愿意为孟尝君效劳。他来到后，立即就以孟尝君的名义召见当地百姓，宣布一切债务作废，并把一切债券当场烧毁，老百姓纷纷欢呼"万岁"。

冯谖回来以后，就对孟尝君说，孟府"宫中积珍宝，狗马实外厩，美人充下栋"，什么都不缺了，唯一缺的就是"义"。他这次给孟尝君买来了"义"。

孟尝君听了之后非常生气，但也没什么办法。到后来，齐国换了新的君主，国王因为听信谗言，把孟尝君的宰相之职撤了，并贬他为侯。孟尝君上任时，未至百里，老百姓纷纷扶老携幼，前来欢迎孟尝君，欢呼之声，不绝于耳。这时，孟尝君才恍然大悟，如果没有冯谖当初买回来的"义"，自己哪会如此受到百姓的拥戴？

孟尝君

七、君子坦荡荡，小人长戚戚

【名言】

子曰："君子坦荡荡，小人长戚戚。"

孔子说:"君子总是心胸宽广坦荡,小人经常局促忧愁。"

【解读】

孔子认为:作为君子,应当有宽广的胸怀,可以容忍别人,容纳各种事情,不计个人利害得失。心胸狭窄,与人为难、与己为难,时常忧愁,局促不安,就不可能成为君子。

孔子有个弟子叫司马牛,他的大哥是一个霸道的大恶人,因为孔子批评他私自建立城墙是不合礼法的事,他就想要追杀孔子。司马牛大哥的举动害得孔子和他的弟子无法继续待在宋国了。

司马牛的二哥、三哥也都是恶人。司马牛想起自己兄弟的那些坏行为来,难过地叹了口气,说:"别人都有值得称道的兄弟,唯独我没有啊!"

子夏听见了,就安慰他说:"我曾经听人说:'生死由命,富贵在天。'君子只有内心诚敬,没有过失,对待别人恭敬有礼,那么天底下所有的人,都是你的兄弟了!君子何必忧虑自己没有兄弟呢?"

司马牛问孔子怎么样才是君子,孔子说:"君子没有忧虑,也没有恐惧。"

司马牛又问:"没有忧虑,也没有恐惧,就可以算是君子了吗?"

孔子很了解司马牛目前的心境,为了增加他的信心,于是回答说:"如果反省自己的内心,没有任何的愧疚,那还有什么好忧虑恐惧的呢?"

司马牛这时才明白孔子所说的话。孔子又说:"你的兄弟为恶作乱,那些事情都和你没有关系。如果你总是担心别人会因为你有那样的兄弟而对你有偏见,那么你的心便无法平静了!相信你自己,只要你自己行得正,问心无愧,又何必在乎别人怎么想呢?"

君子要学会坦荡荡,不但要如孔子所说的那样,还要心无私念。战国时期,蔺相如为赵惠文王手下的大臣。公元前 279 年,赵惠文王与秦昭襄王相约会晤于秦地渑池,商谈盟约,蔺相如也一同前往。饮酒的时候,秦王为了显示权贵,借着酒意要求赵王为他弹奏。由于是在秦国的地盘上,赵王无法推托,只得弹奏一曲。秦王故意让属下的御史记录下这件事,作为史料,羞辱赵国的用心十分明显。

蔺相如见赵王受辱，立刻挺身而出，拿起桌上的瓦器，不卑不亢地走到秦昭襄王面前说："赵王听说秦王擅长演奏秦声，我特奉上乐器，请求秦王击瓦助兴。"秦王不理会。蔺相如继续捧着瓦器，态度强硬地说："秦王你若不答应，我离你这么近，足以和你同归于尽。"

秦王被蔺相如的气势所吓住，也考虑到自己的安全，无奈之下也拿起瓦器，敲击了几下。蔺相如立刻让随行的史官也记下：某年某月某日，秦王为赵王演奏。

秦、赵渑池会晤以后，赵王回到赵国，因为蔺相如功劳大，就任命他为上卿，地位在当时的赵国大将廉颇之上。廉颇十分不服气，对人说道："我身为赵国的大将，有攻城野战的大功劳，蔺相如只不过是耍嘴皮子的功劳，反而地位比我高，况且蔺相如本是出身卑贱的人。我位列他之下，感到羞耻，十分不甘心。"并扬言道："我如果碰见蔺相如，一定要当面好好羞辱他一番。"

蔺相如听到这话以后，就故意躲避着不见廉颇。他每次上朝的时候，常常推说自己有病，不愿与廉颇争位次的先后。过了一些时候，有一天，蔺相如乘车外出，远远地看见了廉颇，就连忙令车夫掉转车子拐入小巷躲避，不让他看见。蔺相如的家臣实在看不下去了，一起劝他说："我们之所以离开亲人而来投靠您，只是仰慕您崇高的节操。现在您比廉颇职位高，他口出恶言，您却怕他、躲他。这种胆小也未免太过头了。我们作为普通人尚且感到羞耻，更何况您呢？我们没有才能，请允许我们走吧！"

蔺相如长叹一声，拦住他们，说道："大家认为廉将军与秦王相比哪一个厉害？"家臣们回答说："当然是秦王厉害了。"蔺相如接着说："像秦王那样威严的人，也听凭我在朝堂上大声呵斥他，侮辱他的大臣们。我即使愚笨无能，难道会害怕廉将军到那个程度吗？我之所以避让他，是考虑到强大的秦国之所以不敢侵犯赵国，很重要的一点是因为我们两人在赵国的缘故。一文一武正好辅助国家，现在两虎相斗，势必不能同时生存。我之所以这样做，是把国家急难放在首位，而把私人的仇怨放在后面。"家臣听罢，没有人不为蔺相如博大的胸怀所感动，纷纷退回了自己的居所。

后来蔺相如的这番话传到了廉颇的耳中，他深受感动，便脱去上衣，露出肩膀，背上抽打人用的荆条,来到相如府上请罪,说道:"我是个庸俗卑鄙的人,想不到您胸怀宽广到这种地步。"蔺相如赶忙帮廉颇抽去荆条,让他穿上衣服。两人最终和好如初,并结成了同生死共患难的朋友。

蔺相如之所以能够不畏秦王的威势,不怕廉颇的羞辱,而依然坦荡荡地行事,最主要的原因就是他把国家的利益看得高于一切,一切从国家利益出发。而他的这种胸怀正是君子坦荡荡的表现!

八、知者不惑,仁者不忧,勇者不惧

【名言】

子曰:"知者不惑,仁者不忧,勇者不惧。"

——《论语·子罕》

【译文】

孔子说:"有智慧的人不会感到迷惑,有仁爱的人不会感到忧虑,有勇气的人不会感到恐惧。"

【解读】

有智慧的人知识渊博,遇到困难总会找到办法解决,所以从来不会迷惑;仁者因为爱人,所以从来不会感到忧虑;而勇敢的人什么都不怕,怎么会感到恐惧呢?

公元前663年,齐桓公应燕国的要求,出兵攻打燕国的山戎。相国管仲和大夫隰朋随同齐桓公前往。齐军是春天出征的,到凯旋时已是冬天,草木变了样。大军在崇山峻岭的一个山谷里转来转去,最后迷了路,再也找不到归路。

齐桓公派出多批探子去探路,但仍然弄不清楚该从哪里走出山谷。时间一长,军队的给养就发生了困难。当时的情况已经非常危急,如果再不找到出路,大军就会困死在山里。

管仲思索了好久,有了一个设想:既然狗离家很远也能寻回家去,那么军中的马,尤其是老马,也会有认路的本领。于是他对齐桓公说:"大王,我认为老马有认路的本领,可以利用它在前面领路,带引大军出山谷。"

齐桓公同意试试看。管仲立即挑出几匹老马,解开缰绳,让它们在大军的最前面自由行走。也真奇怪,这些老马都毫不犹豫地朝一个方向行进。大军就紧跟着它们东走西走、最后终于走出山谷,找到了回齐国的大路。

齐军在山中行军的时候断了水。隰朋根据自己的经验说:"蚂蚁性喜温湿,所以冬天在山的南面筑巢,夏天就移到了山的北面。蚁巢的下面肯定有水。我们只要找到几个蚁巢,就可以解决饮水问题了。"

士兵们按照隰朋的指点,果然找到了水源,解决了饮水困难的问题。

管仲和隰朋都是智者,他们在面对困难的时候,不是一筹莫展,而是充分发挥自己的知识,找到了解决的办法,真可谓是"知者不惑"。历史上,关于这些充满智慧之人的故事讲也讲不完。当然,历史上不光有智者,还有许多勇者,他们面对豪强贵族和艰难险恶的环境之时,从来就没有表现出来一丁点的惧怕。

东汉初年的董宣就是一个不畏强暴、惩治豪族的勇者。汉光武帝在镇压了绿林、赤眉两支最大的起义军之后,接着又消灭了割据陇右和蜀地的两个割据政权,统一了中国。汉光武帝把洛阳作为都城。为了和刘邦建立的汉朝相区别,历史上把这个王朝称为"东汉"。

汉光武帝建立了东汉王朝以后,他知道老百姓对各地豪强争夺地盘的战争早已恨透了,决心采取休养生息的政策。例如减轻一些捐税,释放奴婢,减少官差,还不止一次地大赦天下。因此,东汉初年,经济得到了恢复和发展。

汉光武帝懂得打天下要靠武力,治理天下还需法令。不过法令也只能管老百姓,要拿它去约束皇亲国戚,那就难了。比方说,汉光武帝的大姐湖阳公主就依仗兄弟做皇帝,骄横非凡,不但她骄横,连她的奴仆也不把朝廷的法令放在眼里。

洛阳令董宣是一条硬汉子。他认为皇亲国戚犯了法,应该同样办罪。湖阳公主有一个家奴仗势行凶杀了人。凶手躲在公主府里不出来。董宣不能进公主府去搜查,就天天派人在公主府门口守着，只等那个凶手出来。

有一天，湖阳公主坐着车马外出，跟随着她的正是那个杀人凶手。董宣得到了消息，就亲自带衙役赶来，拦住湖阳公主的车。湖阳公主认为董宣触犯了她的尊严，沉下脸来说："好大胆的洛阳令，竟敢拦阻我的车马？"董宣可没有被吓倒，他拔出宝剑往地下一划，当面责备湖阳公主不该放纵家奴犯法杀人。他不顾公主阻挠，吩咐衙役把凶手逮捕起来，当场就把他处决了。这一下差点儿把湖阳公主气昏过去。她赶到宫里，向汉光武帝哭诉董宣怎样欺负她。

汉光武帝听了，十分恼怒，立刻召董宣进宫，吩咐内侍当着湖阳公主的面，责打董宣，想替公主消气。董宣说："先别打我，让我说完了话，我情愿死。"

汉光武帝怒气冲冲地说："你还有什么话可说的？"

董宣说："陛下是一个中兴的皇帝，应该注重法令。现在陛下让公主放纵奴仆杀人，还能治理天下吗？用不着打，我自杀就是了。"

说罢，他昂起头就向柱子撞去。汉光武帝连忙吩咐内侍把他拉住，董宣已经撞得血流满面了。汉光武帝知道董宣说得有理，也觉得不该责打他，但是为了顾全湖阳公主的面子，要董宣给公主磕个头赔个礼。董宣表示宁愿把自己的头砍下来，也不肯磕头。内侍把他的脑袋往地下摁，可是董宣用两手使劲撑住地，挺着脖子，不让内侍把他的头摁下去。内侍知道汉光武帝并不想给董宣治罪，可又得给汉光武帝个台阶下，就大声地说："回陛下的话，董宣的脖子太硬，摁不下去。"

汉光武帝也只好笑了笑，下命令说："把这个硬脖子撵出去！"

湖阳公主见汉光武帝放了董宣，心里很气，对汉光武帝说："陛下从前做平民的时候，还收留过逃亡的和犯死罪的人，官吏都不敢上咱家来搜查。现在做了天子，怎么反而对付不了小小的洛阳令？"

汉光武帝说："正因为我做了天子，就不能再像做平民的时候那样了。"

结果，汉光武帝不但没办董宣的罪，还赏给他三十万钱，奖励他执法严明。董宣回到官府，把这笔钱全分给了他手下的官员。

以后，董宣继续打击不法的豪门贵族。洛阳的土豪听到他的名声都吓得发抖，人们都称他是"卧虎"。

九、不怨天，不尤人

【名言】

子曰："莫我知也夫！"子贡曰："何为其莫知子也？"子曰："不怨天，不尤人。下学而上达。知我者其天乎！"

——《论语·宪问》

【译文】

孔子说："没有人了解我啊！"子贡说："怎么能说没有人了解您呢？"孔子说："我不埋怨天，也不责备人，下学礼乐而上达天命，了解我的只有天吧！"

【解读】

春秋时期，孔子终生为实现自己的主张而忙碌奔波，很少有人采纳他的政治主张，孔子对学生发感慨，子贡问为什么，孔子说自己"不怨天、不尤人"，"下学而上达"。他通过努力学习，悟出了"道"，所以才能做到"不怨天，不尤人"。

据说，孔子在卫国担任宰相一职的时候，他的弟子子皋被任命为一个监狱的监狱长。有一回，有个犯罪的人被子皋依照法律规定砍掉了左脚，这个人后来当了守门人。

当时，奸佞的小人无处不在，孔子按照自己的理想治理国家，难免会得罪一些奸佞小人。后来，这些人就联合起来在卫君面前说孔子的坏话。他们说："孔丘有治国平天下的抱负和才能，他的弟子也个个都有不凡的本领。现在，他在卫国已势力很大，我们听说他准备作乱，主公应该先下手为强啊！"

卫君听信了谗言，于是下令逮捕孔子。幸亏孔子事先得到了消息，赶快逃走了。同时，他派人通知弟子们，弟子们也一个个地逃走了。等子皋得到消息的时候，想要逃走为时已晚，因为追捕他的人已把他住的地方团团包围起来。

正在危急的时候，那个被子皋砍去左脚的守门人出现了。令子皋万万没有想到的是，这个人竟然是来救他的，看门人把子皋藏在一个地下室里。官兵到处搜索，没搜到子皋，就向看门人打听，看门人往东边一指，说子皋已经朝那个方向跑了。官兵信以为真，忙向东边追去。

半夜时分，看门人悄悄地给子皋送饭来了，子皋既深受感动，又有些不解，就问看门人："先前，我依照国家的法令砍掉了你的一只脚。现在正是你报仇的时候了，你为什么反而冒险帮我逃命呢？我凭什么得到你这么大的恩惠呢？"

看门人说："虽然我的脚是先生砍掉的，然而，当先生想给我治罪的时候，您反复权衡法律条文，非常希望能减轻对我的刑罚，这一点我是知道的。当定罪以后，您心中很痛苦，从脸色上就可以看出来，这一点我也是知道的。您并非是因为与我亲近才这样，而是因为您有一颗爱心，这就是我救你的原因。"

史书上没有记载这个被子皋砍掉左脚的人叫什么名字，但是这丝毫不影响他在天下人心目中的地位，因为他有"不怨天，不尤人"的坦荡胸怀！

十、过而不改，是谓过矣

【名言】

子曰："过而不改，是谓过矣。"

——《论语·卫灵公》

【译文】

孔子说："有了错误而不改正，这才是真正的错误呢。"

【解读】

人们教育犯错误的孩子时常说"有错就改就是好孩子"。当大人犯了错误，人们又常用"人非圣贤，孰能无过，过而改之，善莫大焉"来宽慰他。但是真正能做到有错就改的人能有多少呢？历史上无数的事例告诉人们，有错不改，终将酿成大祸。

周厉王生活奢侈，残酷地压迫和剥削百姓。当时有一个名叫凡伯的老臣忠心劝谏，却被厉王宠信的佞臣们所讥笑。凡伯非常着急，写了一首诗警告他们。

诗里有这四句："匪我言耄，尔用忧谑；多将熇熇，不可救药。"意思是：不是我老了，说些不该说的话，而是你们把忧患的事情当作儿戏。忧患还没有到来的时候，还可以防止，如果让忧患越来越多，像火焰猛烈燃烧起来，就没有法子救治了。

果然，不久，百姓们团结起来，打进王宫，把厉王放逐到彘这个地方，他最终死在了那里。

历史上，凡能成大事的人都是知错就改的人。《晋书·周处传》和《世说新语》中记载了周处除三害的故事。

周处原是东吴义兴人。他年轻的时候，个子高，力气比一般小伙子大。但是，他成天在外面游荡，不肯读书；而且脾气暴躁，动不动就拔拳打人，甚至动刀使枪。义兴的百姓都害怕他。

义兴邻近的南山有一只白额猛虎，经常出来伤害百姓和家畜，当地的猎户也制服不了它。当地的长桥下，有一条大蛟，出没无常。义兴人把周处和南山白额虎、长桥大蛟联系起来，称为义兴"三害"。这"三害"之中，最使百姓感到头痛的还是周处。

有一次，周处在外面走，看见人们都闷闷不乐。他找了一个老年人问："今年收成挺不错，为什么大伙还愁眉苦脸呢？"

老人没好气地回答："三害还没有除掉，怎样高兴得起来？"

周处第一次听到"三害"这个名称，就问："你指的是什么三害。"

老人说："南山的白额虎，长桥的蛟，加上你，不就是三害吗？"

周处吃了一惊。他想，原来乡间百姓都待他当作虎、蛟一般的大害了。他沉吟了一会儿，说："这样吧，既然大家都为'三害'苦恼，我把它们除掉。"

过了一天，周处果然带着弓箭，进山找虎去了。到了密林深处，只听见一阵虎啸，从远处窜出了一只白额猛虎。周处闪在一边，躲在大树背面，拈弓搭箭，"嗖"的一下，射中猛虎前额，结束了它的性命。周处下山告诉村里的人，叫几个猎户上山把死虎扛下来。

大家都挺高兴地向周处祝贺,周处说:"别忙,还有长桥的蛟呢。"

又过了一天,周处换了紧身衣,带了刀剑跳进水里去找蛟了。那条蛟隐藏在水深处,发现有人下水,想上来咬。周处早就准备好了,在蛟身上猛刺一刀。那蛟受了重伤,就往江的下游逃窜。周处一见蛟没有死,紧紧在后面追,蛟往上浮,他就往水面游;蛟往下沉,他就往水底钻。这样一会儿沉,一会儿浮,一直追踪到几十里以外。

三天三夜过去了,周处还没有回来。大家议论纷纷,认为这下子周处和蛟一定两败俱伤,都死在河底里了。本来,大家以为周处能杀死猛虎、大蛟,已经不错了,这下"三害"都死了,大家喜出望外。街头巷尾的人,一提起这件事,都是喜气洋洋,互相庆贺。

没想到到了第四天,周处竟安然无恙地回家来了。人们大为惊奇。原来大蛟受伤以后,被周处一路追击,最后流血过多,动弹不得,终于被周处杀死。

"三害"中的"两害"已经除掉了,周处决心将第三害也除掉。从此,他痛下决心,离开家乡到吴郡找老师学习。那时候吴郡有两个很有名望的人,一个叫陆机,一个叫陆云。周处去找他们,陆机出门去了,只有陆云在家。周处见到陆云,把自己决心改过的想法诚恳地向陆云谈了。他说:"我后悔自己觉悟得太晚,把宝贵的时间白白浪费掉。现在想干一番事业,只怕太晚了。"

陆云勉励他说:"别灰心,您有这样决心,前途还大有希望呢。一个人只怕没有决心和志气,不怕犯过错误。"

从此,周处一面跟陆机、陆云学习,刻苦读书;一面注意自己的品德修养。他的勤奋好学的精神受到大家的称赞。过了一年,州郡的官府都征召他出来做官。东吴被晋朝灭掉以后,他就成为晋朝的大臣。

晋代大书法家王羲之更是一个闻错即改的人。王羲之17岁时在母亲卫夫人的指点下书艺大有长进,笔锋初露,震惊了方圆百里,许多人赶来请他题字、写对联。王羲之少年得志,有些骄傲起来。

一天,他经过一家饺子铺,看见门楣上写着"鸭儿饺子铺",门的两边写着"经此过不去,知味且常来"。见这10个大字写得毫无骨力,结构又差劲,王羲之心想:"是谁写出这种字来献丑?"正想转过身去,可腹中感到饥饿,又见铺内食客满座,就走了进去。

王羲之见矮墙边有一口大锅,锅内沸水翻滚。只见一只只饺子从墙上飞来,不偏不倚只只都落入锅的中央,十分准确。他看后惊呆了。

王羲之坐下招呼伙计,不久伙计端上一大盘水饺,只见个个水饺玲珑精巧,活像浮在水面的游鸭。再尝尝饺子,鲜美可口,不一会儿他便把一盘水饺吃下肚去。

付账后,王羲之问店主在哪里,伙计指了指矮墙那边。他看见一位白发老太坐在一块大面板前独自擀饺子皮,包饺子馅,动作利索娴熟,不一会儿一批饺子便包好了。只见她一边与伙计讲话,一边随手把一只只饺子抛出墙外,连看都不看一眼。

王羲之惊叹不已,欠身问道:"敢问老妈妈,你学了几年才练成了这手功夫?"

"熟则50年,深练要一生。"白发老太回答说。

王羲之听了,心想,自己学写字不过十几年就自满起来,好不应该,不觉脸上一阵发热。

"贵店的饺子果然名不虚传,但门口的对联为什么不请人写得好一点?"

那老太一听生气地说:"你这位相公有所不知,我何尝不想请名人写副对子,只是像王羲之那种人架子太大,学了不到我这功夫的一半时间就眼睛抬上脑门,哪里会瞧得起我这店铺?我看他的那点功夫还比不上我这扔饺子功夫的一半深呢!"说完只顾做饺子,看也不看王羲之一眼。

王羲之听了这番话,面红耳赤。

第二天他亲自把给饺子铺写好的一副对联送到白发老太手中。白发老太收了这副对子,见来人便是王羲之,不好意思地说:"昨天不知王相公到来,言语失敬了,还请王相公原谅!"

王羲之回答说:"师傅给学生讲的一番话,真是胜读十年书啊!您老就是我的师父,请受学生一拜。"

此后,王羲之格外虚心刻苦练习,把水饺老太讲的话当作座右铭,终于成为一代"书圣"。

第二节　处世之法

以孔子为代表的儒家,其最突出的特色之一就是关于人伦关系的论述。人生在世,如何处理人伦关系,是一门大学问,即处世之道。孔子所倡导的处世之道是以他思想的核心——"仁"为基础,"仁"的表现——"义"为尺度,"礼""智""信"等为参考标准的一整套理论。

孔子的这一整套处世理论不但提出了处世的基本原则,也阐释了处世的一些具体方法,如"以直报怨,以德报德","泰而不骄","讷于言,而敏于行"等。这套理论在今天仍有非常积极的参考作用,可以作为人们处世的指导理论!

一、君子欲讷于言,而敏于行

【名言】

子曰:"君子欲讷于言,而敏于行。"

——《论语·里仁》

【译文】

孔子说:"君子说话要谨慎,而行动要敏捷。"

【解读】

说话谨慎对于一个人的为人处世非常重要。一旦言行不慎就将带来极大的危险。作为统治者的宋闵公就是由于言行不慎而命丧黄泉的。周庄王十三年春天,齐国宋国联合攻鲁国,宋国大将南宫长万在作战中被俘虏,鲁庄公爱惜南宫长万力大无穷,不愿杀他,就将其放回了宋国。

南宫长万失败而回,宋国国君宋闵公冷嘲热讽地笑话他说:"我刚开始时敬佩你。现在你被俘虏后放回，我已经不敬佩你了。"

南宫长万非常惭愧。宋闵公经常让南宫长万扔戟取乐。因为南宫长万有一绝技，能把戟扔到半空中，然后徒手接住，从来没失手过。因此，众人都夸长万手艺高。

作为国君的宋闵公很忌妒长万，于是与长万赌酒，长万输了几次，渐渐有点醉了。长万输急了，仍然要和宋闵公赌。宋闵公说："你是常败将军，怎么能赢我呢？"

当时，正值周釐王即位。南宫长万主动请示，说要替宋闵公去贺喜，宋闵公又刺激他说："宋国没有人了吗？你一个被放回的囚犯，怎么能配做我的使者？"

旁观者闻言哗然大笑。南宫长万恼羞成怒，再也无法控制自己。他没费吹灰之力，一把抢过他的戟，把宋闵公杀死了。就这样。一代国君因一句戏言而一命呜呼。

一个人如果说话谨慎，行为得体，就会赢得人心，无论远近都会响应；如果说得不对，就会失掉人心，无论远近都将违背逆离。得人心者得天下，失人心者失天下。要成就大事，最重要的是得人心。因此，任何人都要三思而后言，不能出"不善"之言。

曹参是汉朝的开国功臣，汉朝第一任宰相萧何死后，曹参对手下的人说："赶快准备行装，我要上任当宰相！"没多久，朝廷使者果然来催曹参赴任。萧何和曹参是同乡，在还没有发迹时，萧曹的关系很好，亲如兄弟，但成为汉朝的将相后，两人之间产生了矛盾，平时甚少来往。不过萧何并没有因此而排挤曹参，反而在临死前向汉惠帝推荐曹参接替自己为宰相。

汉朝的律令是汉高祖命令萧何主持制定的，曹参深知萧何制定的这些律令已经非常完善，对恢复经济、稳定社会有非常重要的作用，不容变更，所以在施政方面完全按照萧何制定的政策措施办事。

在用人方面，曹参专门选用那些言语不多、性格稳重、有长者风范的人担任丞相府官吏，对那些能言善辩之徒、舞文弄墨之辈加以排斥。曹参任宰相虽然只有短短三年，但成效显著，国家安宁稳定，人民安居乐业。

西汉名将周勃就是一个寡言少语而位列公侯之人。周勃在汉朝建立后被封为绛侯，官至太尉、宰相。史书称周勃"言事曾不能出口"，刘邦称周勃"重厚少文"，并预言他日

"安刘氏者必勃也"。后来周勃在铲除吕氏势力中立了头功,应验了刘邦的预言。

东汉名将吴汉也是一位言语不多,有勇有谋的人。他追随光武帝刘秀南征北战,立下汗马功劳,官至大司马。

吴汉在战场上不怕失败,百折不挠,但在朝廷上似乎变成另外一个人,"斤斤谨质,形于体貌",从不夸耀自己的战功,深受光武帝的器重。

唐朝名将李靖精通兵法,是战场上的常胜将军,连唐太宗李世民也经常向他讨教兵法。但李靖并非能言善辩之人,史书称李靖"性沉厚,每与时宰参议,恂恂似不能言"。

曹参、周勃、吴汉等人言语谨慎,这不但没有影响他们的前途,反而是锦上添花!

当然,由于言行不慎造成泄密的事情在古往今来的历史上也有很多。一个晚上,德国军官别利茨和伦格,送他们的俄语教员娜佳(苏军女侦察员)回家时,别利茨对娜佳说:"和你这样漂亮的小姐分别,我真舍不得!"

"怎么,你要到别处去?"娜佳惊奇地问。

"过几天我要到红博尔休假。"

"那可是个好地方,树林茂密,鸟语花香……"娜佳高兴地说。

伦格急忙插话说:"可是现在那里是个火药桶。只要一颗炸弹下去,就会送你见上帝去,哈哈!"

说者无意,听者有心。娜佳很快把有关红博尔弹药库的情报送到了苏军指挥部。就这样,一句玩笑话毁掉了一座弹药库。

同样是第二次世界大战期间,美国一名海军战士在他服役的军舰即将由美国开往欧洲作战时,因为来不及当面向女友告别,便借用一个公共茶室的电话通知了她。在电话中,他把出发时间、航行路线和目的地都说了出来。不巧的是,当时茶室中正好有一名德国间谍。他把这位美国士兵所说的话全部记下,立即用无线电报告了德国情报当局。

结果可想而知,这艘美国军舰出海不久便被德国潜艇击沉了。

【名言】

子曰："三军可夺帅也，匹夫不可夺志也。"

——《论语·子罕》

【译文】

孔子说："三军人数虽多，如果军心不齐，统帅可以被俘虏，但一个普通人的意志却不能被改变。"

【解读】

一个人的生命可以被外界的力量所毁灭，哪怕他是三军的统帅。但是，一个人的意志是内在的东西，只要意志足够坚定，什么力量也毁灭不了。

辕固，是汉景帝时的有识之士。当时朝廷中很多人都十分尊敬他，有什么问题，都喜欢向他请教。景帝的母亲窦太后很喜欢道家大师老子的书。一天，她叫辕固解释老子书中所讲的道理。哪知辕固崇尚儒家学说，轻视道家学说。他接过书，故意瞟了两眼，然后在手中一扬，满含讥讽地说："这上面写的，只不过是些家僮仆役的见解罢了！"

太后一听，大怒，脸涨得紫红。居然有人敢嘲笑她喜欢的书，居然有人敢这样在她面前说，这不是轻侮了她吗？

她叫道："这是遍城都寻不到的好书！"

太后说罢，命令辕固跳进猪圈去击猪，直到把猪打死。这个方法是太后故意用来侮辱人的，谁要是冒犯了她，她就要叫谁到猪圈里和猪一起滚打。看着这情景，她感到非常开心，非常解恨。

辕固不敢违抗，只得忍着内心的怨愤下到散发出刺鼻臭气的猪圈里去。他想："我宁肯击猪，也决不为了迎合太后，而说些违心的、赞美道家的话。"但是，怎么能把那头大肥猪打死呢？只见那猪"嗷嗷"直叫，在猪圈中乱跑着，辕固满头大汗拼命地追赶着，时而摔一跤,弄得猪粪满身。

窦太后在一旁开心地笑着……

有人把这事呈报给汉景帝。景帝一听太后发怒,心里有些惧怕,但想到辕固心直口快,有啥说啥,而且是一位有自己的见解和意志坚定的大学者,觉得不应该这样对待他!

汉景帝心里很着急,他想到辕固正在猪圈里与猪搏斗,心里就一阵难过。想个什么办法来帮助辕固呢?

这时,宫廷门外正走过一队巡逻的武士。汉景帝看到武士身上的佩剑,心生一计,便叫人赶快给辕固送去一把刀。

辕固拿到刀,看着那青光闪闪的锋刃,心中好生感激:"皇上竟如此尊重我,帮助我,保护我!"想到这里,他浑身是劲,一刀就把猪宰了。

从这件事上,汉景帝更多地了解到辕固的刚直性格和坚定的意志,便封他为清河太傅。

南宋末年的文天祥也是一位铁骨铮铮、意志遇难弥坚的人。南宋末年,朝廷偏安江南,国势弱小,北方蒙古族于 1271 年结束了内部为争夺皇位而自相残杀局面,建立了元朝。随后,元朝把侵略矛头直指南宋。1273 年,丞相伯颜统 20 万大军攻下襄、樊,以此为突破口,顺江而下。两年不到,元军已经开进到南宋首都临安的近郊。南宋面临着亡国的严重威胁。文天祥就是在这种形势下出现的抗击侵略的英雄。

南宋朝廷长期为投降派所把持。在 1259 年,宰相贾似道便以称臣、割江北地区和岁银、绢各 20 万两、匹为条件,暗中屈膝求和。伯颜意在灭宋,并不停止南侵。1275 年,贾似道的 13 万大军被消灭,南宋朝廷便再无可用之兵。

此时宋恭帝在位,年仅四岁,太皇太后谢氏临朝听政,不得不发出"哀痛诏",号召天下迅速举兵"勤王"。文天祥当时正担任赣州知府,他"捧诏涕泣",并立即行动,在两三个月内便组织了一支近万人的"勤王"队伍。随后,文天祥带着部队几经周折,赶到了临安。而在成千上万大小地方官中,带兵勤王的只不过他和张世杰等三人而已,这个政权腐朽到什么程度,可见一斑。

1276 年正月，伯颜兵临皋亭山，左相留梦炎投降叛变。其他大臣也纷纷投降。伯颜虽愿受降，却要右相陈宜中去元营洽谈，陈宜中哪有这个勇气？当天晚上便逃之夭夭。

此时，文天祥毅然临危受命，但不是去投降，他考虑的是"战、守、迁皆不及施"，他甚至想借此机会观察一下敌营的虚实，以谋"救国之策"。但是他没有想到，正当他指斥伯颜扣押南宋大臣不让其返回宋营，他的义兵则同时被投降派命令解散。敌人的凶残不曾使文天祥受困，昏庸的朝廷和无耻的投降派却使他遭到了第一次严重的挫折。

1276 年 2 月，文天祥被押送去大都，行至京口，在义士的帮助下，逃脱了虎口，据他在《指南录后序》所记，至少有 16 次幸免于死，经过千辛万苦，于 4 月初逃到了温州。此时他听说度宗的两个儿子，即恭帝的两个兄弟已逃到福州，于是立即上表劝进。不久，文天祥到达福州，任右丞相兼枢密院事，后又命为同都督。7 月，文天祥便在南剑州打起帅旗，号召四方英雄豪杰起兵，收复失地。

1277 年 3 月，文天祥统兵进军江西，收复南部数十州县，同时围困赣州，湖南、湖北皆起而响应，震撼了江南，鼓舞了人民的反侵略意志，使元统治者大为惊慌。元军忙调 40 万大军来解赣州之围，另派兵 5 万追击文天祥。由于寡不敌众，文天祥只好退兵。

文天祥并没有灰心丧气，他下定决心抗元到底。1278 年 11 月，他收拾残军，加以扩充，移兵广东潮阳，不幸于 12 月兵败五坡岭。文天祥自知难以逃出重围，便准备自尽，免遭污辱，但他并未死，而在昏迷中被俘了。

1279 年 10 月，元平章阿合马来文天祥住所劝降，文天祥长揖就座，不把他放在眼里，阿合马却要他下跪。文天祥说："南朝宰相见北朝宰相，何跪？"

阿合马以胜利者自居，傲慢地说："你何以至此？"

文天祥嘲讽地说："南朝若早用我为相，你去不

文天祥

了南方,我也不会到你这里来,你有什么可神气的?"

阿合马用威胁口气对左右说:"此人生死尚由我。"

文天祥正义凛然道:"亡国之人,要杀便杀,道甚由不由你。"

阿合马自讨没趣,灰溜溜地走了。

同年年底,元丞相孛罗审问文天祥。孛罗一来就摆威风,要文天祥跪下,遭到他的严词拒绝,左右便用武力强使文天祥作跪拜状。文天祥凛然说道:"天下事,有兴有废,自古帝王以及将相,灭亡诛戮,何代无之? 天祥今日……至于此,幸早施行。"

临刑前夕,元朝皇帝忽必烈亲自出马劝降,以宰相之职作为诱饵,妄图使文天祥投降,但遭到文天祥严厉拒绝。忽必烈只好问他:那你究竟要什么呢? 文天祥回答说:"愿以一死足矣!"

文天祥这种视死如归的伟大精神使得敌人束手无策,一筹莫展。文天祥以生命的代价维护了他的意志,演奏了一曲"匹夫不可夺志"的千古绝唱,也以铁铮铮的事实成就了他的千古英名。

三、君子和而不同,小人同而不和

【名言】

子曰:"君子和而不同,小人同而不和。"

——《论语·子路》

【译文】

孔子说:"君子能够协调左右但并不盲从附和,小人则只会盲从附和而不能和他人和睦相处。"

【解读】

大智者共事,常常能够求大同,存小异。也就是说,在原则性的问题上,大家各自摆明自己的观点,经过讨论或争论之后,总能够达成一致,较少固执己见。他们很会取人长，补己短。这样的人进步是很快的，也容易与人相处。

小人聚合，在感情和义气上会很快地融合，以求大家和和气气。在这样的群体中，伤和气是大忌，会使人离心离德。这样的组合往往是短命的。

唐朝的娄师德和狄仁杰就是一对大智者。娄师德，字宗仁，郑州原武人，唐朝大臣、名将，曾任宰相。娄师德最大的特点是事事讲究忍让。

据《新唐书》记载，娄师德的弟弟被任命为代州刺史后，兴致勃勃地来向哥哥辞行。在兄弟二人就要分手的时候，弟弟问哥哥还有没有什么要交代的。

娄师德语重心长地询问道："我坐在宰相的位置上，你现在又要去当州官，我们兄弟二人可以算得上是这个时代的佼佼者了。但是，我们荣宠过盛，必定有人暗自忌恨我们，对此你有什么对策吗？"

听到哥哥这样问，弟弟马上跪在地上说："我是这样打算的，假如现在有人往我脸上吐唾沫，我一定会自己擦干净，决不为此和人计较。请哥哥指点，这样做行不行？"

听完兄弟的话，娄师德神色忧虑地说："你的做法正是我所忧虑的！"

弟弟本来想哥哥会表扬他几句，没想到哥哥竟不以为然，一下子不好意思起来："那应该怎么办呢？"

"怎么办？我的意思是不擦！你想啊，别人好不容易把唾沫吐在了你的脸上，你却一擦了之，别人的快感还从何而来？别人没有了快感，那他一定还会继续忌恨你的。我建议，别人往你脸上吐唾沫，你不应该自己擦掉，而应该等待自然风干。在这个过程中，你还应该保持微笑！"

这就是"唾面自干"的典故，表现了娄师德的谦让。除了谦让，娄师德的肚量大也被广泛传颂，以至于后人经常说他是"宰相肚里能撑船"。

那么娄师德和狄仁杰有什么关系呢？表面看起来很简单，娄师德和狄仁杰是同事——两个人一同做相国。

尽管同为相国，但两个人的能力却有差别。狄仁杰出类拔萃，而娄师德却显得有些平庸。尽管娄师德是个谦谦君子，从来不会和任何人发生矛盾，但盛气凌人的狄仁杰就是看不惯娄师德和自己平起平坐。因此,平时挤对起娄师德来,狄仁杰都是不遗余力。

娄师德任凭狄仁杰怎么欺负他,似乎都不放在心上,而且似乎也没什么怨言。这样一来,反而让外人都看不过去了,他们认为狄仁杰连娄师德都不放过是不是有些太过火了。但大家都知道狄仁杰向来自高自大的秉性,所以也没有一个人敢出来调解此事。最后,连武则天也看不下去了,她只好亲自出面做狄仁杰的工作。

有一天,散朝的时候,武则天留下狄仁杰,聊了几句,武则天单刀直入地问狄仁杰:"我这么重用你,你知道这是为什么吗?"

狄仁杰答得也很干脆:"我是一个从来不知道依靠别人的人,而皇上您最后居然重用了我,我想一定是因为我的文章出色外加品行端方。"

尽管这样的回答在武则天的意料之中,但是狄仁杰的口气还是令她有些小小的不快,她尽量用平静的语气说道:"狄先生啊,这你就只知其一,不知其二了。当年,我对你其实一点也不了解,为什么想起来提拔你啊,全仗有人在我面前推荐你。"

这次轮到狄仁杰吃惊了:"真的啊?我怎么想不起来会是谁推荐了我呢?"

"给你三次机会,你猜一下吧?但我想,就是给你十次机会你也猜不出来!"

狄仁杰是个聪明人,见皇上这么说,就顺口答道:"那就请皇上您直接告诉我好了。"

"告诉你吧,你能有今天,靠的不是别人,而是娄师德,就是他在我面前三番五次地推荐你!"

武则天似乎看出来了狄仁杰的惊诧和难以置信,她随即让侍从取来档案柜,笑着对狄仁杰说:"你自己打开看一下里面的东西吧。"

档案柜打开了,十几封写给皇上的推荐信一一呈现在狄仁杰面前,这些推荐信的主题只有一个,那就是推荐狄仁杰担任重要职务。十几封推荐信的作者也只有一个,那就是娄师德。这一下轮到狄仁杰无地自容了,原来自己能有今天,靠的全是娄师德当年的大力推荐。而更令他惭愧的是,娄师德居然从来不居功自傲,一直默默承受冷嘲热讽而不做任何解释!娄师德之所以能做到容人之过,就在于他深知"君子和而不同"的道理。

从此,狄仁杰也收敛了很多,他和娄师德共同研究朝政,尽量做到求同存异,再也不嘲讽娄师德了。

四、君子泰而不骄，小人骄而不泰

【名言】

子曰：“君子泰而不骄，小人骄而不泰。”

——《论语·子路》

【译文】

孔子说：“君子安静坦然而不傲慢无礼，小人傲慢无礼而不安静坦然。”

【解读】

西晋人羊祜是一个“泰而不骄”的君子。羊祜出身于官宦世家，是东汉蔡邕的外孙，晋景帝司马师的献皇后的同母弟。他为人清廉谦恭，毫无官宦人家奢侈骄横的恶习。

他年轻时曾被荐举为上计吏，州官四次征辟他为从事、秀才，王府也请他做官，他都谢绝。有人把他比作孔子最喜欢的学生——谦恭好学的颜回。曹爽专权时，曾任用他和王沈。王沈兴高采烈地劝他一起应命就职，羊祜却淡淡地回答：“委身侍奉别人，谈何容易！”

后来曹爽被诛，王沈因为是他的属官而被免职。王沈对羊祜说：“我应该记住你以前说的话。”羊祜听了，并不夸耀自己有先见之明，说：“这不是预先能想到的。”

晋武帝时，因他多有功绩，被多次封赏，羊祜常常辞让，态度恳切，因此名声远播。朝野人士都对他推崇备至，以至于有人认为他应居宰相的高位。

羊祜历职二朝，掌握机要大权，但他本人对于权势却从不钻营。他筹划的良计妙策和议论的稿子，过后都焚毁，所以世人不知道其中的内容。他常推荐有能力的人，却从不张扬，被推荐者也不知道是羊祜荐举的。

有人认为羊祜过于谨慎了，他却说：“古人的训诫，入朝与君王促膝谈心，出朝则佯称不知。这我还恐怕做不到呢！不能举贤任能，有愧于知人之难啊！况且在朝廷签署任命,官员到私门拜谢,这是我所不取的。"

羊祜平时清廉俭朴,衣被都用素布,得到的俸禄全拿来周济族人或者赏赐给军士,家无余财。他临终留下遗言,不让把他的官印放进棺枢,不愿按侯爵级别殓葬自己。晋武帝非常感动,便下诏说:"羊祜一向谦让,志不可夺。身虽死,谦让的美德却仍然存在,遗操更加感人。这就是古代的伯夷、叔齐之所以被称为贤人,季子之所以保全名节的原因啊!"

羊祜是成功的,上至一国之主,下至黎民百姓,都对他表示敬佩。这才是真正的"泰而不骄"的君子啊!

历史上"骄而不泰"之人也有很多。三国时期的杨修便是因为处处张扬,处处表现出骄傲而丧命的。这个故事在《三国演义》中被演绎得淋漓尽致。

曹操出兵汉中进攻刘备,困于斜谷界口,欲要进兵,又被马超拒守,欲收兵回朝,又恐被蜀兵耻笑,心中犹豫不决。正碰上厨师进鸡汤,曹操见碗中有鸡肋,因而有感于怀。正沉吟间,夏侯惇入账,禀请夜间口号。曹操随口答道:"鸡肋!鸡肋!"

夏侯惇便传令众官,都称"鸡肋!"

行军主簿杨修见传"鸡肋"二字,便教随行军士收拾行装,准备归程。有人报知夏侯惇。夏侯惇大惊,遂请杨修至帐中问道:"你为什么收拾行装呢?"

杨修说:"从今夜的号令来看,便可以知道魏王不久便要退兵回国。鸡肋,吃起来没有肉,丢了又可惜。现在,进兵不能胜利,退兵恐人耻笑,在这里没有益处,不如早日回去,明日魏王必然班师还朝,所以先行收拾行装,免得临到走时慌乱。"

夏侯惇说:"您真是明白魏王的心事啊!"他也收拾了行装。军寨中的诸位将领也都在准备回去的行装。

曹操得知这个情况后,传唤杨修问他,杨修用鸡肋的意义回答。曹操大怒:"你怎么敢造谣生事,动乱军心!"说完便喝令刀斧手将杨修推出去斩了,将他的头颅挂于辕门之外。

原来杨修凭借自己的才能而对自己的行为不加约束,屡次犯曹操的大忌。有一次,曹操造了一所后花园。落成时,曹操去观看,在园中转了一圈,临走时什么话也没有说,只在园门上写了一个"活"字。工匠们不了解其意,就去请教杨修。杨修对工匠们说:"门内添活字,乃阔字也。丞相嫌你们把园门造得太宽大了。"

工匠们恍然大悟,于是重新建造园门。完工后再请曹操验收。曹操大喜,问道:"谁领会了我的意思?"

左右回答:"多亏杨主簿赐教!"

曹操虽表面上称好,而心底却很忌讳。

又有一天,塞北有人给曹操送了一盒精美的酥,想巴结他。曹操尝了一口,突然灵机一动,想考考周围文臣武将的才智,就在酥盒上竖写了"一盒酥"三个字,让使臣送给文武大臣。大臣们面对这盒酥,百思不得其解,就向杨修求教。

杨修看到盒子上的字,竟拿取餐具给大家分吃了。大家问他:"我们怎么敢吃魏王的东西?"

杨修说:"是魏王让我们一人一口酥嘛!"在场的文臣武将都为杨修的聪敏而拍案叫绝。

而后,曹操问其故,杨修从容回答说:"盒上明明写着'一人一口酥',怎么敢违抗您的命令呢?"曹操虽然喜笑,而心里却很讨厌杨修。

曹操多猜疑,生怕人家暗中谋害自己,常吩咐左右说:"我梦中好杀人,凡我睡着的时候,你们切勿近前!"

有一天,曹操在帐中睡觉,故意落被于地,一近侍慌取被为他覆盖。曹操即刻跳起来拔剑把他杀了,然后又上床接着睡。睡了半天起来的时候,假装做梦,吃惊地问:"是谁杀了我的侍卫?"

曹操痛哭,命厚葬近侍。人们都以为曹操果真是梦中杀人,唯有杨修又识破了他的意图,临葬时指着近侍尸体而叹惜说:"不是丞相在梦中,是你在梦中啊!"曹操听到这话后更加厌恶杨修了。

曹操的第三个儿子曹植,爱慕杨修的才华,经常邀请杨修谈文论史,终夜不停止。曹操与众人商议,想立曹植为太子。曹丕知道这件事情后,秘密地请朝歌的长官吴质到他家里商议,因为怕有人觉察到,就把吴质藏在大簏子中,只说是绢匹在内,拉到自己家中。

杨修知道这件事情后,径直来告诉曹操。曹操派人到曹丕的家中秘密观察。曹丕惊慌地告诉吴质。吴质说:"不要担忧,明天再用大簏子装上绢进家来迷惑他们。"

曹丕按照吴质的话,又用大簏子载了一些绢进家。曹操的使者搜查簏子中,果然是绢,就回报曹操,曹操因此怀疑杨修潜害曹丕,更加讨厌杨修。

曹操想试试曹丕和曹植的才华。一天,命令他们哥俩各出邺城的大门,却私下里让人吩咐看大门的官吏,不让他们放这哥儿俩出去。曹丕先到大门前,看大门的官吏阻拦他,曹丕只得退回。曹植听说后,向杨修请教怎么办。杨修说:"你奉了王命出大门,如果有阻挡的,就把他斩掉即可。"

曹植听信了他的话,等到了大门,门吏阻拦住他,曹植大声叱骂他说:"我奉王命出门,看谁敢阻挡?"说完立即斩了拦他的官员。

于是曹操认为曹植有能耐。后来有人告诉曹操说:"这是杨修教曹植这么干的。"曹操大怒,因此也不再喜欢曹植了。杨修又曾经为曹植作答教十多条,只要曹操问问题,曹植就依照一条一条地回答。曹操只要拿军事大事问曹植,曹植对答如流。曹操心中特别怀疑。后来曹丕暗地里买通了曹植左右的人,偷了答教来告诉曹操。曹操见了大怒说:"这小子敢这样欺骗我!"这时就产生了杀杨修的心思,然后就借惑乱军心的罪名杀了他。

五、以直报怨,以德报德

【名言】

或曰:"以德报怨,何如?"子曰:"何以报德? 以直报怨,以德报德。"

——《论语·宪问》

【译文】

有人问孔子:"如果用恩德来回报别人对自己的怨仇,行不行呢?"孔子回答说:"这样的话,你将用什么来报答别人对你的恩德呢?不如以公正对待怨仇,以恩德报答恩德。"

【解读】

人们常说"以德报德,以德报怨",而圣人却说"以直报怨,以德报德"。"以德报德"自然无可厚非,而"以德报怨"则超出了人类情感所能承受的限度,根本不是普通人能够做到的。圣人所提倡的"以直报怨"则讲究以公正、率直来对待仇怨,这是一种非常理性的处世态度。

在美国民间流传着一个"以直报怨"的故事。有一位美军上校,在军界和政界都颇有威望。弗吉尼亚州举行州议员选举的那一年,上校支持了一位他喜欢的候选人,而托马斯却是另一个候选人的拥护者。两位候选人的支持者为拉选票,经常打口水仗,上校和托马斯也经常因此发生口角,结下了仇怨。

有一次,上校在卫兵的陪同下四处为自己支持的候选人拉选票。恰巧,托马斯也在为自己拥护的候选人拉选票。他们在一个公共场所相遇了,为了证明自己的选择更正确,他们又发生了激烈的争论。渐渐地,争论变成了人身攻击,两个人都用自己所能想到的最恶毒的词语攻击对方,互不相让。

上校的口才非常好,他冷嘲热讽,唇枪舌剑,渐渐占得了上风。托马斯明显招架不住了,他不禁恼羞成怒,挥起一拳,打在了上校的脸上。这一拳打得非常重,上校一头栽在了地上,半天也没有爬起来。

上校的卫兵岂能眼睁睁着自己的长官吃亏呢?他们立刻扑过去,揪住托马斯,要动拳头。上校见状,连忙喝住卫兵,他说:"我们不必在公共场所打架斗殴,等以后有机会再收拾这个无礼的家伙。"

托马斯不知道上校会用什么手段来对付自己,非常担心,晚上甚至愁得睡不着觉。不过,他一点也不后悔打了那一拳,只是后悔那一拳打得太重了,上校肯定不会善罢甘休。

第二天早上,上校派人给托马斯送来了一封信,约他到城市的一个酒店见面。托马斯估计到时候肯定会发生一场决斗。托马斯是个视荣誉为生命的人,他明知此去凶多吉少,但还是慨然赴约了。

当他来到约会的那家酒店时,他被眼前的景象惊呆了,因为他没有看见手枪和长剑,只看见一桌子的美酒佳肴。上校笑容可掬地迎上来,伸出手说:"托马斯先生,我决定用美酒对付你。我们之间的仇怨完全是因为政见不同,所支持的候选人不同而引起的。我们完全没有必要以仇人的态度来对待彼此。如果你愿意的话,让我们做个朋友吧!"

托马斯被上校"以直报怨"的气度征服了,他对上校佩服得五体投地。此后,他成了上校最忠实的崇拜者之一。多年以后,当上校竞选总统之时,托马斯是最忠实的拥护者。这位上校就是美国历史上最伟大的总统之一——华盛顿。

"以德报德"的例子在生活中就更多了。我们素来讲究"受人滴水之恩,当以涌泉相报",其中所包含的道德标准便是"以德报德"。

有一位亿万富翁自知自己将不久于人世,就把独生子叫到了病床前,叮嘱他说:"我用一生给你积攒了两样东西,一是我的财富,二是我一生当中唯一的朋友。我的朋友住在很远的地方,这是他的地址,当你遇到无法解决的困难之时,就可以去找他。"

说着,富翁就将纸条交到儿子的手中。不久后,富翁就去世了。失去了父亲,儿子自然悲痛万分,但他对父亲临终遗言感到不解:"我分明有许多形影不离的好朋友,父亲也是知道这一点的,他为什么要我在遇到困难时去找他那在远方的唯一的朋友呢?"带着一丝不解,儿子还是听从了父亲的教诲,把写有父亲唯一的朋友的地址的纸条保存在一个稳妥的地方。

此后的日子里,儿子依然像父亲在世的时候一样花钱如流水,他不但经常宴请自己那些形影不离的朋友,还在他们遇到困难时慷慨解囊。但是他却没有像父亲一样努力经营他留下来的生意。就这样,由于进账少,而花费又实在太大,他很快就把父亲留下来的钱财花光了。他的那些曾经形影不离的朋友逐渐远离了他。在他几乎一无所有的时候,他向那些他曾经帮助过的朋友们寻求帮助,但这些曾经非常热情的朋友一个个都变得冷漠至极。

无奈之下,他只好靠借高利贷度日。有一次,几个放高利贷的人向他要账,由于对方恶语相向,他一气之下竟将对方打了个头破血流。他知道自己惹了祸,也许过不了多久自己就会被抓进监狱。想到这里,年轻人害怕起来,他想到朋友们那里去躲一躲,让他们帮助自己渡过劫难。他连夜到各个朋友家中敲门求助,但是没有一个人愿意惹官司上身,很多人连家门都不愿意让他进。

这时,他才想到父亲临终遗言。于是,他打点了行囊,去寻找父亲说的那位唯一的朋友去了。一路上,他历尽了磨难,终于来到了父亲生前的老友门前。这位老友显然并不富裕,年轻人看到这些不由得又对父亲的话多了几分不解。当他疑虑重重地向老人说明自己的身份,表明自己的处境之后,老人飞快地将他拉到了家中,马上叫老伴为年轻人准备饭菜,他自己则迅速走了出去。

过了一段时间,老人满头大汗地赶了回来,他怀里还抱着一个看起来年代很久的坛子。老人打开坛子,里面竟然有几十块闪闪发光的金币。年轻人大吃一惊!更令年轻人感到意外的是,老人竟然将金币全部送给了他。老人一边将金币递给年轻人,一边说:"这些金币是我年轻时受到你父亲的帮助,做生意赚来的,你全部拿去吧,用它们还清债务,剩下的钱你就用它们像你父亲一样去创造财富吧!"

年轻人的朋友虽然受到了他的帮助,但是却没有在他陷入困境之时帮助他。从友谊的角度来讲,他们算不上真正的朋友;从道德角度来讲,他们根本不懂得"以德报德"的道理。而老人不管是从友谊的角度,还是从道德的角度来讲,都是一个受人"滴水之恩,以涌泉相报"之人。

六、君子求诸己,小人求诸人

【名言】

子曰:"君子求诸己,小人求诸人。"

——《论语·卫灵公》

【译文】

孔子说:"君子事事严格要求自己,小人事事严格要求别人。"

【解读】

这句话有两层含义：一是说君子注重修身，对自己严格要求，而小人则总是要求别人为自己做这做那；二是说君子一切靠自己，而小人则常常依靠别人。君子并非无欲无求，只不过他们通常奋发图强，依靠自己的能力而为之。

金无足赤，人无完人。人活在世上，谁都难免有这样或那样的缺点和错误，谁都难免有丑陋的一面。所以，人人都有可能犯错误，不管他是君子，还是小人。但是君子和小人对此的理解是完全不同的。当遇到事情的时候，君子首先想到的是如何要求自己，而小人首先想到的却是如何要求别人。

在遇到困难的时候，首先要把心情平静下来。用焦躁的心去看问题、处理问题是非理性的，就好比一个人掉进沼泽地，越是挣扎陷得越深。掉进沼泽地后最明智的办法就是保持冷静，不要乱动，有可能的话把身体放平，慢慢想办法自救或等待救援。

遇到问题的时候严格要求自己，这是一种正确的态度。其实，我们不但要严格要求自己，还要充分发挥自己的能力，做好每一件事情。有一个民间故事，讲的就是这个道理。

有一天，有个农夫的一头驴子不小心掉进一口枯井里，农夫绞尽脑汁想办法救驴子。但几个小时过去了，驴子还在井里痛苦地哀号着。最后，这位农夫决定放弃，便请来左邻右舍帮忙一起将井中的驴子埋了。

农夫的邻居们人手一把铲子，开始将泥土铲进枯井中。当这头驴子意识到自己的处境时，刚开始哭得很凄惨，但出人意料的是，一会儿这头驴子就安静下来了。

农夫好奇地探头往井底一看，出现在眼前的景象令他大吃一惊：当铲进井里的泥土落在驴子的背部时，驴子的反应令人称奇——它将泥土抖落在一旁，然后站到铲进的泥土上面。

就这样，驴子竟然慢慢地上升到井口，然后在众人惊讶的表情中快步地跑开了！

驴子在遇到险境的时候，借助外界的力量，发挥了自己的所有能力，挽救了自己的生命。但是农夫却绞尽脑汁也没有想到解救驴子的办法。由此可见，只有依靠自己，才能做好每一件事情。

还有一个故事，讲的也是求人不如求己。

某人在屋檐下躲雨，看见观音正撑伞走过。这人说："观音菩萨，普度一下众生吧，带我一段如何？"

观音说："我在雨里，你在檐下，而檐下无雨，你不需要我度。"

这人立刻跳出檐下，站在雨中："现在我也在雨中了，该度我了吧？"

观音说："你在雨中，我也在雨中，我不被淋，因为有伞；你被雨淋，因为无伞。所以不是我度自己，而是伞度我。所以你不必找我，请自找伞去！"说完便走了。

第二天，这人遇到了难事，便去寺庙里求观音。走进庙里，才发现观音的像前已经有一个人在拜，那个人长得和观音一模一样，丝毫不差。

这人问："你是观音吗？"

那人答道："正是。"

这人又问："那你为何还拜自己？"

观音笑道："我也遇到了难事，但我知道，求人不如求己。"

七、道听而途说，德之弃也

【名言】

子曰："道听而途说，德之弃也。"

——《论语·阳货》

【译文】

孔子说："在道路上听到的事情，不加以证实，就到处传播，这是有道德的人所不取的。"

【解读】

道听途说，而不知道用自己的理性去分析，这是一种让人深恶痛绝的行为，但是这种行为却偏偏出现在许多人的身上。一个人想要杜绝这种行为，不让它发生在自己的身上也不是一件容易的事情。"三人成虎"的典故就说明了道理。

战国时代，许多小国家同时并存，以致有"八百诸侯"之说。这些国家间经常因为领土争端发生战争，社会持续动荡。也正是因为这样，后世历史学家才称这一历史时期为"战国时代"。

当时，有两个边境相邻的国家魏国和赵国，两国订立了友好盟约。为了使盟约更有效，两国之间决定互换人质作担保。因此，魏王就把自己的一个儿子送到赵国的都城邯郸去做人质。为了儿子的安全，魏王决定派大臣庞葱陪同儿子前往赵国。

庞葱是魏国一个很有才能的大臣。当时，在朝廷中有一些人嫉妒他的才能，处处和他作对。因此，庞葱担心自己离开魏王以后有人会借机陷害他。于是临行之前他对魏王说："大王，如果有一个人说大街上来了一只老虎，您相信不相信呢？"

魏王回答："我不相信。老虎怎么会跑到大街上来呢？"

庞葱接着再问："如果有两个人一齐对您说大街上来了一只老虎，你相信不相信呢？"

魏王回答："如果有两个人都这么说，我就有些半信半疑了。"

庞葱又问："如果有三个人一齐对您说大街上来一只老虎，你相信不相信呢？"

魏王有些迟疑地回答说："如果大家都这么说，那我就只好相信了。"

听魏王这样回答，庞葱就更担心了。他叹了一声说道："大王，您想，老虎是不会跑到大街上来的，这是人人皆知的事情。只是因为三个人都这么说，大街上有老虎便成为真的了。邯郸离我们魏国的都城大梁，比王宫离大街远得多，而且背后议论我的人可能还不止三个。"

魏王听懂了庞葱的意思，就点点头说："你的心思我知道了，你只管放心去吧！"

庞葱陪同魏王的儿子到了邯郸。

庞葱走后不多久，果然有很多人对魏王说起了庞葱的坏话。起初，魏王总是为庞葱辩解，指出他是一个有才能而忠实的大臣。不幸的是，当庞葱的政敌三番五次对魏王说庞葱的坏话时，魏王还真的相信了那些人的话。后来，庞葱从赵国回到魏国以后，魏王就一直不许庞葱再去见他。

还有与这一故事相仿的另一个故事。曾参是战国时一个有名的学者。在道德方面是无可挑剔的。曾参有事外出未归，碰巧一个与他同名的人杀了人被抓走了，曾参的邻居于是报信给曾参的母亲："你的儿子杀人被捕了。"

曾参的母亲非常了解自己的儿子，坚信曾参不会杀人，所以依旧织自己的布。

不一会儿，另外一人对曾参的母亲说："你的儿子杀人了。"

曾参的母亲开始有些怀疑了，但仍然不信自己的儿子会杀人。

不久第三个人对曾参的母亲说："你的儿子杀人了。"

曾参的母亲彻底相信了，吓得丢下手中的活逃走了。

魏王和曾参之母并非不明事理之人，但是他们都不能坚定自己的信念，摒除"道听途说"的毛病。他们不加辨别就相信的毛病固然让人讨厌，但是和那些道听途说，然后再添油加醋地传播出去的人比起来，就算不了什么了。

春秋时代，齐国有个人叫毛空，他爱听那些没有根据的传说，然后再把自己听到的津津有味地讲给别人。有一次，毛空听到一只鸭和一块肉的事，他觉得非常稀奇，便告诉给艾子。

他说："有一个人，养了一只特别能生蛋的鸭，那鸭一天能生一百多个蛋。"

他见艾子笑了，又说："那天，从天上掉下一块肉，那块肉长有三十丈，宽有十丈。"艾子笑着问道："真的吗？有那样长的肉吗？"

毛空急忙说："噢，那就是长二十丈。"

艾子仍不相信。他又改口："一定是十丈长了。"

艾子说："你说的那只鸭是谁家养的？你说的那块肉掉在了什么地方？"

毛空支支吾吾说不出来，最后只好说："我是在路上听别人说的。"

八、不患人之不己知，患不知人也

【名言】

子曰："不患人之不己知，患不知人也。"

——《论语·学而》

【译文】

孔子说："不怕别人不了解自己，只怕自己不了解别人。"

【解读】

儒家认为"成事在人"，孔子也说过"为仁由己，而由人乎"，指出人的成败皆由自己的行为决定，而不应该怨天尤人。孔子在参与社会生活的过程中，常因政见不被采纳而遭人排挤，除了偶尔发发小牢骚之外，他并没有太多地责怪别人，而是把失败当成了进一步完善自己的动力。

所以，孔子说："不患人之不己知，患不知人也。"此语为孔子向众弟子传授为人处世之道时所发，意在教导学生不要刻意追求名誉，完善自己，使自己具备让人了解的资格才是最重要的。类似的话在《论语》中还有多处提到，也反映了孔子十分重视这一问题。

《宪问》篇中说"不患人之不己知，患其不能也"，意思是说不要担心别人不了解自己，应该担心自己没本事。《卫灵公》篇中说"君子病无能焉，不病人之不己知也"，意思是说君子担心自己无能，而不担心别人不了解自己。这些话既是孔子淡泊名利心态的反映，又是其积极入世态度的体现。

在现实生活中，很多人常常抱怨没有知己，但是从来不会去想自己是不是"知人"。自己不知人，又怎么会有知己呢？"不患人之不己知，患不知人也。"这句话说起来容易，但是真正做起来就非常难了，就连圣人自己有时候也难免会犯不知人的错误。

孔子带领弟子们周游列国，来到陈国与蔡国之间。因为那里长年战争，所以孔子师徒的旅途非常不顺利，他们的处境很悲惨。

有一次,孔子等人被困在陈国境内的野外,三餐只能以野菜果腹,接连六七日没吃到一粒米,孔子和弟子们都饿得昏昏沉沉地睡在了车上。

为了救老师,孔子的得意弟子颜回不惜拉下脸皮去向人乞讨。功夫不负有心人,颜回终于讨到一点粳米,他赶紧拾柴燃火,烧起饭来。

饭快煮熟时,孔子看到颜回掀起锅盖,抓些白饭往嘴里塞。孔子当时装作没看见,也不去责问。饭煮好后,颜回就去请孔子进食,孔子假装若有所思地说:"我刚才梦到祖先来找我,我想还是先祭祖先吧。正巧我们有刚煮好,没人吃过的米饭!"

颜回顿时慌张起来,说:"不可以的,不可以祭祖先了,因为这锅饭我已先吃一口了。"

孔子问:"为什吗?"

颜回涨红脸,嗫嚅地说:"刚才在煮饭时,不小心掉了些草灰在锅里。一些白饭染了灰,我觉得这粮食得来不易,丢了太可惜。只好抓起来自己先吃了,我不是故意把饭吃了。"

孔子听了,恍然大悟,心怀歉疚,抱歉地说:"我平常对颜回最信任,还会怀疑他,可见最难确定的是我们内心。内心的判断,有时还会出现错误,希望大家记下这件事。要了解一个人,还真是不容易啊!"

所谓知人难,相知相惜更难。逢事必从多个角度来认识辨知。我们主观地了解观察,只能说是片面的,从单一角度判断,是不能了解事物的各个方面的!

周游列国而郁郁不得志的时候,孔子还能有这样的胸襟——不埋怨任何人、任何不利条件,而是依然利用自己的学识从事教育工作,一如既往地履践着自己的人生价值。这本身就是对"不患人之不己知,患不知人也"的最好诠释。

春秋时候,卫灵公的夫人南子也是一个知人之人。有一天夜里,卫灵公正坐在宫里和他的夫人南子闲谈,忽然听见有马车行驶的响声从东边传过来,越来越响,大约到宫门前却不响了,过了一会儿又响着往西边去了。

卫灵公问夫人:"这是怎么一回事呀?"

夫人说:"这是一辆马车从东边走过宫门前往西边去了。坐车的人是大夫蘧伯玉吧!"

卫灵公又问："你怎么知道是蘧伯玉的马车过去了？"

夫人说："我听说过，凡臣子走过王宫的门前，都有下车致敬的礼节。忠臣和孝子，既不在大众的面前故意做一个样儿给大家看，也不在没有人的地方疏忽自己的行:为。蘧伯玉是我们卫国有名的贤人，最遵守礼节。马车的响声在宫门前停一会儿又响着过去了，这一定是他坐着车子经过宫门，虽然是在夜间，但他还是照例停车下来表示敬意的缘故。所以我说坐马车的人是蘧伯玉大夫。"

卫灵公不相信夫人的话，派人去调查，实际情况果然和夫人所猜测的一模一样。可是卫灵公却故意骗夫人说："我派人去调查过了，刚才是有一辆马车经过宫门前，是有一个人在宫门前下车致敬，但那人不是蘧伯玉，而是另外一个人，你猜错了。"

夫人听卫灵公这样一说，马上斟满一杯酒，恭恭敬敬地捧给卫灵公，向他道贺。卫灵公又给弄糊涂了，问："你这是什么意思呀？"

夫人乐滋滋地说："原来我只知道卫国有一个贤人蘧伯玉，现在才晓得还有一个和他一样的贤人。这样一来，你就至少已经有了两位贤臣了。贤臣越多越好，我怎么能不向你道贺呢？"

卫灵公心里虽然明白他并没有多一位贤臣，但还是把夫人捧给他的酒接过来一口喝干了，然后又是惊讶又是称赞地对南子说："你真了不起呀！"接着，他又笑眯眯地把派人调查到的实际情况对南子说明了。

这就是著名的"不欺暗室"的故事，其旨在颂扬蘧伯玉高尚的道德。但这个故事不也正说明了南子的知人吗？

九、知者乐水，仁者乐山

【名言】

子曰："知者乐水，仁者乐山；知者动，仁者静；知者乐，仁者寿。"

——《论语·雍也》

【译文】

孔子说："聪明的人喜欢水，有仁德的人喜欢山。聪明的人活跃，有仁德的人沉静。聪明的人生活快乐，有仁德的人容易长寿。"

【解读】

智者思维活跃，其思想犹如奔腾不息之江水；仁者安稳厚重，其势犹如巍峨耸立的大山。所谓"智者乐水，仁者乐山"，反映的是智者和仁者不同的情调，而这两种不同的情调也直接导致了两种不同结果——"知者乐，仁者寿。"后人将孔子这句名言不断演绎，逐渐发展成为文人隐逸的写照，而隐逸也发展成为士林的一大智慧。

春秋时期，范蠡"三聚三散"的故事彰显了他的智慧，将他称为"乐水"的智者一点也不为过。据说，范蠡戮力辅佐越王勾践，终于使得越国复兴。胜利后，越王封范蠡为上将军。范蠡知道勾践为人可共患难而不能共富贵。于是，他就修辞书一封，放弃高官厚禄，只装了少量珠宝，乘舟远行，一去不返。这可谓"一聚一散"。

范蠡辞去上将军后，到了齐国，更名改姓，耕于海畔，没有几年就积产数十万。齐国人仰慕他的贤能，请他做宰相。范蠡感叹道："居家则至千金，居官则至卿相，此布衣之极也。久受尊名，不祥。"于是就归还宰相印，将家财分给乡邻，再次隐去。这可谓"二聚二散"。

范蠡

行至陶，范蠡看到此地为贸易的要道，可以据此致富。于是，他自称陶朱公，留在此地，根据时机进行物品贸易，时间不长，就累财万金。后来，范蠡次子因杀人而被囚禁在楚国。范蠡说："杀人偿命，该是如此，但我的儿子不该死于大庭广众之下。"于是，他就派少子前去探视，并带上一牛车的黄金。可是长子坚持要替少子去，并以自杀相威胁。

范蠡只好同意。过了一段时间，长子带着次子的死讯回到家。家人都感到悲哀，唯有范蠡笑着说："我早就知道次子会被杀,不是长子不爱弟弟,是有所不能忍也!他从小与我在一起,知道为生的艰难,不忍舍弃钱财。而少子生在家道富裕之时,不知财富来之不易,很易弃财。我先前决定派少子去,就是因为他能舍弃钱财,而长子不能。次子被杀是情理中的事,无足悲哀。"这可谓"三聚三散"。

汉光武帝刘秀的同窗严子陵也是一位"乐水"的智者。严子陵的学识渊博,名望非常高。刘秀称帝后,就告示天下,张贴画像,令人寻找他。但是严子陵看到刘秀打得天下,知道定会封他做官,可自己生来就厌恶官场,不愿意享受朝廷俸禄。于是,他隐姓埋名,在齐县境内富春山中过起了隐士的生活。一天到晚垂钓于溪水之中,怡然自得。

有一天,一个农夫上山砍柴,又累又渴,便到河边喝水,看见严子陵独自坐在河边钓鱼。农夫便跑到衙门,把此事报告了县令,农夫也因此得到了一份奖赏。齐县县令上书光武帝:"有一个人,身披着羊皮大衣,在富春山溪水边钓鱼,很像严子陵。"

刘秀立即命官吏备好车马,带上优厚俸禄,想把严子陵请出富春山,然而官车去了又回,一无所获。这天,官吏又一次来到富春山,严子陵说:"你们认错人了,我只是普通打鱼人。"使者不管他怎么解释,硬是把他推进了官车,快马加鞭,送到了京城。严子陵住进了刘秀特意为他安排的房子,每日饭菜相当可口,数十名仆人为他效劳,然而对于这些他不屑一顾。

侯霸与严子陵也是旧时好友。此时的侯霸已不同往昔,他做了汉朝的大司徒。侯霸听说严子陵已到皇宫,就让属下侯子道给他送去一封书信,问候严子陵。严子陵正斜倚在床上,听到是大司徒侯霸派人送信,仍然面无喜色。他接过信,大概一看,便放在了桌子上。侯子道以为严子陵因为侯霸没有亲自看望而不愉快,忙又说:"大司徒本想亲自迎接您,可是公事繁忙,一刻也脱不开身,晚上,他一定抽空登门拜访,请严先生写个回信,也好让我有个交代。"

严子陵想了片刻,命仆人拿出笔墨,他说,让侯子道写。信中写道:"君房(侯霸字君房)先生,你做了汉朝大司徒,这很好。如果你帮助君王为人民做好事,大家都高兴;如果你只知道奉承君王,而不顾人民死活,那可千万要不得。"他说到这儿停了下来,侯子道请他再说些什么，严子陵没有吭气儿，侯子道讨了个没趣回到了侯霸那里。

侯霸听完侯子道的话，面有怒色，觉得严子陵不把他这个大司徒放在眼里，于是把严子陵的一番话报告了刘秀，谁知刘秀却说："我了解他。"

当天，刘秀去看望严子陵。皇帝亲自登门，这可是件大事儿，应该出门远迎才对。可严子陵根本不理，躺在床上养神。刘秀进来后，看到这情景，并不恼火，走过去用手轻轻地拍了拍严子陵的肚子，亲切地说："老同学，你难道不念旧情，帮我一把吗？"

严子陵说："人各有志，你为什么一定要逼我做官呢？"

刘秀听后长长地叹了口气，失望地走了。

又一晚，刘秀与严子陵叙旧。刘秀问："我比从前怎么样？"

"嗯，有点儿进步。"严子陵不假思索地回答道。

那晚，两人睡在一起，严子陵故意大声打呼噜，并把腿压在刘秀身上，刘秀毫不介意。

刘秀封严子陵为谏议大夫，他不肯上任，仍旧回到富春山中过他的隐士生活，种种地，钓钓鱼。富春山边有条富春江，江上有个台子，据说是当年严子陵钓鱼的地方，称为"严子陵钓台"。

建武十七年，刘秀又召严子陵入宫，严子陵仍旧毅然拒绝了。刘秀最终也没能请得动老同学严子陵。

严子陵不为高官厚禄所动，一生优哉游哉，过得怡然自得，真不愧是一位"乐水"的智者。

社会上也不乏一些"乐山"的仁者，其生活过得非常平淡、安静。某地的老街上有一位卖铁锅、菜刀和剪子的老人。他就是一位"隐于市"的"乐山"者。

他的经营方式非常古老和传统。人坐在门内，货物摆在门外，不吆喝，不还价，晚上也不收摊。你无论什么时候从这儿经过，都会看到他在竹椅上躺着，手里拿着一个半导体收音机，身旁是一把紫砂壶。他的生意也没有好坏之说，每天的收入正够他喝茶和吃饭。他老了，已不再需要多余的东西，因此他很满足。

一天，一个文物商人从老街上经过，偶然看到老铁匠身旁的那把紫砂壶，他的目光立即被吸引了。因为那把壶古朴雅致、紫黑如墨,有清代制壶名家戴振公的风格。文物商人走过去,顺手端起那把壶,发现壶嘴内有一记印章,果然是戴振公的。商人惊喜不已,因为戴振公在世界上有捏泥成金的美名,据说他的作品现在仅存三件。

商人端着那把壶,想以 10 万元的价格买下它。当他说出这个数字时,老铁匠先是一惊,后又拒绝了。因为这把壶是他爷爷留下的,他们祖孙三代打铁时都喝这把壶里的水,他们的汗也都来自这把壶。

壶虽没卖,但商人走后,老铁匠有生以来第一次失眠了。这把壶他用了近 60 年,并且一直以为是把普普通通的壶,现在竟有人要以 10 万元的价钱买下它,他转不过神来。

过去,他躺在椅子上喝水,都是闭着眼睛把壶放在小桌上,现在他总要坐起来再看一眼,这让他非常不舒服。特别让他不能容忍的是,当人们知道他有一把价值连城的茶壶后,他的屋子就开始变得拥挤不堪,有的人问还有没有其他的宝贝,有的人甚至开始向他借钱,甚至,还有人晚上来推他的门。老铁匠的生活被彻底打乱了,他不知该怎样处置这把壶。

当那位商人带着 20 万元现金第二次登门的时候,老铁匠再也坐不住了,他招来左右店铺的人和前后邻居,拿起一把斧头,当众把那把紫砂壶砸了个粉碎。

老人的生活恢复了从前的样子,平淡而又安静!

十、君子成人之美

【名言】

子曰:"君子成人之美,不成人之恶。小人反是。"

——《论语·颜渊》

【译文】

孔子说:"君子喜欢成全别人的好事,不喜欢促成别人的坏事。小人却与此相反。"

"成人之美"即成全他人的好事,也就是要想方设法地去帮助他人实现其美好的愿望。历史上,"成人之美"的君子有很多,春秋战国时期的晏子就是其中之一。

晏子在齐国任职的时候,齐景公得了肾病,一连十几天卧床不起。这天晚上,他突然梦见自己与两个太阳搏斗,结果败下阵来,惊醒后竟吓出了一身冷汗。

第二天,晏子来拜见齐景公。齐景公不无担忧地问晏子:"我在昨夜梦见与两个太阳搏斗,我却被打败了,这是不是我要死了的先兆呢?"

晏子想了想,就建议齐景公召一个占梦人进宫,先听听他是如何圆这个梦的,然后再作道理。齐景公于是委托晏子去办这件事。

晏子出宫以后,立即派人用车将一个占梦人请来。占梦人问:"您召我来有什么事呢?"晏子遂将齐景公做梦的情景及其担忧告诉了占梦人,并请他进宫为之圆梦。

占梦人对晏子说:"那我就反其意对大王进行解释,您看可以吗?"

晏子连忙摇头说:"那倒不必。因为大王所患的肾病属阴,而梦中的双日属阳。一阴不可能战胜二阳,所以这个梦正好说明大王的肾病就要痊愈了。你进宫后,只要照这样直说就行了。"

占梦人进宫以后,齐景公问道:"我梦见自己与两个太阳搏斗却不能取胜,这是不是预兆我要死了呢?"

占梦人按照晏子的指点回答说:"您所患的肾病属阴,而双日属阳,一阴当然难敌二阳,这个梦说明您的病很快就会好了。"

齐景公听后,不觉大喜。由于放下了思想包袱,加之合理用药和改善饮食,不出数日,病果然就好了。为此,他决定重赏占梦人。可是占梦人却对齐景公说:"这不是我的功劳,是晏子教我这样说的。"

齐景公又决定重赏晏子,而晏子则说:"我的话只有由占梦人来讲,才有效果;如果是我直接来说,大王一定不肯相信。所以,这件事应该是占梦人的功劳,而不能记在我的名下。"

最后，齐景公同时重赏了晏子和占梦人，并且赞叹道："晏子不与人争功，占梦人也不隐瞒别人的智慧，这都是君子'成人之美'的可贵品质啊。"

在名和利面前，晏子与占梦人都有一个正确的态度，既不夺人之功，也不掠人之美。这种君子之风值得后人效法与发扬。

孔子虽然说"君子成人之美"，但也不是随便就成就别人的好事的。"成人之美"需要一个前提，即这种"美"是符合"仁"和"义"的要求的。对于不符合"仁"和"义"的要求的事情，即使别人请求自己，也是不能成全的。

当然，"成人之美"需要宽广的胸怀，对于心胸狭窄，事事斤斤计较，忌妒之心较重的人，则很难"成人之美"。

在远古时代，摩伽陀国有一位国王饲养了一群象。象群中，有一头象长得很特殊，全身白皙，毛柔细光滑。后来，国王将这头象交给一位驯象师照顾。这位驯象师不只照顾它的生活起居，也很用心地教它。这头白象十分聪明、善解人意，过了一段时间之后，他们已有了默契。

有一年，这个国家举行一个大庆典。国王打算骑白象去观礼，于是驯象师将白象清洗、装扮了一番，在它的背上披上一条白毯子后，才交给国王。

国王就在一些官员的陪同下，骑着白象进城看庆典。由于这头白象实在太漂亮了，民众都围拢过来，一边赞叹，一边高喊着："象王！象王！"这时，骑在象背上的国王觉得所有的光彩都被这头白象抢走了，心里十分生气、忌妒。他很快地绕了一圈后，就不悦地返回王宫。

一入王宫，他问驯象师："这头白象有没有什么特殊的技艺？"

驯象师问国王："不知道国王您指的是哪方面？"

国王说："它能不能在悬崖边展现它的技艺呢？"

驯象师说："应该可以。"

国王就说："好。那明天就让它在波罗奈国和摩伽陀国相邻的悬崖上表演。"

隔天，驯象师依约把白象带到那处悬崖。国王就说："这头白象能以三只脚站立在悬崖边吗?"

驯象师说:"这简单。"

他骑上象背,对白象说:"来,用三只脚站立。"果然,白象立刻就缩起一只脚。

国王又说:"它能两脚悬空,只用两脚站立吗?"

"可以。"驯象师就叫白象缩起两脚,白象很听话地照做。

国王接着又说:"它能不能三脚悬空,只用一脚站立?"

驯象师一听,明白国王存心要置白象于死地,就对白象说:"你这次要小心一点,缩起三只脚,用一只脚站立。"白象也很谨慎地照做。围观的民众看了,热烈地为白象鼓掌、喝彩!

国王愈看,心里愈不平衡,就对驯象师说:"它能把后脚也缩起,全身悬空吗?"

这时,驯象师悄悄地对白象说:"国王存心要你的命,我们在这里会很危险。你就腾空飞到对面的悬崖吧。"让人不可思议的是,这头白象竟然真的把后脚悬空飞起来,载着驯象师飞越悬崖,进入波罗奈国。

波罗奈国的人民看到白象飞来,全城都欢呼了起来。国王很高兴地问驯象师:"你从哪儿来? 为何会骑着白象来到我的国家?"

驯象师便将经过一一告诉国王。国王听完之后,叹道:"人为何要与一头象计较呢?"

一个忌妒之心如此之重的人,怎么会懂得"成人之美"的道理呢? 摩伽陀国王正是因为不懂得这个道理而失去了一头千载难逢的象王。

十一、人无远虑,必有近忧

【名言】

子曰:"人无远虑,必有近忧。"

——《论语·卫灵公》

【译文】

孔子说:"一个人若没有长远的考虑,便一定会有眼前的忧患。"

【解读】

有一位苦行的修道者,准备离开他所住的村庄,到无人居住的山中去隐居修行。他只带了一块布当作衣服,就孤身来到山中居住了。

后来,他想到当他洗衣服的时候需要另外一块布来替换,于是他就下山到村庄中,向村民们乞讨一块布当作衣服。村民们都知道他是虔诚的修道者,于是毫不考虑地就给了他一块布。

这位修道者回到山中后发觉,在居住的茅屋里面有一只老鼠,常常会在他专心打坐的时候来咬他那件准备换洗的衣服。他早就发誓一生遵守不杀生的戒律,因此不愿意去伤害那只老鼠。但是他又没有办法赶走那只老鼠,于是他回到村庄中向村民要了一只猫来饲养。

得到了一只猫之后,他又想:"猫吃什么呢?我并不想让猫去吃老鼠,但总不能让它跟我一样只吃一些水果与野菜吧!"于是他又向村民要了一只奶牛,这样,那只猫就可以靠牛奶维生了。

但是,在山中居住了一段时间以后,他发觉每天都要花很多的时间来照顾那只奶牛,于是他又回到村庄中找到了一个可怜的流浪汉,带着他来到山中居住,让他照顾奶牛。

流浪汉在山中居住了一段时间之后,他跟修道者抱怨说:"我跟你不一样,我需要一个太太,我要正常的家庭生活。"修道者一想也有道理,他不能强迫别人一定要跟他一样过着这种生活……

这个故事就这样继续下去,你可能也猜到了,到了后来,也许是半年以后,整个村庄都搬到山上去了。

这位虔诚的修道者到山上去修道并没有过错,他的错就在于他的目光太短浅了,只看到眼前,而没有考虑到长远的生活。

十二、小不忍则乱大谋

【名言】

子曰:"巧言乱德,小不忍则乱大谋。"

——《论语·卫灵公》

【译文】

孔子说:"花言巧语会败坏道德。遇到小事不能忍耐,就会扰乱了大事。"

【解读】

《论语》中记载了这么一段故事:"楚狂接舆歌而过孔子曰:'凤兮,凤兮,何德之衰?往者不可谏,来者犹可追。已而,已而,今之从政者殆而!'孔子下,欲与之言,趋而避之,不得与之言。"

这个故事的来龙去脉是这样的。楚国有个狂人叫接舆,经过孔子的车前,唱道:"凤凰呀,凤凰呀! 为什么这样倒霉? 过去的已不能挽回,未来的事情还可以争取。算了吧,算了吧! 今天当政的诸公危乎其危!"

楚狂以这首歌嘲笑孔子一生想从政却注定失败。

孔子听了楚狂这首歌,不以为忤,下车想和他说话。楚狂却赶快避开,因此孔子没能与他说上话。

楚狂接舆狂歌而过孔子之前,孔子却能容忍他的狂放,欣赏他的风度,此事足见孔子是一个以大局为重,能容忍小事的人。

战国时期的张耳也是一个能够忍小事,而成大事的人。张耳和陈余都是魏国的名士,秦国灭了魏国后,就用重金悬赏两人的头颅。张耳和陈余于是改名换姓逃到赵国,以看门人的身份逃避追杀和维持生活。

一天,陈余犯了过错被官吏鞭挞,他怒不可遏,便想起而反抗。这时张耳暗暗踩了他一脚,要他暂且忍耐。等那官吏离开后,张耳就把陈余叫到桑树下面悄悄对他说:"忘记我们当初的志向了吗？今天受到一点小小的侮辱，你就想去为一个小官吏而死吗？"

张耳和陈余忍了一时之辱，后来终于干出了一番惊天动地的大事。

春秋时期，勾践忍辱负重、卧薪尝胆的故事更是耳熟能详。春秋时期，南方的吴国和越国经常打仗。吴王夫差的父亲死在越军的箭下，为了给父亲报仇，夫差苦练了两年多的兵，终于亲自率兵打败了越国军队。

越国国君勾践派大臣文种去向夫差求和，愿意投降；同时又遣人暗地贿赂夫差的大臣伯嚭，请他在夫差面前讲情。结果夫差答应了越国的求和请求，但是要勾践到吴国做奴仆。

勾践把国家大事托付给文种，自己带夫人到了吴国。夫差让他们住在他父亲坟墓旁的石屋里，给他喂马。勾践非常顺从，不但喂马，夫差坐车出门，他给夫差牵马；夫差病了，他亲自侍奉，非常周到。这样过了两年，夫差认为勾践真心归顺了他，就放他们回越国了。

勾践回国后，立志报仇雪耻。他怕安逸的生活消磨了斗志，就用干柴草当褥子，还在吃饭的地方挂了一个苦胆，每逢饭前，先尝尝苦胆的味道，还问自己："你忘记耻辱了吗？"这就是历史上著名的"卧薪尝胆"的故事。

勾践还亲自参加耕种，让夫人织布，用以鼓舞百姓勤劳耕作；他改革内政，发展生产，积蓄力量，好让自己的国家变成强国，不再受欺负。

此时的夫差骄傲极了。勾践为了麻痹他，经常给他进贡财宝。还选了一个叫西施的绝色美人献给他。夫差非常满意，对西施宠爱极了；而对勾践呢，完全丧失了警觉。他手下的大将伍子胥屡次劝他，他不但不听，反而讨厌伍子胥，最后干脆派人给伍子胥送去一把宝剑，逼迫伍子胥自杀了。

又过了几年，越国渐渐强大起来，勾践看时机成熟，就向吴国大举进攻，夫差被逼得走投无路，这时才想起伍子胥的劝告，后悔极了。他说："我没有脸去见伍子胥。"用衣服遮住自己的脸，自杀身亡了。勾践忍辱负重，卧薪尝胆之事也就成了忍小事，成大事的千古佳话。

古代有个尤翁，他虽然名不见经传，却也是个能够忍小辱，成大谋的人。尤翁开了个典当铺。有一年底，他忽然听到门外有一片喧闹声。他出门一看，原来门外有位穷邻居。柜台的伙计就对尤翁说："他将衣服押了钱，空手来取，不给他，他就破口大骂。有这样不讲理的人吗？"

门外那个穷邻居仍然是气势汹汹，不仅不肯离开，反而坐在当铺门口不停地大骂。

尤翁见此情景，从容地对那个穷邻居说："我明白你的意图，不过是为了度年关。这种小事值得一争吗？"于是，他命店员找出那个典当之物，共有衣物、蚊帐等四五件。

尤翁指着棉袄说："这件衣服抗寒不能少。"又指着道袍说："这件给你拜年用。其他的东西不急用，现在可以留在这里。"

那位穷邻居拿到两件衣服，不好意思再闹下去了，于是立刻离开了。

当天夜里，那个穷汉竟然死在别人的家里。原来，此人同别人打了一年多的官司，因为负债过多，不想活了，于是就先服了毒药。他知道尤翁家富有，想敲诈一笔，结果尤翁没吃他那一套，没傻乎乎地当他的发泄对象，他于是就转移到了另外一家。

事后有人问尤翁，为什么能够事先知情而容忍他。尤翁回答说："凡无理来挑衅的人一定有所依仗。如果在小事上不忍耐，那么灾祸就会立刻到来。"

人们听了这话都很佩服尤翁的见识，更加佩服他能够忍让的胸怀。

第三节　为学之道

孔子是我国春秋时期伟大的教育家，所以他的名言中有很大一部分是关于"教"和"学"的。由于孔子一生"诲人不倦"，将大部分心血都倾注在了学生的身上，所以这部分名言中以论述学习方法和学习态度的为多，其中又以论述学习方法的最为著名，如"学而时习之"，"温故而知新"，"敏而好学，不耻下问"等。

孔子关于"教"和"学"的名言，在今天仍具有相当大的影响，而且这种影响在今后相当长的一段时期内还会持续下去。

一、学而时习之

【名言】

子曰:"学而时习之,不亦说乎?有朋自远方来,不亦乐乎?人不知而不愠,不亦君子乎?"

——《论语·学而》

【译文】

孔子说:"努力学习,并且经常温习所学到的知识,难道不是一件很愉快的事吗?有志同道合的朋友从远方来到,不也是一件很快乐的事吗?别人不理解自己,自己却也不怪罪他,不正是一个有修养的君子吗?"

【解读】

古往今来,"学而时习之",并且"不亦说乎"的读书人有很多。我国南北朝时期的著名学者沈麟士就是一位"学而时习之",并且"不亦说乎"的人。

沈麟士是武康县人,自幼家贫,家里靠种地为生,有时也搞点副业——打草帘子上街去卖。由于家里生活困难,沈麟士很小的时候就开始帮助家里干活儿。沈麟士聪明好学,非常羡慕那些有机会上学的孩子。他恳求父母用卖草帘子赚的钱买了些书,日夜诵读。倘若遇到有不认识的字,他就向邻居家上学的孩子请教。

沈麟士学习非常勤奋刻苦,经常在打草帘子的时候把书放在旁边,一边编织草帘子一边看书,口里还不停地诵读着。到田间干活,他也把书带着,有空就拿出来读上几段。

由于学习勤奋,并且不断温习学习的知识,他20岁左右就精通《诗经》《论语》《尚书》《左传》《史记》等书,并最终成了一名了不起的学者。

元嘉年间,宋文帝让尚书仆射何尚之整理古籍,编撰五经,这需要一些学识渊博的学者通力合作才能完成。于是,文帝颁诏,让各地有才学的人进京参与这项工作。消息传到武康县，知县就推荐了沈麟士。

在编撰五经的过程中，沈麟士出力最多。书成之后，宋文帝非常满意，何尚之也对沈麟士渊博的学识与勤奋的工作精神赞叹不已。何尚之感慨地对朝中大臣说："想不到山野之中也有这样出类拔萃的学者啊！"

朝廷本想就此把沈麟士留下来让其在朝中任职，但他疾病缠身，只好谢绝了。五经编撰完之后，他又回到武康老家。由于得到了皇帝和尚书仆射的赞赏，沈麟士的名望更高了，各地有名学者都争着与他交友。此后，他也开始招收弟子。成百上千的读书人慕名而来，有的干脆把家搬到沈麟士的家乡来住，有的学生甚至在他家旁边盖起了房子，定居下来了。

沈麟士从少年时代至去世前夕始终笃学不倦。在他去世的前几年，家里起了一场大火，把他一生辛苦积攒起来的四五千卷书籍烧毁了。然而，他并没有因为年龄大和没有书籍而放弃学习。当天夜里，他就向别人借来了书籍，开始了新的抄写工作。这时他已经是80岁的人了。如豆的灯光照着这位伏案抄写的白发苍苍的老人，使人们在他身上看到了一个学者的优秀品格。临终前，他终于又抄写了两三千卷书籍，并给《周易》《尚书》《论语》《老子》等数十卷书做了注疏。

在历史上，不但"学而时习之"，而且还"不亦说乎"的人有很多，"人不知而不愠"的千古美谈也不少。据《世说新语》载，戴逵与谢安同是东晋的高官，谢安恃才傲物，向来就瞧不起戴逵，戴逵也知道这一点。

有一天，两人相见，攀谈起来。谢安对戴逵仅谈起鼓琴和写作的问题，其他的事就不屑与谈，流露出轻蔑的神气。哪知戴逵并不计较这些，一直非常认真地与谢安谈起鼓琴与写作的问题，而且很深入，就是在其他方面也能说出一些谢安所不知道的知识。

戴逵这种在"人不知"的情况下，内心平静，始终不"愠"的态度深深地感动了谢安。谢安终于发现戴逵的度量与学问不简单。两人从此成了无所不谈的好朋友。

《诗词趣话》中也有一个"人不知而不愠"的小故事。在浙江有几个读书人结伴乘船游曹娥祠。旅途中，他们诗兴大发，于是舞文弄墨，分韵作诗。这时他们完全没把船上其他人放在眼里。此时有个僧人坐在船尾，衣着陈旧，他们都以为其必是学识平平，就更没把他放在眼里。

正当他们谈得起劲之际，那僧人吭声了，也要求参与作诗。几个读书人都感到奇怪，就嘲笑他说："你也会作诗吗？"说着，他们就应僧人的要求分了一个"蕉"字韵给他，但全投以鄙夷的神情，等着看他的洋相。僧人似乎根本就没有觉察出来几个读书人的不屑，而是不假思索地作起来诗来："平明饭罢捉篙梢，撑出五云门外桥。离越王城一百里，到曹娥渡十分潮。白帆晴雪浪花舞，绿弄晚风蒲叶摇。西北阴沉天欲雨，卧听篷韵学芭蕉。"

几个读书人看了这首诗，被诗的意境深深地陶醉了，他们都十分惊奇。询问之下，他们才知道这个看上去并不起眼的僧人就是当时慈溪县著名的诗僧噩梦堂。噩梦堂与戴逵一样，最初都被人瞧不起，但他们并没恼怒，最后他们都以自己的真才实学让对方折服了。

二、温故而知新

【名言】

子曰："温故而知新，可以为师矣。"

——《论语·为政》

【译文】

孔子说："温习学习过的知识，并且能从中得到新的知识，这样的人可以做别人的老师了。"

【解读】

"温故而知新"告诉我们学习不但要注重将旧知识系统化和条理化，更要从旧知识中获得新的见解，从温习旧知识中获得进步。

宋代的康肃公陈尧咨擅长射箭，他认为像他水平那么高的人，当世没有第二个。他也因此非常自负，自夸为天下第一。有一次，他在自家的园圃里射箭，有个卖油的老翁放下挑着的担子，站在一旁，斜着眼看他，很久也没有离开。老翁见到他射出的箭十支能中八九支，只是微微地点点头。

陈尧咨见状，心里颇不高兴，就问道："你也懂得射箭吗？难道我射箭的技艺不精湛吗？"

卖油的老翁说："没有什么别的奥妙，只不过是手法熟练罢了。"

陈尧咨气愤地说："你怎么能够轻视我射箭的本领！"

老翁说："我是从倒油的经验中知道这个道理的。"

老翁取出一个葫芦放在地上，用一枚铜钱盖住葫芦的口，慢慢地用勺子将油通过铜钱方孔注到葫芦里，油从铜钱的孔中注进去，却没有沾湿铜钱。

接着老翁说："我也没有什么其他奥妙，只不过是手法熟练罢了。"

康肃公尴尬地笑着把老翁打发走了。但是他也从中深受启发，从此再也不自夸自己射箭的技艺天下无敌了。

这个故事所传达的道理非常简单，即只有不断地"温故"，才能巩固已学知识。其实，在学习上也是一样的道理，每个人都应该像陈尧咨和卖油翁一样，不断地练习自己本来就会的知识。当然，只是"温故"而不"知新"也是不行的。我国隋唐时代的著名书法家欧阳询就是一个颇懂得"温故而知新"的人。

欧阳询自幼酷爱书法，尤其喜欢王羲之和王献之父子的书法。有一次，他在一家文房用品店，发现了一本《指归图》，不由得心中十分欢喜。因为这是"二王"书法入门之书，非常难得。虽然他对"二王"的书法已经研究了很长时间了，但是他还是非常想把这本书买下来，回去慢慢研究。

"店家，我想买这本书，要多少钱？"欧阳询问。

"看得出来，您很喜欢这本书，我可以少要点儿。"店家知道欧阳询是个贫士，便算了一下，表情有所为难地说，"这本书原本是很贵的，少算也得三百个铜钱，怎么样？"

"店家，您要得虽然不多，价格也算便宜，但我确实没有那么多钱，现在只能付您一部分，余下的以后再付给您行吗？"欧阳询以商量而又十分为难的口气说。

店家见他诚恳,对书爱不释手,又是常来的主顾,于是爽快地说:"可以！可以！"

于是几十页的《指归图》,欧阳询研究了一个多月。这次,他从自己早已熟知的知识中获得新的见解,解决了他在书法研究和实践中产生的许多让他困惑不解的问题。

三、学而不思则罔,思而不学则殆

【名言】

子曰:"学而不思则罔,思而不学则殆。"

——《论语·为政》

【译文】

孔子说:"只一味读书而不知道思考,就会惘然而无所获;但是只知道一味思考而不去读书,也同样会造成精神疲怠无所得的尴尬结局。"

【解读】

孔子提倡多读书,多思考,两者相辅相成,缺一不可。他既不希望人们只学习而不思考,或者不会思考,做个书呆子,也不希望人们只会思考,只思考,而不会学习,或者说是懒于学习,做个空想家。

孔子自己在学习知识的时候就非常注重学思结合。据说,有一天,孔子带领学生们去拜访老子。他们走了很远的路,才来到老子的住处,但不巧,老子正在闭目养神。孔子没有打扰,而是安静地站立在旁边等候。

过了很久,老子睁开眼睛,孔子就施礼拜见,然后就向老子请教做人处世的道理。老子听了,又闭上眼睛,过了一会儿,他张开嘴巴,说:"你看,我的牙齿怎么样?"

孔子莫名其妙地看了看,老子的牙稀稀落落的,大部分都掉了。于是他摇摇头,说:"您的牙齿差不多都掉光了。"老子没有说话,又伸出自己的舌头,说:"看看我的舌头。"孔子虽然疑惑,还是认真看了看老子的舌头,说:"舌头的颜色红润,很健康啊。"听了这话,老子点点头,又闭上了双眼,不再说话。

孔子和弟子们向老子道谢后，就离开了。回去的路上，孔子的弟子们感到很疑惑，有的说："我们白白走了这么远的路，却没有收获。"有的说："本想求学的，没想到他老人家这么小气，不肯教我们。"有的说："就是，只让我们看他的嘴巴，太不懂礼仪了。"

孔子听了这些，捋着胡子哈哈大笑起来。学生们更疑惑了。这时候，孔子说："他老人家教给了我们大智慧呀！他张开嘴让我们看他牙齿，是想告诉我们，牙齿虽然坚硬，但是它们之间却经常磨碰，以硬碰硬，久了，自然受到的磨损大，有的就脱落了，即使没有脱落，剩下来的也是有残缺的。他又让我们看他舌头，是想告诉我们，舌头虽软，但和牙齿这样坚硬的东西相处起来，却能以柔克刚，所以至今完整，没有丝毫损坏。"

弟子们听了，才纷纷点头，表示佩服。一是佩服老子的大智慧和他的无私传授，二是佩服孔子能够深入思考学习。原来，真正的学习不是别人教什么我们就记住什么，而是要自己动脑筋去思考。

戴震是清代著名思想家、语言学家，"乾嘉学派"的代表人物，乾隆年间为《四库全书》纂修官。他出生于贫寒之家，幼读私塾，以过目不忘和善思好问著称。

有一次，老师教授《大学章句》，戴震愈听愈觉得可疑，于是向老师发问："凭什么说这句话是孔子说的？又凭什么说是曾子记录下来的呢？"

老师难以回答这个出乎意料的疑问，于是抬出朱熹这一权威说："这是朱文公说的。"

戴震马上问："朱文公是什么时候的人？"

老师回答他说："宋朝人。"

戴震追问："曾子、孔子是什么时候的人？"

老师回答："周朝人。"

戴震又问："周朝和宋朝相隔多少年？"

戴震

老师说："差不多两千年了。"

戴震问："既然这样，朱文公怎么知道这些？"

老师无法回答，说："你是一个不寻常的孩子。"

戴震不仅好问，并且能在提问中提出自己的看法和见解，敢于怀疑先贤，怀疑课本，而不是一味地听从权威的解释，最终成长为清代有名的语言学家、思想家。这也说明了"学而不思则罔"的重要性。

四、知之为知之，不知为不知

【名言】

子曰："由！诲女知之乎？知之为知之，不知为不知，是知也。"

——《论语·为政》

【译文】

孔子说："仲由，我交给你的你都懂得了吗？知道就是知道，不知道就是不知道，这才是求知的正确态度啊。"

【解读】

"知之为知之，不知为不知"不仅是一种治学态度，更是一种美德。而且这种美德不管是在中国，还是在国外，都广泛被人称颂。

有一次，一位外国人去旁听美国加州大学一位著名教授的演讲。课上他分析了自己做的老鼠实验的结果。此时，有一位学生突然举手发问，提出了他的看法，并问这位教授假如用另一种方法来做，实验结果将会怎样。

所有的听众全都看着这位教授，等着听他如何回答这个他根本就不可能做过的实验。结果，这位教授却不慌不忙，直截了当地说："我没做过这个实验，我不知道。"当教授说完"我不知道"时，台下响起了经久不息的掌声。

同样的情况假如发生在有些人身上，情形恐怕就会完全不同。他一定会绞尽脑汁，说出"我想结果是……"。每个人的知识都是有限的,学问上的精通是相对的,认知上的缺陷是绝对的。世上没有无所不知、无所不能的"全才",尽管人们都在朝着这个方向努力。聪明而不自以为是,并且善于向别人请教的人,才能成才。敢于承认有些事情、道理"不知道",正是求得"知道"的基础;"不知道"的强说"知道",自作聪明,欺人自欺,最终只会贻笑大方。

有个美术评论家总是自吹自擂,凡事不懂装懂。有一天,那个美术评论家受一位知名人士邀请去家里做客。这位名人家里来了许多美术界的权威,他们畅所欲言,谈笑风生。

一会儿,主人拿来一幅画像说:"这是我刚买来的毕加索的画,请诸位评论一下。"

于是,那个不懂装懂的评论家马上站起来说:"色彩华丽,线条鲜明,果然是毕加索的画。你刚拿来的时候,我就看出是毕加索的画了。"

主人听完,再仔细看了一下画说:"真抱歉,刚才我介绍错了,这不是毕加索的画,而是米开朗琪罗的作品。"

"什么?米开朗琪罗的?"

顿时,在座的各位看着那个评论家捧腹大笑。评论家满脸通红,不好意思地低下了头。

我国民间也广泛流传着一个讽刺不懂装懂的人的小故事。有个北方人,到南方去做官,刚到南方,肯定有许多事情弄不明白,如果虚心请教别人,也许并不难懂。可这位先生可不想去问别人,因为那样显得自己太无知。于是他宁肯不懂装懂,结果惹出许多笑话来。

有一次,地方上一个乡绅请他去做客,大家聊得很开心,这时,仆人送上一盘菱角。这位北方人没吃过菱角,又不好意思问,主人家又一再请他先尝,无奈,他只好拿起一只菱角,放到嘴里去嚼。

主人看他连壳也没有剥就吃了,心里很诧异,问他:"这菱角是要剥了皮才好吃的,你怎么整个丢到嘴里去嚼呢?"

他明知自己弄错了,却一本正经地说:"刚刚到南方来,有些水土不服,连壳都吃掉了,为的就是清热解火。"

主人摇摇头,说:"我们怎么没听说过呢? 你们那儿这东西很多吗?"

那人答道:"多得很! 山前山后到处都有呢。"

主人不禁哑然失笑。

还有一次,他和一位朋友逛街,在菜市场上,他们看到一个人在卖姜。

这人没见过姜是怎么生长的,就问道:"一棵树上一年能结多少姜?"

卖姜的人和周围的人都笑了,他们说:"姜是地里长的,怎么能是树上结的呢?"

这个人却硬是和别人争辩个没完:"你们真是笨呀,姜是树上结的,我会不知道? 我们邻居家就有一棵姜树,不信,我们问问去?"他虽然这样说,但心里也发虚,因为他知道他的邻居家根本没有姜树,他不过是为自己解围罢了。

他的朋友心里明白他是不懂硬要装懂,于是,便故意对大家说:"他这么有学问的人会不知道姜是地里长的吗? 他不过是考考你们,看你们能不能敢于坚持自己的见解。对的,就要敢于坚持,错的,也要敢于改正,这样才能进步啊!"

那人听了朋友的话,脸红了。

五、朝闻道,夕死可矣

【名言】

子曰:"朝闻道,夕死可矣。"

——《论语·里仁》

【译文】

孔子说:"如果早上得到了'道',即使晚上死去了也心甘。"

【解读】

就个体而言,生命是有限的,甚至可以说是短暂的。但是知识是无限的,以有限的生命去学习无限的知识，是永远也学不完的。学不完怎么办呢？难道就不学了吗？孔子给人们指明了一条道路，即"朝闻道，夕死可矣。"也就是说，不管什么时候开始学习，都是不晚的。

历史上，实践孔子这条名言的人有很多，如荀况。战国末期的荀况，50岁才开始游学，但后来他的学识是那样的渊博。汉朝有个公孙弘，年轻的时候替人家放猪，40岁时才开始学习，后来成了有名的学者。初唐时期的陈子昂，17岁时受到别人的启发教育，才下了大决心读书，后来成了初唐诗坛上的革新领袖。盛唐时期的高适，30岁以后才开始学习写诗，后来成了独具风格的边塞诗人。宋代的苏洵，27岁才发愤读书，后来成了有名的散文家。

这样的事例实在是太多了，说也说不完。晋平公的故事最具典型性。有一天，晋平公对师旷说："我今年已70岁了，想要学习，恐怕太晚了。"

师旷说："你为什么不点上蜡烛呢？"

晋平公有点生气了，说："真不像话，做臣子的怎么耍笑起君主来了！"

师旷解释说："我怎么敢拿您开玩笑呢！我听说青少年好学，就像在初升的太阳下赶路；中年人好学，就像中午在日光下赶路；老年人好学，就像夜晚点上明亮的蜡烛赶路。有了明亮的蜡烛，这比在黑暗中摸索着走路，不是更好些吗？"

晋平公听了，恍然大悟，非常高兴地说："对极了，对极了。"

师旷劝晋平公读书，打了这样一个比方，道理和用意都是很明显的。就是说，无论是少年、青年、中年、老年，都应该不断地进步；人要想不断地进步，就得不断地学习；学习了别人总结出来的经验、教训、办法、知识，做起事情来就会心明眼亮；不学习就不会进步，做起事情来就会带有很大的盲目性，甚至会思想僵化，变成落后于时代的糊涂虫！

我国西汉的黄霸在狱中学习的故事更能诠释孔子的这句名言。黄霸为官清廉，为人正直，是当时著名的清官，深受老百姓的拥戴。

在汉宣帝初年，诏书为汉武帝立庙，并让满朝文武大臣们商议。讨论中，大臣们认为皇帝的这个主意很好，但老臣夏侯胜却表示反对，他说："汉武帝虽然有开疆扩土的功劳，但他生活非常奢侈，乱杀无辜，强征于人民，使得'天下虚耗，百姓流离'，既然'无德泽于民'，当然就不应该给他立庙了。"

黄霸当时正任丞相长史的官，也参加了讨论。他对老臣夏侯胜的议论，颇有几分赞许，所以既没有当场制止，事后也没有向皇帝劾奏。结果，夏侯胜被加上"非议诏书，诽谤先帝，大逆不道"的罪名，被抓入狱。而黄霸也被追加上了附和、纵容"逆臣夏侯胜"的罪名，和夏侯胜关在一起，准备处以死刑。

夏侯胜在当时是一个研究《尚书》的专家，很有名气。黄霸虽然知道自己已被判处死刑，但觉得和这么一位专家关在一起，实在是一个难得的学习好机会，便主动请教夏侯胜，请他给讲解一下《尚书》。

夏侯胜觉得事已至此，研究《尚书》已无什么实际意义，便婉言劝说："你我都是犯罪做牢的人，说不定明天就会被推出去砍头，还讲《尚书》有什么用呢？"

黄霸求知心切，笑了笑说；"孔子不是说'朝闻道，夕死可矣'吗？如果能够抓紧时间多学一点东西，在被砍头的时候，也心情快慰呀！"

夏侯胜终于被黄霸的这种热爱学习的精神感动了，答应了他的请求。

从那以后，黄霸和夏侯胜时而讲书，时而诵读，时而共同讨论。在三年的牢狱生活中，一个教而不厌，一个学而不倦，都没有虚度光阴。后来被释放出狱的时候，两个人的学问都有了很大的长进。

明朝嘉靖年间著名的文人、学者董沄晚年好学的故事也印证了孔子的这句名言。董沄知识渊博，早年爱好文学，但从不满足，对学识孜孜以求。

68岁那年，他到会稽，听说王阳明正在深山讲学，便赶去听课。一连听了几次，感到王阳明很有学问，特别是对他的理学观点非常赞赏，诚恳地提出要拜王阳明为师。当时，王阳明53岁，不肯收已68岁的董沄为学生，再三推辞。

董沄的一些朋友也劝道："你已这么大年纪了，也很有名气了，何必如此呢？"而董沄则说，"吾从吾之所好为之"（我是按照我自己的爱好去从头做的），并改号为从吾道人，决心跟随王阳明从头学起。

两年后的一个晚上,董沄整整70岁了,他决定正式向王阳明行拜师之礼。那天,天正下着雨雪,寒风刺骨,道路泥泞,他不顾家人的劝阻,自己背着铺盖,一跌一滑地赶到王阳明的住处。70岁的老学生向55岁的老师行了跪拜礼,正式确立起师生关系,两位老人在烛光下,精神焕发,相对守岁,开始了新的一课。

过了两年,王阳明去世了,董沄悲痛地诀别了老师。他痛悔自己拜师太晚,没能把老师的全部知识继承下来。为了弥补这一损失,他便专心致志地钻研王阳明的遗著,学到了很多理学知识,他的学识更加渊博了。直到他77岁去世那一年,一直苦读不息。

六、敏而好学,不耻下问

【名言】

子贡问曰:"孔文子何以谓之文也?"子曰:"敏而好学,不耻下问,是以谓之文也。"

——《论语·公冶长》

【译文】

子贡问孔子道:"孔文子凭什么被称为'文'呢?"孔子回答他说:"孔文子为人聪明,勤奋好学,而且又不以向比他地位低下的人请教为耻,所以才称他为'文'。"

【解读】

历史上,关于文人"敏而好学,不耻下问"的美谈有很多。孔子便是一位不但"敏而好学",而且"不耻下问"的人。孔子从小父亲就去世了,家境贫寒,不能受到良好的教育,只好通过自修来获得知识。他从15岁起开始发愤读书,因为没有人教,在学习上碰到难题,就多方面向人请教。他问过做官的人;也问过普通人;问过白发苍苍的老人,也问过年龄不大的儿童。

后来孔子终于成为一位学识渊博的人,大家都向他请教学问。据说,他的学生达三千人之多。但是孔子并没有因为自己学识渊博,就忘记了虚心向别人求教。有一次,他去参加太庙里的祭祀典礼,因为是第一次参加,样样都觉得新鲜,不停地向人打听。等到祭祀完毕，他还是抓住别人的衣袖不放，非要问个明白不可。有人嘲笑他不懂礼数，他听到后心平气和地说："对于不懂的事情，问个明白，正是我知礼的表现啊！"

孔子不但自己是这样，也教育他的学生"敏而好学，不耻下问"。那时，卫国有个大夫叫孔圉，他不但聪明，而且虚心好学。正因为如此，他最终成了一位学问十分渊博的人，社会地位颇高，非常受人尊重。当时，社会上有地位的人去世后，统治者大多会给他一个封号，即谥号。孔圉死后，授予他的谥号为"文"，所以后来人们又称他为孔文子。这是一个相当高的评价。

孔子的学生子贡也是卫国人，但是他却认为孔圉也有不足的地方，心里对他被称为"文"很不服气。于是就去问孔子："老师，孔文子凭什么被称为'文'呢？"

孔子回答他说："孔文子为人聪明，勤奋好学，而且又不以向比他地位低下的人请教为耻，所以才称他为'文'。"

子贡听了老师的话，心中颇有感触。从此，他不但勤奋好学，也变得"不耻下问"起来。后来，他终于成为孔子最著名的学生之一。

历史上，关于"敏而好学"的故事还有很多，比如我国汉代著名的思想家董仲舒。董仲舒自幼天资聪颖，少年时酷爱学习，读起书来常常忘记吃饭和睡觉。他的父亲董太公看在眼里急在心上，为了让孩子能歇歇，他决定在宅后修筑一个花园，让孩子能有机会到花园散散心，歇歇脑子。

花园动工的第一年，园里就阳光明媚、绿草如茵、鸟语花香、蜂飞蝶舞。姐姐多次邀请董仲舒到园中玩。他手捧竹简，只是摇头，学孔子的《春秋》，背先生布置的《诗经》，丝毫没有在意正在建设的花园。

次年，小花园建起了假山。邻居、亲戚的孩子纷纷爬到假山上玩。小伙伴们叫他，董仲舒仍是一动不动地低着头，在竹简上刻写诗文，头都顾不上抬一抬。

第三年，花园终于建成了。亲戚朋友们都携儿带女地前来观看，直夸董家的花园建得精致。父母叫仲舒去玩，他只是点点头，仍旧埋头学习。中秋节的晚上，董家全家都在花园中边吃月饼边赏月，可就是不见董仲舒的踪影。原来董仲舒趁家人在赏月之机，又找先生研讨诗文去了。

随着年龄的增长，董仲舒的求知欲愈见强烈，遍读了儒家、道家、阴阳家、法家等各家书籍，终于成为令人敬仰的儒学大师。

公元前 134 年，汉武帝下诏征求治国方略。儒生董仲舒在著名的《举贤良对策》中系统地提出了"天人感应""大一统"学说和"罢黜百家，独尊儒术"的主张。汉武帝采纳了董仲舒的建议，儒学开始成为官方哲学，并延续至今。当然，随董仲舒的学说一起流传下来的还有他"三年不窥园"的千古美谈。

历史上，关于"不耻下问"的故事也有很多。唐朝的洛阳留守王方庆虚心向部下求教的故事就是文坛上的一段佳话。王方庆自幼攻读经史，功底颇深。当了镇守使后，他仍觉得自己学问不够用，时有"书到用时方恨少"之感。所以仍手不释卷地学习，夜以继日。

王方庆幼年时就非常喜欢"三礼"（《周礼》《仪礼》《礼记》）这套典籍，不过这套书很深奥，有的地方他根本看不懂。他便虚心向周围的人请教。但是读"三礼"的人实在是太少了，有人就介绍说："徐坚西钻研过"三礼"，并且造诣很深。"他听了非常高兴，就去找徐坚西，请他给讲解。

徐坚西也是一个很了不起的学者，文章写得非常流畅。他起草的奏章，交到朝廷，颇被高宗李治看重。唐高宗也曾向王方庆查问过徐坚西的情况。

王方庆向徐坚西请教，使得徐坚西感到很意外。因为王方庆是自己的顶头上司，又是有名的学者。他甚至想："他是不是想来探一下自己的功底或者是要裁撤我，故意找岔子刁难我呢？"徐坚西有些心神不定。

王方庆看出他的心思，直陈来意，说："求学问，不在职位高低，也应像圣人孔子那样，以能者为师！你的学问比我高，我就应该向你来请教。我的职位高，在工作上你要服从我，在学问上你比我高，我当然要服从你啦！"

王方庆的一席话使徐坚西消除了顾虑。这样，王方庆像小学生一样天天到徐坚西那里去请教。徐坚西也诚心诚意地接待他，给他认真讲解，为他解决一些疑难问题。有时两人在一起互相切磋，共同讨论，终于把深奥的"三礼"弄通了。

七、学而不厌，诲人不倦

【名言】

子曰："默而识之，学而不厌，诲人不倦，何有于我哉？"

——《论语·述而》

【译文】

孔子说："把所学的知识默默地记在心中，勤奋学习而不满足，教导别人而不倦怠，这些事情我做到了哪些呢？"

【解读】

在五千年的中华文明史上，不管是"默而识之，学而不厌"，还是"诲人不倦"的学者都不在少数。我国汉代的经学大师郑玄是一位"学而不厌"的好学生，他的老师马融也是一位"诲人不倦"的好老师。

郑玄，字康成，北海高密人，也是东汉的著名经学大师。他自幼勤奋好学，熟读经史。郑玄12岁时，随母亲回娘家省亲，正赶上腊会，有十多人在那里欢聚，他们都穿着华丽的服装，高谈阔论。郑玄对此非常冷淡，离他们很远，母亲催促多次，让他参与。他说："这并不是我的志向，我当然不愿意参加了。"说完，他就离开人群到别处读书去了。

长大后，郑玄曾在乡里任啬夫之职，主管乡间民事诉讼和收取赋税，每逢休息时他都前往学府，向老师请教各种经学问题。他觉得当官需要大量的时间，实在是太耽误学习了，从此就不愿意担任官吏，而是立志读书。他的父亲非常愤怒，但也改变不了他的志向。郑玄辞职进入太学学习，白天在学校学习，晚间经常读到深夜。

郑玄立志求学，多方拜师，不耻下问，研究义理，力求深透。他治学严谨，从不妄加揣测和品评，不懂就问，到处寻师，山东有名的学者他几乎问遍，但并不满足，还要精益求精。

郑玄求师，就引出了一段关于马融的千古佳话。马融精通经史，学识渊博，名噪一时。马融，字季长，扶风茂陵人。他出生于宦族世家，博学多才，为世通儒，在中国文化史和教育史上具有重要的地位。马融平生著述甚丰，著有《三传异同说》，注释了《孝经》《论语》《诗经》《周易》《三礼》《尚书》《列女传》《老子》《淮南子》《离骚》等历史典籍，所著颂、赋、碑、诔、书、记、表、奏、七言、琴歌、对策、遗令凡二十一篇。

在中国教育史上，他继孔子之后开创了最大的私学办学规模，并在教学方法上标新立异，独树一帜。他之所以声名千古，为后世学者所尊重，是他一生中重视教学，注重人才培养的结果。

郑玄对马融的学问非常仰慕，于是千里迢迢西入关中，经卢植介绍拜马融为师。马融有学生400多人，亲自进入课堂听讲的仅50余人，多是学识水平较高者。郑玄在马融门下，三年不得相见。马融派学业成就优异的学生去教郑玄，郑玄不因为没有亲自聆听马融教诲而失望，而是夜以继日发愤读书，孜孜不倦，学识大有长进。

有一天，马融召集许多弟子考论图纬，遇到许多问题不能解答，听说郑玄善于计算，在楼上召见郑玄。郑玄才思敏捷，回答准确，计算迅速，马融和他的学生很是惊奇，赞叹不止。郑玄借此机会，把几年来在经学上的疑难问题全部提出来，马融一一作以解答，郑玄顿开茅塞，心里非常高兴。后来，郑玄就和老师马融告别返回山东。马融依依不舍，长叹一声对他的学生说："郑生今去，吾道东矣。"

正是由于郑玄的学而不厌和马融的诲人不倦，汉代经学成了我国一门独特的学问，并且不断被发扬光大，至今仍有很大的影响。

八、三人行，必有我师

【名言】

子曰："三人行，必有我师焉。择其善者而从之，其不善者而改之。"

——《论语·述而》

【译文】

孔子说："如果三个人一同走路，另外两个人中一定有可以做我老师的人。我选择他们的优点供自己学习,看到他们的缺点就检查自己,加以改正。"

【解读】

"三人行,必有我师"这句至理名言不但在学习上可以用得到,在处世之中亦不乏其正确性。很多故事都一再向人们传达着这样的思想。

李相是我国唐代的一位著名将领,以勇力和谋略而闻名天下。他虽然识字不多,年轻时也没机会拜过老师,但偏偏喜爱读书。他常常将书中的文字读错,但是他并没有因此而受到属下的鄙夷,因为他勤学好问,不但敢于承认错误,还勇于向身边的人求教。

李相最喜欢读《春秋》,无论公务怎样繁忙,他每日必读一卷,常年不懈。读书时,李相曾误把《春秋》中鲁国大夫叔孙婼的"婼"字读成"若"。每当他把"婼"字读成"若"字时,陪读的小吏就会显得不太自然。

时间一长,次数一多,李相便发现了这一情况,觉得很奇怪,便问小吏:"你也常读《春秋》吗?"

"是的。"小吏恭恭敬敬地回道。

李相严肃地问:"为什么每当我读到叔孙若(婼)时,你就表现出一副不以为然的样子呢?"

小吏见李相如此严肃,定是要责怪自己,连忙躬身跪倒,然后恭谨地回答:"小人过去曾蒙老师教过《春秋》,今日听相公把'婼'字读成了'若'字,方才明白过去照老师所说的是大错了。"

李相听小吏说是老师读错,不由暗自生疑,便说:"恐怕不是你老师的错吧?我没拜过师,这个'婼'字是照本朝陆德明的《经典释文》中的释文注音读的,一定是我读错了,而不是你读错了。"说着,李相便从书架上取出《经典释文》,让小吏看。

小吏一看,才明白李相把字注音的字形看错了,他委婉地说明正确的读音。

李相听了,顿时脸色通红,觉得自己身为大官,每天都读《春秋》,居然多次读错字而不知,十分惭愧。于是,他走下座位,把太师椅放在北墙边,请小吏上座。

小吏哪里敢坐,连说:"这是相公的宝座,小人岂敢越礼僭坐!"

李相把小吏按在坐椅上说："不许动，不然，我要生气了！"

小吏不敢拂逆，坐也不是，不坐也不是，局促不安，十分尴尬。

李相站在南面，整整衣冠，然后面朝北，向坐在太师椅上的小吏躬身下拜。小吏又要离座，李相喊道："不要动！"小吏只好坐在椅子上接受他的大礼参拜。

行过礼后，李相诚恳地说："我虽然身居高位，但也不敢忘记圣人'三人行，必有我师'的教诲。从今以后，你就是我的'一字师'，我要再读错字，请你一定要给我指出来，千万不要客气啊！"

小吏见李相身为大官，如此虚怀若谷，不耻下问，深受感动。从此，小吏把自己从小跟名师学到的学识，教给李相。自此之后，李相的学识也进步得很快。

历史上，像李相一样虚心学习，不耻下问，谨记"三人行，必有我师"这个道理的人还有很多。我国明代著名的医学家李时珍也是一个这样的人。

明朝的时候，医生的社会地位十分低下，被列入了"下九流"之中，人们既需要医生，又看不起做医生的。李时珍就是生活在这样一个社会环境中。他从小继承父业，毕生钻研医道。

在35岁的时候，李时珍立下宏愿，决心重新修订医学名著《本草》。为实现这一理想，李时珍在十年苦读的基础上，立志要再行万里路。他知道，人人皆有专长，人人都可以成为自己的老师，他是这样想的，也是这样做的。

在行万里路的过程中，每到一地，他就向当地的农民、山民、渔民、樵夫、猎人、药农学习，向他们请教。凡是遇见他不懂的知识，他都虚心请教，认真记录，积累了十分丰富的宝贵资料。

有一次，李时珍走到一处驿站，已非常疲乏了。一些往来于驿站之间的车夫们正聚在一起，见到李时珍，便热情招呼他坐下。见到李时珍如此疲惫的样子，一个车夫从刚刚熬好的一盆汤中盛了一碗，端给他说："来，吃碗解乏汤试试。"

李时珍端过碗来一喝，微甜，略带清香，急忙问："这汤是用什么熬的？叫什么？治什么？"车夫们笑着告诉他："这是用叫鼓子的旋花熬的汤，这种草药能治理筋骨损伤，保护筋骨,解除疲乏。"说罢,还拿了些粉色的旋花给他。李时珍听罢,兴奋得跳了起来,连忙把车夫们的话一一记录下来。李时珍由衷地感谢这些车夫老师!

还有一次,李时珍来到河旁边,给一位渔民治过病后,渔民们盛情地招待他吃了一顿河鲜。餐中的一道鱼菜,吃起来味道鲜美,一问才知道是"河豚"。李时珍立刻就想起了"舍命吃河豚"的谚语了。看来只有知道河豚味美无比,才会懂得为什么有人宁愿舍命,也要吃河豚了。但是为什么吃河豚要"舍命"呢?李时珍非常谦虚地一一向渔民们请教,渔民们告诉他:"吃了河豚的脂油,会使人舌头发麻;吃了河豚的子,会使人肚子发胀;吃了河豚的眼睛,使人眼睛发花;吃河豚不得法,还可能送命。"李时珍就是根据渔民们的这些经验,总结出了"油麻、子胀、眼睛花"的顺口溜,告诫人们,吃河豚千万小心,以防中毒。

每到一地,李时珍都要到当地的制药作坊,向制药工人询问一些药物的制作方法,请教制药的一些技术问题。

李时珍时时学习,处处拜师,生活在大自然的课堂里,生活在百姓的智慧海洋里,不断获得真知灼见。他踏遍了大江南北,访问了上千人,阅读了800多种医药典籍,记录了大量珍贵资料,写下了几百万字的笔记。他经过反复修改、校对、整理,三易其稿,历经30年时间,终于在61岁时完成了一部划时代的医学巨著——《本草纲目》。

第四节　交友之法

在孔子的学术体系之中,有相当大的一部分都是阐述如何处理人事关系的,而朋友又是人伦关系——"五伦"中重要的一伦。所以,孔子的名言之中也有许多是论述如何与朋友相处的问题的。在这部分名言中,孔子既提出了交友的基本原则,如"益者三友,损者三友",也从方法论的角度,提出了和朋友和谐相处的具体办法,如"躬自厚而薄责于人"等。

从整体上而言,孔子提倡"善与人交",善于与人,尤其是要善于与朋友相处。他的这种见解在今天仍然有很大的现实意义,完全可以作为人们交友的指导思想。

一、里仁为美

【名言】

子曰:"里仁为美。择不处仁,焉得知?"

——《论语·里仁》

【译文】

孔子说:"跟有仁德的人住在一起,才是好的。如果你选择的住处不是跟有仁德的人在一起,怎么能说你是明智的呢?"

【解读】

每个人的道德修养既是个人自身的事,又必然与所处的外界环境有关。重视居住的环境,重视对朋友的选择,这是孔子一贯注重的问题。近朱者赤、近墨者黑,与有仁德的人住在一起,耳濡目染,都会受到仁德者的影响;反之,就不大可能养成仁的情操。孟母三迁的故事就说明了这个道理。

孟子是战国时期的大思想家。孟子从小丧父,全靠母亲倪氏一人日夜纺纱织布,挑起生活重担。倪氏是个勤劳而有见识的妇女,她希望自己的儿子读书上进,早日成才。

一次,孟母看到孟轲在跟邻居家的小孩儿打架,孟母觉得这里的环境不好,于是搬家了。

又一天,孟母看见邻居铁匠家里支着个大炉子,几个满身油污的铁匠师傅在打铁。孟轲呢,正在院子的角落里,用砖块做铁砧,用木棍做铁锤,模仿着铁匠师傅的动作,玩得正起劲呢!孟母一想,这里环境还是不好,于是又搬了家。

这次她把家搬到了荒郊野外。一天,孟子看到一溜穿着孝服的送葬队伍,哭哭啼啼地抬着棺材来到坟地,几个精壮小伙子用锄头挖出墓穴,把棺材埋了。他觉得挺好玩,就模仿着他们的动作,也用树枝挖开地面,认认真真地把一根小树枝当作死人埋了下去。

直到孟母找来，才把他拉回了家。

孟母第三次搬家了。这次的家隔壁是一所学堂，有个胡子花白的老师教着一群大大小小的学生。老师每天摇头晃脑地领着学生念书，那拖腔拖调的声音就像唱歌，调皮的孟轲也跟着摇头晃脑地念了起来。孟母以为儿子喜欢念书了，高兴得很，就把孟轲送去上学。

可是有一天，孟轲逃学了。孟母知道后伤透

孟子

了心。等孟轲玩够了回来，孟母把他叫到身边，说："你贪玩逃学不读书，就像剪断了的布一样，织不成布；织不成布，就没有衣服穿；不好好读书，你就永远成不了人才。"说着，抄起剪刀，"哗"的一声，把织机上将要织好的布全剪断了。

孟轲吓得愣住了。这一次，孟轲心里真正受到了震动。他认真地思考了很久，终于明白了道理，从此专心读起书来。由于他天资聪明，后来又专门跟孔子的孙子子思学习，终于成了儒家学说的主要代表人物。

孟母三迁的故事告诉大家，环境对人的塑造能力非常大，所以选择邻居的时候一定要选择"仁者"。当然，选择"仁者"为邻的前提是自己也必须是个"仁者"。

张廷玉是安徽桐城人，大学士张英之次子，雍正四年授文渊阁大学士、兼户部尚书、翰林院掌院学士。

张廷玉为钦差大臣渡江南下时，恰逢松江知府为自己母亲庆八十大寿。其时宾客盈门，络绎不绝。张廷玉也置身其中，尾随众人进入花厅。张廷玉入座首席上，旁边陪坐着青浦、上海、嘉定等知县，众人因没有见过张廷玉，以为定是主人家的长辈，倒也不以为怪。

边上坐着的松江知府，也不知张廷玉是何贵客，故颔首致意后，分别就座。酒过三巡，众人诗兴大发，松江知府为在座众人的上司，身份地位最高，众人请他先出题。

大伙推让一番后，松江知府捋须笑道："既然各位谦让，老夫不才，就抛砖引玉了。我的上联是：'鲈鱼一尾四鳃，独出松江一府。'"此联的确甚妙，庄重淡雅，且有一股常人不具备的高傲之气，而且上下联均用数字，比较难对。

在座众人思索多时，仍旧无人对出。这时张廷玉说："既然诸位谦虚，老夫献丑了。我的下联是：螃蟹二螯八足，横行天下九州。"众人闻对，除交口称赞外，均感惊愕。众人请教先生台甫，方知其为军机大臣、内阁大学士。惊得众人纷纷行拜跪之礼。

接着要为老寿星写贺联，众人当然要请相爷命笔，在众人催请下，张廷玉信然挥笔，写下："八旬老太不是人"。众人皆大惊失色，松江知府除面露愠色外，更吓得魂不附体，不知相爷是何用意。

张廷玉提笔又写道："九天仙女下凡尘。"众人这才转忧为喜，并极口赞颂大人写得太好了。接下去他写了："养个儿子去做贼。"众人又不安起来，但有了前面的底，都屏声静气看大人如何写。张廷玉朝四周望了一下，然后稍加思索后写道："月中偷桃献母亲。"对联写好后众人无不称赞，松江知府更是感激不尽。满门老少都在庆贺老夫人的八十寿辰，连内阁大学士也来祝贺，真是喜上加喜，也是极稀有的事。

张廷玉的老家在桐城，隔壁邻居在造新房，因地基同张廷玉家争吵，闹得不可开交。家人于是修书遣人送上京城，希望张廷玉出面调停。张廷玉接信后，并不因自己权高位重，以势压人，而是修书一封，书中写道："千里来书只为墙，让他三尺又何妨。万里长城今犹在，不见当年秦始皇。"

他要家人不要与人争吵，以和为贵，由于张廷玉息事宁人，邻居也深受感动，两家均主动退让，形成了六尺的巷道，这就是桐城著名的"六尺巷"。"六尺巷"至今保存完好，默默地见证着"里仁为美"这句千古名言。

二、听其言而观其行

【名言】

宰予昼寝。子曰："朽木不可雕也，粪土之墙不可杇也，于予与何诛。"子曰："始吾于人也,听其言而信其行;今吾于人也,听其言而观其行。于予与改是。"

——《论语·公冶长》

【译文】

宰予白天睡觉。孔子说:"腐朽的木头无法雕刻,粪土垒的墙壁无法粉刷。对于宰予这个人,责备还有什么用呢?"孔子说:"起初我对于人,是听了他说的话便相信了他的行为;现在我对于人,听了他讲的话还要观察他的行为。在宰予这里我改变了观察人的方法。"

【解读】

孔子这句名言所强调的和"君子耻其言而过其行"是同一道理,即每个人都应该做到言行一致。而对于别人是否做到了这一点,就需要"听其言而观其行",不能"听其言而信其行"。这就是从方法论的角度出发,阐述了如何分辨别人是否做到言行一致,是否值得信任。不过,一时做到"听其言而观其行"容易,若想一生一世都做到这一点就非常困难了。历史上,很多大智者都没有做到这一点,如诸葛亮。

蜀主刘备死后,蜀国丞相诸葛亮,按照刘备的遗愿,继续奉行了"联吴伐魏"的方针,积极巩固后方,准备进行北伐。当他七擒孟获,征服"南夷",并使内部得到巩固以后,又用"反间计"使魏主曹睿撤了司马懿的职,这就为诸葛亮出师伐魏创造了有利的条件。

诸葛亮趁着这个有利的大好时机,迅速出兵祁山,打算先去攻打长安,夺取中原,进而统一全国。诸葛亮出兵后节节胜利,连败魏军。驻守在新城的魏将孟达,看到蜀军的优势,也与蜀军几次联系,准备掉转枪头,从东路攻打魏国的国都洛阳,与攻打长安的蜀军进行紧密的配合。

在这种形势下,魏主曹睿害怕极了,他亲赴长安前线督战,并虚心接受大臣的建议,重新起用司马懿统帅大军,与蜀对敌。

司马懿不愧为作战老手,深有谋略。他首先消灭了孟达,然后领兵出关,准备破蜀,由此展开了对于街亭的争夺战。

两军对垒,他们为什么首先要争夺这个很不起眼的街亭呢? 因为它的战略地位太重要了。它在现在的甘肃省清水县东北，是个通往汉中的咽喉，军事要道，所以非争不可！

有一天，诸葛亮听说司马懿引兵出关，心想："我一定要夺取这个地方。"于是，他便召开了军事会议。诸葛亮在会上说："现在司马懿出关，一定要争取街亭，这是我们的咽喉之地，谁能前去把守？"

话音未落，马谡应声而起，说："我愿去。"

诸葛亮说："街亭地方虽小，可是关系重大。如果街亭失守，我们就会全局失利。你虽然读了很多兵书，可是街亭并不好守。那里既没城墙，又没险要的地势好利用，要守住是有很大的困难啊！"

马谡不服气地说："我自幼熟读兵书，精通兵法，连个小小街亭都守不住，要我还有什么用！"他坚持要去。

诸葛亮说："司马懿可不比寻常将领，他还有个先锋张郃，作战勇敢，智谋过人，是魏国名将，你恐怕不是他们的对手。"

马谡说："不要说是司马懿、张郃，就是魏主曹睿亲自出马，也没什么可怕。要有差错，我拿全家性命作保！"

为了稳妥起见，诸葛亮在答应马谡请求的同时，又选派了一个平时办事很谨慎的上将王平作副将，要他们遇事好好商量。另外还做了一些其他部署。

马、王二将领兵来到街亭。察看了一下地形，马谡笑着说："丞相也太多心了。这么个偏僻的山路，司马懿怎么敢来呢？"接着就下令在山头安营扎寨。

王平说："您这样做可就错了。这样的地势应该在要道上驻军，并且筑起城墙来阻挡敌兵。依了我的办法，就是司马懿有十万大军，也休想过去。您现在放弃要道，在山头上驻军，如果司马懿突然袭来，四面围住，您用什么办法保住街亭！"

马谡哈哈大笑，说王平："你真是女人般的见识，兵书上说'凭高视下，势如破竹'，如果司马懿敢来，我要杀他个片甲不留！"

王平说："我跟丞相多年，经过多少阵势，每次战争，丞相总是尽心指导。要叫我看，这山是死地。如果敌兵攻来，断了我们的取水之路，不用打，我军就乱了。"

马谡气汹汹地说:"不许你胡言乱语!兵书上明明写着,'置之死地而后生',要是司马懿断我水路,不更激起我军的拼死战斗吗?那真是一顶十、十顶百呢!我常读兵书,深通谋略,丞相有了事还要问我,你是什么人,敢阻拦我!"

王平没奈何,只得说:"您一定要在山上下寨,那就分给我5000人马。我到西山下面安一个小的军寨,也好摆一个互相接应的阵势。如果魏兵突然袭来,也好抵挡他一阵。"

连这个最起码的请求,马谡也不肯答应。二人正在争持不下,忽然间,山里的老百姓,成群结伙地跑来说:"魏兵到了!"

马谡这才赌着气分给了王平5000人马,并说:"你既然不听从我的命令,等我打败司马懿,在丞相面前论功行赏,可就没你的份了!"

司马懿来到街亭,看了马谡的阵势,果然先断了山上的水道。并命令足智多谋的张郃,率领精兵勇将,截断王平的来路,然后带领大队人马,一拥而进,把个小小山头,围了个水泄不通。

马谡的兵马,在山上看到敌兵声势浩大,一个个吓得丧魂落魄。马谡指挥大军向下冲杀,将士们你看我,我推你,没有一个敢向前冲。马谡十分生气,斩了两个将领示众。士兵们一看主帅发火了,只好向山下冲,可是哪里冲得动呢!又只好退回来。马谡见大势不好,只得命令士兵,坚守寨门,等待外援。可是山上缺水,战士们吃不上饭,不到一天工夫,军营里便乱腾起来。

半夜里,很多人偷偷开了寨门,下山投降司马懿去了。这时,司马懿又放火烧山,山上更乱了。马谡见大事不妙,只得带了几个残兵败将,杀开一条血路,从西山脚下,取路逃命去了。

王平在山下扎寨,但人马太少,寡不敌众,最后只好冲杀出来,退守阳平关。街亭就这样失守了。

诸葛亮把守街亭的重任交给马谡,致使街亭失守,所犯的错误就是没有对马谡"听其言而观其行"。

三、己欲立而立人，己欲达而达人

【名言】

子贡曰："如有博施于民而能济众，何如？可谓仁乎？"子曰："何事于仁，必也圣乎！尧舜其犹病诸！夫仁者，己欲立而立人，己欲达而达人。能近取譬，可谓仁之方也已。"

——《论语·雍也》

【译文】

子贡说："假若有一个人，他能给老百姓很多好处又能周济大众，怎么样？可以算是仁人了吗？"孔子说："岂止是仁人，简直是圣人了！就连尧、舜尚且难以做到呢。至于仁人，就是要想自己站得住，也要帮助人家一同站得住；要想自己过得好，也要帮助人家一同过得好。凡事能就近以自己做比，而推己及人，可以说就是实行仁的方法了。"

【解读】

仁者广施仁德于天下，以天下大同为毕生追求，并以自身打比方，能够从身边的小事做起，并推己及人。子贡赞扬孔子时就说他"立之斯立""道之斯行"，说的就是人能在自己立身通达的前提下，兼顾他人。

汉武帝时，鲁地的申公是个有名的学者。上申公这里来求学的人也源源不断。对于这些求学的，申公都不拒绝，全部纳为弟子，教他们学《诗经》和其他的古籍。

兰陵的王臧和赵绾也来跟从申公学习。二人学成之后，都很有成就。王臧后来成为汉景帝太子的老师。武帝即位，还做到郎中令。赵绾也官至御史大夫。他们对申公十分敬仰。当时申公并没有受到武帝的重用，穷居乡里。二人合计，一定要为老师上书，让他获得公平的待遇。

二人于是写了奏札呈递上去。

开始，武帝不予理睬，认为一个儒生，值得那么推崇吗？

王臧、赵绾又继续上书，极言申公的不平凡。

这样上书几次,武帝终于仔细阅读了两人写的奏札,觉得申公这人的确学识渊博,气节刚正,应当受到尊崇。于是,武帝指派使臣驾驷马高车,带上布帛和白璧去迎接申公进京,还特别吩咐使臣用蒲草将车轮密密地裹了起来。这样,车子驶在不平的路上,就不会颠簸。同时又叮嘱他们一定要细心照应,申公老了,不要损伤了他。王、赵二人也一同前往。

来到申公的屋前,两位弟子一起去见老师。

申公在屋里听得外面一阵马蹄响,诧异地站起来,恰看见王臧与赵绾一起走了进来。二人来到老师面前,向老师施礼,并传达了武帝的旨意。

申公本不愿出山,见两个弟子如此为自己上奏,武帝如此厚待自己,就再没什么说的了。

于是,师生三人一起来到京城。

武帝见申公已须眉皆白,但精神矍铄,不禁油然而生敬意。他向申公问治国之事。申公说:"治理国家的人不在于多说话,多发议论,重要的是要身体力行!"

武帝对申公的话极表赞赏,此后,对申公也更为尊敬了。他封申公为太中大夫,为他修了府第,并经常请教他治理国家的事。

王臧和赵绾能够在自己立身通达的前提之下,极力向武帝举荐自己的老师,这就是孔子所谓的"己欲立而立人,己欲达而达人"了!

当然,"立人"也好,"达人"也罢,不光需要这种仁者之心,还需要讲究方法。

燕昭王接受了被齐国打得大败的燕国的烂摊子,继位为王之后,对人谦虚,不惜用厚礼招请有才能的人帮他报仇。

有一天,他跑到郭隗那里,问:"齐国乘我国内乱,袭击我们,把我们打败。我很明白我国狭小,力量薄弱,没有法子报仇。但是,我盼望着能够找到有本领的人,和我共同治理国家,洗雪先王蒙受的耻辱。请问你,一个想替国家报仇的人应该怎样做呢?"

郭隗回答说:"您如果能够广泛选拔有本领的人,并且亲自去访问他。那么,天下有本领的人就都会聚集到燕国来了。"

"我去访问谁才好呢?"

郭隗回答说:"我听说从前有一个国君用千金求千里马,求了三年,都没有求到。后来国君的一个侍从请求改派他去,仅仅费了三个月的时间,就找到了一匹千里马。可是这时马已经死了。这个侍从就拿出五百金把死马的骨头买了回来。国君见他买了死马的骨头来,非常生气,责备他说:'我要的是活的千里马,死马有什么用? 你怎么为一个死马浪费掉五百金呢?'侍从说:'死马还用五百金买来,何况活马呢,我这样一做,天下人一定认为你能出大价钱买马。活的千里马就要到来了。'果然不到一年,一共送来了三匹千里马。现在您要是真想找到有本领的人,请您先从用我开始。天下人看见像我这样的人尚且被您重用,何况那些比我高强的人呢? 他们难道害怕路远而不来吗?"

于是燕昭王替郭隗造了房子,并且尊郭隗做老师。这件事一传开去,乐毅从魏国、邹衍从齐国、剧辛从赵国跑到了燕国,其他一些有本领、有学问的人也都争着涌到燕国来效力。燕昭王慰问有丧葬之忧的,关怀有添丁之喜的,和百姓同享安乐,共度苦难 28 年,终于把燕国从一个战败国,改变成了一个富强的国家,而士兵们都欢乐舒畅,一点不害怕战争。

这时,燕昭王派乐毅为上将军,会同秦、楚、韩、魏、赵共同用计攻打齐国,把齐国打得大败。齐泯王因此出走。燕军单独追进齐的都城临淄,掠走齐国的全部珍宝,烧毁齐国的宫室宗庙,洗雪了燕国从前被齐国打败的耻辱。

郭隗立人与达人的方式非常独特,他从先立自己,达自己开始,继而使燕昭王得到了许多贤才,燕昭王也被"立""达"起来。至于那些贤才更是在郭隗的这种方式下也都或"立"或"达"了。

四、己所不欲,勿施于人

【名言】

仲弓问仁。子曰:"出门如见大宾,使民如承大祭。己所不欲,勿施于人。在邦无怨,在家无怨。"仲弓曰："雍虽不敏，请事斯语矣。"

——《论语·颜渊》

【译文】

仲弓问怎样做才是仁。孔子说："出门办事如同去接待贵宾，使唤百姓如同去进行重大的祭祀，都要认真严肃。自己不愿意要的，不要强加于别人；做到在诸侯的朝廷上没人怨恨自己；在卿大夫的封地里也没人怨恨自己。"仲弓说："我虽然笨，也要照您的话去做。"

【解读】

人们常说的"易地以处""将心比心"和孔子所说的"己所不欲，勿施于人"是同一意思。这要求人们在行事的时候，需要仔细考虑一下，自己能不能接受，如果自己都不能接受，就别去做了。自己接受不了的事情，别人又怎么能接受呢？

其实，"己所不欲，勿施于人"的核心是宽恕。一个人只要有了宽恕之心，就自然而然地会学"易地以处"和"将心比心"，从而做到"己所不欲，勿施于人"。

战国时，梁国与楚国交界，两国在边境上各设界亭，亭卒们也都在各自的地界里种了西瓜。梁亭的亭卒勤劳，锄草浇水，瓜秧长势极好，而楚亭的亭卒懒惰，对瓜事很少过问，瓜秧又瘦又弱，与对面瓜田的长势简直不能相比。但是，楚人却死要面子，在一个无月之夜，他们偷跑过去把梁亭的瓜秧全给扯断了。

梁亭的人第二天发现后，气愤难平，报告县令宋就，说我们也过去把他们的瓜秧扯断好了。宋就听了以后，对梁亭的人说："楚亭的人这样做当然是很卑鄙的，可是，我们明明不愿他们扯断我们的瓜秧，那么为什么再反过去扯断人家的瓜秧？别人不对，我们再跟着学，那就太狭隘了。你们听我的话，从今天起，每天晚上去给他们的瓜秧浇水，让他们的瓜秧长得好，而且，你们这样做，一定不可以让他们知道。"

梁亭的人听了宋就的话后觉得有道理，于是就照办了。楚亭的人发现自己的瓜秧长势一天好似一天，仔细观察，发现每天早上地都被人浇过了，而且是梁亭的人在黑夜里悄悄为他们浇的。楚国的边县县令听到亭卒们的报告后，感到非常惭愧又非常敬佩，于是把这事报告给了楚王。

楚王听说后，也感于梁国人修睦边邻的诚心，特备重礼送梁王，既以示自责，也以示酬谢，结果这一对敌国就成了友邻。宋就这种"己所不欲，勿施于人"的宽大胸怀不但使梁、楚两国尽释前嫌，成了友邻，更教育了两国的人民。

战国时候，有个叫白圭的人，跟孟子谈起大禹治水这件事，他夸口说："如果让我来治水，一定能比禹做得更好。只要我把河道疏通，让洪水流到邻近的国家去就行了，那不是省事得多吗？"

孟子很不客气地对他说："你错了！你把邻国作为聚水的地方，结果将使洪水倒流回来，造成更大的灾害。有仁德的人，是不会这样做的。"这就是成语"以邻为壑"的由来。

白圭只为自己着想，不为别人着想，这种"己所不欲，要施于人"的错误思想，是难免要害人害己的。

五、道不同，不相为谋

【名言】

子曰："道不同，不相为谋。"

——《论语·卫灵公》

【译文】

孔子说："走着不同道路的人，就不能在一起谋划。"

【解读】

"道"有伟大和渺小之分，也有正义和邪恶之别，正人君子不屑与小人为伍，正是因为"道不同"。历史上，志同道合者很多，如被后世尊为知音典范的俞伯牙和钟子期；也有"道不同"分道扬镳者，如管宁和华歆。

俞伯牙是晋国的大夫，有一年，他奉命出使楚国，一路乘船而行。当船行至马鞍山下时，突遇一场暴雨，伯牙只得令船靠岸，暂避风雨。雨停后，一阵清风徐来，使他神清气爽，顿觉一路疲劳一扫而尽。他急忙走进舱内，取出随带的瑶琴，置于船头，席船而坐，面对眼前的高山流水，尽兴地弹奏起来。

悠扬的琴声伴着雨后的清风，传到了正在山上砍柴的钟子期之耳。钟子期立即停下手中的刀斧，循着琴声，来到附近，隐于树后静听，并伴着琴声节奏的轻重缓急，不停地击掌，陶醉其中。此时的俞伯牙也越弹越有兴致，他将一股从未有过的激情融入琴弦，尽情地抒发着内心的快感。

突然，琴弦断了，俞伯牙顿感蹊跷，他隐隐觉得附近有人在听他的演奏。于是，他来到岸上寻找。突然，他发现了隐于树后的钟子期，便热情地请他到了船上。

随后，伯牙鼓琴弹奏了一首"高山流水"曲，问钟子期可知其意。子期说："太好了！峨峨如泰山，荡荡若江河！"听完子期的回答，伯牙喜不自胜，顿觉相见恨晚，他为自己找到了多年难遇的知音而高兴。他们越谈感情越近，越说兴致越浓，两人由此结下了莫逆之交，并相约第二年再来此地相会，重述知音之情。谁知此次相会后，钟子期突染重病，抱憾而亡。

第二年，俞伯牙如期赴约，久等不见子期前来，便携琴找到子期家中。得知子期病故，顿觉五雷轰顶。当即请人将他带到子期坟头，长跪不起，哭诉知音难觅之情。随后取出瑶琴，在子期坟头弹奏一曲后，将琴摔碎以谢这位难得的知音。

"高山流水遇知音"的佳话流传千古。俞伯牙和钟子期之间的友谊也被人们视为"志同道合"的典范。管宁和华歆则是因"道不同"而中断友谊的典型。

管宁和华歆在年轻的时候，是一对非常要好的朋友。他俩成天形影不离，同桌吃饭、同榻读书、同床睡觉，相处得很和谐。

有一次，他俩一块儿去劳动，在菜地里锄草。两个人努力干着活，顾不得停下来休息，一会儿就锄好了一大片。

只见管宁抬起锄头，一锄下去，"当"一下，碰到了一个硬东西。管宁好生奇怪，将锄到的一大片泥土翻了过来。黑黝黝的泥土中，有一个黄澄澄的东西闪闪发光。管宁定睛一看，是块黄金，他就自言自语地说了句："我当是什么硬东西呢，原来是锭金子。"接着，他不再理会了,继续锄他的草。

"什么?金子!"不远处的华歆听到这话,不由得心里一动,赶紧丢下锄头奔了过来,拾起金块捧在手里仔细端详。

管宁见状,一边挥舞着手里的锄头干活,一边责备华歆说:"钱财应该是靠自己的辛勤劳动去获得的,一个有道德的人是不可以贪图不劳而获的财物的。"

华歆听了,口里说:"这个道理我也懂。"手里却还捧着金子左看看、右看看,怎么也舍不得放下。后来,他实在被管宁的目光盯得受不了了,才不情愿地丢下金子回去干活。可是他心里还在惦记金子,干活也没有先前努力,还不住地唉声叹气。管宁见他这个样子,不再说什么,只是暗暗地摇头。

又有一次,他们两人坐在一张席子上读书。正看得入神,忽然外面沸腾起来,一片鼓乐之声,中间夹杂着鸣锣开道的吆喝声和人们看热闹吵吵嚷嚷的声音。于是管宁和华歆就起身走到窗前去看究竟发生了什么事。

原来是一位达官显贵乘车从这里经过。一大队随从佩戴着武器、穿着统一的服装前呼后拥地保卫着车子,威风凛凛。再看那车饰更是豪华:车身雕刻着精巧美丽的图案,车上蒙着的车帘是用五彩绸缎制成,四周装饰着金线,车顶还镶了一大块翡翠,显得富贵逼人。

管宁对于这些很不以为然,又回到原处捧起书专心致志地读起来,对外面的喧闹完全充耳不闻,就好像什么都没有发生一样。

华歆却不是这样,他完全被这种张扬的声势和豪华的排场吸引住了。他嫌在屋里看不清楚,干脆连书也不读了,急急忙忙地跑到街上去跟着人群尾随车队细看。

管宁目睹了华歆的所作所为,再也抑制不住心中的叹惋和失望。等到华歆回来以后,管宁就拿出刀子当着华歆的面把席子从中间割成两半,痛心而决绝地宣布:"我们两人的志向和情趣太不一样了。从今以后,我们就像这被割开的草席一样,再也不是朋友了。"

这就是因"道不同"而"割席断义"的故事。

七、不以言举人，不以人废言

【名言】

子曰："君子不以言举人，不以人废言。"

——《论语·卫灵公》

【译文】

孔子说："君子不因为一个人有几句正确言论就推荐他，也不因为一个人品德不好就废弃他的正确言论。"

【解读】

孔子非常注重人的言行一致，"君子耻其言而过其行""听其言而观其行"等说的都是这个道理。事实上，孔子的注重言行一致是非常有道理的。在现实生活中，有很多夸夸其谈、口若悬河之人，但是事实上却是金玉其外、败絮其中的主儿。所以，孔子认为一个人的言论不能作为评判他的标准，也不能根据一个人的言论就推崇他，正所谓"不以言举人"。

历史上，这种夸夸其谈，金玉其外、败絮其中的人非常多。纸上谈兵的赵括就是一个语言上的巨人、行动上的矮子。

公元前262年，秦昭襄王派大将白起进攻韩国，占领了野王。截断了上党郡和韩都的联系，上党形势危急。上党的韩军将领不愿意投降秦国，就打发使者带着地图把上党献给赵国。

赵孝成王派军队接收了上党。过了两年，秦国又派王龁围住上党。赵孝成王听到消息，连忙派廉颇率领20多万大军去救上党。他们才到长平，上党已经被秦军攻占了。

王龁还想向长平进攻。廉颇连忙守住阵地，叫兵士们修筑堡垒，深挖壕沟，跟远来的秦军对峙，准备做长期抵抗的打算。

王龁几次三番向赵军挑战，廉颇说什么也不跟他们交战。王龁想不出什么法子，只好派人回报秦昭襄王，说："廉颇是个富有经验的老将，不轻易出来交战。我军老远到这儿，长期下去，就怕粮草接济不上，怎么好呢？"

秦昭襄王请范雎出主意。范雎说："要打败赵国，必须先叫赵国把廉颇调回去。"

秦昭襄王说："这哪儿办得到呢？"

范雎说："让我来想办法。"

过了几天，赵孝成王听到左右纷纷议论，说："秦国就是怕让年轻力强的赵括带兵；廉颇不中用，眼看就快投降啦！"

他们所说的赵括，是赵国名将赵奢的儿子。赵括小时候爱学兵法，谈起用兵的道理来，头头是道，自以为天下无敌，连他父亲也不放在眼里。

赵王听信了左右的议论，立刻把赵括找来，问他能不能打退秦军。赵括说："要是秦国派白起来，我还得考虑对付一下。如今来的是王龁，他不过是廉颇的对手。要是换上我，打败他不在话下。"

赵王听了很高兴，就拜赵括为大将，去接替廉颇。

蔺相如对赵王说："赵括只懂得读父亲的兵书，不会临阵应变，不能派他做大将。"可是赵王听不进去蔺相如的劝告。

赵括的母亲也向赵王上了一道奏章，请求赵王别派他儿子去。赵王把她召了来，问她什么理由。赵母说："他父亲临终的时候再三嘱咐我说，'赵括这孩子把用兵打仗看作儿戏似的，谈起兵法来，就眼空四海，目中无人。将来大王不用他还好，如果用他为大将的话，只怕赵军断送在他手里。'所以我请求大王千万别让他当大将。"

赵王说："我已经决定了，你就别管吧。"

公元前 260 年，赵括领兵 20 万到了长平，请廉颇验过兵符。廉颇办了移交，回邯郸去了。赵括统率着 40 万大军，声势十分浩大。他把廉颇规定的一套制度全部废除，下了命令说："秦国再来挑战，必须迎头打回去。敌人打败了，就得追下去，非杀得他们片甲不留不算完。"

那边范雎得到赵括替换廉颇的消息，知道自己的反间计成功，就秘密派白起为上将军,去指挥秦军。白起一到长平,布置好埋伏,故意打了几阵败仗。赵括不知是计,拼命追赶。

白起把赵军引到预先埋伏好的地区,派出精兵两万多人,切断赵军的后路;另派数千骑兵,直冲赵军大营,把40万赵军切成两段。赵括这才知道秦军的厉害,只好筑起营垒坚守,等待救兵。秦国又发兵把赵国救兵和运粮的道路切断了。

赵括的军队,内无粮草,外无救兵,守了40多天,兵士都叫苦连天,无心作战。赵括带兵想冲出重围,秦军万箭齐发,把赵括射死了。赵军听到主将被杀,也纷纷扔了武器投降。40万赵军,就在纸上谈兵的主帅赵括手里全部覆没了。

我国西汉的张释之深知"不以言举人"的道理,他就曾劝汉文帝不要因为一个人的言语出众就重用他。据说,汉文帝有一次到皇家园囿上林苑打猎,他想了解上林苑各种禽兽的情况,便招来上林苑的次官上林尉询问。

汉文帝连续问了十几个问题,上林尉都答不出。这时,虎圈管理员出面为解围,代上林尉作答。此人口齿伶俐,记性很好,对苑内禽兽数量了如指掌,汉文帝问的所有问题他都能对答如流。

汉文帝对这个虎圈啬夫十分欣赏,他说:"当官就要像这个样子,上林尉真是没用!"当场命随行的谒者仆射张释之拜啬夫为上林令。

张释之觉得不妥,他上前问汉文帝:"陛下认为绛侯周勃是什么人?"

汉文帝说:"是个长者。"

张释之又问:"东阳侯张相是什么人?"

汉文帝说:"也是个长者。"

张释之说:"这就对了,大家都认为绛侯周勃和东阳侯张相是可以依赖的长者,这两个人都很少说话,很木讷,哪像这个啬夫信口开河、喋喋不休呢? 过去秦朝任用花言巧语、舞文弄墨的官吏,全部只有表面功夫而无实际行动,最终使国家土崩瓦解。现在陛下觉得啬夫有口才就连升他几级,这件事件传出去以后恐怕天下人争相仿效,只重口才不重实际,这股风气一旦形成,其祸害可想而知。为防止上行下效,陛下的举措不可不慎重!"

汉文帝觉得张释之这番话很有道理,马上取消了对啬夫的任命。

当然,历史上也不乏一些"以言举人","以言废人"的事情。唐德宗李适就是一个这样的人。唐德宗为人好猜忌,疑心重,当政不委任臣下,朝廷"官无大小,必自选而用之,宰相进拟,少所称可;及群臣一有谴责,往往终身不复收用;好以辩给取人,不得敦实之士;艰于进用,群材滞淹"。

所谓"辩给",是指口齿伶俐。唐德宗对辩给之人可谓情有独钟,在刚即位时,他听说太原人怀州刺史乔琳有口才,便任用他为宰相,其实乔琳这个人除了性格诙谐外并无它长。当乔琳升任宰相的消息传出后,"闻者无不骇愕",大家不知道这个刚上任的皇帝哪条神经错乱了,竟起用乔琳这种只会说笑话的人当宰相。

奸臣卢杞虽然相貌丑陋,但口才很好,深受唐德宗的喜欢和器重。得到皇帝的赏识自然会官运亨通,卢杞从御史中丞升为御史大夫,不久后又升为丞相,权倾一时。

卢杞为人阴险狡诈,连郭子仪也忌他三分,在会见卢杞时不让侍妾在侧,怕得罪了这个家伙。郭子仪说:"杞貌陋而心险,妇人辈见之必笑,他日杞得志,吾族无类矣。"

卢杞当宰相后,排挤异己,陷害忠良。唐德宗以为卢杞可以帮他治理好国家,结果卢杞不但没把国家治理好,倒添了不少乱。

由于唐德宗"以言举人",朝中大臣大多是一些华而不实、只会说而不会处理政事的小人,致使朝纲大乱,百姓苦不堪言。

八、躬自厚而薄责于人

【名言】

子曰:"躬自厚而薄责于人,则远怨矣。"

——《论语·卫灵公》

【译文】

孔子说:"多责备自己而少责备别人,那就可以避免别人的怨恨了。"

【解读】

人生于世,谁都难免会犯错误,对待错误除了要积极去改正之外,人们应该持怎样的态度呢?孔子认为,每一个人都应该"躬自厚而薄责于人"。这句话的意思是,对待的自己的错误要认真展开自我批评,即人们所谓的"严于律己";而对待别人的错误,则不需要斤斤计较,最好少责备他,即人们所谓的"宽以待人"。

"躬自厚"者,历史上有很多。古代有个检校刑部郎中,名叫程皓,为人周慎,人情练达,从不谈人之短长。每当同辈之中有人非议别人,他都缄默不语。

直到那人议论完后。他才慢慢地替被伤害的人辩解:"这都是众人妄传。其实不然。"甚至,还列举出这个人的某些长处。

有时,他自己在大庭广众中被人辱骂,连在座的人都惊愕不已。程皓却不动声色,起身避开,说:"彼人醉耳,何可与言?"这就是"躬自厚"的表现了。

"薄责于人"就是要宽以待人,不要责难别人所犯下的轻微过失,不要随便揭发他人生活中的隐私,更不可以对他人过去的过失或旧仇耿耿于怀,久久不肯忘掉。做到这三点,不但可以培养自己的品德,也可以彻底避免遭受意外的灾祸。

历史上的楚庄王就是一个"薄责于人"的典型。平息斗越椒叛乱以后,楚庄王大摆庆功酒宴,大喝大吃,以庆祝自己真正成为一国的强有力的君主。楚庄王命众臣痛饮。那时没有蒸馏技术,所以酒精度数不高,导致它容易变酸,一次必须使劲喝,否则剩下的全浪费了。

因此,楚庄王要求大家使劲喝,敞开了喝。君臣们从下午一直喝到天黑。当时一天只吃两顿饭,上午下午各一顿,没有晚餐。由于商纣王喝酒而亡国,所以大圣人周公发布禁酒令,喝酒不许乘夜。

楚国不理这一套,楚庄王让宫人点起灯,晚上接着喝。当时的灯,灯油都是植物油,味道很香,纯天然,无污染,放在精美的青铜灯盏里。"兰膏明烛"一词,说明灯油中还有香料,清香如兰,十分养鼻。在灯火摇曳时刻,众人闻着灯香以及酒香,个个喝得酩酊大醉。

楚庄王大乐，为了表示对臣属们的感激，他专门请自己的小妾许姬，为大夫们亲手把盏。许姬五官秀美，身材苗条，肌如凝脂，腰似春柳，是楚后宫里第一美人。晚宴的烛光，把许姬照得更加妩媚。斟酒的她来回穿梭于烛光暗影之中，恍若仙女下凡。

突然刮起一阵凉风，把宴会上的烛火全部吹灭了。一个大臣喝醉了，把持不住，乘机一把扯住许姬的纤纤细手。许姬反身揪掉那人帽子上的璎珞，然后来到楚庄王面前报告："报告！有人非礼臣妾！这是他的璎珞，请您追查给臣妾做主。"

楚庄王说："这个……这个，我自有主张。"他突然看见宫人正在重新点灯，楚庄王赶忙拦住说："不要点，都不要点灯，今天君臣同乐，如果谁不把帽子上的璎珞摘下来，就表示谁还没有尽兴！"

等宫女把灯点亮的时候，一百多个大臣都已经把自己帽子上的璎珞摘了下来。

事后，许姬责问庄王为什么不揪出那个流氓，严肃君臣之礼，端正男女之别。楚庄王笑说："按规定，喝酒不能过量，也不能没日没夜。是我让群臣尽情畅饮，出了事，不是他们的责任，是我的责任。我怎么能惩罚他们呢，怎么能伤国士之心呢？"

楚庄王真是襟怀阔达，他用人不求全责备、不计较人才的小节微瑕。而那个调戏许姬的将官，名叫唐狡。他在后来的攻郑战役中，出效死力，所向披靡，扭转了楚军被动的战局，报效了当初楚庄王饶他不死的恩遇。

《安徒生童话》中有一则叫《老头子总是不会错》的童话，它表达的意思也是"躬自厚而薄责于人"。

乡村里有一对清贫的老夫妇，有一天，他们想把家中唯一值点钱的一匹马拉到市场上去换点更有用的东西。老头子牵着马去赶集了，他先与人换得一头母牛，又用母牛去

楚庄王

中华传世藏书

论语诠解

《论语》名言解读

一五三七

换了一头羊,再用羊换来一只肥鹅,又由鹅换了母鸡,最后用母鸡换了别人的一大袋烂苹果。

在每一次交换中,他都想给老伴一个惊喜。当他扛着大袋子来到一家小酒店歇气时,遇上两个英国人,闲聊中他谈了自己赶集的经过,两个英国人听得哈哈大笑,说他回去准得挨老婆子一顿揍。

老头子坚称绝对不会,英国人就用一袋金币打赌,如果他回家未受老伴任何责罚,金币就算输给他了。三人于是一起回到老头子家中。

老太婆见老头子回来了,非常高兴,又是给他拧毛巾擦脸又是端水解渴,听老头子讲赶集的经过。他毫不隐瞒,全过程一一道来。每听老头子讲到用一种东西换了另一种东西时,老太婆竟十分激动地予以肯定。

"我们有牛奶了!""羊奶也同样好喝。""哦,鹅毛多漂亮!""哦,我们有鸡蛋吃了!"诸如此类。最后听到老头子背回一袋已开始腐烂的苹果时。她同样不烦不恼,大声说:"我们今晚就可吃到苹果馅饼了!"不由按住老头子,深情地吻他的额头……

其结果不用说,英国人就此输掉了一袋金币。

安徒生在这篇童话中告诉人们,充分理解对方的行事做法,不苛求不责怨。如此,人生就会更加和美幸福。

九、益者三友,损者三友

【名言】

孔子曰:"益者三友,损者三友。友直,友谅,友多闻,益矣。友便辟,友善柔,友便佞,损矣。"

——《论语·季氏》

【译文】

孔子说:"有益的朋友有三种,有害的朋友有三种。同正直的人交朋友,同诚实的人交朋友,同见多识广的人交朋友,这是有益的。同阿谀奉承的人交朋友,同当面恭维背后诽谤的人交朋友,同花言巧语的人交朋友,便有害了。"

【解读】

《诗经》说:"嘤其鸣矣,求其友声"。鸟儿靠叫声寻找同伴,人类也有自己的择友标准,孔子提出的"益者三友"和"损者三友"就颇为值得借鉴。"直""谅"与"便辟""善柔"相对,均指道德水准而言。"多闻"与"便佞"相对,因为"有言者不必有德"。

人们在交朋友的时候,要尽量选择"益者三友"为友,而不能选择"损者"为友。真正的朋友大多都属于"益者三友"的范畴,但是也有许多人应该被列入"损者三友"的范围之内。

战国时,李斯和韩非子是同窗好友。李斯辅佐秦王时,建议派韩非子出使韩国以谋功绩。后来,他又担心韩非子因此而比自己更受重用,于是以"过法"之名进谗同窗,使韩非子陷于大牢。这就是"便佞"者,切不可与这样的人为友。

又如,美国一高级官员莱克,虽然官位显赫,在以前却有着不光彩的损友记录。上大学时,莱克为了个人活动方便,说服同窗同室好友泰勒,轮流单独使用公共宿舍。可是,轮到莱克使用时,他却故意将墙壁涂上黄色。泰勒伤心极了,事后说:"我一贯对黄颜色过敏。他明明知道这一点,却有意把墙刷成那样,原来是为了达到独占寝室的目的。"泰勒的伤心,与其说是为无法进宿舍居住,莫如说是为了同窗室友的所作所为。

上面所说的这两种朋友都不能结交,至于酒肉朋友就更不能结交了。元代有出叫《杀狗记》的戏剧,说的是有个叫孙华的人,是个糊涂虫,他的两个酒肉朋友在他面前诬陷他的弟弟孙荣——个品行好、爱书如命的年轻人。孙华就把弟弟赶出了家门。

孙荣只好住在城南一座破瓦窑里,从此,靠乞讨度日。孙华的妻子和93岁的老母亲费尽口舌地劝说,还是不能使孙华回心转意,他不相信他的弟弟是无辜的,也不相信这一切都是他两个酒肉朋友的诬陷。

无奈,孙华的妻子只好运用"无中生有"之计来使丈夫觉醒。她杀了一只黄狗,然后用人家的衣服把狗的尸体包起来,天黑后把它放在了自家门前。孙华和酒友们畅饮之后走回家,在黑暗中,孙华绊上了血淋淋的尸体,吓了一大跳,以为这是一具人尸。

他怕被别人告发人是他杀的,就返身去找他的两个酒肉朋友。他们曾经答应在他困难时,用全部家产帮助他。孙华想让他们帮着把尸体运走埋掉。可这两个酒肉朋友一个说心口疼,一个说腰痛,以各种借口推托。最后,他们竟然当着这位可怜的朋友的面把门一关了之。

回到家,孙妻劝他去找弟弟帮忙。于是夫妇俩一起去找弟弟,弟弟便跟着他们回来,在深沉夜色中,把他们以为是人的尸体抬出城外,然后把它埋在河边的沙滩上。这时,孙华才总算认清他的"朋友"。他向弟弟道歉,并把他接回了家中。

后来,两个酒肉朋友又想叫孙华去喝酒,但都被他一一回绝,他对其中一个说心口疼,对另一个则说腰痛。两个酒肉朋友一气之下,便去官府控告他和他弟弟杀人埋尸。公堂之上,他的妻子为之辩护,黄狗的尸体被挖出来,证明被告无罪,而两个酒肉朋友却为此受到了处罚。

交友一定要谨慎,尤其是那些酒肉朋友,除了吃吃喝喝的共同语言之外,其他的方面都靠不住,不仅如此,他们或许还会制造机会害你。

第五节　为政之法

孔子一生仕途不顺,但一直不乏从政的热情,而且也做过几任官,所任最高职位是鲁国的司寇,即现在的司法长官。不管什么样的官职,孔子都勤勉自励,力争做出一些政绩;而且他勤于思考,善于总结,不断提出一些治国平天下的良策,特别是对从政者的为政之道提出了许多切中肯綮的意见与建议,对后人多有启发。

他的名言中就有相当一部分是论述为政之道的,如"子帅以正,孰敢不正","为政以德","举直错诸枉"等。他的这些为政思想在今天仍有很大的借鉴意义。今天,人们所提倡的"以人为本""以德治国"等,都可以说是继承和发扬了孔子的为政之道。

一、为政以德

【名言】

子曰:"为政以德,譬如北辰,居其所而众星共之。"

——《论语·为政》

【译文】

孔子说:"要依靠道德治理国家。这样就像北极星一样,虽然固定在一个地方不动,但群星却甘愿环绕在它周围。"

【解读】

孔子这句名言所阐述的是为政的基本原则,即"为政以德"。孔子认为,当政者只要做到了这一点,老百姓就会像众星环绕北极星一样团结在他的周围。后世儒家学者又进一步发展了这一学说,并突出了"德"的政治意义,主要包括宽惠使民和实行仁政。

在孔子和后世的儒家学者看来,"德"是治理国家、取得民心民力的主要方法,"德"地位应高于君主的权力,高于国家及法律,是区分"仁君"与"暴君"的标准,是执政、司法的指导方针。

西汉时期的张释之就是一位"为政以德"的官员。张释之是汉文帝时的司法首长——廷尉。一天,汉文帝派人押送一名犯人,指示廷尉严加惩办。张释之立刻坐堂审问,说:"你知罪吗?"

犯人叩头说:"小民知罪!知罪!小民不该冒犯皇上的车驾!"

原来这名犯人是个乡下人,进长安城时,走到中渭桥,恰恰碰上迎面而来的皇上的车队,就回避到桥下,待车队从桥上过去以后,他才从桥下走出。不料皇上的车马并没有走远,而是停在了桥的两头。他大吃一惊,拔腿就跑。他这一跑,把皇上车驾的辕马惊了,颠得皇上坐都坐不稳。

皇上一生气,派骑兵追上去把他抓回来,送交廷尉治罪。张释之问清了案情,处以罚款，就把犯人放走了。

文帝一听张释之这么处理，十分震怒，说："此人惊了我的辕马，幸亏这匹马性情温和，不然岂不是把我伤了吗？我让你处理，你该杀掉他，怎么反而把他放了呢？"

张释之听后认真地说："国家制定了法律，天子就应当与天下百姓共同遵守。这个乡下人并不是特意要惊皇上的辕马，如果重办这个人，国家法律就会在人民心目中失去信用！"

看到文帝怒气未消，张释之接着说："这个人在中渭桥冒犯了陛下的座驾，陛下盛怒之下，派人追去把他杀了也就罢了，因为人们尚能理解。可是陛下把他押送到廷尉这里，廷尉执法就必须以事实为依据，以法律为准绳，公平量刑。如果廷尉断案不公，那么，天下用法的轻重，就失去了标准，老百姓就手足无措了，所以廷尉执法，决不可失信于民，望皇上冷静思量！"

汉文帝想了想，说："张廷尉断案正确，量刑准确。不能让国家的法律失信于民，中渭桥事件，就这样结案吧！"

历史上，"为政以德"的官员还有很多，明朝的王翱也是一位这样的官员。王翱是明朝成祖至景帝连续五朝的廉吏，在他70岁时，被任命为吏部尚书，一干就是15年，直到去世。他身居官场几十年，尽管位高权重，但他始终保持公正、廉洁的品质，"为政以德"。

王翱身居"铨衡重地"，却能用贤治国，深知官贤与否关系到国家的治与乱。他深知一事得人则一事理、一邑得人则一邑安的道理，所以他对选拔官吏极为慎重。在封建官场上请托之风很是盛行，吏部更是钻营的重点对象。但王翱却"以用贤报国为己任"，决不拿手中的权力做交易。对权势者的嘱托，他都"毅然拒之，辞色俱厉"。为了防止别人登门拜谒，他在公务之外的时间常宿于官署，很少回家。

王翱的清廉不仅表现在忠于职守上，还表现在治家有法上。他身居朝堂，手握重权，但对自己要求却很严，经常穿破旧衣服。一次，明英宗召见王翱后，王翱转身走时，英宗见其衣服破损，又将他叫回问其中原因，王翱只好说是当天偶尔穿了这件衣服，刚才接到召命没有来得及换衣。

对于钱财王翱更是"淡然无欲",他曾与某监军太监共事,两人关系很好,后他改任两广总督,临行前,太监以四颗西洋明珠相赠,王翱坚决不收。太监哭着说:"这些明珠不是受贿所得,而是先皇将郑和所购得的西洋明珠赐给身边侍臣,我得了八颗,现将其中一半相赠作为纪念。"

王翱只好收下,但却把这四颗西洋明珠缝在袄中。后来王翱奉命还朝掌吏部,此时这个太监已死,王翱找到其两位侄子,了解到他们生活困难后,即将从未动过的袄拆开拿出明珠转赠他们。

因为王翱清正廉明,对自己要求极为严格,做到了"为政以德",所以他在百姓中的声誉非常好,无论他走到哪里,老百姓都是夹道欢迎,有的百姓甚至在他调任他方的时候,把家也搬到他的新住所附近。

二、举直错诸枉

【名言】

哀公问曰:"何为则民服?"孔子对曰:"举直错诸枉,则民服;举枉错诸直,则民不服。"

——《论语·为政》

【译文】

鲁哀公问:"怎样才能使百姓服从呢?"孔子回答说:"把正直无私的人提拔起来,把邪恶不正的人置于一旁,老百姓就会服从了;把邪恶不正的人提拔起来,把正直无私的人置于一旁,老百姓就不会服从统治了。"

【解读】

孔子这句名言强调的是教化的作用和榜样的力量。在孔子看来,只要统治者自上而下地推行仁政,老百姓就会自然而然地归顺和服从统治者。在这里,推行仁政,就是把那些正直的人提拔起来,而将邪恶的人置之一边,立仁而弃恶,老百姓自然会信服。而这些正直的人做了官员之后,又会起到一种榜样和教化作用,让老百姓也加入仁者的行列北宋时期的曾巩是一位正直的官员，在他任职福州知州的任上，原本糜烂的福州官场和民间风气为之一改，让老百姓对这位清廉的知州心服口服。

一天，福州州衙门前人头攒动，大家都挤在一张告示前观看。不出半天，这张告示的内容在福州城内传开了：州里新来了一位知州，要重新任命一批佛寺的住持。

告示上又说，这次任命采用新方法：让各寺的僧徒自己讨论推举住持，凡是被推选出来的人的名单都记录造册，然后按照名单的排列次序，任命为住持。

告示上还专门提到了任命主持在即，为了清除陈规陋习，肃清官风，新任知州拒绝馈赠礼物，任何人不准送礼说情。街头巷尾，议论纷纷：有人赞许，说这样才有利于教化；有人将信将疑地摆着头，他们认为天下无官不贪，这恐怕又是官样文章。总之，城里老百姓的话题都离不开这张新贴出的告示和这位新来的知州。这位新知州就是曾巩。

北宋时，福州一带佛寺相当多，寺庙有大有小，都由住持掌管。佛寺的住持在当地享有一些政治上和经济上的特权，平素很受人尊重，有一定的社会地位。因此，许多苦熬了十几年、几十年的僧人都特别眼红住持这个职位。

按惯例，住持由地方官直接任命。每当要选住持的时候，总有些僧人想尽办法去官府钻营活动，贿赂送礼，巴结知州，用这种途径获取住持的职务。有些官吏也趁此机会收受贿赂，大发横财，中饱私囊。

曾巩上任之时，恰巧是住持换届的时候。于是，不断有僧人暗地里给他送礼，巴结他。曾巩历来是个清廉守志的官，平生最痛恨这种唯利是图的小人。他想，要杜绝这种现象，就要彻底改变住持产生的办法。因此，想出了让僧侣自己讨论推举住持的主意，他把自己的想法与幕僚们一说，大家都认为是个好办法。

不久，各寺的住持都按新的办法顺利地产生出来了。以往，新住持上任，都要到州府衙门去做礼节性的拜见，顺便带上许多表示感谢的礼物送给州官。这次，虽然告示上写明州官不接受礼物，但有些新上任的住持想，所谓拒绝馈赠，是不受贿，现在住持已经选定，我们按惯例，送点本寺土产，表示一点心意，该不算行贿吧？于是，还是让小沙弥挑着本寺寺田的土货来拜见知州。

拜访州官的那一天，住持接二连三地来到州衙，各寺送来的礼物，大大小小，高高低低，摆满了整个院子。

曾巩在堂上让各位住持就座。看着堂下这些堆积如山的礼物，眉头紧锁，一言不发，心里却火冒三丈。

住持们一看四周的衙役无人承接礼物，知州的脸色也不好，便争相向曾巩说明用意，解释缘由，你一言，我一语，都害怕知州大人一气之下，免了他们住持的职位。

曾巩耐心地听着住持的陈述，心里明白了几分：新住持上任就送礼，是遵守老规矩，怕的是得罪州官。发火也无济于事。他挥了挥手，示意大家安静，不要再解释了。

曾巩站起身来，诚恳地说："我是朝廷任命的一州之长，也是一州百姓的父母官。说话是算数的。大家送礼来是出于好意，这片心意我接受了，但这些礼物请各自拿回去。如果不拿回去，岂不是让我自食其言吗！"

一席话，说得大家心悦诚服。各寺挑来的礼物，都原封不动地挑了回去。

这件事很快就在福州传开了，百姓们交口称赞曾巩的清廉作风。曾巩的作风对他左右的官员影响很大。大小官吏都效法他秉公办事，不收贿赂不受礼，一些有劣迹的官吏也收敛起来。

三、民无信不立

【名言】

"自古皆有死，民无信不立。"

——《论语·颜渊》

【译文】

子贡问怎样治理国家。孔子说，"粮食充足，军备充足，老百姓信任统治者。"子贡说："如果不得不去掉一项，那么在三项中先去掉哪一项呢？"孔子说："去掉军备。"子贡说：

"如果不得不再去掉一项,那么这两项中去掉哪一项呢?"孔子说:"去掉粮食。自古以来人总是要死的,如果老百姓对统治者不信任,那么国家就不能存在了。"

【解读】

孔子认为诚信是为人的立身之本、处世之道。所以他认为在粮食、军备和信任三项之中,无论什么时候也不能把信任丢了,正所谓"民无信不立"。诚实无妄、信守诺言、言行一致是美德,在这里,为政和做人是一个道理,都必须诚于中而信于外。

战国时代辅佐秦成为强大国家的商鞅,为了改革政治、充实国力,下决心废除旧制度,可是取信于民、让人民接受新风并非易事。因为长久以来,由于一直被官府所欺,人民并不相信官府。

于是,商鞅命人在都城的一个城门前,放了一根高三丈的木柱,并到处张贴告示:"假使有人能把城门前那根木头搬到指定位置,官府就赏他五十金。"

老百姓看到告示后议论纷纷,都认为这是不可能的。这时,一个年轻力壮的小伙子说:"让我试试看吧!我把那木头搬到他说的地方,看看官府到底给不给钱,如果给,就说明他们还讲信用,往后咱们就信他们;如果不给,他们往后说得再好,咱们也不信他们那一套了。"说罢,小伙子来到城门前把那根木头搬走了。

商鞅听到这一消息,马上命令赏给那人五十金。那位小伙子看到自己果真得到了五十金,不禁喜出望外,不断向围观的老百姓说:"看来官府还是讲信用的啊!"

这事一传十,十传百,不久就传遍了整个秦国,商鞅这才下令变法,人们便逐渐信任商鞅,接受了他的新政策。

为政、为人、诚信是基本的立足点,要干成一番大事首先要以诚信为出发点。

春秋战国时期的魏文侯也是一名很重信义的君主。那时,魏国的邻国中山国有一个叫乐舒的人,经常率兵袭扰魏国的边境,魏文侯决定消灭他,但是委派谁带兵合适呢?

大臣翟璜推荐了一个人,叫乐羊,他文武双全,很会用兵,翟璜说他一定能攻克中山国。魏文侯召见了乐羊,听乐羊做了一番敌我形势的分析以及我方应采用什么战略战术的谋划后,非常满意,就决定派乐羊统率大军开赴前线。

乐羊出兵以后，就有一位臣子对魏文侯说："我觉得乐羊担不起这项大任，因为他是乐舒的父亲，哪有父亲真肯出力带兵打儿子的道理呢？"

魏文侯说："我已经和翟璜商量过，翟璜说了乐羊是反对乐舒去扶助中山国的，我同乐羊谈话也证实了这一点，你不必怀疑。"

这时前方传来了消息：乐羊率魏军一连打了几个胜仗，势如破竹，长驱直入，已把中山国团团围住，只是乐羊围而不打。魏文侯听了捷报，很高兴，同时又关切地问："为什么只围不打？"

前方来的人说："因为乐舒出面恳求不要再打，乐羊一边责备他帮助中山侯行不义，一边同意暂时不打，但要乐舒劝中山侯投降。"

第二天，一本奏折呈交到魏文侯面前，请求魏文侯立即从前线召回乐羊，因为父子情深，乐羊能听乐舒劝说停止进军，也有可能再听乐舒劝说发动叛乱！

魏文侯皱了皱眉头，把奏折推到一边，说："乐羊只围不打是对的。我军劳师远征，正好休整一番！"然后，他派人到前方去慰劳军旅。

前方又传来消息：中山侯不仅不投降，而且把乐舒捆起来，吊在城楼顶。魏文侯忙问："魏军进攻了没有？"

来人说："乐羊下令继续围困中山国的国都。"

第三天，又一份奏折呈送到魏文侯案前，说："赶快撤换乐羊，这个统帅已经靠不住了，因为他不可能让儿子死于军前！"

魏文侯又皱皱眉头，说："这种猜测毫无根据！"他又把奏折推到一边。

过了几日，乐羊攻克中山都，将胜利凯旋。魏文侯说："让我亲自到城外迎接吧！"当乐羊统率大军浩浩荡荡地回到魏都的时候，魏文侯摆下酒宴，为乐羊庆功。席间他问乐羊："乐舒在哪呢？我想赦免他呢！"

乐羊说："这个忤逆之子，城破之前已被中山侯处死了！"

这时，翟璜把进军过程中各种不利于乐羊的非议告诉他，嘱咐他立功后要谦虚谨慎。乐羊明白了，望着迎风飘扬的军旗，感慨地说："这次出征中山国的胜利，与其说是我乐羊

四、子帅以正,孰敢不正

【名言】

曰:"政者,正也。子帅以正,孰敢?"

——语出《论语·子路》

【译文】

季康子问孔子如何治理国家。孔子回答说:"政就是正的意思。您本人带头走正路,那么还有谁敢不走正道呢?"

【解读】

孔子之所以被称为万世师表,原因之一就是因为他不说空话,总是身体力行地实践自己的理论。统治者"身正"则能"不令而行",孔子看到政令并不能解决一切问题,所以在与季康子谈话时把"政"解释为"正"。这也是明君当政则天下大治、昏君在位则朝纲混乱的重要原因。

明代官吏况钟治理苏州的事迹就说明了这个道理。山川秀丽、人才辈出的苏州历来是个好地方,但是在明朝宣德初年,苏州府却是个让朝廷伤透了脑筋的地方。这个府的赋税额比任何一府都多,再加上贪官污吏作恶多端,人民的生活困苦,大量逃亡,欠交的税粮也越积越多。

朝廷决定从中央选派一位廉洁干练的官员出任苏州知府,经内阁大学士杨士奇等人推荐,正在礼部供职、一向以贤劳著称的况钟被选中了。临行前,皇帝发给况钟一份敕书,放宽他的职权,允许他相机处理问题,凡公差官员有违法害民者,即逮捕解京。有了这一尚方宝剑,况钟对治理好苏州充满信心,便马上离京赴任了。

一路上,况钟就在琢磨:好端端一个苏州搞成这样,问题丛生,我去了,应该从何入手呢?想来想去,他决心先整顿吏治,拿贪赃枉法的奸吏开刀。

况钟过去做过县吏，深知地方豪绅猾吏弄奸作恶的伎俩和勾当，这些人沆瀣一气，欺上瞒下，不好对付。为了彻底掌握情况，他上任后，有意不宣布皇帝的敕书，并且假装糊涂，表面上对那些阿谀逢迎的官员虚与委蛇。有捧着案卷请他批示公事的府吏来，况钟就询问他案卷该怎么办理，并照他说的办法，一一照批。

这样一来，况钟属下的官员都以为这个新任知府糊涂易欺，高兴极了。一些特别坏的家伙，更是乘机上下其手，甚至背后对他糊弄挪揄。他佯装不知道，故意容忍，而暗地里却眼观四方，私行察访，调查那些奸吏的罪行。

过了一个多月，况钟摸清了情况。一天，他突然把属下官吏全部叫来，把学官子弟和地方耆老们也请来，当众宣读敕书，其中有"属员人等作奸害民，尔即提问解京"，"僚属不法，径自拿问"等语。

敕书刚一读毕，况钟见众人都很吃惊、面面相觑，便从队伍中叫出一个胥吏，大声训斥他所做的不法勾当。被叱问的贪官污吏们个个做贼心虚、心怀鬼胎，大都不敢申辩。

紧接着，况钟又雷厉风行地惩办了苏州府所属七县中 11 名查有实据、情节严重的贪官污吏。他还把汪士铭等十几个饱食终日、不认真办事、疲沓庸懦的官吏革了职。第二年，况钟更是奏免了年老无能的治农官徐亮等人，奏请吏部另派干练有为的官吏前来接替。

苏州府所属县的圩田，有圩长、圩老九千余人，这些人大多是恶霸、地头蛇，经常在地方上生事害民。况钟看到设置圩长、圩老是害多利少，便不顾一些上司的反对，发布《革除圩老示》，坚决把他们罢免了。

对于那些虽不直接归他管辖，但驻防在苏州府境内的作恶军官和朝廷派出的宦官，他也不畏强暴，敢于打击。

苏州沿江沿海驻有一些军队，那里的官兵中有些不法分子，常常借巡查河道为名，或持械劫掠，危害商旅；或贩卖私盐，投机牟利；更有甚者，竟打家劫舍，骚扰百姓。这些人为非作歹，干了坏事，气焰还很嚣张。过去，百姓是敢怒不敢言，谁也不敢惹。况钟来后，只要发现这类事情，便将干坏事的将卒一一捉拿，解京去办。

明朝皇帝为了采办宫廷需要的服饰、玩好等物,向各地派出很多内官太监。当时,苏州除派有主办织造的太监外,还有采办蟋蟀、禽鸟、花木的太监,人称"黄姥姥"。这些人借采办上贡用品,在苏州横行不法,肆意勒索。假使不能满足他们的欲望,就打人出气,府县的佐吏常常遭他们捆打,连知府也免不了要受斥责。有一次,他们竟把一名官员捆起来丢在河里,又一气鞭打了五六十名中小官吏。所以不但老百姓见了他们怕,地方官见了他们也怕。

宦官中有一个名叫来福的,更是坏得出奇,经常以打人骂人取乐。一天,来福把吴县主簿吴清捉了去,况钟听说后马上赶去查问。他看见来福正拿着粗棍子毒打吴清,一边打还一边叫骂着:"看你还敢不敢怠慢我?"

况钟大步上前抓住来福的双手,愤怒地责问:"你怎么能打我属下的主簿? 他是朝廷的命官,要办很多事,难道县里的事都不要办,只干你一头的事吗?"

来福理屈词穷,一时答不出话来,只好勉强认错。事后,况钟下令属官,见了太监不许下跪,也不许送礼。在况钟任职苏州府的十余年中,太监和地方将卒不敢公然猖狂为非,老百姓免受了不少祸害。

经过况钟的一再整顿,官吏和老百姓都能奉职守法。甚至上级和外省官吏逗留或路过苏州,也多加小心,谨慎行事,害怕被况钟缉拿法办,苏州府的吏治比过去清明了。当时,苏州府的老百姓都称况钟是"况青天"。

五、欲速则不达

【名言】

子曰:"无欲速,无见小利。欲速则不达;见小利则大事不成。"

——《论语·子路》

【译文】

子夏做莒父的总管,他问孔子怎样办理政事。孔子说:"不要求快,不要贪求小利。

求快反而达不到目的,贪求小利就做不成大事。"

【解读】

任何事物都有自己发生和发展的规律,做事的时候只有遵循客观规律,才能按部就班地把事情做好。如果违背客观规律,想快速地达到自己的目的,则只会适得其反,即孔子所谓的"欲速则不达"。

春秋时期,齐国的大夫晏婴是齐景公最得力的大臣之一。有一次,齐景公和侍从们在渤海边游玩,这时,有侍从来报告说,晏婴病重,危在旦夕。

齐景公听了以后。非常焦急,马上乘着马车赶回去探望。在路上,齐景公不停地催促道:"快点! 快点! 再快点!"

车子已经跑得很快了,可是齐景公还是嫌车子的速度太慢。于是,他非常生气,将赶车的人骂了一通,推到了一边,自己亲自赶车。

赶了一段路之后,马也累倒了,于是齐景公索性跳下了车子,奔跑了起来。结果,马车走两天的路程他走了四五天,到家的时间反而比预定时间晚了两三天。

当他回到宫里时,晏婴已奄奄一息。他感慨地说:"真是欲速则不达呀。"

拔苗助长的寓言故事讲的也是这个道理。古时候宋国有个农夫,种了稻苗后,便希望能早早收成。

每天他到稻田时,发觉那些稻苗长得非常慢。他等得不耐烦,心想:"怎么样才能使稻苗长得高,长得快呢?"想了又想,他终了想到一个"最佳方法",就是将稻苗拔高几分。

经过一番辛劳后,他满意地扛锄头回家休息,然后回去对家里的人表白:"今天可把我累坏了,我帮助庄稼苗长高了一大截!"

他儿子赶快跑到地里去一看,禾苗全都枯死了。

还有一个故事,讲的也是"欲速则不达"的道理。

有一个小孩在草地上发现了一个茧。他把茧捡起来带回家,要看看茧是怎样羽化为蝴蝶的。

过了几天,茧上出现了一道小裂缝,里面的蝴蝶挣扎了好几个小时,身体似乎被什么东西卡住了，一直出不来。

小孩子看着于心不忍，心想："我必须助它一臂之力。"于是，他拿起剪刀把茧剪开，帮助蝴蝶脱茧而出。可是，这只蝴蝶的身躯臃肿，翅膀干瘪，根本飞不起来，不久就死去了。

从这几个故事里，我们可以体会到"欲速则不达"的真谛。瓜熟蒂落，水到渠成，蝴蝶必得在茧中痛苦挣扎，直到它的双翅强壮了，才会破茧而出。

"见小利则大事不成"也是这个道理。春秋时期，晋国想吞并邻近的两个小国：虞和虢。这两个国家之间平时的关系相当不错。晋如袭虞，虢会出兵救援；晋若攻虢，虞也会出兵相助。

晋国的大臣荀息向晋献公献上一计。他说："要想攻占这两个国家，必须要离间他们，使他们互不支持。虞国的国君贪得无厌，我们正可以投其所好。"他建议晋献公拿出心爱的两件宝物，屈产良马和垂棘之璧，送给虞公。晋献公不舍得。

荀息说："大王放心，只不过让他暂时保管罢了，等灭了虞国，一切不都又回到你的手中了吗？"

献公依计而行。虞公得到良马、美璧，高兴得嘴都合不拢。

此后，晋国故意在晋、虢边境制造事端，找到了伐虢的借口。晋国要求虞国借道让晋国伐虢，虞公得了晋国的好处，只得答应。

虞国大臣宫子奇再三劝说虞公，这件事办不得的。虞虢两国，唇齿相依，虢国一亡，唇亡齿寒，晋国是不会放过虞国的。

虞公却说："交一个弱朋友去得罪一个强有力的朋友，那才是傻瓜！"

晋大军通过虞国道路，攻打虢国，很快就取得了胜利。班师回国时，把劫夺的财产分了许多送给虞公。虞公更是大喜过望。晋军大将里克，这时装病，称不能带兵回国，暂时把部队驻扎在虞国京城附近。虞公毫不怀疑。

几天之后，晋献公亲率大军前去，虞公出城相迎。献公约虞公前去打猎。不一会儿，只见京城中起火。虞公赶到城外时，京城已被晋军里应外合强占了。就这样，晋国又轻而易举地灭了虞国。

这就是历史上著名的"假道伐虢"的故事。虞公见小利而忘了自己国家的安危，最终不仅一点点小利没有得到，自己的国家也因此灭亡了。

不过，人生在世，要想真正做到不见小利，用长远目光来考虑事情，实在是不容易。

春秋战国时期的宓子贱，是孔子的弟子，鲁国人。有一次齐国进攻鲁国，战火迅速向鲁国单父地区推进，而此时宓子贱正在做单父宰。当时也正值麦收季节，大片的麦子已经成熟了，不久就能够收割入库了。可是齐军一来，这眼看到手的粮食就要被齐国抢走。

当地一些父老向宓子贱提出建议，说："麦子马上就熟了，应该赶在齐国军队到来之前，让咱们这里的老百姓去抢收，不管是谁种的，谁抢收了就归谁所有，肥水不流外人田。"

另一个也认为："是啊，这样把粮食打下来，可以增加我们鲁国的粮食。而齐国的军队也抢不走麦子做军粮，他们没有粮食，自然也坚持不了多久。"尽管乡中父老再三请求，宓子贱坚决不同意这种做法。

铜卣

过了一些日子，齐军一来，真的把单父地区的小麦一抢而空。为了这件事，许多父老埋怨宓子贱。鲁国的大贵族季孙氏也非常愤怒，派使臣向宓子贱兴师问罪。

宓子贱说："今天没有麦子，明年我们可以再种。如果官府这次发布告令，让人们去抢收麦子，那些不种麦子的人则可能不劳而获，得到不少好处。单父的百姓也许能抢回来一些麦子，但是那些趁火打劫的人以后便会年年期盼敌国的入侵，民风也会变得越来越坏，不是吗？其实单父一年的小麦产量，对于鲁国强弱的影响微乎其微，鲁国不会因得到单父的麦子就强大起来，也不会因失去单父这一年的小麦而衰弱下去。但是如果让单父的老百姓，以至于鲁国的老百姓都存了这种借敌国入侵能获得意外财物的心理，这是危害我们鲁国的大敌。这种侥幸获利的心理，那才是我们几代人的大损失呀！"

宓子践没有顾忌眼前的得失,而是从长远眼光看问题,这才是宓子践给予人们的真正启示——不要顾及小利,因为"见小利而大事不成"。

六、不在其位,不谋其政

【名言】

子曰:"不在其位,不谋其政。"

——《论语·宪问》

【译文】

孔子说:"不在那个职位,就不要考虑那个职位上的事情。"

【解读】

"不在其位,不谋其政",这是被人们广为传说的一句名言。这是孔子对于学生们今后为官从政的忠告。他要求为官者各负其责,各司其职,脚踏实地,做好分内的事情。

有一次,韩昭侯喝醉酒睡着了,掌管君主帽子的侍从唯恐君主受凉,就把衣服盖在他身上。韩昭侯醒后大悦,问身边的侍从说:"是掌管衣服的侍从给我盖的衣服吗?"

身边的侍从回答说:"不是,是掌管帽子的侍从。"

韩昭公听了很不高兴,马上惩罚了掌管衣服的侍从和掌管帽子的侍从。

下属不明地问:"为什么您要惩罚掌管帽子的侍者?他为您盖上衣服,完全是出于一片忠诚之心,不赏也罢,如果受罚实在很冤枉。而掌管衣服的侍者因为失职确实应受到处罚。"

韩昭侯说:"下属必须各司其职,不能超越自己的权限。掌管衣服的侍者受到处罚是由于没有尽到职责;而掌管帽子的侍者之所以也要受到处罚是由于超越职权范围行事,虽然他为我盖衣服是出于忠心。"

韩昭侯的故事告诉我们这么一个道理,人们应各司其职,不可越权去干涉他人的职权。在此基础上,孔子还用自己的言行告诫我们,在自己职位上,一定要尽心尽力,"谋其职"。

陈恒是齐国的大夫,他杀死了自己的国君简公。孔子当时是鲁国的大臣。听说了这件事后,孔子马上洗澡斋戒,随即去见鲁哀公,报告说:"陈恒把他的君主杀了,请求主公派兵讨伐他。"

鲁哀公没有理会孔子的请求,只是说:"你去报告孟孙、叔孙、季孙三位大夫。"

孔子退下来后,说:"尽管我的官位低,但也并非不能向国君报告,但没想到会让我去向三位大夫报告。"

所以孔子到三位大夫的住处去,向他们说了这件事。三位大夫却说:"不可出兵。"

孔子继续说:"尽管我的职位低,但也不敢不来报告。"

孔子用他自己的言行告诉我们,君子是在其位、谋其政的人。孔子反对未谋好本"政"却去谋他人之"政"的不本分行为。

三国时期的张翼就是一位在其位、谋其政,尽忠职守的人。三国时期,刘备死后,蜀国出现叛乱,西南的豪强、首领也趁机反叛,蜀国丞相诸葛亮亲自率领军队,前往南中地区,采取"攻心为上"的策略,七擒七纵首领孟获,终于平定了叛乱。

接着,诸葛亮设置庲降都督,总理南中。西南首领有些被任命为郡守、县令,有些被安排到成都做官,南中地区出产的金银、牛马等也源源运往蜀中,双方重新和睦相处。

几年后,南中地区的少数首领因不满于蜀国的统治,常常闹事反叛,很难治理。丞相诸葛亮颇感为难,最后,下决心调一个能干而称职的人去做庲降都督,撤除原来的那个。

选来选去,他选中了蜀郡太守张翼。蜀郡是蜀国的都城所在地,担任蜀郡太守的历来是很有才干、品行端正的人。张翼也不例外。他的父祖辈都是很有名望的高官,他自己年轻时曾因品德优异而被举为孝廉。刘备入川建立蜀国时,他跟随刘备当一名管理文书的小吏,后来逐渐升为县令、郡守。由于他始终兢兢业业,恪尽职守,所以被任命为国都蜀郡的太守。

张翼接到庲降都督的任命后,安排好家事,便立即起程赴任。到任不久,他大刀阔斧地抓了几个带头闹事的首领,又惩办了几个贪官污吏。这样,乱事很快就平息下去了。

接着,他又颁布了一个法令,明确规定今后如再有人聚众闹事、发动叛乱,一律严办。

张翼是个刚正不阿的人,一向执法如山,从不宽宥,所以那些放纵、骄横的首领就对他产生了不满,想赶走张翼,脱离蜀国的统治。一个叫刘胄的首领联络许多村寨的人,举起了反旗。

刘胄的乱事越闹越大,张翼迅速组织武装,用武力来征讨刘胄。他迅速地把原来分散的州郡兵都集中起来。其实,自他来到南中,就有随时迎战闹事首领的准备,因此,从未放弃对州郡兵的训练。这次命令一下,队伍便马上组织起来,并配备了勇武善战的将领。

一天,奉命集中操练的队伍整齐地排列在校场上,士兵们个个昂首挺胸,手持兵器,将领们威风凛凛地骑在马上,立于队前,只等统帅张翼一声令下,便马上开赴前线,征讨叛逆。张翼一身戎装,表情十分严肃,他检查完士兵们的装备,清点好各路将士的人数,正要对将士们讲话,忽然远处驰来一匹快马。原来是从都城来的一位信使,他飞身下马,打开诏书,当众宣读。

诏书上说,庲降都督张翼,因用法严酷,引起刘胄的反叛,现决定用马忠代替张翼的职务,张翼回成都等候处置。

诏命宣读完毕,将士们都惊呆了,张翼自己也愣住了。待将士们回营待命后,张翼在自己的营帐里踱来踱去。营帐外,张翼的随从、属员都在议论纷纷,很为他打抱不平,认为朝廷错怪张翼。营帐里,张翼自己心里也很不是滋味。他扪心自问,来南中两年,自己始终是忠于朝廷的,而且两年中南中治理得颇有起色。他确实严办过一些桀骜不驯的豪帅,但这样做得到了大多数人的拥护。这次刘胄的反叛,是蓄谋已久的,把他消灭了,南中地区就会得到安定,自己没有犯什么大错。

想到这儿,他感到坦然多了。一个属吏上前劝他,既然朝廷命令已下,不管怎样,你还是应该赶快奉诏回成都,听候处分,否则,怕对你不利。

张翼想了想,很坚定地说:"不能这样回去!我是因为未尽到自己的职责,才被召回去的。可是,替代我的马忠还没到。眼下,我们正面临战事,要做的事很多,比如运粮积谷,为灭贼做好准备,岂可因为被黜退的缘故,而放弃公务不管呢?"身旁的人听了他这番话,都被他的大义为公所感动。

　　第二天,张翼重新召集将士们在校场上演兵习武,他还像往常那样严加课督,一丝不苟。他的精神马上影响了所有的人。士兵们精神更加饱满,操练得更加认真。从指挥部到下面的每个士兵,无一人懈怠,丝毫看不出临阵换将的迹象。就这样,直到马忠来了,张翼才离任动身。

第十章 《论语》故事

第一节 夫子言志

颜渊、季路侍。子曰："盍各言尔志?"

子路曰："愿车、马、衣、裘,与朋友共,敝之而无憾。"

颜渊曰："愿无伐善,无施劳。"

子路曰："愿闻子之志。"

子曰："老者安之,朋友信之,少者怀之。"

——《公冶长篇》

有一天,孔子在傍晚时分放学以后,和颜渊、子路两位弟子随兴交谈。

在孔子心目中,颜渊是他最喜爱的弟子。因为颜渊闻一知十,具有万人不及的明敏天资,能够从孔子一言半语的教诲中,探求深蕴其中的奥义,并且身体力行,从不倦怠。然而,孔子所喜爱的,并非他的聪明才智,而是他那颗虔敬热道的心。孔子常认为颜渊的心,真可比为人生之宝玉,光洁无疵。

子路也是孔子心爱的弟子。他在孔门中,年龄最长,只少孔子九岁,但他的心却比任何弟子都年轻。他那好比青年的特有的天真活泼的精神,时常引得孔子心喜。不过,孔子对子路之爱和对颜渊之爱却迥然大异其趣。因为,从颜渊身上,孔子能够体会到和真理之爱类似的感觉。至于子路,那就不一样了。

对于子路,孔子常抱着深深的忧虑。由于自负心理的作祟,子路习惯在观察事物时,见解流于轻薄，可说已变成了恶癖。而且，子路实践方面的勇气，在门第当中，虽然绝不输给任何一位，但等到实践起来，却往往变质成为第二义，甚至第三义，总会失去中心，有违初衷。所以，有时候他自认为在行正道，其实是一直在和真理背道而驰。如此一来，精力永远充沛，而且极富实践力的他，因这种偏失，也就比别人更容易造成危险。因此，相应地，孔子每每看子路表现得那么坚定，起初总是不由得不微笑着颔首称许，而这种笑容，也每每持续不了多久；紧接着孔子的微笑而来的，一定又是一阵深刻的寂寞，填满了孔子的胸膛。

孔子雕像

眼前，在黄昏的薄暮中，同颜渊、子路两人对坐在阴暗的杏树底下，在外表上，子路和体弱多病的颜渊一比，虽然显得格外地魁梧豪壮，但由于这层因素，在孔子的眼里，子路却显得特别肤浅、空泛。于是，孔子决定趁今天这个机会再诱导子路，希望他能有所反省。

事实上，要诱导子路反省，很难找到这样好的机会。对有极端自负心理的子路来说，要他当着许多年轻同学的面，接受孔子毫不隐讳的训诫，是自认为在学问上属于大前辈的他，所难以忍受的事。有时候，孔子委婉地教诲他，他心里虽然明白孔子的暗示，但也往往会装聋作哑，故意装作听不懂而敷衍过去。由于自负的心理，子路表现出来的，就是这样刚强的个性。

只有在和颜渊一起时，子路的自尊心才不会那么强烈。颜渊不论对待任何人，都非常谦逊，尤其是对年长的子路。有时候，颜渊甚至把子路的见解，解释得比子路原来所想的更为深刻周密，然后对子路表示由衷的钦慕与敬仰。到了这时，一向自负的子路，总会觉得有些不好意思，而在心里暗暗地高兴颜渊尊重他。因此，子路对颜渊，平时就维持着亲密的关系。只有在颜渊面前，受些孔子的训诫，他才不会感到有多么难受。孔子是深知这种情形的。

其实，孔子对子路这种自负心理，并非从不感到悲哀；而知弟子莫若师，他一直认为要诱导子路，最好是没人在旁的时候。

夫子言志

现在虽然只有颜渊一人在旁，但孔子并非毫不隐讳，一开口就板起脸来教训子路，他甚至顾虑到不宜单独向子路开口。脑子里闪了几下后，他胸有成竹地以对两人讲话的口吻说：

"嗯，今天我们来谈一谈各人的抱负，如何?"

一听到这话，子路便目光炯炯，挺起上身，作势前倾，马上就要发言。孔子当然一眼就看穿了他的心，故意背着子路，将视线转向颜渊。

颜渊正闭目静思，好像是在内心深处探索着什么。

子路不了解孔子为什么不叫他先说，反而有点儿不服气，他急躁地喊了一声:

"老师!"

孔子只好转过头来。

"老师，如果我能在政界取得要职，有车、马、衣、裘，我会拿来和朋友共同享用，即使被用坏了，我也不会感到遗憾。"

听完，孔子觉得子路虽然在嘴上夸言超越现实物欲，而他的抱负，事实上还是以他个人表面的声名为前提，在心理上，已经把朋友都当作比他低贱不如的人。这使孔子感到非常不快。他又转向颜渊，好像在等着他说。

颜渊一如往常，恭恭敬敬地听着子路的话。然后再一次闭目静思之后，才平静地说:

"我希望有一天对社稷、人民有所贡献时，能做到不夸耀自己的才能，不张大自己的功劳;对于分内事，都始终能虔敬地去做。"

听完颜渊的话，孔子轻轻点着头。然后又转向子路，观察他的反应。

子路觉得颜渊谈得很深入，刚才发表的抱负和颜渊一比，实在太幼稚浅薄了。他开始后悔自己未经思索便侈谈志向，但可悲得很，他心中刚萌生的一丝愧意，马上就被平日的自负心理掩盖了。潜在的意念，使他先偷看了颜渊一眼。

颜渊一如往常，恭敬地端坐在那里，丝毫没有嘲笑他的意味。子路这才安下心来。

不过，子路最担心的，还是孔子的批评。他很戒惧地等着孔子开口，然而，孔子只睁着眼睛注视子路良久，一句话也不说。

就这样，三个人继续保持着沉默。这对子路来说，真是漫长难挨的一刻。他低垂着眼皮，只敢看孔子的膝盖;下意识里，他仍感觉得到孔子的眼睛，还盯在自己的额头上。他开始有点儿慌张了;额角和手心，都有湿湿的感觉。而颜渊这时，竟然还若无其事地端坐在那里,这一来,更刺激了子路忐忑不安的心。他突然感到颜渊再也没有像此刻这么令人讨厌了。他再也控制不了自己的意气,像在诘问孔子似的说:

"老师,请您也把抱负说给我们听一听!"

孔子看到子路此刻对颜渊也抛弃不了那浅薄的自负心理,不禁大失所望。他以怜悯的眼光深深望着子路,回答说:

"我吗?我希望能让年老的人都得到奉养,都过上安乐的生活;朋友之间,都能以诚信相处,不互相猜疑;年少的人都能得到适当教养,能感怀亲德。天下的人都能各得其所,处处充满祥和之气。这就是我的抱负。"

听完孔子的抱负,子路张口结舌,愕然了半天,真想不到竟是这么平凡。孔子的抱负只不过如此而已,拿自己的来比,并不见得逊色多少。刚才慌张和戒惧所造成的不安心理,一扫而光,他松了一口气。

相反地,向来冷静的颜渊,面颊却渐渐透出羞愧的红晕。他原以为这次必能超越孔子的境界,不料竟在转瞬间完全落空。以前有好几次,也是这样。孔子的心竟是那么不可测度。而在此同时,也就是他再次尝到这种滋味后,他发觉自己仍然摆脱不了自我意识的拘束,还不能达到无我的境界。老师这种为普天下老者、朋友、少者设想的怀抱,才是无我的境界。这种以他人的安身为依据,来规范自身行事的理念,才是人生真谛中最高的境界。一己的不夸长处,不张大功劳,不过是以自我为中心而勉强推想出来的,在潜意识中,仍有相当分量的"我"存在其中。在整个社会上,到处都有老者、朋友、少者,真正的人生,就是面对这种现实环境,来做本身所应做的事,以共同促进社会的祥和之气;只要观念上达到了无我的境界,那么"伐善""施劳",不需抑制,就会自然消失于无形之中。

想到这里,在孔子面前,颜渊不禁把头垂了下来。

孔子看在眼里,知道他的话使得颜渊格外感动,心中非常高兴。可是,他一心一意想要启发的子路,却仍沉醉在浅薄的自我中,他的心又不禁黯然失望了。这天晚上,孔子上床以后,还一直在想着该另外用什么办法来启发子路。

第二节　子入大庙

子入大庙,每事问。

或曰:"孰谓鄹人之子知礼乎? 入大庙,每事问。"

子闻之曰:"是礼也!"

——《八佾篇》

子曰:"由,诲女知之乎! 知之为知之,不知为不知,是知也。"

——《为政篇》

周公是周文王的第四子;他是历史上的伟大人物,不但是军事家、政治家,也是诗人。在武王驾崩,年幼的成王继位后,周公摄政,安定四方,整建内政,创立封建与宗法制度,周室的全盛时期由此开始,此即史上有名的"成康之治"。

子入大庙

周公的嗣子伯禽,被封于鲁,是为周室的屏藩;到鲁昭公为止,已历经二十二君。周公死后,鲁室自然必须四时祭享;传至第十八君鲁文公,更在十三年(公元前614年)时称周公庙为大(音 tài)庙。

大概是在鲁昭公二十六七年间(公元前516—前515年),鲁国即将照常举行大庙的祭典,但由于对礼有研究的人越来越少,而且往年的主祭官又因病不能主持祭典,因此必须临时请一位精通礼乐的人来代理。

大庙的祭典,是鲁国最盛大的祭典,因而它的仪式也繁杂无比。主祭官的选择非常不易,若非精通礼乐的人,连助祭的工作也无法胜任。现在除了那位卧病的主祭官,找不出第二个曾经实际担任过这种工作的人。因此,有关方面只好从没有实际经验的人当中,审慎推举一位主祭官。经过多方商议,最后才选中了孔子。

孔子这时虽然只有三十六七岁,但门下已有许多弟子。他儿时嬉戏,就经常陈设俎豆之类的礼器,学着大人行礼;十五岁立定经世济民的志向以后,始终锲而不舍地追求能够超越时代、会通古今的学问;到了三十岁,就卓然有成,不随众俯仰了。此时他的学术和德业,早已闻名远近;尤其在"礼"这方面的造诣,据推荐他的人说,更是举世无匹的权威。如此一来,各方面对他的期望都很高,可说已成为大家瞩目的人物。但因为他年纪还轻,有一部分人在心理上,对他的声望难免抱有几分怀疑。特别是长期在大庙任职的祭官,受嫉妒心的驱使,早已传出许多不信任孔子的闲话。

不久,祭典的筹备工作开始了。这是孔子有生以来第一次进大庙。到职的这一天,不论是对他抱着好感,还是心怀嫉妒的祭官,每个人都密切关注着这位新任主祭的一举一动。

然而,出乎意料的是,孔子一进大庙,就立即向各部门的祭官们,请教每一种祭器的名称和用途,并且还不停地向他们询问每一种祭器的用法,和行礼时各种坐立进退揖让的细节。一整天的时间,完全是在他这种打破砂锅问到底的情形下度过的。大庙里上上下下每一个人,无不大感惊讶。

"多么差劲啊!像他这般样样都要问过才知道,岂不等于叫来一个不懂事的小孩子吗?"

"可见社会上的传言,是靠不住的。"

"哼!我早就料想他无非是个骗子。连做官的本事都还没有,就敢招收弟子,摆起学者的样子来。我早就知道这种人没什么了不起!"

"对!您说得很对。就连我们这些常年任职大庙的祭官,也未必能记住那么繁杂的仪式。那个年轻的土包子,怎能轻易学得来呢?这种事情,上面早该看出来才对……"

"上面竟会这么糊涂,真叫人失望。"

"到时候,总会有糊涂的苦头好受。不过,这次绝不会有我们的责任。因为任何差错失误,都不关我们的事啊!"

"那是当然的。可是他的大胆,真令人吃惊。他是否正经地在做这件事呢?"

"那只有他自己清楚。不过,他的确是个厚脸皮的人。不然为什么连那些再简单不过的事物,也敢东问西问的,一点儿也不觉得羞耻。"

"岂止没有羞耻?从他的表情看,简直认为这样问是很对的呢!"

"他那么认真地来请教我们,我们就不好意思讥笑他了。不但不好意思笑他,而且还把所知道的全都教给他。真是糟糕!"

"就是嘛!大家都倒霉。教他的人,反而都做他的下属,受他的指挥。"

"对了!这就是老了就没有用啊!"

"到底是谁把那小子老远地从鄹县那乡下带出来的呢?竟敢到处造谣说他是礼乐的权威!真是开玩笑!"

"反正事情已经到了这种地步,多说也没有用。还是赶快向这位礼乐权威请教新花样,找个机会好升官吧。"

"嗯,对!有理!这样不是更聪明吗?哈哈……"

在孔子背后,到处都可以听到这些失望、嘲笑或愤慨、刻意的批评。不知孔子是否已有觉察?不过,很明显地,这天孔子把所有的事物都询问清楚以后,就恭敬地向这些祭官一一致谢,然后退出大庙,一点儿也看不出他有何不愉快之处。

这时候,孔子的推荐人首先坐立不安了。他之所以推荐孔子,完全是出于相信孔子在社会上的声望,以及孔子弟子们的话。他一听到大庙里传出来的这些话,信心一下子就动摇了,但又不好意思直接告知孔子该怎么办。于是,他马上去找子路。因为想来想去,在孔子门下能够坦白商量的,只有子路最合适。

子路一听他说完,便放声大笑,说:

"请放心好了,绝对不会给您带来什么麻烦。……可是,老师也未免太过分了,怎么可以这样儿戏似的做作,使大家都疑惑不解呢!……那么我陪您一块儿去老师家,我也有点儿不满,我要坦白地报告老师,听听他的意见!这样您也就可以放心了。"

说好后,他俩马上去拜访孔子。

一见孔子,子路几乎忘了揖让,他匆匆地道出来意后,便诘问似的大声说:

"我真不了解老师那一套,老师不是应该趁这个机会,好好地表现一番您的才识吗?您为什么要故意做出被嘲笑为乡下人或小子的那些举动呢?为什么老师故意要让他们抓到借口来打击您呢?"

"表现我的才识?"

孔子听完,毫不动容,反而倒过来问子路。

"是啊!就是老师那高深的学问。"

"当然,那也是礼。但若有不合于坐立进退之礼的规矩存在,礼就不能完全确立。你可知道礼的精神是什么吗?"

"老师教我们的是……是敬。"

"对呀。先要存敬,才能中节。那么你是说我今天忘了敬,是不是?"

子路的舌根,好像突然打了结似的,讷讷不能成语。

孔子立刻接着说:

"一旦受命主持大庙的祭典,事事本来就应恭恭敬敬。我因为不愿意对前辈缺少敬意,并且希望了解前人所用的方法,所以非向他们请教一番不可。连你也不能了解这一点,我真是做梦都想不到。但是……"

孔子不愿说得太明白,以免一旁推荐他的人难堪。其实除了上述原因外,最主要的还是他一向不满贵族阶级经常奢僭违礼,败乱天下的正道。如今他既然有这个机会来主持大庙的祭典,自然不能有辱平日的主张,任由那些不合于礼的规矩存在。他之所以花了整天时间来请教那些祭官,是希望有关方面在他着手改正之前,心里能先有所检讨。没想到子路却这么鲁莽。他只好先闭目片刻,然后才继续说道:

"我平常讲的学问,是什么学问呢?"

"就是今天的礼吧?"

"是吗? 我从来没有像今天这样全神贯注地将礼展示给大家看吧。"

"那么,老师在大庙里,每一件事物都要请教周围的人,这是谣言吗?"

"不! 不是谣言! 我确实每一件事物都向他们请教。"

"我不知道老师有什么用意?"

"子路,你到底认为'礼'是什么呢?"

"就是……就是老师平常向我们讲过的……"

"坐立进退揖让的规矩?"

"难道不是吗?"

"当然没错。但礼必须先确立它的精神,过与不及都是不合于礼的,都会使人失去做人做事的准绳。

"其实,我也有应该反省的地方。照说,礼是使人始于敬,终于和的。但是,我今天请教过各位祭官以后,竟反而伤了他们的感情,使他们产生不悦。这一定是我的言行当中,还有什么不合于礼的地方吧。我是应该在这一方面好好反省才对。"

子路不禁越来越感不安。孔子的推荐人,从一进门就一直很不自在地听他们师生两人对话,到了这时,他终于慌慌张张地站起来,满脸羞愧地拜辞了。

孔子和子路两人独处后,孔子开始闭目静思。一会儿,他忽然想起什么似的向子路说:

"子路,我曾听你说过,你最喜欢的是剑,是不是?"

"是的。"

"学问没有什么用处,你也这么说过吧?"

"是……"

"可是,现在你已不再那么狂热于剑,反而认为学问十分重要了吧?"

"是的,老师。"

"不过,我认为你还没有具备求学问的基础。"

"为……为什么?"

"今天,你不是不经思索,就轻率地跑来这里吗?

"研究学问,最要紧的是,必须同时具备学习和思索这两个重要条件。光是学习而没有加以思索,就不能把握精义,无法深入问题的中心,即使弄到精神疲殆的地步,也永远研究不出一个结果来。就好像在一片漆黑的屋子里一样,只能摸索到各种器物的一角,却始终不能真正认清这些器物的整体和构造。当然,如果只靠一味地思索,而不去学习也是不行的。因为有时不但任你如何思索,也解决不了某些问题,而且往往使人更盲目。这种只凭主观想法,忽略接受先进指导的情形,就如同走上独木桥一样危险,说不定在什么时候,就会失足跌落深渊,不能到达目的地。

"记得有一次,为了一个问题,我曾经从早到晚思索一天,不仅饭都忘了吃,甚至连觉也没睡,但却一直想不出结论来。如果在这个时候,能够有古圣先贤的至理名言来指点,那么立刻就会恍然大悟。总之,学习和思索同等重要,必须一边思索一边学习,如此相辅相成,才能追求到真理。现在,你在思索时,缺少虔敬,往往凭一己的主观去判断事物,所以我说你在求学问上,条件还不完备。"

孔子每次教诲弟子,从来都不是轻易地随便说说。

"我平日说的许多道理,其实是可以贯通为一的。一个人如果有虔敬的心,绝不会轻易地判断任何事物,更不会强不懂以为懂,自欺欺人。"

"我从来没有做过自欺欺人的事……"

子路有点儿不服气地插嘴争辩道。

"是吗？你有这种自信？"

"至少我今天……"

"哼！那你简直是连自己在做些什么、想些什么，都不大清楚啰。"

这时孔子的话中，带有几分辛辣的挖苦味儿。

"你刚才带他来的时候，对于关于礼的事，以及今天我在大庙里抱着什么样的心情，脸上不是有什么都知道的神色吗？"

"那……那完全是我的误会。"

"误会？不错，人都会有误会的时候。如果这是由虔敬所引起的，那是能够宽恕的。只怕它是由于夸大和迫切的欲念所引起的，那就再也不能说是误会，而是人性最可怕的公敌——虚伪！这是对自己的欺骗，足以毁灭生命中存在的一切光明和希望！最起码，它也是使人变得无知的最大原因。你还没有真正了解这个道理，所以，虽然你比谁都怕被人指责为无知，但你的'知性'却不见成长。

"为了突破这层良知的魔障，了解自己到底知道些什么，除了以虔敬的心仔细加以反省，还要确实把知道的当作知道，不知道的当作不知道，时时保有不欺骗自己、不欺骗他人的良知。这样，才能使自己'知道'；'知性'自然也就日见成长。这才能称得上是一位智者。因此，'知'是促使自己生命活泼的原动力；不是用来夸示于人的。真正的知，是只有谦逊并且能够诚实的人，才能获得的。我希望你永远牢牢记住这一点。"

说到这里，孔子原来严肃的表情，由于内心对弟子及对真理的爱，而变得十分和蔼，他望着垂头丧气的子路，谆谆地继续说道：

"如果你牢记这一点，那我再也不用多说了。从今以后，只要你能把你的勇气——人人公认的求道勇气——用来压制心中所生的这一不虔敬的敌人，那么，谦逊的勇气、求道的勇气，这些何等高贵的勇气，就将随时聚集在你的周围，你的心中将会更加充实。……子路，你可知道，是它使远大、明朗而健全的世界展开在我的眼前！但愿今天的事，能够让你在这方面有新的进境。"

这时子路的眼里，隐隐闪着感激的泪光。

子路拜辞以后,孔子陷入沉思中很久。到了祭祀周公那天,他自始至终在大庙上严肃地指挥着祭祀官们;那些原来不合于礼的仪式,或向来被忽略的地方,都被他一一改正和弥补了。

第三节 宰予昼寝

宰予昼寝。

子曰:"朽木,不可雕也;粪土之墙,不可圬也。于予与何诛。"

子曰:"始吾于人也,听其言而信其行;今吾于人也,听其言而观其行。于予与改是!"

——《公冶长篇》

四周一片寂静,翻过身来,睁开眼睛,宰予觉得今天午觉睡得特别甜,他打个哈欠,然后伸个懒腰,才慢吞吞地下床,面对窗口坐下。宰予把肘靠在桌上,用手托住下巴,只觉恍恍惚惚的。不过,这是每次醒来最有意思的时候,他打算享受片刻。

院子里和石阶上,斜斜的阳光,已投射出细长的影子。两三只小麻雀,突然惊飞起来,停在屋脊上。屋脊上的瓦顶,将斜阳的光芒,反射成一片耀眼的金色。迎着这片光芒望去,三五成群排列在屋脊上面的麻雀,都变成了漆黑的小点。

"睡过头了!"

一看窗外的情景,他猛然显得有点儿紧张,好像在注意听着什么。

稍远处的教室,隐约传来上课的声音。

"不错,真的睡过头了。"

这时,他不禁更加惊慌不安。蓦地,宰予站了起来,急急忙忙地往外走。但是,他刚走到寝室门口,却又忽然停住脚步,回头望着床铺。

"如果没有什么借口的话,那就不好意思了。"

他再转回室内。一面轻轻地踱着脚步,一面挠着头自言自语。不一会儿,他停在桌

宰予昼夜

旁,用袖子擦着眼睛,然后似乎下了很大的决心,冷静地走出了寝室。穿过走廊,快到教室门口时,他再次停了下来,先侧耳探听教室里面的动静。教室里,大家正在起劲地讨论问题,孔子的话,可以很清楚地听到。他又开始挠头沉思。最后,他才鼓起勇气走了进去。

教室里的声音,忽然间都因宰予的出现而停止,众人的视线,不约而同地投到他的身上。他觉得如临深渊,两腿不由自主地微微抖动,只好强作镇定,先走到孔子的面前,向孔子敬礼。孔子微微看了他一眼。宰予想抓住这个机会解释,但由于刚才太过紧张,现在竟不知该从何说起,只能一味地吞着口水。

"所以……"

孔子继续向大家讲课。

"可与共学，未可与适道。"

（可以和一个人共同研习学问，但未必就能和他一起趋向正道。）

宰予觉得，孔子好像是在暗中指责他。这使他木然地呆站在那儿。孔子又谆谆地说："可与适道，未可与立。"

（可以和一个人一起趋向正道，但未必就能和他共同立定在正道上。）

听了这话，宰予又觉得孔子所说的话，好像不是只针对着自己，才稍微放松了紧张的心理。不过，他还是不好意思走到自己的座位上，仍然站在那里。

"但是……"

孔子稍微将上身前倾，说：

"可与立，未可与权。"

（可以和一个人共同立定在正道上，但未必就能事事和他权衡轻重。）

宰予觉得这两者之间的道理太深奥了。他只觉得自己权衡轻重、随机应变的智慧和能力，绝对不致落在他人之后。因此，随着自信心的确立，他完全卸除了精神上的紧张和不安，而举步向自己的座位走去。

正在观察宰予神态的孔子，就在他走到座位，正要坐下的刹那开口叫住了他：

"宰予！"

声音虽然不太高，却足以使宰予一惊。

宰予赶紧直起正要盘曲的膝盖；想要坐下的双腿，像木头似的伸直了。

"我们研究的问题，对你根本是没有用处的，你回去休息好了。"

这突如其来的话，使得大家不约而同地看着孔子。接着，视线渐渐集中到了宰予脸上。宰予觉得好像是一阵无声无息地飓风袭来，身体忽然被卷飞似的，几乎停止了呼吸。可是，下意识里仍很清楚。他稍微不安地说：

"老师，我迟到了。因为……"

"因为？"

孔子严厉地紧跟着问,宰予有点儿畏缩了,他不敢再说下去。孔子又说:

"如果你想掩饰午睡,甭再多费口舌了。那是错上加错。"

宰予手足无措,慌张极了。但既已演变到这种地步,他更不得不找些话来狡辩。这就是他的个性。

"因为……"

这时,孔子气得满脸通红。

"宰予!"

孔子沉痛的声音,不仅让宰予本人,甚至让教室里所有其他的弟子,都不禁低下了头。

"你想错到底吗?这样你就和朽木及粪土之墙没什么两样了。朽木不能雕刻;粪土之墙,墙面粉饰得再怎么光滑,不多久就会剥落。"

说完,孔子的视线从宰予身上移开。他忽然压低声音说:

"对不起!刚才我一激动,声音就高了起来。我不愿意多说。现在责备宰予又有什么用呢?"

宰予强忍着气闷得快要晕倒的压迫感,站着不动。很久都没有人敢说话。教室里开始暗下来,却充满闷热的空气。渐渐西下的夕阳,更衬托得四周一片死寂。每个人都感到,自己的身上正渗着汗水。

"宰予,你回去自己好好反省吧!"

孔子慈祥的声音,虽然打破了沉默,但大家目送着宰予低头悄悄地走出教室后,心里还是觉得很紧张。

等宰予的脚步声消逝了,孔子像是很寂寞似的俯视着大家说:

"到现在,我一直相信大家都是言行一致的,但以后我再也不这么想了。我若不彻底观察你们表里是否如一,实在不能放心。有些人不是和宰予一样吗?……可是,怀疑别人,会感到多么寂寞啊!"

弟子们低着头,连动一下都不敢。

"我常说'过则勿惮改',任何人都难免会有过失,换句话说,一时的过失,谁都会有。可是,过而不改,是谓过矣。因为一个人过而能改,就能复归于无过,唯有过而不能改的,才是真正的过失,不仅其过已成,并且将终生都不及改了。此外,所谓'过',也有小人与君子之过这两种性类上的分别,观察一件过失,可以知道其人之仁与不仁。这就是所谓的'观过知仁'。无论如何,做人不可一味想用言辞来蒙蔽事实。人如果存有这种心理,便是极端错误的。我们如果宽恕这种人,那么,社会生活中便会失去诚信。而信正是人与人相处最重要的法则。'人而无信,不知其可也。大车无輗,小车无軏,其何以行之哉?'我再强调这句话,是要各位彻底认清,个人和社会都必须靠信来维系。所以,别种过失可以暂且不论,但最起码言辞上的欺骗或掩饰这一点,希望大家绝对不要有。"

孔子语重心长地说罢,闭目静思,过了一会儿,忽然又像是有所感似的,睁开眼睛说:

"但是,现在社会上犯错的,不只宰予一人。专借巧言令色过活的人,到处可见。虚心承认自己的过失,有过不待人言而心能自咎的人,在目前已是凤毛麟角。从这里,可以看出社会风气是多么败坏,实在令人失望。不过,话说回来,这样的社会,也是大家借以互相勉励精进的一面镜子,大家更应随时反省惕厉。能够称为吾师的,并不一定限于善者。我曾说过:'三人行,必有我师焉。择其善者而从之,其不善者而改之。'在这见贤思齐、见不贤而内自省之间,不论善者或恶者,皆是我师。因此,从这种观点来看,今天宰予的情形,正可以为你们的老师;大家不可以鄙视他,甚至憎恶他。只要自己知道反省就是了。"

说罢,孔子退出教室。

当天晚上,孔子惦挂着宰予,不知他是否已经反省过这件事,便特地把宰予唤到他的房间,并且将白天对弟子们讲的话,以及其他一些道理,再拿来告诫宰予。孔子说:

"人一生下来,就承受了天地间的生生之德,心性是善良的;必须发挥正直诚实的本性,才不辱没这一生。虽然社会上也有一些沾染了坏习气、邪曲诬罔、不依正道而生存的人,但他们只不过是运气好些,一时幸免于祸害天诛罢了。

"我曾经说'君子欲讷于言而敏于行',一个正在求学的人,尤其要特别注意;说话必须慎重，不要轻易出口。因为一旦出口的话与平日所为不符，或说出而做不到，那都是一件可耻的事。最重要的是应在力行上面多下功夫，凡事要能敏捷地去实行。

"学问在于充实自己，并不在求见知于人。古代的学者，是为了自己有良好的德行和知识；现在的学者，却只知求取功名富贵。这是颠倒了本末先后的。"

孔子言之谆谆，宰予也频频点头听着。不过他心里面，总无法完全将孔子这些话心服口服地接受下来。

"午觉睡过了头，算自己倒霉就是了。"

他多少还这样想着。

"沉默、讷言，社会上并不容易赏识、起用这种人。"

他也有这种意见。

"虽说学问是为充实自己，但不与社会发生关系，也是毫无意义的。"

他在心里又这样辩驳。

孔子一面注意观察宰予的表情，对他心里的这种想法，并不是看不出来。宰予平日谈吐有文雅之辞，但因德不足而才有余，所以常因巧辩而害了他的聪明。今天发生的事情就是明显的例子。宰予，他是可造之才；孔子心想教育宰予并不是一时间的事，还是要以后慢慢地诱导启发，于是他说：

"一个人若能依从义理立身行己，胸中便常是平坦广阔的；反之，则必受外物驱使，内心永远会忧戚不宁。我希望你能保有平坦广阔的心胸。……好了，时间不早了，你也该回去休息了。"

宰予有被释放的感觉。但当他步出孔子的房间后，却从心底萌生出一种从未有过的孤独感。他低头拖着两脚，落寞地想着孔子的话。

第四节　冉求自限

冉求曰："非不说子之道，力不足也。"

子曰:"力不足者,中道而废;今女画。"

"冉求最近不知为什么,一点儿精神都没有。"

其实也难怪孔子要这么说。接连一两个月以来,冉求毫无半点应有的生气,容貌委实显得很消瘦的样子。看他的身体,并没有什么不对的地方,但就是一反常态,变得沉默寡言,甚至双眉紧锁;往日在孔子和同学面前那种开朗和乐的样子,不知消失到哪儿去了。

当他从同学口中得知孔子正在注意他这种情形时,只是不自在地笑了笑,以表示并没有什么。然而原来已是十分空虚的心里,这时更因此充满莫名的失落感;他又想起了在孔门求学以来的种种感受。

他进孔门求学的目的,不管表面上理由如何动听,其实是为了能求得一个做官的机会。因为做官首先必须要通诗书礼乐,其中诗礼乐三者包括了敦品爱人的基本道理,书则是使人具备处理政事能力的基本学问;而这方面的权威就是孔子。只要进入孔门,必有一天能成为有用的人才。并且,由于那些诸侯对孔子都很尊敬,因此也比较容易获得做官的机会。当初他就是相信会这样才努力用功的。

但是,过了没多久,他的学业便因一些随之而来的疑惑而受到很大的影响。那就是他觉得孔子所教的道理,与他当初所想象的并不一样,可以说似乎和现实无关。虽然孔子时常强调实践比理论重要,不过,孔子所要人实践的,与目前社会上的实际生活脱节太远,如确实依照孔子所讲的道理去做,那么,在实际生活中,一定免不了会成为一位失败者。这种不具备适应现实环境的"客观性"的道理,岂不只是一种空想吗?

"我拜在孔子门下,并不是为了这种美丽的空想。我需要的是能与现实生活结合、具有'实用性'的学问啊!

"何况老是接受这种不切实际的学问,过着令人失望的消极生活,一定不可能有机会做官。对了,孔子对我们的前途,以及起码的出路问题,也好像从来没有积极地关心过呢!'不患人之不己知,患其不能也。'只要本身有足够的才能,绝对不用忧虑没有人赏

冉求自限

识。虽然老师一再这么告诉大家,可是这种思想,已经不再适合于现在这种一切都讲求主动的社会了。我们当然不能要求老师把孔门弟子强行推销给天下诸侯,使每位都有官做,但我认为老师总应体谅我们的心情,多提高孔门弟子的身价啊!"

因此,他好几次愤愤不平地想起孔子要他们多向颜渊学习的事:

"无论如何,不能老是这样。就拿颜渊来说吧,他孜孜不倦地学习老师的一言一行,像是十分满足似的,但这只不过是他身体病弱,无法担任政治上的工作,只有读书修养,借什么'安贫乐道'来逃避现实、自我陶醉罢了。老师居然叫我们也多向颜渊学习,要求我们和颜渊一样,这真是令人费解。颜渊的个性内向,加上身体病弱,在德行修养方面,自然会有比较高深的成就。如果就政治方面而言,不也需要像子路般的蛮勇,以及子贡般的华贵吗?又怎能不顾及每位弟子的个性,叫任何人去学习千篇一律的东西呢?这种让大家依样画葫芦的方式,哪里谈得上是教育?还有什么仁道义理可言呢?"

于是,他抱着这种不满的心情,过了不少日子;再也不能那么专心学业了。他也曾经好几次想借着和孔子谈话之机，找机会提出这个问题，可是，每次还没说到正题，孔子就早已明白了他的意思，他总是在不知不觉中就被孔子折服了，因此最后他都不敢把积在心中的那种牢骚说出来。而这时的感受，与其说是被孔子折服，毋宁说是一个不懂事的小孩，被长者轻轻地抱起，慈祥地在头上拍了一下。结果每一次他都会有几分慌张，继而茫然若失，最后占据整个心灵的，是一种不可名状的孤独感。

渐渐地，这种失落而又感受深刻的日子，使他转而惊叹孔子能够透彻地看出每位弟子的心理。不管他如何在孔子面前掩饰，孔子都能在他念头一动之间，就看出他的心思。孔子不但没有忽略每位弟子的个性，并且还熟悉各人的毛病，他能像魔术师般自如地把握每位弟子的特性。而最不可思议的是，孔子完全是在很有条理的情形下去把握每位弟子的特性。孔子洞察力的敏锐，远远超出了他的想象，只要一伸出触角，就能轻易地攫住每位弟子的心灵，从而纵横自如地驰骋在弟子们的思想领域中。

"'吾道一以贯之'，老师常说这句话。也许这种敏锐的洞察力，就是老师的'道'吧？然而我却无法确认它的本质。虽然老师曾有'仁'或'忠恕'的说法，但它给人的感觉，既无实体的存在，也不容易体验得到。若要穷究它之所以能达到这么深奥的境地的本源，到底又和老师能深入实际生活、人生阅历丰富有密切的关联。"

心中有这种看法时，冉求又后悔先前不该抱有怀疑孔子的想法。

"老师的学问思想，来自人生的圆熟经验，有血有泪，并未和现实社会脱节，绝非我先前所想的；它具有完美的客观性、绝顶的智慧，是人生哲学的结晶。从老师那种敏锐的洞察力来看，他平日所讲的道理，必能活生生地应用于日常生活之间，我怎能再说它是不实际的空想呢？对！我应该赶紧用心探究这种哲理。这就是真正的学问啊！"

有了这种体悟，他渐渐改变一度失望的态度；做官的念头，对他也越来越不重要了。同时，他也以这种新的心情，仔细观察孔子的弟子，希望能对他的求学有所帮助。在这些同学之中，他已能了解颜渊确实是出类拔萃的；闵子骞、冉伯牛和仲弓都是了不起的人才；宰予和子贡也各有值得引以为傲的地方；子夏和子游虽较差些，但都能注意到根本问题；即使是缺点不少的子路，到底还有绝不让人的志气。但这样一作自我反省，他心中就有了一种冰冷的感觉。

他和子路一样喜欢政治，但自知因为缺少子路的刚毅和淳朴，所以有时难免会玩弄小策，甚至会在言语之间强词夺理。在同学之中，他虽然被当作一位最谦逊的人，但他心里明白这是他的好胜和狡黠所致，只不过是表面的谦逊而已。他觉得在他心中，似乎盘踞着一只卑怯但有点儿小聪明的鼬鼠，不断地在教唆他去违背孔子的心意。

"我是为了求道而来的。这绝对不假。"

他相信这千真万确。但不知什么缘故，他心里面同时想逃避这些哲理。这也是无可否认的事实。

"不行，老师的道，和我本来就没有缘分。"

而且最近他更执着于这种想法。想到后来，他甚至好几次想要离开孔子门下。可怜的是他并没有这样做的勇气。就在他犹豫不决之时，他心中的那只鼬鼠，更加喜欢诱使他玩弄那些外表的小策。而每当玩弄过小策以后，涌自心底的寂寞，也一次比一次更加深了他的失落感。

如此一来，他那忧郁苍白的脸色，终于被孔子发现了。

他自己明白那张装出来的笑脸，在同学面前，也许一时能掩饰得了，但绝对难逃孔子敏锐的洞察，同时他也越来越无法抑制内心强烈的空虚，于是他决定一个人去见孔子，倾吐心中的苦闷，请孔子指示方向。

然而，当他一脚踏进孔子的房间时，心中的那只鼬鼠又在作弄他了。

"我对于老师所教的道理，非常喜欢，只是本身的能力不够，无法去实践，实在遗憾。"

他说完以后，才发觉自己的话并不妥当，不禁感到有些惊慌。

"我为什么要一人来见老师呢？如果是为了要说这种无关痛痒的话，不是随时都可以说吗？老师一定会觉得我这个人莫名其妙。"

这样想着，他偷偷地看了孔子一眼。

孔子的表情，却是一脸完全出乎他意料的惊讶。他默默地注视冉求，过了一会儿才以怜悯的口吻说：

"苦闷吗？"

冉求心中那只鼬鼠一听到这声音，急急把头缩起来。代之而起的，是一股非常深的感动，充满在他心中。他觉得此时好像埋在母亲的怀里，真想尽情地接受爱抚。

"是的，我觉得非常苦闷。我不知道为什么心里老是不能坦荡荡，如果再这样下去，即使接受老师的教诲，到头来也是枉然。"

"你的心情我了解。但是，心中苦闷总比没有苦闷好；你要知道，有了苦闷就是一种进步，是应该庆幸的，怎么反而因此绝望呢？"

"话虽这么说，可是老师，我没有把握眼前这些哲理的资质，我本来就不是可造之才；我是一个怯懦的人，我是一个虚伪的人。而且……"

冉求突然像从某种束缚中获得了解脱一般，胡乱地贬低着自己。

"不要再说了。"

这时，孔子凛然的声音打断了他的话。

"你以为这样说出自己的缺点，就能安慰自己吗？既然你有时间来支持这种无谓的想法，为什么不能苦思一番呢？你一再辩解自己本来就没有实践的能力，但有没有能力，是要经过你本身的努力，才能看得出来。能力不够的人，自然会在中途力尽停止；任何人都必须到了这时候，才能证明自己的能力不足。如果在没有尽到力量以前，就断定自己的能力不足，那是对上天的冒渎。在一切可鄙的事中，再没有比还未尝试就否定自己的能力，更为可鄙的了。因为那意味着对生命本身的否定。但是……"

孔子稍微放低了声音：

"你却还要由衷地否定本身的能力；你拿这些话来向我辩解，就等于是对你自己的搪塞。这是你的不对，也是你最大的缺点。"

冉求觉得刚才已经藏好的那只鼬鼠，在孔子眼前还是无处遁形，不禁感到有些狼狈。

然而，孔子又静静地接着说：

"因为你的求道之心，并没有完全表现出来。如果你有热诚的求道心，那么一定不会再有任何阿谀的心理，内心必将复归于刚毅淳朴。一旦刚毅淳朴这些德性存在心中，距离仁道也就不远了。仁并不是你原来想象的那么远不可即;只因为你心中已先有这些无谓的饰词,才把你和仁道隔开。内心只要肯去求仁,仁就在眼前。总之,这除了显示你求道之心不够真诚外,再没有别的。你认为不是这样吗?"

冉求十分恭敬地把头低下。

"无论如何,一位画地自限的人,除了增加自己的耻辱,丝毫不能对自己有所辩护。那些年轻人常唱的诗,其中就有这么一首:

郁李树上的花儿,

开得迎风招展。

那么轻盈多姿,

颜色更是鲜艳。

心中实在难耐,

怎说不会想念?

只因道路遥远,

才不能前去相见。

这在对人生具有坚强信念的人看来,是不以为然的,其实道随时存在于日常生活中间;以为道远而畏缩不前,不过是表示思虑不够。哈哈哈!"

眼看冉求态度虔敬,孔子很愉快地大笑起来。

冉求从房间退出来时,脸上现出最近未曾有过的明朗,他那轻快有力的脚步,带着新生的气息。

第五节　犁牛之子

子曰:"雍也,可使南面。"

仲弓问子桑伯子。

子曰:"可也,简。"

仲弓曰:"居敬而行简,以临其民,不亦可乎? 居简而行简,无乃大简乎?"

子曰:"雍之言然。"

——《雍也篇》

或曰:"雍也,仁而不佞。"

子曰:"焉用佞,御人以口给,屡憎于人。不知其仁,焉用佞?"

——《公冶长篇》

子谓仲弓曰:"犁牛之子,骍且角;虽欲勿用,山川其舍诸?"

——《雍也篇》

"雍也,可使南面。"

(冉雍有人君之风,实在可以南面而治天下。)

孔子近来对仲弓,不惜在弟子面前用这样至高的赞辞来赞美他。

犁牛之子

仲弓为人宽宏大度,并且律己甚严,是孔门高弟之中,一位德行很高的弟子。所以孔子如此称赞他是很有道理的。但一部分弟子不能明白，难免以为孔子对仲弓的赞誉有点儿夸大。

拙于言辞的仲弓，对孔子的赞辞则感到有点儿尴尬。他同时想起孔子曾这么说过：

"法语之言，能无从乎？改之为贵！巽与之言，能无说乎？绎之为贵！说而不绎，从而不改，吾未如之何也已矣！"

（一个人有了过失，拿严正的话来规诫他，他既没有反驳的理由，能不听从吗？但最要紧的是，要能按照这话确实改正过失，才算可贵。要不然就换另一个方式，以委婉的话来劝告他，他若是懂理的，能够不乐意接受吗？但最要紧的是，要能仔细寻绎这话中的微意，确实改正过失，才算可贵。如果只是乐意接受，却不能去寻绎省察，或只是表面顺从，却不实际改正，那么，对这种人我也就没有办法使他怎么样了！）

于是，他不得不进一步地想到：

"也许老师表面上故意以'有人君之风'这句话来称赞我，其实心里面说不定是在委婉地讽刺我有某种缺点。有人说子桑伯子这个人的个性很像我；依我看来，子桑伯子虽然确实是胸襟宽大的人，可是由于为人不拘小节，有时未免有些粗疏。我自己是时常注意到这一点，然而，也许我在不知不觉中有这种缺点吧？"

这么一想，仲弓也就不再为那赞许而高兴了，反而觉得惶恐不安。

不过，仲弓不敢开门见山地向孔子说："不要再那么委婉地讽刺我，请您明白地说出我的缺点。"因为他还想到：

"如果老师没有讽刺我的意思，那么我这样一说，就对老师太不礼貌了。"

因此，有一天，仲弓只好提出子桑伯子的为人，向孔子请教他的看法。仲弓想：

"如果老师有讽刺我的意思，他就会从子桑伯子转到我的身上。"

但是，孔子的回答非常简单：

"可也，简。"

（还可以，他平时做事能够简约。）

孔子的话里，根本没有从子桑伯子联想到他的意味。仲弓感到很失望，他又试着说：

"简约也得看是如何的一个情形啊！"

"哦，那你认为应该如何呢？"

这时，仲弓觉得抓住了一个机会，于是他说：

"居敬而行简，以临其民，不亦可乎？居简而行简，无乃大简乎？"

（我想，不论做什么事，能够守己敬肃，并且周到地计划好，等到了做的时候，才力求简约，这当然可以，而且也才是为政治民之道。如果做什么事，心里面先存简约的念头，这样守己就已不敬，所做出来的，就未免太过简略了，甚至变成放纵……）

说完，仲弓渴望孔子能给他满意的回答。可是，孔子只点了点头。他只好怀着一颗不安的心拜辞了。

后来，孔子对弟子们提起仲弓这件事，又不断地赞美他，并且又说：

"仲弓实在有人君的气度。"

仲弓听了这话，非常感动。但他不是一位自满的人；他反而更加反省惕厉自己，希望不要辜负孔子的赞许。有一次，他请教孔子怎样才能做到"仁"。孔子告诉他：

"出门如见大宾，使民如承大祭。己所不欲，勿施于人。在邦无怨，在家无怨。"

（一走到外面，对人要像见尊贵的宾客一样，敬慎恭谦；在上位要使用民力的时候，要像奉承大祭一样，敬谨郑重。自己心里所不愿的，不要加在别人的身上。就这样，无论在什么地方，都可和人融洽相处，不惹人憎恶。）

他知道这是孔子教他要敬以持己，恕以及人，使私意无所容而完成此一心德。他立刻为之肃然。非常恭敬地说：

"雍虽不敏，请事斯语矣！"

（雍虽鲁钝，一定力行老师这话！）

以后，他时时刻刻不忘当时回答孔子的情景，不断在实践中努力惕励自己。他想：

"老师和别人越称赞我，我越应该惕励自己，不使他们失望才是。"

可是，这位德行很高的孔门高弟，却不幸有一位身份低贱，而且行为不检的父亲。因而有一部分弟子，在听到孔子称赞仲弓的时候，由于嫉妒心理作祟，往往故意提起仲弓的

父亲来讥笑他,以表示他们的不屑。有一次,就有一位弟子有意让孔子听到似的大声叫着说:

"仲弓似乎已进入仁者的行列了。但可惜得很啊! 他没有口才。"

孔子听到这位弟子的诽谤,当然晓得他心中的意思,便厉声对那位弟子说:

"什么? 口才——何必要口才!"

那位弟子先是有点儿慌张的样子,可是,过了一会儿,又满不在乎地掩饰说:

"但是,他那样的口才,如果想要说服诸侯,我相信他们一定不会理睬他的。这不是很可惜吗?"

他说到"可惜"两字时,特别把语气加重,并且拉长。这种语气,如果是有修养的人听了,必定会为仲弓抱不平,但这些对仲弓充满嫉妒的弟子们,听了之后,反而好不容易才强忍住笑声,等待孔子的反应。孔子脸上的表情非常严肃,他稍微阖上眼皮,在一眨之后,以锐利的眼光迅速扫视在场的弟子们,说:

"会说话的人,有时反而容易失言。口若悬河,滔滔不绝,这种很有口才的人,往往很容易得罪他人,总会在不知不觉之中,变成众人憎厌的对象。我不知道仲弓是不是有仁德,但至少在言语方面,他时时刻刻在注意着,从来不随便说话。他的口才不行,是另外一回事;对实在的人来说,口才这种不足取的末道小技,又有什么特别的作用!"

当时,孔子也就这样了事,希望这些弟子能从他的话中有所反省。然而他们背后批评仲弓的话,仍然不绝于耳。他们找不到仲弓的缺点,就只好拿他的出身和他父亲的行为作为笑柄。孔子当初所以特别赞扬仲弓,虽说是由于仲弓的品学兼优,其实最大的动机是有意让弟子们真正认识到仲弓的可贵,免得弟子们再批评他的出身和父亲,可是想不到偏偏带来了相反的效果:他越称赞仲弓,这些弟子就越刻意地去找出仲弓的出身及父亲来当话题。

孔子黯然若失。他很清楚,女子和小人都是难以相处的,稍微亲近他们,他们就不守礼,不知恭顺;要是稍微疏远他们,他们就生出怨恨。现在由于他称赞仲弓,使得这些弟子生出那么强烈的嫉妒心理,不就清楚地显现了小人的行径吗? 他想:

"小人的骄傲、怨恨和嫉妒，起于他们想要被人认为只有他们才是最好，只有他们才有资格受宠的强烈自私心理。他们对自己的爱是盲目的，也因此造成各种罪恶。除非使他们清楚认识到这种劣根性，否则，他们将永远陷在骄傲、嫉妒的深渊里，不能自拔。"

当然，除了因称赞仲弓引起的这件事外，孔子平时就很注意教育弟子。平常孔子很少单独谈到有关"利"的问题，要是偶然提到"利"的时候，一定连带谈到"天命"和"仁道"，总要三者并论。并且，他曾告诉弟子们说："一位君子，对于天下一切事物，当然不一定依从谁的主张，也没有绝对不肯做的；相对的，他不会固执自己的成见勉强行事，或是强迫他人顺从自己的意思，他只看该不该做，完全依从义理。"所以孔子时时教诲弟子不可专断、固执，对人对事不可抱有妄测或绝对的心理。他本身也随时注意不臆测他人，不固执己见，避免和他人处于对立的状态。

现在，孔子这番苦心，对于这些心境和修养还很幼稚的弟子，却未起到任何效果。他们不但对天命和仁道，没有丝毫的心得，反而认为能多诽谤仲弓一句，就是多获得了一次胜利。为改造这些弟子的品性，一向诲人不倦的孔子，此时也感到伤透了脑筋。

然而，孔子绝不会放弃对任何一个学生的教育。于是，经过深思熟虑之后，孔子终于想出了一个办法，那就是带这些喜欢诽谤仲弓的弟子，来一次郊游。

这些弟子对于能够和孔子一起郊游，感到非常荣幸。当天，他们师徒一行，高高兴兴地来到了郊外。田野里，到处可以看到牛在耕田。

多数的耕牛，毛色驳杂；两只牛角，不是长得歪曲不称，就是长短不均衡。当孔子注意观察在田野上的这些耕牛时，他发现一头毛色驳杂的牛旁，跟着一头毛色纯赤的小牛。它身上金丝般柔滑的皮毛，在阳光下闪闪耀眼；头上的两只牛角，虽然还在生长，但十分匀称漂亮，并且弯弯地成半月形，煞是好看，就像庙堂上祭祀用的上好的牺牛。

孔子忽然走近这头小牛，停下来回顾跟上来的弟子说：

"好漂亮的小牛！"

弟子们哪里会对牛感兴趣呢？但孔子既然那么欣赏这头小牛，他们也就上前观察起来。

"这么漂亮的牛,都可以供做庙堂大祭的牺牲了。"

弟子们以为今天孔子是为了找一头祭牲用的牛,才带他们到此地的。于是,他们异口同声地称赞这头小牛:

"是啊!很漂亮的牛。"

"不是很可惜吗?这样美丽的牛还要在田圃上耕耘。"

"这一带很难看到这样好的牛。"

"如果老师要买的话,我们去交涉怎样?"

弟子们你一句、我一句的。但孔子不回答,走开了。他喃喃自语地说:

"非常珍贵的小牛啊。可惜牛的血统不好,那还有什么用处呢?"

弟子们面面相觑。通常祭祀牺牲用的牛,只要毛色是赤色的、两角匀称就可以了。

他们倒从来没有听说过牲牛的血统会有问题。现在孔子竟提出这个问题,他们觉得非常诧异。

"血统怎样,不是和祭祀无关吗?"

终于有一位弟子忍不住问道。

"它是一头用来耕作的,而且毛色驳杂的牛所生的,难道天地山川诸神会喜欢它吗?"

"只要那头牛本身条件足够,我想是不会有问题的。"

"真的吗?大家都这样想,我也就无须担心了。"

弟子们都觉得很意外,不禁再度面面相觑。他们根本还没有想到孔子话中之意。

这时孔子说罢,只顾继续往前走。没走多远,他忽然回头若有所思地说:

"咦,对了!仲弓最近怎样?他不也是耕牛之子吗?我常常听说,他也是不中天地神明之……"

弟子们这才恍然领悟到刚才孔子那些话的用意。他们惭愧得无地自容,再三相顾无言,各自低头看着脚尖。孔子接着又说:

"不过,像大家这样,不过问别人的出身与血统,如果仲弓知道了,一定很高兴哩。我也很快慰啊!……所谓'君子成人之美,不成人之恶;小人反是'。君子都是乐于成全别人的好事,绝不愿意去揭发攻击别人的缺点。但如今的社会,却到处可见和这相反的小人!"

这些学生随在孔子身边,再听孔子这么一说,感到很不是滋味。有人首先忍不住:"我们该回去了,怎样?已走了不少的路。"

当他们踏上归途时,孔子又指着那头赤色的小牛说:

"多么珍贵的小牛啊!这么美丽,诸神一定会很喜欢呢。"

这些弟子们,经过孔子这番教诲后,是否真能反省自己,只有他们心里明白。不过,从此以后,仲弓的出身或是他父亲的行为,的确没有再被他们当作话题。

至于仲弓本人,他从来没有为这件事介意过。他只想到应加倍修养德行,认真求学,以报答深厚的师恩。

第六节　觚不觚

子曰:"觚不觚,觚哉!觚哉!"

——《雍也篇》

孔子一个人独自静坐在大厅里。子正去买觚,已经过了很久,还没有回来。觚,是宴请宾客不可缺少的酒器。孔子打算再过几天,让弟子们实地练习宴饮的礼节,所以必须多准备几个。接连几天,弟子们一直都在很热烈地讨论有关礼的问题。但是,今天的讨论,让孔子感到特别满意。礼,是天理之节文,人事之仪则,是仁者所以全其心之德。人类的共生、共存、共进化,可以说唯礼是赖。目前社会秩序紊乱,君而失其为君之道,臣而失其为臣之职,臣弑其君者有之,子弑其父者亦有之,这就是失去礼的约束,尊卑失位、长幼无序的结果。现在,弟子们对于礼总算有了比较深入的认识,但愿他们能够更进一步实践不逾。

想到这里,孔子的容态和神色,比起近来闲居时,显得更加舒适、愉快了。

觚不觚

"老师,我买回来了。"

不知不觉,又过了些许的时间,子正忽然从外面走进来,一面说着,一面将篮子里的觚摆在孔子面前。孔子伸手过去,一个一个拿起来仔细端详,然后自顾自地不知在沉思什么,连一声好坏也不说。子正站在一旁,感到不知该怎样才好。他是最近听说孔子曾经公开讲过"自行束脩以上,吾未尝无诲焉"的话,才消除原先害怕会被拒绝的心理,怀着热切学道的兴奋心情,投拜到孔子门下的。到今天为止,他对那么容易使人乐于亲近的孔子,一直抱着非常诚敬的态度,虚心地接受他的教诲。不过,他对孔子所讲的道,不知怎的,有时会有一种若即若离、似懂非懂的感觉,这大概是因为自己在有些方面身体力行的功夫不够吧?

面对眼前的孔子,为了度过这种令人摸不着头脑的沉默,子正这样想了老半天以后,看孔子仍旧默然沉思，于是，他便打算先作揖退出。这时，孔子却抬起头来说：

"这，是觚？"

子正一听，感到莫名其妙，惊奇地望着孔子。他想，老师绝不至于不认识觚的。

"觚，一定要有棱线，有角度，它本来叫作'棱'。"

再听孔子这么一说，子正觉得很好笑。只要能用，何必再拘泥于形式和名称？像那种旧式有棱角的觚，现在就是找遍所有铺子也买不到。他不觉笑着回答：

"现在卖的觚，就只有这种样子。"

然而孔子却更加认真地说：

"哦——现在觚的形式就是这样？……不！这不是觚，不是觚！"

子正更加莫名其妙，同时，他也很认真地辩解说：

"可是，现在的人都使用这种形式的觚。像老师说的那种觚，在市面上根本买不到。"

"哦，买不到吗？但这不是觚，这并不是觚啊。"

孔子像是十分痛心似的摇头叹息。然后再度沉思。

子正更迷糊了。他很不自在地正要收拾摆在孔子面前的觚时，孔子忽然慈祥地说：

"坐下，觚摆在这里就好。"

等子正坐下，孔子喃喃地说：

"无论何物，都必须保有原来的特质。如果名与实不相符合，或名存实亡，那就不能正名。任何事物，一旦丧失特质，不能正名，就足以造成正道和真理的紊乱。"

子正这才稍微了解孔子刚才那些表情的原因，他不觉端坐了起来。

"就我们人类来说，也有共同的特质。保持名实相符，才是人类最高的美德。过与不及，都非为人之道，应该时时践守中庸这种最高最美的德行。如果失去了它，那就只是外表拥有'人'的虚名，内里已不再有'人'的实质了。"

孔子说到这里，又一次审视着排在面前的觚。接着，他感慨地说：

"很久以来，世教日衰，民不兴于行，已很少有人能具有中庸这种美德了。"

子正若有所悟似的点了点头。

"唉！不知不觉又发牢骚了。……好啦，你去休息吧，辛苦了。"

说罢，孔子走近窗前。子正也紧跟着起来，不过，他对怎么处理这些觚，有些不知所措的感觉。踌躇了一会儿，他瑟缩地问：

"那……那拿回铺子退了？"

孔子突然笑出声来，回顾子正说：

"不。觚是酒器，只要能盛酒，不论有没有棱角，都可以用。收拾好放到那边去吧。"

子正收拾好觚，退出来以后，把头摆了好几次；他，又有点儿迷糊了。

第七节　阳货馈豚

阳货欲见孔子，孔子不见。

归孔子豚；孔子时其亡也，而往拜之，遇诸涂。

谓孔子曰："来！予与尔言。"

曰："怀其宝而迷其邦，可谓仁乎？"

曰："不可。"

"好从事而亟失时，可谓知乎？"

曰："不可。"

"日月逝矣！岁不我与！"

孔子曰："诺！吾将仕矣！"

——《阳货篇》

"嗯，阳货送的？"

孔子望着大厅当中，放置在一座铜架台上的肥油油的蒸豚，不觉皱起了眉头。

阳货原是鲁国大司徒季平子的家臣。到了鲁定公五年（公元前505年），季平子去世，季桓子继位之后，阳货变得更为跋扈，先是囚禁季桓子，接着挟季桓子僭位专政，甚至一度使鲁公、三桓及一些在位的贵族和他盟誓;可谓到了无法无天的地步。孔子这时已年近五十,痛心正道荡失,社会秩序紊乱,毅然决然地断了仕宦的念头。他将全部的时间和精力,贯注到研究编纂《诗》《书》《礼》《乐》等经典,及教育青年子弟上面;打算在这上面作积极的培养,以为异日水到渠成之用。阳货虽不知孔子心里的想法,但他心中早有叛意,对孔子不仕,并广集弟子讲道,声望日隆,感到寝食不安,时时刻刻在注意着。他想,最好能劝诱孔子,让孔子加入他的集团;至少,也要让孔子认为他是一个礼遇贤者的人。

于是,阳货认为无论如何,应该先和孔子见一次面。他三番五次地派人前去向孔子转致求见之意。然而,孔子却始终表示不愿见他,态度十分坚决。如此一来,孔子越不答应见他,他便越感到不安。

最后,他想出一个妙计。他差人打听孔子的动静,趁孔子不在家时,很快送去一只肥油油的蒸豚。按照礼法,凡是大夫有礼物赠给士人,士人必须在家亲自接受,如果恰巧士人不在家,那么就要在回来后,赶快到大夫门下拜谢。阳货觉得用这个办法,不但再也不用担心孔子或别人,会说他没有礼貌,相反地,还会使孔子不得不来见他,并且博得外人的好评。他为此感到非常得意。

现在,孔子正望着这只蒸豚出神。他知道这是阳货的诡计,但一时又想不出什么对策。

"不能背礼,但又不能让无道的人轻易得逞。本来侍奉这种无道的人,即使只一天,就已不合士人之道,何况又是中了他的诡计。"

经过仔细的考虑后,孔子终于想出了一个对策。那就是趁阳货不在家的时候,依样画葫芦地登门道谢。

孔子并不是一位幽默家,但在绞尽脑汁才想到这个对策后,也不觉莞尔。不过,他继而感到这种做法很不适合于他,便又很快失去了笑意。他再从头去想其他办法,然而,任他怎么思索,除了这个以其人之道还治其人之身的办法外,始终想不出更妥当的对策。

"既然想不出圆满的上策,也只好用这个其次的对策了。"

阳货馈豚

下定决心后，次日清早，孔子便派一位年轻的弟子前去窥探阳货的动静。

根据弟子的报告，孔子立刻动身前往阳货家。他的车抵达阳货家时，已将近中午了。他向阳货的家人道明来意后，便告辞出来了。一切都进行得很顺利。但可惜得很，在归途上，他的车子竟与阳货的车子不期而遇。

这一出乎意料的情形，使得孔子的对策到头来完全落了空。眼前的孔子，总不能逃窜般地躲开吧；为了保全士人应有的自尊，他只好让他的车子继续前进。阳货一看孔子的车子对面迎来，便立刻停住车子，笑着说：

"我想您大概会驾临敝宅，所以正赶着回家。来不及在家迎候您，非常抱歉。"

面对眼前这位玩弄小聪明的权臣，孔子也无可奈何，只好随着阳货回去。不过，他已下定决心，无论如何，绝不接受阳货的午宴。

一到阳货家，两人在大厅揖让就座后，阳货就用很热诚的口气说：

"怀其宝而迷其邦，可谓仁乎？"

（一个人如果怀藏着无比的才德，却不去挽救国家的混乱，这种置身于外的做法，难道可以说是仁者吗？）

"挽救国家的混乱？亏他还好意思说。"

听阳货这么说，孔子马上觉得很好笑。可是，阳货的口才不错，表面上看起来也很有道理。他不想反驳，于是淡淡地回答说：

"不可。"

（当然不可以。）

但阳货却认为机会来了。他紧接着又说：

"好从事而亟失时，可谓知乎？"

（那么，有一个人抱着济世救民的大志，希望能出来为国效劳，但却一再错过许多可以做官的机会，这难道也可以称得上是智者吗？）

孔子对于这一点，当然有他的立场。不过，要向眼前这位无道的乱臣解释，自然是徒费时间和精神。因此，他又回答了一句：

"不可。"

（当然不可以。）

阳货只觉得孔子并不难说服。于是，他决定进一步打动孔子的心。他十分做作地以类似教训的口吻说：

"日月逝矣！岁不我与！"

（岁月是不待人的！像您这样有才德的人，为什么愿意让年纪一天一天老大？我真不明白。）

阳货说完，由于热切地等着孔子的回答，脸上反而显得有点儿紧张。

但孔子的反应却很冷漠；他点点头，直截了当地说：

"诺，吾将仕矣！"

（是啊！我明白了。我应该赶快去找一位贤明的国君。）

答完，他马上站起来，很恭敬地向阳货一揖，然后静静地走出门槛，留下阳货一人呆在那里,目送他的背影消失。

有趣的是,不知阳货将怀着什么样的心情,来处理那些为孔子准备的佳肴美酒。

第八节　子语鲁大师乐

子语鲁大师乐,曰:"乐其可知也。始作,翕如也;从之,纯如也,皦如也,绎如也;以成。"

——《八佾篇》

随着音乐的终止,鲁国的乐长转身向孔子敬礼之后,就径自回到自己的休息室。他有些自暴自弃地脱掉不舒适的大礼服;先是歪斜身子坐着,但为了抑制住内心的激动,接着又把双脚伸直,两手向后撑在地上。他那苍白而富艺术气质的脸上,露出艰涩的笑容。然而,他越是刻意装出一副不检束的样子,越无法消去心中那乱糟糟的情绪。

"这已是第三次奏乐失败了。"

一想起来,他内心就空虚得很。

说也奇怪,接连饱尝这种难堪的滋味,还是在最近孔子担任司空之职,成为他的上司,在旁观看他奏乐以后,才开始的。

本来,他是隶属于大司徒季桓子的;而且在季桓子下面,也有直接管他的大司乐。但自从孔子由中都宰升到现在的司空以后,季桓子竟把他们这些乐官都改归孔子兼管了。据说这是为了使他们对乐理有更深入的了解。其实,据他们所知,季桓子这样做,主要是为了拉拢孔子。因为季氏对孔子不出来做官,并且招徒讲道,时时感到极大的不安。现在,既然好不容易能使他翻然出任,而且在中都宰任上,竟有很好的治绩,深获鲁公的信任,不数月之间就升他为司空,季氏怎能不趁机刻意加以拉拢呢?

不过,话虽如此,但孔子对于乐很有研究,却是大家公认的事实。

"听说他从前在齐国学习韶乐时,三月不知肉味;爱好音乐之深挚与向学之沉潜,真

子语鲁大师乐

令人惊叹。"

　　并且，孔子和以往任何一位长官都不同，他非常爱护下属，从来没有对他们板起过脸孔。但就是不知怎么搞的，一到奏乐的时候，他的神经总会不自觉地紧张起来。虽然他知道孔子精通音乐，必须更加谨慎，然而，手指就是不听使唤，甚至变得有些僵硬。

　　"虽然孔子乐理懂得比我多，但在实际演奏技巧上面，我的经验远比他丰富啊。"

　　他曾这样自信过，却偏偏会在演奏时一再失常。是什么缘故呢？他想到这里，不禁羞怒交集。然而，这是事实，而且是无法补救的事实。

　　他痛苦地把两手插入头发，双肘立在桌上，让脸对着桌面。他不断地埋怨自己的无能和不能振作。当把内心的这种痛苦和自责转变为对孔子的埋怨时，他蓦地抬起头来；接着，好像要赶走那刚起自心上的偏失的念头似的，双手不停在胸前挥着。

　　这一刹那，他的眼前忽然掠过一道光线。那是从孔子澄澈的双眼里闪出来的，有如湖面一般的沉静，并且含着轻轻地笑意，但却具有一股慑人的力量。

他突然像想到什么似的，迅速站了起来。

"对了！就是这双眼睛！"

他在心中惊叫。

"一接触到这双眼睛，不知不觉地，我的手指，甚至连喉咙都僵住了。今天也是如此；我的手法失去控制，就是在演奏时，和孔子的视线相遇以后才发生的。"

他在室内来回踱着，不断地思索。过了一会儿，他觉得自己太可怜了。

"岂有此理，难道孔子的那双眼睛，竟能左右我演奏时的情绪？"

他走近窗口，愤愤地吐了一口痰，又仰望蔚蓝的天空。就在这时候，他再一次看到孔子的眼睛，仍然是那种沉静而含着微笑的样子。

"的确是这双眼睛。"

他稍微退后坐下，下意识望着蔚蓝的天空，希望能追寻到刚刚一现即逝的那双眼睛，然后加以捕捉，加以——

"司空大人请您过去。"

不知什么时候，一个小僮走进来站在他背后传话。这使得这会儿正神经过敏的他，有如被某种外来的强力弹了起来一样，迅速起立走到桌边，慌慌张张地整理起服装来。

在走进孔子的房间以前，他几乎都处于由惶恐不安所造成的恍惚之中。直到看见孔子端坐在肃穆阴暗的内室时，才恢复了清醒；并且也意识到了孔子召唤他的原因。

不过，眼前肃穆的气氛，反而有一种使人安然的感觉，无形中使他不再畏惧、慌张。同时，又一次——

"对啊！就是这双眼睛。"

他心里这么叫着。

孔子请乐长坐下，并使自己端坐的姿势变得轻松，说：

"怎么？反省过了没有？"

孔子对今天奏乐的失败，一句话也不提，开口就问到问题的核心。这反而使他窘于回答。

"你有这么熟练的技巧,而且那样认真努力,竟连遭三次失败,一定是心中还有严重的缺陷。难道你自己没感觉到吗?"

"我很惭愧,但还不知道是怎么回事。"

"仔细想过没有?"

"有,有的。接二连三的失败,我也不能不寻找其中的原因。"

"那么,虽然不能明确地找出其中的原因,但总会想到些什么吧?"

"有,不过那好像太荒唐。"

"荒唐? 能不能坦白地说给我听听。"

"但是……"

"你不敢坦白地说吗? 不过你不说我也知道。"

"哦?"

"不客气地说,你还有邪心。"

乐长被指有邪心,很是惊骇。他猜想孔子可能已知道他刚才起了埋怨的念头。

孔子对他毫无轻心,接着说:

"诗也好,音乐也好,用一句话来概括,应该达到'思无邪'这种境地。只要心里没有邪念,即使技巧差些,也能唱出纯正的诗,奏出真诚的乐。你的技巧虽高,可惜还没有体会到这种真理。"

乐长再也无法继续沉默了:

"说真的,我今天奏乐失败后,不知为什么,竟萌生出埋怨您的念头。我认为这是太可耻的事,但我绝不认为我在奏乐时有何邪心! 我只是在尽我的力量演奏,免得这次又失败了。"

"嗯……那为什么又奏错了呢?"

"就是由于一点点小事……"

"嗯。"

"一和您的视线相遇,我的手法马上就错乱起来了。"

"哦,这么说,是我的眼里有邪影啰?"

"不,不。您的眼睛,永远像湖水一般澄澈。"

"真的是这样吗?"

"是的,绝不是恭维话。"

"如果不是你的恭维话,那么就是你的眼神有问题啰……"

乐长始终不承认自己的眼神不好,于是——

"这样说来,是我有邪心……"

他以不服气的口吻说。

"乐长!"

孔子忽然坐回原来端正的姿势,眼睛直视着他的脸说:

"再仔细探究你的心底吧。"

"啊——"

乐长不由得站了起来,紧张得不敢动。孔子接着说:

"你在奏乐时,往往会偷看我的表情,是不是?"

听了这话,乐长只得承认有这回事。可是他心底绝对不承认那是因为自己有邪心的缘故。

孔子稍微和气地说:

"如果你在奏乐时,还要偷窥我的表情,那这就是邪心。因为在你的心目中,已经以为孔丘和你对立。虽然你没有清楚地意识到,我的存在是你奏乐时最大的障碍,但你却因此分心失去定力,精神再也不能完全贯注在音乐之中。这就是你失败的原因,你不曾如此想过吗?"

经孔子这么一说,乐长只好低头承认,于是孔子示意他再坐下,接着说:

"音乐的境界是如一的,在那里,没有丝毫的对立意识,人与人的关系已变成最圆满的和谐整体。它除了外在的形式,更必须具备内在的精神;否则,人而不仁,如乐何?"

"在即将奏出之时,乐队里的每一位成员,首先必须使心和乐器合而为一,然后八音中之金乐划破寂静，各种乐器紧接着调和奏出，这时奏者也和听众合为一体；这叫作翕如。等到了这种翕如的境界后，各种乐器的音调，彼此和谐，所奏出的音乐，已达到足以感人的纯如境界。在这种和谐纯如的悠扬乐声中，各种乐器虽已合而为一，但其清浊高下，就像五味之相济相和而不相失，六律六同都能在宫、商、角、徵、羽五声调和中，节奏分明，各显音色；这就是不互相混乱冲抵的皦如境界。在这时候，音律的高低、强弱、缓急等各种变化，相连不绝，就是所谓的绎如。而这四节、四个不同的境界，完全操乎一心，并且没有分毫的间隙，使得整个乐曲形成高潮，完全一气呵成。在这音律的奔流当中，使人有所陶冶，或化乖戾为祥和，或化苦闷为愉悦，从而完成一个人的人格，使他体会到永恒与刹那是一致的。因此，音乐的真正意义，并不能刻意划分奏者与听者；若两者不能合而为一，便不是音乐。至于声音节奏，此时不过是工具，而不是目的；是枝叶，而不是根本。如果演奏时只是意识到技巧的好坏，或是为了互相比较技巧，或是用'内行'、'外行'来区别，像这一类的人，又怎能进入音乐的最高境界呢？"

乐长犹如隔云仰日似的，倾听着孔子深奥的音乐理论。但当他听到孔子的最后一句话时，才恍然大悟，心里感到一阵疼痛；他发觉孔子说他有邪心是应该的。

"我深深感谢您的教诲，从今以后，我不但要在技巧方面多下功夫，同时更要在修养方面加倍努力。"

他由衷地向孔子鞠躬道谢，然后退了出来。孔子听他的脚步声渐渐远去，心想：

"诗、礼、乐三者，原是一体不分的。人类的行为出于天性，发而为感情，表现于仪文节目的是'礼'，表现于语言辞藻的是'诗'，表现于声音节奏的是'乐'，三者小则能塑造成一个人的人格，大则能形成一个洋溢仁爱精神的社会，使人与人的一切关系达到最圆满的境界。现在，乐长似乎了解了音乐的最高境界，并非出于有形的手法和喉咙，而是出于纯真的心灵。他的演奏，今后将渐渐接近于纯正。虽然他曾把技巧当作最高目标，一时还不能深入了解我的音乐理论正是我的人生哲学。不过，以他的认真有作为，总有一天，必定会发现音乐和人生的本质是一体的。"

虽然那天的仪式，又由于乐长的失常而不够圆满，但孔子的脸色却较以往两次更为明朗。

第九节　孟懿子问孝

孟懿子问孝。

子曰：“无违。”

樊迟御，子告之曰：“孟孙问孝于我，我对曰：‘无违。’”

樊迟曰：“何谓也？”

子曰：“生，事之以礼。死，葬之以礼，祭之以礼。”

——《为政篇》

自从孔子出来做官以后，孟懿子为了向人表示他非常敬师，经常带着他十多岁的儿子孟武伯拜访孔子。孟懿子当初成为孔子的弟子，有一段值得一提的故事。

季孙、叔孙、孟孙这三大世家，是鲁桓公（公元前 711-前 694）后裔，他们专政弄权，不仅目无公室，甚至一度联手逐走昭公。他们平日搜刮聚敛来的财物，远富于鲁室数倍。他们的所作所为，在鲁国几乎无人不知，无人不晓。鲁国人民为了表示心中的不满，称这三家为“三桓”。

三桓之中，以孟孙一家比较不那么跋扈。孟孙氏的第四代主人孟僖子，是一位杰出的人物，鲁昭公七年（公元前 535 年），孟僖子跟随鲁君取道郑国到楚聘问时，在种种礼节上不能应付，回来以后，便感慨人之有礼，犹树之有干，没有礼便不能立身在世上。除了多方学习讲求外，到了昭公二十四年（公元前 518 年），他临终前，更把两个儿子——仲孙何忌（孟懿子）与南宫敬叔——唤到枕边，命他们师事年仅三十四岁，但在当时已有相当声誉的孔子；要他们无论如何必须好好学礼。

等办好父亲的丧事以后，孟懿子果然遵从遗命，带着弟弟南宫敬叔一起受业于孔子。当时，孔子很为这事感动，一再称赞不已。他觉得孟僖子能够补过于后，在贵族阶级多奢僭违礼,同时又多不悦学、不知礼之际,不失为一位君子,足以让人仿效。但孟懿子嗣承父位,主一家之政,并没有多少的时间可以亲受孔子的教诲(其实主要是他不认真学习),加上第二年发生了三家共逐鲁公的事,孔子避乱到齐,孟懿子从此就不再向孔子学礼。

如此过了十六年,直到最近,因为孔子受到鲁定公和季桓子的信任,出来做官,孟懿子才好不情愿地重回孔子门下。在内心里,他并不是真要继续没有完成的学业。事实上,由于他自觉地位高出孔子,请教问题时,也并不虚心。

这天,孟懿子又来拜访孔子。临走前,他才似乎突然想起什么似的,以郑重其事的口吻向孔子请教关于孝行的问题。孔子知道孟孙氏的家庙,最近将要举行祭祀典礼,孟懿子此时问孝,与其说是他追思先人,还不如说是他正打算借此铺张祀典,夸示他的权势更恰当。

孔子马上明白了孟懿子的用意,因而很简单地说:

"无违。"

(不要违背了理。)

但孟懿子不再接下去问,便告辞了。这一来,倒使孔子心里惦记着,不知孟懿子是否了解他那句话的意思。

"如果孟懿子祭祀家庙,有了僭越礼教的事,那就不只是孟孙氏一家的问题了,而将是整个鲁国的重大问题。并且,万一他对外捏造谣言,说关于祭祀的事,都先请教过我。那么我素来在政治上的主张,也必将被破坏无遗。这足以紊乱天下视听的事,我非向大家表明立场,使大家先对我有所了解不可。但在孟懿子还没有向我提到这事以前,我先谈起,又是非礼之事。不知能否有好的办法?"

这样想着,孔子竟在孟懿子回去之后,日夜为这件事忧虑。

过了几天,樊迟替孔子赶车出游,孔子忽然想到眼前正有一个办法。樊迟是孔子的年轻弟子之一,虽然他还不够成熟,做事思虑欠周,疏于实行,个性也嫌急躁、粗野,但求道之心很强。由于他精通武艺,颇得孟懿子的宠爱,经常出入孟孙氏的家,孔子想,可能他会把我的意思表明给孟懿子。于是,他向正在赶车的樊迟说:

孟懿子问孝

"前几天,孟懿子又来看我,并问起孝道来呢。"

"哦……"

"我只答他'无违'。"

"……哦。"

樊迟对孔子的话,根本摸不着头绪。"无违",照说是不违背父母的意思;但孟懿子早已没有父母了……这样一想,他感到有些不明白,双手更握紧马缰驾车。

"你认为如何?"

孔子正等他的反应,但樊迟只再说了一声"哦……"而已。

不过,他一面赶车,心里一面开始回想以往孔子有关孝道的教诲;那一幕一幕历历在目。他首先联想到的是孟懿子的儿子孟武伯,他曾经问孔子什么才是孝?当时孔子的回答是:

"父母唯其疾之忧。"

（一个人能够做到只有生病的时候才使父母担忧，便可以算是孝子了。）

为了勉励行事多乖的孟武伯，这一句话，是再平凡不过了。

其次是对子游的回答：

"今之孝者，是谓能养。至于犬马，皆能有养；不敬，何以别乎？"

（现在人的孝，只是能养父母。但人们亦养犬马，如果只养而不敬，则和饲养犬马又有什么不同呢？）

这对为人虽然公正方明，但不拘小节的子游来说，是很有意义的。

还有一次，是答子夏的：

"色难！有事，弟子服其劳；有酒食，先生馔，曾是以为孝乎？"

（最难做到的是以和颜悦色来事亲，仅仅做到家里有事，就替父母操劳，或者有了好的酒饭，让年长的先吃，难道这就算是孝了吗？）

这和对子游说的也差不了多少。但子夏为人非常严谨，缺少温润之色。不过这句话并没有什么特别之处。

樊迟想到这里，又回头再想"无违"的意思。但他还是想不出指的是什么；只好再细索孔子过去对孝的其他解释。

"父母在，不远游，游必有方。"

（父母在世的时候，为防万一有事没人照应，为人子女不要出外到太远的地方，即使不得不远行，也应该先说明去处，并预先有所安排。）

"父母之年，不可不知也；一则以喜，一则以惧。"

（父母的年龄，不可以不记得。因为一方面要为父母年寿的增加而喜悦，一方面要为父母身体的衰老而担忧。）

"父在，观其志；父没，观其行。三年无改于父之道，可谓孝矣。"

（父亲在世，儿子不得自专，要知道儿子的为人，只要观察他的志趣就够了；父亲去世之后，儿子可以主事，这时候要知道儿子的为人，就必须看他的行事如何。因为就人之常情来讲，父亲逝世以后，人子思念之心一定非常浓厚，即使父亲生前行事有些不大合理的地方,也总不忍心马上加以更改。如果能够三年不改父亲的遗风,一心一意地服丧,才称得上是真正的孝子。)

"孝哉! 闵子骞。人不间于其父母昆弟之言。"

(闵子骞真是一位孝子啊! 他上事父母,下顺兄弟,动静尽善,使人没有一句能够非议他们的话。)

他一一回忆着孔子关于"孝"的另外这些解释。可是尽管樊迟认为这些道理不难,但再怎么想也无法和"无违"联系在一起。

"无违、无违……这到底是什么意思呢?"

他又苦思了一会儿,最后终于被他想起了一句:

"事父母,几谏;见志不从,又敬不违;劳而不怨。"

(子女侍奉父母,父母如果有什么做错的地方,除了不能采取默许的态度外,还要婉约和气地劝告。即使因此操心忧虑,受了任何苦楚,也不应有丝毫怨言怒色。)

樊迟高兴极了。在孔子曾经说过的有关孝的话里面,他发现了"不违"两字;现在他可以从这里摸到线索,来表示他了解孔子对孟孙的回答。然而,当他试图把"不违"和"无违"联系在一起时,他脑子里瞬间竟是一片混乱。他发觉"不违"是人子劝谏父母的过错,必须始终不违尊敬父母的原则;很明显地是指父母还在世而言。但"无违"则似乎有不同的地方,最起码孟懿子的父母已经去世了啊。这两句表面看来相似,意义却不相同的话,反而给他带来了更大的困惑。

"想什么?"

背后的孔子,还在等他表示意见。樊迟虽然感到难以启口,但再也想不出该如何回答了。

"我一直在思索'无违'的意思,却始终不能了解。"

"连你都不懂我的话,那孟孙就更不用说了。"

樊迟只得硬着头皮又说:

"我想了很久,还是不懂。"

"也许我讲得太简单了。"

"到底是什么意思呢?"

"我的意思是不背礼(理)。"

"哦——"

樊迟把头点了点,他觉得太平庸了,刚才不应该想得那么深入。

孔子接着说:

"就是说,父母在世的时候,做儿子的要依礼侍奉,父母去世了以后,做儿子的要依礼安葬,依礼祭祀。"

"既然是这个意思,那么我想不用老师再多解释,相信孟孙一定知道的。因为他学礼也有相当的功夫。"

"不!我不这样认为。"

"可是孟孙最近将要举行一次很隆重的祭典……"

"你也听说过?"

"详细情形我是不知道,但听说这次祭典,打算要比以往的都要来得隆重呢。"

"原来的方式不可以吗?"

"当然没有不可以的道理。不过做儿子的,总希望父母的祭典能更加隆重,应……"

"樊迟!"

不等樊迟说完,孔子就打断了他的话,同时声调也提高了许多。孔子已了解后面将听到什么。

"看来你也没有彻底了解礼的意义。"

樊迟从御车座位转过头来,惊讶地望着孔子。孔子神色依然不变,只是声音越来越沉重:

"礼,不能过于简略,也不能过于隆重,过犹不及,同样都是违礼的。每个人各有他们不同的身份,不落后,也不僭越,这才符合礼的真义。如果僭越自己的身份来祭祀父母,不但会使父母的神灵蒙受僭礼之咎,而且,身为百姓模范的大夫违犯礼制,也将导致天下秩序的紊乱。这样一来,父母的神灵又另外沾了紊乱天下秩序之罪,这还能算是孝吗?"

樊迟再也不敢回头看孔子。他失神似的望着前面的路,呆呆地赶着车。

当然,在送孔子回去以后,樊迟马上拜访了孟懿子。如果孟懿子举行的这次祭典,目的不是夸耀他的权势,而是真心要安慰他父母的神灵,那么,樊迟这次的拜访,对孟懿子而言,必会给他带来重大的意义。

不过,不久以后,孔子为了裁抑三桓、安定鲁室而执行堕三都的计划时,唯独孟懿子一家梗命,致使圣人的政化不能推行,孔子失望地辞去司寇之职,开始了长达十四年的周游列国生活。孟懿子成为鲁国的贼臣,孔门弟子中也不再列他的名字。

第十节　子路强辩

子路使子羔为费宰。

子曰:"贼夫人之子!"

子路曰:"有民人焉,有社稷焉,何必读书,然后为学?"

子曰:"是故恶夫佞者。"

——《先进篇》

鲁定公十二年(公元前498年),孔子五十四岁。自从三年前他出任鲁中都宰后,由于政绩斐然,很快就一升再升,由司空再至大司寇;并且在第二年辅助鲁公会齐君臣于夹谷,收回了前年阳虎作乱被齐人占去的汶阳、郓、龟阴三地。到了这时,孔子不仅完全得到了鲁君的信任,而且也得到执掌鲁政的季桓子的充分支持。于是,身为大弟子的子路,便在季氏尊信孔子的情形下,出任季氏的家臣。

子路出任季氏家臣不久,孔子便打算堕三都,这是他的政治抱负之一。

原来依照古礼,私家不仅不能藏兵甲;私家的封邑,城墙的宽度也不能超过百雉。而鲁国季氏、叔孙氏、孟孙氏三家封邑的城墙既宽又险,并且三家目无鲁君,屡有僭越的情

子路强辩

形。为了安定鲁室,就必须毁掉这些不合礼制的城墙。恰好季氏的前任家臣阳虎作乱时,就曾利用季氏封邑的险固,和费宰公山不狃内外勾结,打算谋害季桓子后来虽然阴谋不成,阳虎逃到齐国,但至今公山不狃仍据费邑之险,轻视季氏。于是,孔子便借此由他本人及子路,分别向季氏提出堕三都的主张。

这个主张,立刻就被季桓子接受,并由子路主持,很快堕了费邑。费邑一堕,季氏感到背患已除,自然非常感激孔子,也更加信任子路。为了表示谢意,季桓子便从孔子的弟子中物色了闵子骞,遣人命他为新的费邑宰;但没想到竟被闵子骞一口拒绝了(参阅"行藏之辩")。这使季氏感到很难堪。不过,为了表示他的气度,以及对孔子的感激,季氏不仅没改变他的初衷,而且更进一步地把费邑宰的人选,全权交给子路去在他的学弟之中物色。

子路当了季氏的家臣,一开始就相当得势。只要有人请他帮忙,他就十足地发挥那种老大哥的气派,曾经因此提举过不少人。现在费邑新堕,季氏的倚重方殷,既然受任全权物色一位学弟担任费宰,他便煞有介事地马上任命了子羔。

然而,子羔不论从年龄,还是学问方面来说,都还是一个未经世故的小伙子,虽然他是笃行之士,人品和修养都没问题,但年纪太轻,才识与经验方面仍未成熟,并且他生来就有些鲁钝。现在要他去治理素以复杂紊乱著称的费邑,不论从什么角度来看,子羔都是难以胜任的。

孔子知道了这件事之后,比谁都烦恼。

"子路这个人做事居然这么鲁莽,真是糊涂到家了。再怎么说,至少也要在用人方面慎重考虑,否则政治是无法清明的。也许子羔现在由于做了官,正感到高兴,但他的前途,却可能因此断送掉了。这对他来说,真是很可怜。先安分守己,提高自身的能力才是正途啊!"

子路可是连做梦也没想到,孔子竟会为此生他的气。相反,他正为能够再提拔一位学弟执政而十分兴奋。他认为若要实现老师的教化,这才是最有效的办法,老师一定非常高兴。于是,他便特地拨出一天时间,兴冲冲地去拜访孔子,得意地报告他保举子羔的经过。

出乎他意料的是,孔子却只狠狠地说了一句:

"贼夫人之子!"

(真是害人子弟!)

说完,就凝视着子路。

子路忽然间变得狼狈不堪。直到今天,他虽然在所有的弟子之中,最常挨孔子的责备,但还未曾像今天这样开门见山地被斥责过。他眨眨眼睛,满头雾水。心想也许是老师误会他了。

"老师,我是说我保举子羔做费邑宰……"

子路尽量不使自己失态,慢慢地又报告了一遍。

"我知道!"

孔子皱了一下眉头,板起脸孔,依然凝视着子路不多说什么。

子路这才觉得不对，他感到孔子今天有点儿异常，但他根本没有想到保举子羔出任费宰是不对的。所以，他轻轻地低下了头又说道：

"又有一位门人获得执政的地位，能够再推广我们的仁道教化，我想这是很值得高兴的。"

"害人子弟，哪里叫作仁道？"

孔子的视线始终凝在子路身上。

听了孔子这句话，子路到现在才好不容易恍然大悟，知道了孔子不高兴的原因。不过，子路有一个最大的缺点，就是他从来不会马上承认过错。而这次不能明察子羔资质鲁钝所贸然做出的决定，又是多么不可原谅的疏忽，他感到极端的难受，同时也极不愿意让孔子知道这完全是他一时的疏忽。

"我并不是没有识人之明啊，子羔的学识和经验，我都十分清楚。我所以明知他的能力仍予以保举，是另有原因的。"

子路想使孔子这样来体谅他。

"老师就是以为我这样做，反而害了子羔吗？"

他硬着头皮，强装出一副镇定的样子问孔子。

"你不这样认为？"

孔子的态度，还是俨然得很。

"当然，这我也想过，对子羔可能有点儿吃力……"

"还有点儿啊？他的学识连起码的基础都还没有呢。"

"所以我才希望他从实际经验中获取学问。"

"实际经验？"

"是的。怎么可以说只有读书，才算是学问呢？"

（有民人焉，有社稷焉，何必读书，然后为学？）

子路趁这个机会，念出孔子曾经教诲过的弟子必须拓宽生活领域、多方学习的这一句话，打算用来作为他最有力的辩词。

孔子听了，马上移开凝在子路身上的视线，皱着眉头。但是，子路却以为好不容易才摆脱孔子的凝视，全身总算轻松多了，竟等不及观察孔子的表情，马上紧跟着用他那流畅的口才说：

"费邑有正等着治理的百姓和等待祭祀的社稷。治理人民、祭祀社稷，这些尽够他学不完的实际经验，是再鲜活不过的学问。老师常常说，真正的学问必须能和实际的经验配合。所以像子羔这类型的人，既然从读书方面学习的悟力较差，倒不如早一点让他从实务方面开始学习。担任政职，每天都有很多不得不赶着去处理的公务，这自然就会逼得他从实务方面，用心去学习各种事物的道理。"

子路一口气说到这里，他自认为很能够利用孔子的话倒推发挥，作为自己强辩的依据，便不禁得意地等着孔子的回答。

但是，孔子仍旧在看别的地方，一句话也不说，又闭上眼睛好像在想着什么。

子路看在眼里，反而觉得怪不好意思。他认为刚才的滔滔雄辩，驳中了要害，而使老师受窘了。他想到应该设法来补救这种场面，可惜这还不是他眼前的能力和技巧所能胜任的，所以他只好木然地站着不语。

不一会儿，他竟开始觉得孔子这种沉默，越来越可怕了。因为每当孔子对他不说话时，都会带来非常难堪的后果。他偷窥了孔子的侧脸一眼，开始慢慢地反省了。

"我到底是坚持刚才向老师说的话是对的呢？还是应该承认是因为不愿认错而强辩呢？"

"不！我不能坚持下去。"

他不得不在心里先这样自问自答。

"我这样做对子羔的将来没有一点儿好处，自然是害人子弟。这不待老师再指责，我现在已很清楚。既然如此，那么我当初为了谁而保举他呢？当然也不是为了费邑的百姓。既然不是为了子羔本身，也不是为了费邑的话——"

仔细一层一层地想到这里，他再也不好意思和孔子对坐了，无论如何，得找一个借口赶快溜走。天性刚强的他，一旦反省起来，又是加倍惭愧得无地自容。

就在这时候,孔子的脸转过来了。这对子路来说,有如电光一闪,使他感到惊慌。但孔子的声音却是那样平静:

"论笃是与?君子者乎?色庄者乎?只听一个人的言论,我是不会马上相信他的。因为这并不能断定他就是真正有德行的人,而不是言行不一的伪君子。我们应该知道,有一种人,表面上会说出一套冠冕堂皇的理论,其实暗地里有许多恶行,那是他无法从正面来自圆其说的,但他总是随时准备着一套漂亮的道理。所以——"

孔子顿了一下,声调变得非常严峻:

"我就最痛恨这种言行不一、利口狡辩的人!"

(是故恶夫佞者!)

好像失了神似的,子路恍恍惚惚地拜辞了孔子。

从这件事以后,子路才算体验到了学问的意义,能够对此有真正地理解了。

第十一节 行藏之辩

子使漆雕开仕。

对曰:"吾斯之未能信。"

子说。

——《公冶长篇》

季氏使闵子骞为费宰。

闵子骞曰:"善为我辞焉!如有复我者,则吾必在汶上矣。"

——《雍也篇》

子曰:"三年学,不至于谷,不易得也!"

——《泰伯篇》

子贡曰:"有美玉于斯,韫椟而藏诸?求善贾而沽诸?"

子曰："沽之哉！沽之哉！我待贾者也！"

——《子罕篇》

子谓颜渊曰："用之则行，舍之则藏。唯我与尔有是夫！"

子路曰："子行三军，则'谁'与？"

子曰："暴虎冯河，死而无悔者，吾不与也。必也临事而惧，好谋而成者也！"

——《述而篇》

子曰："道不行，乘桴浮于海，从我者，其由与！"

子路闻之喜。子曰："由也，好勇过我；无所取材。"

——《公冶长篇》

　　自从在短短一年间，由中都宰一迁再迁，位至大司寇以后，为了早日实现自己的政治抱负，孔子除了尽可能推举弟子中品学足以胜任的出来任职外，还时时借周遭发生的事，诱导弟子敦品励学，期望他们能成为更有用的人。

行藏之辩

这天，孔子来找几位高弟聊天，想借此了解他们最近的学业。不知是谁偶尔把话题扯到了仕途上，竟引起了热烈的反应。在座的除了颜回、子路、子贡与闵子骞外，还有半年前新从陈国来学、一直很得孔子欣赏的漆雕开。

话题扯到这上面以后，孔子先是默默地听着他们的议论，过了一会儿，才忽然想起什么似的问漆雕开说：

"对了，上次说的那件事怎么样了？你考虑好了没有？"

"有的，我想了很久，可是——"

漆雕开稍微红着脸，看了看大家，说：

"我还没有做官的自信。本来，我是不敢违背老师的，但我的学问不够，还不能立己，就要去立人，我会感到不安。这次还是请老师另外挑选适当的人，推举他出来做官，好吗？"

孔子一听漆雕开这么说，心中非常高兴，十分满意地点了点头。这时，一旁只大漆雕开两岁、现在已做了季氏宰的子路，像是很为他感到惋惜，急急地插嘴说：

"老是这样客气的话，就会永远失去表现的机会啊！凡事还是做了再说。如果能在实际经验上努力奋斗，那么不知不觉就会产生信心的。"

"那不见得——"

子路刚说完，子贡马上表示不以为然：

"还是必须先有几分自信，否则，说不定一开头就要失败；尤其是刚一做官就失去百姓的信任，更是最不堪设想的事。"

"可是漆雕开同学不至于这样吧。像我这个老粗，虽然年纪一大把，也还常常受到他的启示啊！"

子贡觉得子路话中有刺，脸孔一紧，偏过头说：

"我只是就一般人、一般事而论，我原来的意思并不是指漆雕开同学的为人怎样啊！"

"不管是说一般或不一般，在这个时候，最好还是不要说得让人家起了畏惧心理为妙。……如果我具有像漆雕开那样的能力，我想我也能够把这个任务做得很好。老师！

您认为怎样?"

"那当然不会有问题。不过,我要特别指出一点——"

孔子先各看了子路和子贡一眼,才接着说:

"以漆雕开现在的年龄和学识来说,在仕途上,是不会有问题的;但他却不急于出仕,这表示他能审慎思考,将志气放得更高远。这种为学诚、行道笃的美德,我希望你们有所了解,也希望他将来能泽被于人。目前社会上有不少人,躁于仕进,志在于禄,年纪轻轻就做了官,但这并不是很了不起的事;相反地,学养尚未成熟,心有余而力不足,结果是失信于百姓。我曾说'三年学,不至于谷,不易得也',就是这个意思。"

漆雕开似乎深为这些话所感动,他注视着孔子,眸子里闪着高兴的光彩。但当视线和孔子接触时,他又把眼帘垂下,有点儿局促地凝视着膝盖。

"还有——"

孔子转向闵子骞:

"闵子骞,季氏最近不是向你说了些什么吗?"

"是的。前几天突然来了他的使者,要请我去当费邑宰。"

"哦,那你怎么说?"

"我坚辞了。因为季氏越来越专横,好像鲁国就是他的,而且费就是他的食邑……"

"是啊,季氏近来的横行霸道,根本不能以言语来形容。不久前,我听说他竟然在自己家庙里举行八佾乐舞,像这种僭礼的事如果可以容忍,那还有什么不可以容忍呢!你的立场很对。可是一定拒绝得相当费力吧。你是怎样拒绝他的呢?"

"我并没有细说理由。使者硬要我答应,我郑重地告诉他:'还是请你好好替我辞掉吧。如果下次你再为这件事来找我,那我就要渡过汶水避到齐国去了。'说到后来,我甚至有点儿声色俱厉。"

平时沉默寡言、以为人温厚著称的闵子骞,竟这么富有正义感,有这么强的批判力,这使孔子感到有点儿意外,几乎吃了一惊。最高兴的莫过于子路了,他总觉得自己未免太窝囊,虽然季氏已很信任他了,但他还是无法使季氏收敛一点儿。这时,他不禁拍手脱口而出：

"真是痛快极了！——可是，我万万料想不到闵子骞敢这么说。"

对子路的轻率，孔子似乎不能不加以责备：

"只有闵子骞才有资格这么说！"

子路觉得有些莫名其妙。孔子继续说：

"君子的刚强，不在他的善辩和多谋；遭遇难阻的时候，还能毫不动摇地固守真理，这才是君子的刚强。闵子骞就具有这种勇气。从来'君子喻于义，小人喻于利'。社会上如果都以利害得失作为衡量事物的标准，那就没有刚强可言了，哪里还能再听到像闵子骞这样坚决的话？"

静肃笼罩在他们四周。子路和闵子骞心中感受各有不同，但都很不好意思似的低头不语。

一会儿，子贡忽然开口：

"漆雕开和闵子骞这种作为，当然都没话可说。但是话说回来，假如在这里有一块天下独一无二的美玉，老师是打算把它藏在匣子里不让人看见呢？还是等到出得起价钱的人把它卖了？"

孔子有时也为季氏势力的根深蒂固、不易铲除感到无可奈何，他机警地感觉到子贡正以巧妙的比喻，来试探他将来的去留。于是，他笑着说：

"我当然要卖掉它！我当然要卖掉它！只要有真正识货的人，我马上就卖掉它。不过，这要慢慢地等呢。哈哈哈……"

大家也似乎会意地跟着大声笑起来。但孔子很快又严肃地转向一直不发一言的颜渊，深沉地说：

"一个君子最高的操守，是应该做到有人用我的时候，就行道于世；不能用我的时候，就藏道在身。这种乐天知命的态度，目前只是我和颜渊有吧。"

颜渊听了有些惊慌不安。他刚要开口，子路却沉不住气了，他急急地说：

"老师！如果您统率三军出征，又和谁呢？"

子路心中有些愤慨。不过,他继而一想,孔子应该会给他满意的答复,这才勉强按下刚才的失态。然而孔子根本不介意子路的态度,他漫不经心地微笑着说:

"世上有赤手空拳与老虎搏斗,或不用竹筏就泗水过河,死了也不悔悟的人。但我是不和这种人在一块儿的。万一要出征的话,一定要和临事能戒慎小心,有智慧、有计划,而有成功把握的人在一块儿。"

子路有突然失足、一下子跌落深崖的感觉。颜渊和闵子骞,仍旧低头望着眼前的地板。子贡那双感觉敏锐的眼睛,在孔子和子路之间来回扫了好几次。漆雕开则不安地紧按着放在膝盖上的双手。

最后,还是孔子打开了这个尴尬局面。

"不过,我这辈子恐怕不会有统率三军出征的一天,不如索性坐上竹筏飘游于海上。反正天下不能太平,在这个不能实现理想的社会,过着犹疑不决的日子又有什么意思呢?"

大家不胜诧异地望着孔子,孔子平静地说:

"对了! 如果真有这么一天,会跟随我的恐怕是子路吧!"

子路的眼睛不禁一亮,脸上闪耀着喜悦的光彩,似乎又在期待孔子能再说些什么。

"子路,你认为是吗? 我俩飘游在大海上,该是多么好玩。有你这样勇敢的人跟随着我,我会感到非常安全呢!"

孔子一面说一面正视着子路。子路好不容易才控制住因过度兴奋而飘飘然的身体。

孔子继续说:

"可是,我们首先要准备安全无虞的竹筏,否则,只痴想飘游海上的乐趣,那是没有用的。子路,你的确比我勇敢,你能够挑选好的竹筏吗? 怎么样?"

子路一时竟不知怎样回答,只有赶紧把头低下。

"好了,我们不谈这些事了。我们并不是真的要坐上竹筏飘游海上。……子贡,你也安心吧,如果有好的主人,我一定卖出这一身。这可是由衷的话! 哈哈哈……"

这次,换子贡脸红了。颜渊、闵子骞和漆雕开的脸,原先露出的微微的笑容,也在瞬间消失无踪。

大家都保持着严肃的沉默,各自思索着。不久,孔子先起身离开了。

第十二节　富人子贡

子贡曰:"贫而无谄,富而无骄,何如?"

子曰:"可也。未若贫而乐,富而好礼者也。"

子贡曰:"诗云:'如切如磋,如琢如磨',其斯之谓与?"

子曰:"赐也,始可与言诗已矣!告诸往而知来者。"

——《学而篇》

子贡直挺着胸膛,精神饱满,深深地吸进清新的空气,悠然迈开大步。近来他的官运很好,并且财运一天比一天顺手;每一想起,身心不觉无比舒畅。

"老师经常赞美颜渊说:'贤哉,回也! 一箪食,一瓢饮,在陋巷,人不堪其忧,回也不改其乐。贤哉,回也!'又说:'回也其庶乎! 屡空。'恐怕老师对于不能安贫乐道,而喜欢货殖生财的人不大欣赏吧。但是一个有经济头脑的人,依照正道积富,又有什么不好呢?依我看来,贫穷本身就是罪恶,富贵才是善德。起码也先要经济上没有困难,才能舒适地专心求学。更何况财能壮胆,最明显的是平常与人相处十分方便。

"记得从前贫穷的时候,在他人面前,的确不能像现在这样。"

他想起几年前的贫困,不由得一再把头摇个不停。

"还依稀记得,从前我在贵人和长者面前,总觉得很不自在。虽然我从来不以自己的穷相为耻,也并不因这种'小事'怀有自卑感而柔弱退缩。事实上在这方面的自信,我绝不次于子路。我所以不自在,不过是一点儿也不愿意让人认为我在谄媚罢了。并且,这种不对劲儿的情形,除了起于绝对不愿意因无可奈何的贫困,而让他人认为我在求怜之外;我不能摆出漠视礼貌的傲慢模样,也是主要原因之一。如此一来,在不知不觉中,举

富人子贡

止就不自然了。现在回想起来,虽很可笑,不过那是贫穷使然,又有什么办法呢?总是谁也不愿自甘贫穷吧!

"虽然如此——"

他忽地昂然环视左右,心里自言自语说:

"不管怎样,我未尝谄媚过任何人,到底是千真万确的事实。就凭这一点,我敢公言处贫有道。相信老师也会默许我如此自居。"

他在不知不觉中走到了孔子家门前。

首先映入子贡眼帘的,是很恭敬地在门外站着的三个年轻弟子。他们是在正要进门之际,看到了子贡,才停住脚步的,好像有意等着子贡。这三个人目前都和几年前的子贡一样,一贫如洗。

当子贡走过来时,他们都很恭敬地以弟子之礼向子贡拱手。子贡也一样恭恭敬敬地向他们还礼。在几秒钟的揖让之后,大家便按照辈分的先后进去。不用说,子贡是当中的大前辈。

一进门，子贡想：

"老师曾说：'贫而无怨，难；富而无骄，易。'我不认为富而无骄比贫而无怨容易做到。相反，我认为富而无骄较难做到。不论从哪一方面来说，我现在都已能做到富而无骄。也就是说，现在的我，正是富而无骄的好模范。"

想到这里时，他已走过中廊；他的脸，此时像太阳一般耀眼，他也意识到自己脸上容光焕发。再走进微暗的教室，竟感觉到许多弟子的脸，像是暗淡的星光，在他的眼神间隐约飘荡着。但当看到孔子像一颗神秘的巨星，端然坐在同学当中时，不禁有点儿慌张起来；在照常向孔子行礼后，子贡就找到自己的位子坐了下来。

跟着他进来的三个人，也在教室角落各自找好位子坐下。

孔子和弟子们正在热烈地讨论有关"礼"的问题；看情形已讨论了很久。他们一直就这个问题认真地探讨着。今天大概是自由座谈会的性质，孔子并不发表具体的意见，而是静静听着大家的谈话。但是每遇说得太随便，或观点错误时，孔子则绝对不会轻易放过他们。他的批评，无论何时何地都非常严正。不过，这种态度却蕴含着无比温暖的慈爱。

子贡在言辞方面，是孔门中的第一人，但这时他却意外地保持着缄默；因为他并没有注意每一位同学所发表的意见。他内心正在萌生一种企图——他正盘算着如何把刚才在路上所想的事，以最生动的言辞表达给大家听听。

"子贡，你的意见怎样？"

冷不防孔子突然开口问他。

没料到孔子会如此问他，子贡不觉愕然。可是他立刻想到不能错过这个良机。过去每当遇到有难度的问题时，他总要等到没人在旁的时候，才去请教孔子；因为他不愿意在众多弟子前有失面子。但现在他充满信心。他认为今天要提出来讨论的问题，是自己亲身体验过的。没有经过孔子预先的指导，全靠自己体验得来的见解，今天能当着孔子和许多门人之前发表，这实在使他内心感到非常得意。可是他却客气地抑制着说：

"我想等大家讨论完了,再就别的问题请教老师……"

"是吗?……差不多了,我看也该换换话题了。"

子贡非常高兴,但他并不想急着发表意见。他不希望别人看到自己的得意模样。

"你到底想提出什么问题?"

孔子再次问他。这时子贡才站起来,以他那一流的口才说:

"我近来对如何处身贫富这一问题,多少做了些研究并且也已亲身体验到了。我想贫而无谄、富而无骄是最好的境界。如能做到,我想这个人的修养就已经达到了完美的地步。"

"哦,这点倒和我们刚才所讨论的有关'礼'的问题非常密切。……那么,你的意思是说你已能够加以实践了?"

"这还要老师和大家来指教。"

子贡的脸上,显出充分的自信;他还偷偷地瞟了一起进来的三个年轻弟子一眼。

"贫、富两种境遇都亲身体验过的,可以说只有你一人。"

听到孔子这句话,子贡觉得好像在挖苦他。但是他深知孔子是不会随便挖苦人的,便立刻又觉得孔子是在委婉地褒奖他。

"你能贫而无谄,富而无骄,我很清楚。"

孔子这一句话,声调格外沉重。这让子贡觉得孔子言辞上虽是赞许他,却使他有如受到当头一棒似的难受。

"好,很好。"

孔子的语气越来越严肃。这时子贡已感觉出孔子的责备了。

"不过——"孔子继续说:

"对你,贫穷确是一大灾厄!"

子贡不知该如何回答才好。今天在路上一直认为贫穷本身就是罪恶,但到了孔子面前,真正被孔子正面问起这件事时,不知怎的,他却不敢将心中的意见说出来。

"从前贫穷的时候,你为了不谄媚他人,吃过相当的苦头,现在,又为了不骄于人而煞费苦心。"

"是的,我相信不谄不骄这两方面做得还好……"

"的确很好。刚才我也这样说。不过,你是勉强自己不谄不骄,在内心里岂不仍残留着某些骄傲与谄媚的想法?"

在子贡明敏的头脑里,感到好像被人刺入一把利刃般地难受。接着孔子又说:

"我当然不反对你说的道。可是你所说的还谈不上是最高的道,那一定要系于超越贫富的思想上。为了做到不谄不媚,你因而费了不少苦心,这是心中仍存着对贫富的刻意顾虑的缘故。刻意地顾虑贫富,自然不知不觉中会以贫富为标准,拿他人和自己比较。一旦以贫富作为比较他人与自己的标准,便会产生骄傲与自卑的心理。因此,不就得为了克服自卑与骄傲而煞费苦心吗?"

子贡只有木然地听下去。

"那么,观念要怎样才能超越贫富呢?简单地说,应该将贫富委诸天命,专心乐道好礼。道,不是消极性的,也非功利性的,所以它永远不会在贫富及任何境遇上受到影响。为了乐道而求道,为了好礼而学礼,要具有这一自动的积极求道心,才能在任何境遇下虔心善处。颜回能做到这种地步,真是一位贤者。达到这种境界,那些贫而无谄、富而无骄的自恃,就不会再成为存在的问题了。"

"老师,我明白了。"

对在众人面前轻浮发表自己浅薄思想的懊悔,和新从孔子的告诫里所得到的感激,在子贡胸中交错着,他不禁垂下了头。

半晌,大家都沉默不语。

隐约的吟诗声,不知从何处飘来。子贡感到仍旧受着众人的注视,显得有些紧张。可是听了吟诗的声音,忽然想起《诗经·卫风篇》的一句:"如切如磋,如琢如磨。"

直到刚才,他还是把这句诗理解为借比喻工匠雕刻象牙或珠玉之苦,来讴歌一个人陶冶人格之难。这种解释,当然并非错误。但他忽略了这句诗里面最重要的一点,那就是工匠的艺术之心;也就是以工作为乐事之心。在工作的劳苦中,不,其实从劳苦本身也能发现生命中的跳动和喜悦之心，因为艺术并不单是一种技艺手段，同样地，求道也非处世术。正如工匠在工作时，从艺术之中悟得生命的喜悦一样，一位求道的人也应只管虚心乐道。惭愧的是，直到今天，在这一首诗里，自己只从工匠琢磨切琢玉石的劳苦，得到教训而已。这是多么浅薄的想法呢？

这样想着，他不禁抬起头来望了孔子一眼，并且，这句诗不觉从口中吟了出来。这时候，他已经没有多余的时间再为过去的愚昧难过了，他为心中忽然有了新的发现而兴奋不已。

吟罢，他说：

"老师刚才一直在说明的，不就是这句诗的精神吗？"

孔子满面笑容地回答说：

"子贡，你说得很好。这样才够得上和我一同谈诗啊！诗的心是非常深奥的。所以，除非具有不屈不挠的热诚，否则很难体会到诗的真髓。你好像已能做到这一点。"

子贡忽然显得非常得意，差点儿就以那副神情环视大家，但是他终于勉强把它抑制了下来。

第十三节　瑚琏之器

子谓："子贱，君子哉若人！鲁无君子者，斯焉取斯？"

——《公冶长篇》

子贡问曰："赐也何如？"

子曰："女器也。"

曰："何器也？"

曰："瑚琏也。"

——《公冶长篇》

"子贱,君子哉若人!"

(像子贱这样的人,真是一位君子啊!)

在子贡面前,孔子不断地称赞子贱的德行。子贱的年纪小子贡十八岁。最近他治理鲁国的单父邑,鸣琴不下堂,而单父大治。听说他的学长巫马期过去主治单父时,认真得清晨星星还挂在天空就开始处理公务,晚上星儿出来了才休息,但是竟然不能治理得比子贱还好。

因此,有一天巫马期就去问子贱:

"到底你用什么秘诀呢?"

"我只是注意如何用人,而你却事事都要自己做,自然落得事倍功半。"

瑚琏之器

子贱这样回答他。这件事很快被传开去;传到孔子耳中后,孔子心中很高兴;他觉得子贱年纪虽还很轻,却能够以德政治民,做到知人而任、无为而化的境地。

但是,孔子当着子贡的面一再称赞年轻的子贱,对子贡来说,并非一件让他感到愉快的事。他甚至觉得孔子在有意奚落他。

"我年纪将近四十了,却从来没有受到过像老师对子贱那么热烈的称赞。直到今天,老师给我的训诫,还远比嘉许来得多呢。"

想到这里,他心里充满无限悲伤。就这样,他不知不觉地陷入了沉思之中。从年青时代到现在,从孔子那里所受的教诲,如今都在他脑海里盘旋着。

记得有一次,他告诉孔子说:

"我不欲人之加诸我也,吾亦欲无加诸人。"

(我不愿别人把我所不愿的加在我身上,我也不愿拿来加在别人身上。)

孔子听了,马上直截了当地说:

"赐也!非尔所及也。"

(子贡,这完全是仁的功夫,还不是你目前修养所能做得到的呀!)

回想当时的情形,他的心头到现在仍会燃起一把火。

又有一次,孔子问他:

"女与回也熟悉愈?"

(你在学问方面,自信能胜过颜回吗?)

孔子时常在弟子面前自叹智慧不及颜回,想不到竟拿颜回和他比较。这不免使子贡内心感到兴奋,一时间竟高兴极了。不过,这却是一个很不好回答的问题。他当然不能说"我相信会胜过他",而心里实在又很不服气,真想哼一声,说:"他算什么!"可是,他哪里敢说呢?

"如果我老实说出来,不但等于自认不输颜回,同时又岂不等于连老师也不放在眼里?这将有失谦让的美德。"

因此,他一时不知该如何回答。虽然他继而想到孔子曾经勉励他"当仁,不让于师"。但是和这件事并不相干,情形也不相同。最后,他心中纵使再怎么不满,也不得不遵守谦让的美德,很谦虚地回答:

"赐也,何敢望回? 回也闻一以知十;赐也闻一以知二。"

(我哪敢和颜回比较呢! 颜回能够闻一知十,我不过闻一知二。)

而孔子这时似乎早就知道他的回答,说:

"弗如也,吾与女,弗如也!"

(你的确不如他,我很赞同你的看法。你了解自己的能力,并且答得实在。)

当时这使子贡觉得这好像只夸奖他擀的包子皮好,却嫌馅包得太少,真是懊丧极了。

此外,在子贡的记忆里,让他感到最不愉快的事,就是有一次他和几位同学,正兴高采烈地在批评别人的过失,却被孔子偶然听到了,立即遭到一顿告诫:

"赐也,贤乎哉? 夫我则不暇!"

(子贡,你样样都很好吗? 要是我,就没有那么多无聊的时间去批评别人的过失。)

依子贡看来,再没有像孔子那么爱批评别人的人了;别的弟子在批评他人时,孔子没有一次不参加。但为什么独独对他不肯轻易放过,要说这么挖苦人的话呢?

"也许老师认为我是那种口舌之徒吧。"

这一来,又使子贡想起有一次孔子说他和宰予两人口若悬河。

"'口若悬河'这个说法,听起来很舒服、很中听。可是,那只不过是一句敷衍的话而已,并不是由衷的赞美。何况宰予是个懒虫,并且一向就喜欢和人强辩,他才是一个名副其实的口舌之徒。拿他和我相提并论,是令人多么难以忍受的耻辱啊!"

子贡一边回忆这些历历在目的往事,一边听到孔子称赞子贱:"君子哉若人!"真是坐立不安。

"实在应该借这个机会,问问老师对我的评价如何。我跟随他这么多年了,他一定会赏识我的人品吧。"

想着想着,子贡更加不自在了。孔子似乎没有注意到子贡局促不安的神态,他手摸着胡子,眼睛看着别处,自言自语地说:

"鲁无君子者,斯焉取斯? 像子贱这样难得的君子,实在是由于鲁国有很多贤人君子直接、间接影响了他,才造成他今日的德行与人品。子贱能够在鲁国得到孕育启发,能够在尊贤取友中成就他的德行,真是幸运之至的事。"

听孔子这么一说,子贡的精神又振作起来了。他虽然是卫国人,但在孔门当中,他是子贱的前辈。为了指导子贱,身为师兄的他,也着实费了不少工夫和精神。因此,孔子提到前辈功劳的时候，他当然自认为是指导过子贱的贤人君子。不过他没有自信，在尚未确定孔子的意思之前，他尚难证明他也是这些前辈君子之一。如此一来，自负在德行方面不逊于子贱的子贡，认为孔子既然一再对属于后辈的子贱称赞不已，或许对他也备有更高的赞辞。虽然子贡心中焦虑不安，但他自负的心理又慢慢地抬头了。

于是，他脱口问孔子：

"赐也何如？"

（老师，像我怎么样呢？）

说出这话，他忽然又感到不安。不知孔子会说什么？只怕孔子会责备他太拘泥自我。

但是，孔子却很平静。他只简单地回答：

"女器也。"

（你是个有用的"器"。）

子贡感到很意外。孔子批评人物时，常用"器"这个字来比喻一个人的才识；但它的意思并非意味着顶好这一类型的人才的意思，只不过指属于"才子"，或"长于一艺一能的人"罢了。所以孔子常用"君子不器"这句话来教诲弟子。因为器之为物只能适于某种特定的用途，用"器"比喻一个人，乃意味着德行尚未圆熟，还不能适合于各方面的用途。现在孔子竟用"器"这一个字作为对他的评语，这当然使子贡大感意外。

这时，孔子仍然平静如常。他的样子似乎在说他不过做出了一个公正的评论而已。

子贡茫然若失，强烈的自尊，使他觉得很羞愧，同时也意识到有一股莫名的愤恨，正迅速在胸中扩散开来。他猛地想立刻跑离孔子的面前；但接着又觉得这样抱头鼠窜，只会增加自己的难受。他陷于进退两难之间，极端紧张与不安的脸显得格外苍白，他竟呆呆地望着孔子。孔子依然平静地坐着，很久，很久，沉默的气氛一直笼罩着四周。

子贡终于忍不住内心的痛苦，向前挺起上身讷讷地问：

"何……何器也？"

（"器"？是……是属于哪一类的"器"？）

孔子好像这时才发觉子贡那异常的紧张和激动,他皱了皱眉头。

转瞬间,孔子微微地绽开笑容。他想了一会儿,平静地答道:

"瑚琏。"

一听到"瑚琏",子贡又把疑惑的眼光投向孔子。瑚琏是祭祀宗庙时,盛放礼品的祭器,器上嵌着珠玉,非常华贵。那是所有器物中最贵重的。

"瑚琏——瑚琏——"

他在心里反复地念了几次。他想起摆在宗庙祭坛上的宝色灿然的祭器。

"器中之器——人才中的人才——一国之宰相。"

子贡的联想,越来越发出光彩。不知不觉中,他竟在心里面幻想着自己正穿戴着宰相衣冠,在宗庙上从容地指挥着文武百官。

"瑚琏,说得太好了。"

的确,在这一瞬间他真的这么想;消沉的脸也渐渐地明朗起来。

"瑚琏是大器。它虽然是宝贵的大器,但无论如何,器只是器而已。"

刚才就一直睁着眼睛在观察子贡的孔子,这时候,好像有意强调似的这么说。

突然受到这种刺激,子贡全身都颤抖了;脸上又渐渐浮出苍白的气色。

"子贡,忘记自我,检讨如何摆脱自我的欲念,才是最要紧的。只顾一己而局限于自我意识的人,不能称为君子。君子所以能以德来活用别人的才识,也不过因他能忘却自我的缘故。才有余而德不足的人,喜爱夸耀自己,一心只想靠自己的能力谋生;当然,这对社会也会有所贡献,但这一类人只能使自己有用,并不能使别人也一样有用。所以,这一类的人,就好像是器物。"

近来,孔子没有像今天这样恳切地教诲过他。

"而且……"

他停顿了一下。

"后生可畏,焉知来者之不如今也。"

(年轻人是值得敬畏的。他们正值勉力求学的时期,精力充沛,稍不留心,就会被他们赶上。可是……)

孔子沉痛地说着,又停了一会儿才再接下去说:

"四十、五十而无闻焉,斯亦不足畏也已!"

(不过,如果到了四十、五十岁,还是默默无闻,在德业方面没什么特殊表现,这人也就不足敬畏了!)

说到这里,孔子的声音竟激动得发抖。

子贡像是丧了心似的,没精打采地站起来。接着,突然用手蒙住脸呜咽起来。

这时,孔子的双眼也含着亮晶晶的泪水。他相信子贡今后在德业方面,必将有深入一层的进境。

过了四年,孔子与世长辞;弟子们在丧满三年、各奔前程后,子贡感念师恩,继续守丧三年,才依依不舍地黯然离去。

第十四节　夫子击磬

子击磬于卫,有荷蒉而过孔氏之门者,曰:"有心哉,击磬乎!"

既而曰:"鄙哉,硁硁乎! 莫己知也,斯己而已矣! '深则厉,浅则揭。'"

子曰:"果哉! 末之难矣。"

——《宪问篇》

现在是鲁定公十三年(公元前 497 年)春天,孔子五十五岁。他对鲁国的政治不再存有丝毫希望,辞去了大司寇的职位,带着一行弟子,踏上周游列国的第一站,来到卫国;暂时客居在子路的妻兄颜雠由家。

四年前,鲁国经过阳虎之乱以后,三桓各有憬悟,君臣一致有起用孔子之意;在这一机缘中,已知天命的孔子遂翻然出仕;并且由于政绩斐然,四方景从,很快地一升再升至大司寇摄理相事。翌年,兵强马壮、虎视眈眈的齐国,以齐景公及齐相晏婴君臣为首,率

夫子击磬

领部队约鲁定公会于夹谷(在今山东莱芜县南三十里),想要迫订城下之盟。在这一极为险恶的盟会上,孔子以大司寇随行辅助;他除了预设武备外,还实际展示出无比的胆识与智慧,先后义正词严地制止齐人行刺鲁公、侮辱鲁公的举动,最后甚至迫使齐景公不得不将侵占的汶阳、龟阴之田归还鲁国,造成了弱国外交的光荣胜利。

从那以后,孔子不但完全获得鲁定公的信任,同时也取得三桓之首季桓子的支持,从而更能厉行改造鲁国政治的工作。

到了去年,孔子在事先获得季桓子的支持以后,便开始进行振奋鲁国人心的堕三都计划;要拆除三桓的城郭,削去私人的割据势力,以巩固鲁国公室。然而,想不到最后要拆除孟孙氏的城郭时,孟懿子竟抗命不从,而季桓子也起了兔死狐悲的心理,首鼠两端,不再全力支持孔子,使孔子实现政治抱负最重要的工作落了空。刚好在这时候,齐景公眼看鲁国日见强大,为了破坏孔子的改造工作,就挑选了八十名特别美艳的舞女,送到鲁国都城南边的高门外,想以靡靡之音和淫冶之舞,来销蚀鲁国君臣的图治之心。于是季桓子正好借这个机会逃避孔子;他先狡猾地请得鲁定公的允许,微服偷偷前去观赏一番,接着更诱劝鲁定公借出巡之名,前往销魂;君臣迷得三日不朝。这一来,齐人的女乐阴谋大获成功;除了孔子本人对鲁定公为德不卒,及鲁国政治前途充满荆棘,感到十分痛心失望外,以子路为首的弟子们,也为之愤愤不平。因此,孔子在今年春祭没有收到照礼应送的祭肉时,马上以在位者不能再维持过去对他的礼貌为借口,辞去大司寇的职位,放弃在本国所做的努力;于春寒料峭中离开鲁国,开始之后十四载的漂泊生涯,想要从劝使天下诸侯推行仁政这个方向,去实现他澄清天下的政治抱负。

鲁、卫原是兄弟之国。鲁、卫分别是周武王之弟周公和康叔的封地;目前两国都同样日见衰乱。孔子首站来到卫国以后,一向安于逸乐、放纵怠政的卫灵公,为了向天下表示他礼贤下士,在政策上,不得不想办法留住孔子;但如何安置,一时却难于决定。而孔子心目中所希望的,俸禄多寡还是其次,最重要的是能够有实现政治理想的机会。在这种情形下,孔子就姑且抱着几分希望,暂时客居在颜雠由家静观情态。

羁旅之中,孔子一如平日,仍然不忘以诗、乐怡情;经常吟诗、鼓琴、击磬。由于孔子以往就一直认为艺术的陶冶是道德人生中所不可缺少的,因此,在这种环境下,甚至可以说最适合他心情的,莫过于诗和乐。

今天,孔子一早就击磬自遣。有如水晶珠儿相碰般清脆的声音,构成潺潺不绝的悦耳旋律,静静地流淌出户外,洋溢在清新的空气中。

“咦?”

一位担着草畚、状似农夫的人,走到门口忽然驻足侧耳。

“多么动人的磬声,可惜击磬的人还摆脱不了世俗的欲念。”

说完,举步向前走去,并刻意地甩头吐了一口唾沫。

这时,跟随孔子周游列国的弟子之一冉求,正巧走出门外撞见这一情景;他对这古怪的人的放言,很不以为然。

“怪家伙!”

他盯着那人的背影,这样想着。

那人似乎早就知道会有人在背后这样看他,忽然回转身子,向冉求走了两三步,先是咧嘴和善地笑着,然后倏地停住笑容,伸出舌头对冉求扮了一个鬼脸。

"原来是个疯子。"

冉求一看,心里立刻这么觉得。于是他急急想要避开,但当他正要朝相反的方向走开时,那人突然放声大笑起来。

冉求不禁回头再看着他。

"嘿,看样子你也是欲念勃勃之徒。"

那人一边说着,一边用手指他。冉求虽已认为他是疯子,但看他这种肆意的样子,总有被侮辱的感觉;他十分恼怒地站着瞪视那人。

"嘻嘻嘻,何必摆出那么难看的脸色? 不如先平下气来听听那磬声吧。"

"磬声又怎么样?"

"不是不错吗?"

"你也听得懂?"

"当然听得懂。不但听得懂,而且还懂得很清楚。听到那里面含有饱受尘劳,以及摆脱不了欲念的地方,难道你不觉得很可爱吗?"

"你说什么!"

"唉呀! 看你又生气了。这样子你的人就会和磬声一样低俗。"

"什么! 你说磬声低俗?"

"是啊! 磬声虽然有点儿可爱,却极为低俗。你听,那声音不是表示那个人固执而不知圆通吗? 大概是对现实有很大的不满。不过,还比不上你现在这种不满哩……"

面对这位素不相识的怪人,一再听他口无遮拦的言语,冉有显得有些不自在,想转身走开。

"哈哈哈,想溜走? 一会儿生气,一会儿又想溜走,真是难看极了。你不能爽快一点儿吗?"

"我?"

冉有鼓起勇气问他。

"是啊! 那位击磬的人也一样。"

"那位击磬的人,是被称为当今之世的圣人的啊!"

"嗯,是一位不够圆通的圣人。"

"……"

冉有只觉得他的话毫不客气,一时竟哑口无言,答不上来。

"我说得不对吗?如果没人赏识,干脆隐退算了,何必到处徘徊流浪?哈哈哈,真是不识时势。"

"我们的老师……"

"哦——原来是你的老师。怪不得你们看来有很多相像的地方。这么说来,你也是被社会所遗弃,却仍恋恋不舍地那一类人啰?"

"……"

"如果真的对社会恋恋不舍的话,何必固执己见?乖乖找一位国君侍奉不就好了吗?要是还一味固执不通的话,干脆就远离这个社会,不也来得痛快吗?"

冉有被说得张口结舌,他感到闻所未闻,只能不断地眨着眼睛。这时,那人忽然大声唱起歌来,掉头扮出滑稽的样子走了。

"时代已经如此,何不因时制宜?

好比涉水过河:

水深干脆不拉衣服,

水浅才把衣服拉起。"

歌声萦绕在冉求四周,冉求着了魔似的,望着那人的背影发呆。半晌,他才猛然醒悟,原来这人就是所谓的隐者。他想到曾经听人说过,各地山野都有过着像农夫或樵夫般生活的隐者;今天头一次让他碰到。因此,他像发现了极为重要的事,急忙返身跑回屋里;喘息未定,就已一五一十地向孔子报告完刚才的经过。

孔子听完,叹息着说:

"这倒是快人快语啊,可是自洁其身并不困难,最难的是,也要同时能够维持天下的名教。"

冉求听孔子这么说,才摒除心中起伏的杂念,再出门去做他的差事。

第十五节　天之木铎

仪封人请见,曰:"君子之至于斯也,吾未尝不得见也。"

从者见之。

出,曰:"二三子何患于丧乎? 天下之无道也久矣,天将以夫子为木铎。"

——《八佾篇》

"说实在的,这是我唯一的乐趣……不,说是乐趣未免失礼;但坦白地说,就是因为有这种乐趣,我才一直在这里担任守关的工作。"

卫国仪邑的守关吏——官衔"封人",是一位即将七十的老人。他无论如何一定要见孔子,特地来到孔子投宿的旅邸找守门的冉有,一边用手捶着有点儿伛偻的腰背,一边直啰唆地说个不停。这是孔子辞去大司寇,周游列国的第二年;仪邑,位于邻近晋国的边界上。

"那么,您在这里任职多久了?"

冉有不想让封人见孔子,他认为孔子应接见的即使不是诸侯,起码也是大夫之流,哪能和这种小吏一一面谈。何况现在正是孔子不得志的时候;自从来到卫国以后,很快过了十个月,老朽昏庸的卫灵公,对深居简出的孔子,始终未曾表示过任用之意。眼前正要离去之际,引见这个小小的守关老头儿,更是有损孔子的尊严。因为有这种想法,所以冉有极力将话岔开,打算把他应付回去。

"说来也快四十年了。"

封人挺直伛偻的腰背,很得意地回答。

"四十年!"

冉有反而因此大吃一惊。

天之木铎

"嗯,我这差事倒不错呢。由于职务上方便,经常有机会见到各种人。"

"原来是这样……"

冉有的辞色,很快变为冷漠。

"不过,最初因为不习惯这样,有许多应该求见的人物,都错过了机会。就是现在回想起来,也还感到可惜。慢慢地,我总算才完全懂得要领;只要想见的话,我没有见不到的。这也许是长年守关特有的好处吧。"

冉有有些生气,望着院子一句话也不说。

"我知道先生很累。但我不会耽误您休息的时间,只要我和令师交谈两三句话就好了。只是刚才在路上望见他,绝不会使我这老头子心满意足的。并且我觉得令师是过去我所见到的人物中,最伟大的,即使把过去我所见过的人物,全部加起来比,也还不及令师呢。我没有多少时日能再担任这个小职务,也许见令师一面,是我守关生涯中最后的留念,说不定从今以后,我就辞去这个职位呢。所以请您帮忙。"

冉有的心有点儿被打动,但还是不想替他传话。

"现在不可以也没有关系,明天早晨出发以前的任何时间都可以。只要能见上一面,要我等一整夜也没有关系。以前就有几次这样的事，没关系的。"

冉有不禁笑了出来，封人趁机说：

"您愿意答应我了？"

他带着一脸不安凑到冉有面前。

"好吧，我进去给你传报一声就是了。"

冉有终于站了起来。

"谢谢、谢谢您。只要您替我传报一声，他一定会接见我的。对了，以前也曾经有些人推三阻四的；那大都是随从打的主意，要不就是本人没什么了不起。如果对人情世故多少懂得一点儿，都会非常体谅卑贱的人和老人的。"

冉有觉得好气又好笑。他定住正要举步的脚，瞪着守关的封人。但封人就在这一瞬间把视线转向窗外，又将腰背伸了一伸，机敏地说：

"真谢谢您答应我的要求。"

冉有仍站着不动，并且把头摇了又摇。想了一会儿以后，他才下定决心似的往里面走。

大约经过五六分钟，他带着不大高兴的表情回来，爱理不理地对封人说：

"请你进去吧。"

说完，冉有向邻室叫来一位年轻的师弟，请他带封人进去。

封人这时不再像刚才那般恭敬了，他连看都不看冉有一眼，只说：

"好，好啊。"

然后慢慢地跟着那位年轻的弟子走进里面。

冉有苦笑着目送封人进去以后，两手叉在胸前坐下。

"这种人实在不该理会他。明知老师一向不会拒绝任何求见的人，却偏偏让这老头儿给说动了。我怎么会这么笨呢？但是，老师未免也太轻率了一点儿。我很认真地请他不要接见这人，但他反而说这人可能是很有趣的人物，不妨见见。其实只不过是一位守关的小吏罢了，还说什么有趣。并且这种没出息的职务竟干了四十年，他的人如何也就可想而知。老师在现在这正要游说诸侯的时候，接见这老头儿，到底有什么用呢？现在这位老头儿一定和刚才一样在胡说一通吧。和这种疯老头儿交谈，结果只有辱及老师的身份而已。还是老师任鲁国大司寇那时，最令人怀念。如果不辞去这一位高显赫的官职，哪里会颠沛国外，受到羞辱呢？也许有人笑我爱发牢骚，但谁又喜欢弃官下野？哼！还说什么乐道不乐道的，一旦离职下野，社会上的评价马上不同。人情世态就是这个样子。我想老师也该好好地自重，否则将来不知会遭到怎样的困难。无论如何，我今天向老师引见这老头儿，到底是我的过失。"

正当他想这些事时，先前到外面办事的四五位弟子接连回来。他好像久等他们似的，迫不及待地将刚才的经过告诉他们，并说：

"我以为将实情讲出来，老师一定不会说要见他，但想不到结果却是我想错了。"

他特别以遗憾的口气强调。

"老师不是常说'不患人之不己知，患不知人也'吗？"

（老师不是常说"不用忧虑别人不知道自己，只需忧虑自己不能知道别人"吗？）

其中一位弟子好像很了解地这样说。

"应该不会吧？我相信老师不会被那家伙羞辱的。"

另一位弟子若无其事地说。

"那当然。不过接见这种地位低贱的人，难道不会有损老师的身价吗？"

又一位弟子这么说。

"我担心的就是这点。"

冉有又把两手叉在胸前，吸了一口气说。

这点大家都有同感。他们甚至认为这么一来，连他们的身价也会跟着降低不少。

"那个老头儿对你的态度怎样？是不是有向老师请教的意思？"

一位弟子这样问冉有。

"那种态度根本就看不出来。不，我只觉得他有故意愚弄我的意思。"

"记得老师在大司寇任上时，那些下级官吏尊重我们就像是对老师一样呢。"

"是啊！确实是这样。"

大家不禁怅然若失。

于是接着的是一阵感慨的沉默。不知过了多久，由远而近的脚步声才打破了寂静。门轻轻地被推开，原来是守关的封人。

大家都不约而同把不快的眼光投到封人身上，封人却自顾笑嘻嘻地走到他们面前。

"哦！我看你们都是孔子的弟子吧?"

封人稍为欠身对他们说。接着不等他们回答，马上向着冉有说：

"刚才麻烦你给我引见，真不知如何道谢才好。我这老朽实在太高兴了;活到今天，总算才发觉自己没有白活。过去我见过不少了不起的人物，但若和令师一比，就有如天地之别，不能相提并论。一和他见面，我心上就感到无比舒坦，再听他的言语，更是感动不已，完全忘了早已准备好的谈论话题。我这老朽一向不服人;过去所见到的那些人物，我都要直陈自己的见解，往往非经一场争辩绝不罢休。但今天在令师面前，我却变成小孩子一样，内心一片纯净，从头到尾毫无插嘴的念头。我想现在我能在这种无牵无挂的心境下突然死去，那该多么幸运。否则眼睁睁看着世风浇薄、社会混乱而死去，实在是非常痛苦的事。"

冉有和那几位弟子，都哑然地望着眼前这位老封人发呆。老封人平静地继续说：

"我说啊，你们已跟随到一位很好的老师。年轻时代能跟随这样好的老师求学，日子过得真有意义。当然，你们跟着他到处流浪，有时难免会感到寂寞。但你们都还年轻，而令师的价值……不，说价值还不能形容他……对了，令师的精神，也就是他心底深处不忧、不惑、不惧的那种崇高的精神，各位如果想要加以了解，只有跟他一起共患难，才有机会体会得出来。各位中间，要是有人因为令师辞去鲁国大司寇，而觉得失望的话，那会受到上天的责罚哩。"

老封人的脸上，由于兴奋，渐渐浮现出红晕。弟子们受到他的影响，不觉动容端坐。

"而且，第一——"

老封人再向这些弟子走近一步，有意引起他们注意似的说：

"各位不想想,令师只留在鲁国做官,不是太可惜了吗?"

弟子们面面相觑,没有一人回答。这时,老封人更高的声音,已冲进他们的耳朵里面:

"令师并不是为你们的功名利禄,才生在这个世间啊!"

屋子里的人,突然都像石头般僵住不动。老封人的身体稍微前倾,将头凑了过来,两眼放出异样的光彩,一直盯在冉有脸上。

冉有在这种令人窒息的气氛中嗫动了一下嘴角,显然挣扎着想说什么,但老封人突然笑着摇摇手说:

"哦,竟越说越大声了,真对不起。当然,你们随时都很关心令师的处境,我这老朽也看得出来。但现在世道人心已衰败到这个样子,令师必须出来为天下人承受苦难,担负起重建道德秩序的责任。这可以说是上天降给令师的使命。对了,卫国有一种样子很怪,叫作木铎的铃,如果政府有什么政令要颁布,就先摇着木铎,提醒百姓注意。鲁国也有这种玩意儿吗?总之,那东西摇起来很吵就是了。似乎除了用来宣道政教,再也没有其他用途。不过,我每次听到那种声音时,都会想到这个世界上,如果也有传达上天旨意的木铎,那该多好。"

他好像要探知每位弟子的反应似的,——注视他们脸上的表情,然后更严肃地说:

"各位明白了吗?令师从今以后将成为天下之木铎了。"

静肃又充满在他们四周。过了一会儿,老封人向这些弟子们作揖说:

"啊!说得太多了,祝你们旅途平安顺利。"

说着,慢慢走了出去。

弟子们动也不动,目送着老封人。当他的背影消失在门外后,冉有才忽然有所领悟似的站起来,急急忙忙地往孔子的房间走去。

第十六节　子畏于匡

子畏于匡,颜渊后。

子曰:"吾以女为死矣!"

曰:"子在,回何敢死?"

——《先进篇》

子畏于匡。

曰:"文王既没,文不在兹乎? 天之将丧斯文也,后死者不得与于斯文也;天之未丧斯文也,匡人其如予何?"

——《子罕篇》

"是的,现在想起来了,那次随阳虎来的时候,就是从那边进去的。"

颜刻一面赶着车子,一面用马鞭指着一角崩塌的城墙回答孔子。

孔子一行,正在离开卫国前往晋国的途中,这时已来到卫国边境上的匡邑。

"听说,当时阳虎的行为非常横暴。"

孔子从车窗眺望附近一带的景色,很感慨地说道。阳虎原是鲁国季氏的家臣,专横僭越,季氏专鲁公之权,阳虎又专季氏之权。鲁定公六年(公元前504年),阳虎带着鲁国的军队侵入匡邑,造成无数人的流离失所。后来在鲁定公九年(公元前501年)阴谋作乱失败后,逃到晋国投靠赵氏。

"是啊! 太没有人性了。掠夺财物,拘禁妇女,可以说是无恶不作。现在匡人一定还很痛恨他。"

"那你也是他们痛恨的一个了。"

"真是惭愧。当时我实在是身不由己。如果不给他驾车,一定会没命。"

"这么说,你一定也跟着他一齐乱来啰?"

"没有啊！请您相信我绝对没有乱来过。从我由阳虎那伙里面逃出来这点,您也可以看得出来。"

子畏于匡

这样说着,没多久他们一行人已进了城,来到预定投宿的旅舍。

他们进城时,引起了几位路人的窃窃私语。但他们只当是平常事,并不觉得是什么特别的迹象。等到在旅舍各自安顿好了,一起用过晚饭正要休息的时候,忽然听见外面有嘈杂的声音,两三位好奇的弟子走到外面,发现不知在什么时候,旅舍周围已被武装的士兵团团围住,才发觉情形有异。

"发生了什么事情呢?"

其中一位弟子,小心地问站在门前的士兵。

那位士兵只是瞪了一眼,丝毫不加理会,反而转身对旁边另一位士兵耳语,接受耳语的那位士兵,点了两三次头以后,立即离去。

弟子们觉得很奇怪,仍然站在门外,想查看一下动静再说。不一会儿,刚才离去的那位士兵,带着一位外表粗壮、留着一脸胡子、好像是队长的人回来了。

"除非有命令,绝对不准里面任何一个人离开这屋子。"

这位队长模样的人,先斜视着附近的士兵,对他们说了这些话,然后转过来一个一个审视孔子的这几位弟子。

站在门外的几位弟子，面面相觑，感到莫名其妙。但是觉得可能和他们有很大的关联，于是不约而同地急忙走回屋里，把在外面看到的一切情形告诉大家。

"什么？这和我们不会有关系的，但如果是有些什么误会就说不定了。……好了，大家好好去休息吧，假如真的有事的话，他们应该先派人来告诉一声才对。"

孔子说完，若无其事地朝他的房间走去。

但是，大家并不能安静下来。尤其是颜刻，更是一脸不安，频频侧近窗口向外探看。

"好，我去打听真相。"

子路首先忍耐不住，带着长剑，一个人向门外奔了出去。

没过多久，他回来了，样子显得很激愤地说：

"真是莫名其妙，他们竟将老师当作阳虎。"

"谁？阳虎？"

弟子们都大感意外。

"是啦，进城的时候，我也听到有人说，坐在车上的人很像阳虎。"

"真是奇闻。"

"但是，说来也难怪他们。因为老师的脸，有时连我们都觉得和阳虎很像。"

"话虽这样说，但还是太离谱了。只要看随行的人，不就可以辨别出来吗？"

"可是，问题偏偏就出在随行人员当中。"

"我们这些随行的人？为什么？"

"不，不是说大家。其实，主要原因就是驾车的人，正好又是颜刻。"

"可不是吗？他们以为他又和阳虎来了；而且老师的面貌那么像阳虎，这种误会不是没有道理的。"

颜刻此时一脸惊愕，呆呆地听着大家你一句、我一句。

"只要表明我们是孔子一行，难道他们还会不相信吗？"

"问题并没有这么简单。因为此地的人对阳虎有不共戴天的仇恨，假使我们真的是阳虎,这里的人民对他们绝不会谅解的。"

"要是由老师出面向他们解释,总不会再硬被指为阳虎吧?"

"这可靠不住。听说此地一位对阳虎印象特别深刻、名叫匡简子的人,他就一口咬定老师是阳虎。"

"那么,我们该怎么办? 不赶快想出办法,那些人可能就要闯进来无礼了。"

"不会的,应该不至于这么乱来。因为他们也知道对孔子一行,不能做出无礼的举动,所以他们现在正很谨慎地处理这件事。"

"话说回来,这个地方的人,至少总有一个见过老师吧?"

"这样问题就好解决了。巧的是,认得颜刻和阳虎的人很多,见过老师的却没有一个。"

"那他们到底要怎样?"

"除非能够证实我们确是孔子一行,否则他们还要继续把我们困在这里。"

"喂,喂,那到底要我们等多久!"

"听他们说,最少要三四天才能调查清楚;他们已派人到外地去打听了。"

"这也没道理,怎么可以要我们等这么久。"

"又有什么办法呢? 也许这就是天命吧。不过,我已经告诉他们,如果耽误太久了,我们会另有打算。"

"哦,这样很对。"

"不知道老师睡了没有?"

"大概还没有……"

"总而言之,还是先把一切报告老师再说。"

子路说着就往孔子房间走去。

子路走开了以后,弟子们顿时面面相觑,鸦雀无声。只有一墙之隔的屋外,不时传来士兵的叫声,以及佩剑碰响的声音。颜刻一听到这些声音,就环视着大家,显得畏缩不安。

和刚才出去一样，没过多久，子路又转了回来。

"老师说，我们不要和他们发生冲突，先忍耐下来静候消息。老师比较担心的倒是颜渊。"

颜渊比孔子一行稍慢，预定要到入夜才能到达匡邑。

"对了、对了！颜渊几乎被我们忘掉。照说差不多也快到了；不过，他不知道发生这种事情，如果向人打听我们的住址，因而出了意外该怎么办？"

"他做事一向很小心，应该不会这样才对……"

"话是不错，但他一定连做梦也想不到会发生这种事情。"

"是不是要替他想一个办法？"

"办法？什么办法？"

"找一个人偷偷潜到城门附近去接他……"

"四周的封锁这么严密，有谁能够出得去？"

"先找他们的队长，诚恳地向他商谈这件事，倒是比较好的办法。"

"不行，这样说不定会弄巧成拙。"

一直不发一言、叉手沉思的闵子骞，这时才开口说话：

"颜渊的智慧比我们都高，而且老师对我们替颜渊出的小计策，也会不以为然。"

冉伯牛和仲弓二人，开始也是保持沉默，等闵子骞说完了以后，才深深点头表示同感。这时子路说：

"其实老师的意见也是这样，他虽然放心不下，却说与其我们在这边替他想办法，不如让他本人随机应变来得安全。"

大家都知道孔子对颜渊非常有信心。其中就有人记得孔子对他们说过的那些话：

"颜渊整天听我谈论，从不反问，看起来好像很愚笨。其实他是一位默默进德修业，不断在做自我建设的人；不论在任何际遇之下，他都能认清道体，不会发生差错。我谈论的话，对他都会有启发作用，他一点儿也不愚笨。"

一想起这些话，他们也就不敢违背孔子的意思，再单方面替颜渊想办法了。

"既然这样,今天晚上再也没有别的事情,就只有睡觉了。"

"咦?怎么总是不能把心定下来。"

"我就是躺着也睡不着啊。"

大家转而互诉不安的心情,继续坐了一段时间,仍然没有一点儿睡意。最后由于老是这样坐着也不是办法,才纷纷上床躺着静听外面的动静。

一夜不能安眠,天也亮了。士兵们的脚步声彻夜不绝于耳,而颜渊也终于没有到来。

并且,第二天、第三天包围的士兵仍然没有撤去。弟子们内心的不安,随着包围时间的延长而不断加剧。孔子和五六位高足仍然很冷静。可是,他们也为没有颜渊的消息而略有不安的颜色。有时候,孔子的嘴里,还会发出似乎是叹息的声音;弟子们每一听到,内心就更加忧虑。

子路变得有些急躁。孔子始终留意着他的情绪,努力地使他尽可能稳定下来。因此,他不时奏乐、唱歌,命子路一起和唱。

第四天入夜,孔子、子路和弟子们围在一起照常唱歌时,颜渊突然出现在门口。这时候的孔子,已顾不得把歌唱完,飞快地走向颜渊。

"哦,平安回来了。我还以为你死了。"

颜渊眼眶含着泪水说:

"老师还在,我怎么敢轻易就死呢?"

大家这时都已站起来,听到二人的对话,无不深受感动,不禁出神地站着不动。

"先坐下吧!"

孔子几乎伸手去按颜渊坐下。接着问他这三天来的情形,怎么能够突过包围,平安地来到这里。颜渊回答说:

"那天晚上一进城,就发觉情形不对,于是先装作不知道,另外找别的地方投宿。然后在这三天之间,尽可能对此地居民宣传,说老师一行从卫往晋途中,一定会取道经过此地。其间,我听到这个旅舍传出弦歌的声音,那时真有说不出的欣喜和难过。而在居民之中,也有人因听到这些声音,说那不是阳虎。后来这么说的人更多,他们都认为阳虎那种人绝不可能弹出那么好的音乐。我也就稍微放心。最后我看时机成熟了，便下定决心去和他们的队长商量，他居然马上答应。不过，他却吓唬我说，进去是可以，但是要想出来，恐怕就不可能了……"

弟子们听了，好像放心又好像不放心的样子，只是面面相觑。

孔子这时候，则露出这几天都没有过的笑容。

"现在一行都到齐了。不管今后变得怎样，只要大家都在一起，就可以不用担心了。今天晚上大家好好休息吧。"

孔子说完正要起身，门外忽然传来一阵争吵声。

"是阳虎！不管怎么说，准是阳虎没错！"

"万一是孔子一行，你们要怎么办？"

"不会有什么万一的。确实是毁了我们财产和女儿的阳虎。那家伙的脸孔，现在还深印在我的脑海中。"

"也许你说对了。但是也要再等一天，你们既然已经忍耐到现在，难道不能再等到明天吗？"

"明天一定要把人交给我们！"

"那要看队长的命令。"

"看！又用这种话来骗我们，我们才不会上当。"

"我为什么要骗大家。现在还在调查中，明天一定会查清楚。"

"哼！调查什么。都被那些家伙的音乐给迷住了，连队长本人也说可能是孔子一行，这算什么调查？啐！"

"我们并不是只凭音乐来判断。这几天的风声，不也说孔子要从这里经过吗？那也有几分靠得住。"

"那不过是两三天前，一位陌生人来这里散布的谣言。"

"不见得都是那个人说的。"

"不然的话，你有什么证据？"

"证据在队长那里！"

"不知道了吧！不知道就不要站在这里。滚开！我们自有打算……喂！大家一起过来。"

"不要动！"

"畜生！你打我。"

"这是命令！"

"什么命令！"

门外已经引起冲突。群众的呐喊声、士兵的制止声、跑来跑去的脚步声、佩剑的撞击声，加上丢掷东西的声音，接连不断，构成一片混乱的喧闹。

屋子里面，弟子围着孔子，一个一个目不转睛地站着。他们都想象得到随时可能发生的变故。子路和子正两人，各紧握着一柄长剑站在前面。尤其子正的脸上，更是充满着可以立即挺身而斗的颜色。他是富家子弟，但不仅没有丝毫的纨绔气息，并且待人有礼，是一位很有才能的青年。孔子辞去鲁国大司寇，开始周游列国、行道天下时，他就带着五辆车子随侍，想要为这位心目中敬爱的老师壮行色。对于匡人的误会，一开始他就觉得是莫大的侮辱，现在更是忍无可忍。因此，他凭着一身过人的勇力，和子路同时挺身而出。

孔子只是闭目沉思。一会儿，他才睁开眼睛，环视弟子们的脸。

"不用担心，都坐下来吧。"

说完，他就先坐下。弟子们虽然三三两两地跟着坐了下来，但有一部分唯恐发生意外的弟子，仍然站着戒备。

孔子接着以严肃的口吻缓缓地说：

"自从文王去世以后，古圣先贤的文化传统，不都在我一人身上吗？我相信这是天意。因为天如果要断绝这文化，就不应使出生在后世的我，能够亲近诗、书、礼、乐，有这个继承先王之道的抱负。既然如此，天一定会保佑我，一定会保佑我完成这个伟大的使命。那么，匡人又能把遵照天意承先启后的我怎么样呢？大家放心好了。"

那些站着戒备的弟子,这才坐了下来。

"而且——"孔子继续说:

"世间每一个人,与生俱来就有一颗求道慕德的心。在声气相同之下,有德的人,绝对不会陷于孤立的境地。不管再怎么寂寞,只要能坚守德行,一定会有受到感应的人来和你站在一起。匡人同样也是人;现在他们所痛恨的是阳虎,并不是孔丘。你们不用担心,只要相信上天,相信自己,坦荡荡地活下去,天道自然会打开这个局面。"

门外的骚动还没有平息下来。但是,相反地,屋子里却非常寂静,似乎连一个人的喘息声都没有。

孔子说完以后,再度仔细地环视每位弟子脸上的表情,频频颔首表示满意。最后,当他看到坐在一角,显得有点儿懊丧的颜刻时,忽然露出笑容对他说:

"哦,颜刻,你会平安无事的。"

颜刻反而因此显得腼腆不安。

"那么,子路——"

孔子仍带着满脸笑容,回顾子路:

"我们再来歌唱文王的乐曲。"

子路这时把那柄手心握得几乎出汗的剑,连鞘立在身前,然后用右手拍打剑鞘,和着节拍。

朗朗的歌声,从他们两人的喉咙流出。其他的弟子,先是静静听着,不久也跟着和了起来,有的唱出嘹亮的歌声,有的则拍打着剑。

门外骚动的声音,和屋内流转的旋律,在星空之下交织一片。经过相当长一段时间,骚动的声音才渐被那磅礴的旋律淹没,再过不久,匡邑的家家户户,就好像听了摇篮曲似的,全都进入甜蜜的梦乡。

翌日,队长和五六名匡邑的官吏,很有礼貌地来求见孔子。

颜刻比任何弟子都更有重生的感觉。但是,当天要出发的时候,不论怎么说,他都不肯坐在孔子的座车上执辔。

第十七节　罪无可祷

王孙贾问曰："'与其媚于奥，宁媚于灶'，何谓也？"

子曰："不然，获罪于天，无所祷也。"

——《八佾篇》

孔子打算早日离开卫国。他这趟再来卫国，虽然卫灵公好意比照当年他在鲁国任大司寇的俸禄，赠了六万小斗的粟给他，但这只不过是为了掩饰君主的体面；他在政治方面的建议，并不能受到采用，甚至可以说连被考虑过都没有。再加上卫灵公的夫人南子，是一位淫乱的女人，日常耳闻她的狼藉声名，就已使他不齿，最近竟有人把他和南子扯在一起，说他为了行道，不惜屈身借援南子，希望从宫闱之中获得卫灵公的重用。这件可笑的事，不仅是对他的一大讽刺，弟子中也有不能谅解的。

说起来，这是不久前的事。有一天，南子借口仰慕他，派人到他旅邸传话约见。他明知南子的目的在借他自抬身价，但他既已食卫之禄，依礼不能拒绝，于是不得不去一趟，然而也因此无法避免别人的误解。首先是子路事后就当面对这件事表示不满，他只好委婉地告诉子路：

"予所否者，天厌之，天厌之！"

（我若是错了，自会受到上天的厌弃！）

这句有如旦旦誓言的解释，并不能澄清外界同时对他产生的误解，传言越来越多。这难免使他对卫国感到几分失望，心里自然萌生了离去的念头。

不过，他在卫国已经收了很多弟子。鲁国是他的家乡，所以弟子当然最多，而仅次于鲁国的，就是卫国。他每每想到这些弟子，又总不忍离去。

三年前，他曾经一度来到卫国，并且居住了十个月。那是他刚辞去大司寇时的事。后来离开卫国，先在匡遭到匡人的围困，后又听说原为诸侯盟主的晋国，内乱不已，赵氏

罪无可祷

与范氏、中行氏构衅，就打消了游晋的念头，再转来卫国。这两件事，使他对诸侯很感失望，认为他们卑劣的私心，完全相同。于是他逐渐觉得与其为求明君而漂泊天涯，不如专心致志地教育子弟，好好去培育百年的人才。

卫籍的弟子，和鲁国的弟子一样，时时被他关心，这就是他有教无类的精神。卫灵公的昏庸无道，和夫人南子的荒淫乱伦，造成卫国社会风气的败秽。这对他来说，虽然是相当难受的，但是一和这些朝气蓬勃的弟子们讲习诗、书、礼、乐，谈论政治理想，就暂时不会有身处异国的寂寞；因为每当他身处这种心境时，到处都是他的故乡。

这一层因素，才使孔子在未离开卫国之前，内心能有所寄托。

在卫籍的弟子之中，有一位叫王孙贾的。他虽然向孔子执弟子之礼，却是贵为执掌卫国军政大权的司马。卫灵公昏庸无道，但因为有仲叔圉主持外交，祝鮀掌管内政，王孙贾负责军事，卫国才能够不灭亡。这三位极具才能的大夫，都是孔子欣赏的人物。

以孔子的声望来说，王孙贾当然巴不得孔子能永久居住在卫国。但因为他对孔子还不够了解，所以心里总有这种想法：

"其实孔子内心是很想留在卫国的，问题在于卫灵公本人对他极为敬远，所以使得孔子无法去接近他。对此，我应该作为他们之间的桥梁，居中加以撮合才是。不过，要说服卫灵公并不容易，可以说除了孔子直接去接近他以外，再没有别的办法。我想如果先让孔子去说动卫灵公，相信孔子是不会太固执的。但要他即刻去说动灵公，也是不妥，说不定就此弄巧成拙。依实际情形看来，还是使孔子先参赞我的政事，然后借这个机会，让他实地表现一番政绩给灵公看。只要有政绩摆在灵公眼前，灵公就不会再抱从前那种敬远的态度了。而在孔子这边，也可以及时就实际问题去说服灵公。"

由于一直有这种想法，这一天，他终于趁着其他弟子不在时，急急派人去约定时间，然后驱车前往孔子的旅邸。

一路上，他又开始想象计划顺利进行以后，他那可能因之提高的地位和声望：

"我想如果获得了孔子的支持，只要进行了政事整顿，老百姓的信望，就会渐渐集中到我的身上，那么灵公也会因此对他自己的行为有所警惕。如此一来，相信百姓就会更加赞美我的德行。这时候，就能使孔子正式被任用，直接参赞枢机，于是政治必然更加修明。而孔子不但不是那类会争功的人，并且还会由衷地感谢我的撮合，一定会将全部的功劳都让给我。但我想即使到了这时候，也绝不能独占这些荣誉，同时对于仲孙围、祝鮀两位大夫，也要保有谦逊的美德，免得他们嫉妒憎恨。结果我的声誉当然不会在他们之下。不，反而会……"

他想象着自己受到万人敬爱的情景，不禁半闭上眼睛。而在这一瞬间，古代帝尧举舜禅位的这页伟大历史，忽然从脑海里浮现在他眼前。

这时候，他却突然叫了一声：

"噢！这怎么可以！"

车夫听到他的叫声，稍微勒紧缰绳说：

"近来老百姓比较偷懒，连道路都修不好。"

原来他的车子正驶上一段凹凸不平的道路，将他整个人重重往上托起，就在这一托一顿之间，他突然清醒过来，因此不禁失声地叫了出来。否则，他这种荒唐的妄想，最后会如何把自己和大舜连在一起，只有天晓得。

但车夫哪里知道这是怎么一回事。王孙贾的心，完全被别的事情支配着。他急急地揉着前胸,似乎要将刚才已发展到古代帝王禅让的那些联想揉掉。

"我如果抱着这种妄想,到了孔子面前,不是什么都完了吗?因为他很容易就能看穿任何一个人的心思。还记得前些时候,他曾经对大家说过,一个人不论如何会掩藏自己,但一到了明眼人面前,便无所遁形。接着他就将如何观察人的方法告诉大家,他说只要先看这个人的行为,再看这个人行为的动机,最后看这个人能否心安理得,也就是注意观察这个人的眼睛,因为一个人心里所感受的,都会充分显露在眼神之间。经过这三种由浅而深、角度不同的观察,这个人的正邪,就再也无法掩藏了。大家听完以后,不禁悚然吐了一口气,真是太可怕了。无论如何,在孔子面前,绝对不能有丝毫的私心。"

想到这点,他才收回了那荒唐的妄想。但从妄想中清醒过来以后,却有如醉后醒来的第二天早晨,有一股不可名状的落寞袭上心头。自己到底是在做什么呢?计划不是太浅薄了吗?他开始彷徨无依地烦闷起来。

"如果孔子听到的不是直接去侍奉灵公,而是屈身做一位大夫的政治顾问,将会有怎样的想法?而那位大夫就是我;我之于孔子,又只不过是他的一位弟子而已。"

他开始在车上坐立不安,后悔自己怎么没有多加考虑。但是已和孔子约好了时间,怎么能再转回去呢?

道路已经没有凹凸不平的地方了,车子平稳地向前快驶着。

车子终于停在孔子的旅邸门前。他这次来到卫国,仍然借住在子路的妻兄颜雠由家。

王孙贾没精打采地下了车。他无心去理会迎候在门口的人向他寒暄的话。但他很快想到,不论是板着脸孔,或是垂头丧气地悄悄走进去,都不是大夫应有的仪态。于是一进大门,他就把视线投到屋顶上面,昂然地向里面走去。

这时,他看到厨房的屋顶上,冉冉升起一缕黄色的炊烟。就在注视那缕炊烟的一刹那,他忽然联想到灶。

能够在这时候联想到灶,对他来说,真是一件非常幸运的事。

"有了!"

他首先在心里叫着。

上天的启示，大概就是指这种场合吧。他望着炊烟联想到灶的那一瞬间，随即想起一句足以把他从刚刚那种苦境中拯救出来的俗语：

"与其媚于奥，宁媚于灶。"

（与其奉承奥神，不如去奉承灶神。）

奥，指室内的西南隅，是家家户户祭神的最高场所，但它只是五祀中尸主的共同所在地，并没有一位特定的主神接受祭祀。灶与户神、土神、行（路）神、门神、中霤（宅）神，同为五祀之一，是祭祀管理炊事饮食之神的所在。五祀的地位虽低，却各有主神，祭祀的内容具体而实在。相反，奥神的地位虽高，却没有主神，只不过是幽隐不明的神道而已。要等五祀祭拜完了以后，迎回五祀的尸主，才对它作形式上的祭拜。

王孙贾之所以想起这句俗语而高兴，是因为奥神幽隐不明，相当于灵公夫人南子，灶神则明确而实益，相当于他本人。孔子既有留在卫国之意，与其借援于宫阃之中，不如求合于朝廷之上，走他这条路线。

于是他想到应该在和孔子见面时，故意装作不懂，向他请教这句俗语的意思。如果他认为在某些不得已的场合，媚灶是可以的，那就把心中的想法，坦白拿出来告诉他，然后具体地进一步商量。否则便就此打住，完全不提这个问题，转身回去。

"穷则通，这句话真有意思。"

在走进孔子房间之前，他得意地这样想着。

孔子正在闭目静思，听说王孙贾已经来了，随即起身迎接。

"老师，您好像很寂寞的样子？"

王孙贾边坐边说。这是他对有志未伸、周游列国的孔子，见面所说的一句寒暄话。

"我的门人之中，有一位叫颜回的青年，不论处在任何穷困的环境，心中总是很坦荡快乐的。"

孔子借颜回来表明自己的心境，王孙贾的脸，不禁为之羞红。但却接着又说：

"灵公绝对没有不起用老师的意思，只是有种种复杂的原因，所以一直拖到现在

......”

他的话,依然和孔子的仕宦问题有关。他原来认为要提出那句俗语之前,还必须先将话题转到其他方面,以免不好直说。但到底忍不住,并且也担心孔子会先将话题移开,所以他还是说到了这上面来。

过了一会儿,当他们两人的对话中断时,他终于抓住了机会。他以忽然想起的口吻问孔子说:

“老师,我年轻时曾经听到一句俗语,叫'与其媚于奥,宁媚于灶',当时听了不但不敢苟同,反而觉得很不愉快,但是最近在实际参加政治、积累了一些阅历后,觉得这句俗语似乎还有一些道理。您认为这种想法怎么样呢?”

孔子皱起眉头,仔细地盯着他的脸,然后略带微笑地摇着头说:

“一点儿道理都没有。”

王孙贾本来就充分预料到孔子会否定,但他觉得孔子的态度和口吻,含有以往所没有的辛辣味道,使他好像被关入冰库一样,全身战栗起来。

孔子改容端坐接着说:

“违背天理是可怕的。做事如果悖理,得罪了天,无论向什么神祷告,都没有用处。因为天才是主宰者,是真理之母。”

王孙贾虽然恭敬地点头称是,但在内心里面,对于孔子既有心要做官,却不愿意去走方便之门的态度,感到有点儿烦厌。

“固执也要有个限度。这样下去,不必再存着希望了。”

想到这里,他觉得应该收住话题告辞了。这时,孔子再一次对他强调说:

“君子之道既不媚于灶,也不媚于奥;君子之道始终是一贯的。”

王孙贾并不是不懂孔子真正意思的人,听完这话,他知道自己心里的想法已被看得一清二楚,在羞耻和完全失望之下,四肢不禁一阵抖动。

不过,他这时候已真正了解孔子确是高洁的人物。过了不久,孔子证实卫灵公对他没有丝毫诚意,在动身离开卫国时,王孙贾依依不舍地亲自送孔子到国境.希望能在临别之前,多获得一言半语的教诲。

第十八节　司马牛之忧

司马牛忧曰:"人皆有兄弟,我独亡!"

子夏曰:"商闻之矣:'死生有命,富贵在天。'君子敬而无失,与人恭而有礼,四海之内,皆兄弟也! 君子何患乎无兄弟也?"

——《颜渊篇》

司马牛问君子。

子曰:"君子不忧不惧。"

曰:"不忧不惧,斯谓之君子已乎?"

子曰:"内省不疚,夫何忧何惧!"

——《颜渊篇》

司马牛落在孔子一行之后,有一步没一步地跟着。他每走一步,内心所感受的苦闷,就更深一重。大家那种亲密交谈的样子,使他羡慕得很想立刻走上前去;但一想到大伙儿不能在宋国停留,就是因为他哥哥桓魋的行为蛮横无道所致,则又十分泄气,因而越走也就离他们越远。

孔子和宋国有很深的血缘关系。他的祖先原是宋公之后,并且夫人幵官氏也是宋的妇女。孔子这次二度去卫,先在曹国稍做停留后来到宋国,由于宋景公本人非常礼遇孔子,因此大家都以为将会在宋国多作停留,甚至长期居住在宋国。但想不到因为孔子批评担任宋国司马的哥哥魋私营石椁,是侈靡且违礼的事,招致这位早有篡乱野心的哥哥发了牛性,不仅将孔子和弟子们习礼旁边的一棵大树砍掉,还派人追杀孔子。

"为什么会有这种兄长?"

他心中已不知是第几次想起这事了,并深深地叹息着。而当他想到孔子在危难当头,那句严正的话时,则又肃然起敬——

"天生德于予,桓魋其如予何!"

(天既授德于我,如果我有什么万一的话,那是天意,桓魋一个人的力量又能把我怎么样!)

这是多么以道自信的话!并且孔子还尽人事以听天命地换上便服,不坐车子,悄然离去。多么有思虑的行动啊!也许我的哥哥会以为孔子怕他而逃走,但孔子根本就当他已丧失人性。

司马牛之忧

丧失人性的哥哥!想起来就不禁惊心。还有同样为非作歹的二哥子顷,三哥子车,为什么兄弟全都是坏人呢?宋国目前所以会处于动荡不安的状态中,完全是他们三人仗恃兵力、图谋非望所致。

不知道孔子对我的看法怎样。我因为诚心诚意地希望接受孔子的教诲,才加入他们一行之中。但他们的视线,经常不约而同地集中到我一个人身上,难道也在怀疑我吗?他们的眼神,好像在说"血统关系是一定的,有其兄必有其弟"的样子。至于孔子本人,我想他对我是不会有这种看法的,但为什么每当他的视线和我相遇时,就马上转开呢?唉!真是没趣。还是干脆逃到深山里去算了。不过这样一来,又会使他们对我更加怀疑。与其被他们认为我回到哥哥们那边,还不如留下来忍受他们的歧视。

司马牛就在胡思乱想之间,远远落在了孔子一行之后;同时一行之中竟也没人回头看他一眼。这越发使他觉得他们有意这样对待他,心里更充满孤寂的感觉,因而他也就不想赶上去。将近日暮时分吹起的冷风,穿透他的衣襟——这是秋天。

他走到山坡底下。孔子一行已缓缓爬上坡顶,并且他们的背影正一个又一个地翻入下坡路,渐渐从他眼帘消失。到了最后一个人也看不见时,他的眼眶忽然一热,眼泪禁不住夺眶而出。他很想放声大哭。

“喂!怎么啦——?”

是子夏的声音。子夏再翻回坡顶,走下来叫司马牛。

司马牛急急擦掉眼泪,若无其事地加快脚步。

“是不是脚痛?”

“不,这么大了,哪里会有这种笑话。”

“大家谈得太起劲了,都没有注意到你没跟上我们,一直等到老师注意到了才知道呢。”

子夏的口吻,没有丝毫的做作。司马牛很高兴。因为子夏告诉他,是孔子最先注意到他没有跟上。虽然现在他内心非常孤寂,但这件事已足以使他感到几分安慰,脸上不禁露出微微的笑容。

“你的精神看来好像很不好。”

子夏和他并肩走着说。孔子一行也在另一边的下坡路旁停下来,看到他们两人出现在坡顶上,再一起由坡顶上走下来,他们才立刻再向前赶路。

“也许是吧。事实上我很孤独。”

过了一会儿,司马牛才这么回答,他的心因而又渐渐沉重起来。

“我了解你现在的心情。但是,你本身并没有什么罪过,大家也都非常同情你。”

"……"

经过片刻的沉默后，司马牛先叹息了几次，才说：

"我现在等于没有兄弟了。大家都有很好的兄弟，我已经没有了。"

现在换子夏叹气了，但他随即扮着笑脸说：

"别再感伤。像老师所说的那样：'一个人的生死，命中早已注定，富贵也完全由天安排。'与兄弟没有缘分，也是天命。我想，只要彼此心中能够持敬，然后努力用敬来维持社会生活，与人相处谦恭而又有礼，那么天下的人，都可以成为兄弟。并不是只有亲骨肉的兄弟才是兄弟。你看，现在眼前赶路的，不都是你心灵上的兄弟吗？"

"大家真会把我当弟兄看待吗？"

"怎么还有这种想法。你这种自卑的想法，只会更糟蹋自己，要有信心才对。"

司马牛听了，脚步不禁轻快得多了。

"好啦，我们赶上去和他们一道走吧。"

子夏催促着他，两人迈开大步走上前去。

两人在山坡下的桥边，追上孔子一行。大家就暂时在那里停下休息。子游和子夏一边欣赏着四周的景色，一边吟着诗。宰予和子贡站着继续讨论问题。子路和冉有在商谈晚上的宿处。颜渊、闵子骞、冉伯牛、仲弓四人则并坐在一起，各自沉思着。

孔子独自在离他们稍远的地方坐下，凝视着流水。

司马牛先观察了一下大家的表情，然后才下定决心，走到孔子面前。

对于他的出现，孔子静静地抬起头来微笑表示关注。

"老师，让您操心，真对不起。"

"看来没有什么不舒服？"

"不，没有。……因为在想一些问题。"

"想一些问题？什么问题？"

孔子的脸，浮现出些许忧色。司马牛原想坦白地说出心中的烦闷，但因为觉得已被孔子看穿自己的内心，并且看样子也有责怪他的意思，于是在慌张之余，临时改变主意，想到以向孔子请教问题作为台阶。他请教了他们之间常用的"君子"这个字眼的意义：

"我……我是想向老师请教怎样做个君子？"

孔子反过来接受他的问题，先闭上眼睛。然后沉缓有力地回答：

"君子不忧不惧。"

（君子无所忧虑，也无所恐惧。）

司马牛认为对"君子"的这种说明，太过简略了，反而感到有点儿迷惑。可是他又以为其中可能含有深意，所以接着又问：

"不忧不惧，斯谓之君子已乎？"

（不忧不惧，这就算是君子吗？）

"内省不疚，夫何忧何惧！"

（如果内心省察自己而没有丝毫愧疚，还会有什么可忧惧的呢！但不忧不惧，并不是任何人都能做得到的；必须心地坦荡，才能达到这种境地。）

司马牛这才了解了孔子的解释。不过，他并不能把话中的意思拿来和自己内心的问题联系起来想。孔子微微皱了一下眉头说：

"老是烦恼别人会有什么猜疑，一定是因为心中被阴影所蔽。"

司马牛心里一怔。现在总算才明白孔子的话完全是针对自己说的。尤其是"心中被阴影所蔽"这句话，特别使他心神不安。孔子这时在一旁非常清楚他的心理状态，似乎不让司马牛有所辩解似的说：

"你的兄弟们所做的坏事，和你丝毫无关；相信只要你自己想想就完全可以明白。可是为什么偏偏还要为那些事去担心别人对你的看法，甚至像叫花子般到处找人评论呢？难道这能说是太过自爱的缘故吗？……我们还有许多更重要的事要做呢。"

司马牛以往所有的烦恼，顿时全部消失。不过，从现在起他必须面对另一个更大的烦恼，那就是他发现人生的大道，像一座高峻的山峰，耸立在他面前。

第十九节　陈蔡之野

卫灵公问陈于孔子。

孔子对曰:"俎豆之事,则尝闻之矣;军旅之事,未之学也。"

明日遂行。

在陈绝粮;从者病,莫能兴。

子路愠见曰:"君子亦有穷乎?"

子曰:"君子固穷,小人穷斯滥矣!"

——《卫灵公篇》

子曰:"赐也,女以予为多学而识之者与?"

对曰:"然! 非与?"

曰:"非也! 予一以贯之。"

——《卫灵公篇》

　　鲁哀公二年(公元前493年),蔡在陈、楚两国的侵迫下,被迫放弃原来在负函(今河南信阳)的土地,迁到州来(今安徽凤台)另建新国。到了鲁哀公六年(公元前489年)春,吴王夫差为了替他的盟国蔡报旧怨新仇,出兵攻打陈国。陈湣公向他的盟国楚告急,楚昭王亲自率军前往救援,双方在城父(今安徽亳县东南)一带展开一场大战。这时孔子六十三岁,正在离开陈国的途中。这场可以代表当时诸侯扰攘不息的战争,不但陡然增加了人民的生命、财产损失,也给孔子带来了一场空前的困厄。

　　四年前,孔子再度离开卫国时,对政治并未绝望,仍然一心希望能够遇到明君,所以就带一行弟子经过曹、宋来到陈国。

　　离开卫国后的这四年间,他内心的感触之深,不下于离开鲁国前那段失望的从政生涯。

他一再前去卫国,除了因为鲁国是周公之后,卫国是康叔(周公之弟)之后,内心有一种比较亲切的感觉外,主要还是因为卫国的衰乱正和鲁国相似;他希望把受阻于鲁国的政治抱负实现在卫国。然而,当他再度前去卫国时,由于依礼应南子之召,竟有人传言他欲借南子进身;王孙贾就坦白向他示意"与其媚于奥,宁媚于灶"。这首先就使他感到在复杂的政治环境下,终难久留卫国。

陈蔡之野

接着是卫灵公本人对他礼貌骤减。原来卫国世子蒯聩与南子不睦,在谋杀南子不成逃往晋国后,由于传言蒯聩将在晋人的援助之下,回来篡夺卫灵公的王位,因此国内正弥漫着一股不安的气氛。心神烦乱的卫灵公,在决定与晋人一战之际,想到一直被他敬远的孔子此时也许能给他出谋划策,于是立刻向孔子问起有关战阵的事。这在孔子来说,虽是卫灵公头一遭向他请教国家大计,但他对这种父子相争的丑事,绝不愿意插上一手,故只回答卫灵公说:

"有关礼仪的事,不佞是曾听人说过;至于战阵的事,倒一直没有学过。"

卫灵公当然知道孔子要他多就家庭邦国讲求礼乐,但他一心只想向外扬武,一旦一言不合,心里对孔子也就更加不以为然。君子见机而作,不俟终日,这件事促使孔子在第二天就离开了卫国。

离开卫国时,他听到孙儿子思出生的消息。由曹国进入宋境时,因为意外招致桓魋的嫉恨,他不得不微服而行,以提防桓魋追杀,一路上可说都在困厄之中。等来到陈国以后,受陈湣公的礼遇,他才淹留陈国。但三年下来,陈湣公并无起用他的意思。这时正好吴王夫差率军侵陈,他听说率师救援陈国的楚昭王,在诸侯之中,比较能礼贤下士,于是就风尘仆仆地踏上他寻求明君的另一旅程。

但是,当这个消息传到吴王夫差耳中时,立刻引起吴王夫差及其臣下们的不安。因为吴、楚也是世仇。十二年前,当时的吴王阖闾,在蔡人向导之下,大举伐楚,吴军溯汉水西上,在淮讷(今河南潢川西北)舍舟登陆,然后南下大败楚师于柏举(今湖北麻城东北),五战而入楚都郢城(今湖北江陵北),给予楚国以空前未有的巨创。当时楚昭王虽靠秦哀公之助,勉强复国,但如今楚国已日渐强盛,今后如果再重用孔子,不仅将对吴国构成莫大的威胁,甚至会影响即将实现的霸业。

"再怎么说,孔子到底是一位了不起的贤者;他在诸侯之间不能受到重用,并不是因为他们不知道孔子的伟大,相反,正是因为知道才害怕不敢用他。他所说的每一句话,都能一针见血地指出诸侯施政的缺失。如果楚国因重用孔子而大力改革政治,必将对我国形成莫大的威胁。我国的地位,结果将会如何,也就很难想象了。"

于是,吴王夫差和他的臣下们,经过一番密议以后,决定派出一队化装成百姓的士卒将孔子一行围住,然后让他知难而退。

孔子到楚,最快捷的路线是直接由蔡(负函,故蔡)入境。当孔子一行来到陈蔡边界时,已不知不觉地进入吴国士卒在此预先布下的层层包围圈。孔子一行当然没有足够的武力去突破重围;当他们发觉已被不明身份的人马包围以后,有两三位弟子想要上前一拼,但立刻被孔子诫为无谓,于是大家只好静待围困解除。

然而，围困并没有解除的迹象。幸好他们没有加害孔子一行的意思，不过，缺乏粮食就足以对孔子一行构成严重的威胁。头一两天还好，第三天、第四天也有稀饭果腹，但到了第五天连一粒粟都没有时，弟子们由于饥饿和疲惫，大都四肢无力地躺在草地上。

孔子本身也一样十分难受，他的脸上已现出衰惫之色。不过，他仍泰然自若地不忘讲道；并且偶尔还会弹琴唱歌。

勇敢的子路，随时都在孔子的身边警戒，以防万一。他的内心并不平静；他对孔子在这种紧急场合还不能想出一个对策，感到很不信服。

"对濒于死亡的人来说，道又有什么用？音乐又有什么用？那不过是在穷困的时候，借以欺骗自己的一种掩饰而已！"

他这样想着，不禁埋怨地瞪着孔子的侧面。

到了第五天夜晚即将过去、黎明就要来临之时，初秋的天空闪烁着美丽的星星；而在寂寥的陈蔡旷野，却有不少奄奄一息、正处于生死之间的黑影，纵横交错地躺在草地上。而在他们之间，只要稍微侧耳，就随时可以听到那种令人心悸的梦魇。

"老师！"

在黑暗中，忽然传来子路低沉的声音。

这时，孔子已坐着沉思了很久，正好感到疲倦，打算躺下休息；但听到声音便不再躺下。他知道是子路，便随即把头转过去；于是子路悻悻地开口道：

"君子也有穷困的时候吗？"

"穷困？"

孔子想了一下，当即和缓地说：

"君子固然也有穷困的时候，但君子穷而不滥；不滥就是道之所在。相反地，小人一到穷困的时候，就不守本分，什么事都做得出来。既然什么事都做得出来，那是绝对不会有道的，这才是真正的穷困。"

孔子的话还没说完，一位坐在约两三丈远的弟子，忽然站起来，带着一团黑影，显得有点儿摇晃不稳地走到他面前。原来是子贡。他一声不响地坐下以后，一面喘气，一面瞪着黑暗中孔子的脸。

"是子贡吧?"

孔子慈祥地问他。但是,子贡却不吭一声。他虽然没有对孔子说出不礼貌的话,但隐藏在内心的不满,远甚于子路;他这时的脸上,就露出不屑的微笑。不过,孔子还是能在黑暗之中察觉出来。

"子贡,我是不是辜负了你的希望?"

子贡依然默不开口,他喘气的声音越来越急促。

"你以为我博学强记,学问无不通晓,对应付任何情况的办法都应该很熟悉吗?"

"是啊。不……不是这样吗?"

子贡的声音有点儿颤抖;可以听出那是由于带有强烈质问的语气所致。

孔子抬头仰望夜空,轻轻叹了一口气,然后面对子贡,以严肃的声音缓缓地说:

"都不是,我不过是拿一个根本原则来贯通万物罢了;那也是我全部生命的归依。"

孔子说完以后,突然觉得非常孤单。他想到自己抱着连弟子都不能了解的道,在荒野上忍受饥饿,心里不禁深为感伤。同时,对于不能了解他的道,就跟他一起承受苦难的弟子们,他也起了怜悯之心,很想对他们说些安慰的话。

"但是——"

他继而一想:

"我不能因此懈怠疏忽;不能因为一时的感伤,就宠坏他们。他们之中,有些人就像处在成长初期的幼苗,还不能开花;有些人虽然已到了能够开花的程度,却还没有结果。我绝不能放松一向的原则。因为我爱护他们,所以我要做他们最忠实的朋友。既然爱护他们就不能担心他们吃苦;既然要做他们最忠实的朋友,就应该毫不懈怠地时时教诲他们。这样才能使天道真正地在社会上实现。如果我在这时候退让一步,就等于是天道退让一步。道的实现,有如堆筑一座山,不论花了多大血汗,只要在只差一篑的时候停下来,就是前功尽弃。又好像在平地上填土,只要立定主意,即使才倒下一篑,就已经有一篑的成就,长此下去,一定可以填成。道是永恒的,能够前进一步就比停止好。而不论是进是退，都取决于那颗心是否会向苦难妥协。"

他整个人再也没有丝毫疲倦的感觉；他端正仪态回顾子路，用低沉而清晰的声音说：

"'匪兕匪虎，率彼旷野'这句诗，你还记得吗？"

"记得。"

"是什么意思呢？"

"人与犀牛、老虎一类的野兽不同；可是人如果不能走上应走的道路，那就和这些徘徊在旷野的野兽一样。大概含有这个意思。"

"哦。那么你认为我的道怎样？有没有错误？我现在是不是和在旷野徘徊的野兽一样？"

"老师的道有没有错误，我不敢说。不过，如果别人对自己的话不相信，那就表示本身的仁还不够完美。如果别人不愿实行自己所行的道，那就表示本身的智还不十分圆熟。"

子路的回答，极不客气；从他的声调，可以感觉得到他满肚子的不平。但孔子却很平静地说：

"你的想法不对。要是仁者之言一定会被人相信，那么伯夷、叔齐就不会饿死了。要是智者之言一定会被人采行，那么王子比干也不会遭到虐杀。"

子路一听孔子提起这三人，就垂首不敢再说。孔子转而对子贡说：

"'匪兕匪虎，率彼旷野'，这句诗是不是可以表示我的道不对，和那些在旷野徘徊的野兽一样？"

子贡想了一会儿才回答：

"老师的道太大了，大得不能被天下人所接受。如果能依天下人的心理，稍微降低尺度，一定会被接受。"

"降低到让天下人接受？"

孔子不觉皱起眉头，但随即恢复了原先的平静，说：

"子贡，你想的的确很聪明。但是，一位好的农夫虽然善于栽种，并不一定就能与时转移,从事货殖。一位名匠虽然娴于人间巧艺,并不一定就能使精心制造出来的东西,满足别人的喜好。君子也是一样,无法为了眼前的利害,而去迎合天下人心。君子所应该去研修的是道;为了不背离道的根本原则,随时都要谨言慎行。照你的意思看,你想的似乎不在道的研修,而是如何去从天下人眼中获得容身;这未免太过聪明了。你应该抱有更远大的志气才对。"

子贡一样无言可对。孔子的眼睛离开子贡以后,一再回顾左右,似乎要找什么人。最后他才打破沉静:

"颜回——颜回不在这里吗?"

颜回就在孔子背后。他的身体本来就已多病,经过五天的风餐露宿以后,比其他弟子更显得衰惫。不过,他的情态仍和平时一样恬静。天色即将露出鱼肚白,在微微的曙光映照之下,他的脸虽苍白得没有一丝血色,但他的一双眼睛,却闪着明亮的光芒。他立即应着孔子的声音站起来,走到子贡身旁,在孔子面前一揖。他的形容有如经不起一阵轻风的芦荻;孔子仔细地打量过以后,说:

"'匪兕匪虎,率彼旷野',现在我已和这句诗里的野兽没有什么两样,你是否觉得我的道有错误?"

"我的想法是——"

颜回站着就要回答,孔子摆手对他说:

"站着太累了,还是坐下来慢慢说吧。"

颜回这才坐了下来。但他的姿势仍然很端正,他将视线对着孔子的膝盖,继续说:

"老师的道是至大的,所以不能为天下人所接受。但我却由衷祈望老师的道能够越过困阻,推行于天下。纵使不能被天下的人所接受,也丝毫不必忧虑。因为不被接受,反而可以看出老师是一位君子。本来我们所应引以为耻的,也只是人们不知修习道;对于道之修习已有大成的人,不能受到起用,那就是治国者最大的耻辱。我愿意再加以重申,绝对没有忧虑道不能被人接受的必要,相反地,不能被人接受,就越发能看出君子之所以为君子的真正价值。"

颜回的面颊，渐渐透出红潮。他说完以后，起立再向孔子一揖。

孔子心里非常高兴，满面笑容地说：

"真不愧是颜氏子弟。你如果有产业的话，我倒想当你的管家。哈哈哈！"

天已经亮了。孔子用手招呼子贡说：

"子贡，你立刻就到城父向楚军求救。"

子贡疑虑地环顾四方。这时天已经大亮了，他不知要如何脱出包围。孔子却笑着说：

"今天已是第六天，包围我们的人，一定也很累了。并且现在天已大亮，他们一定会很放心地开始睡觉。"

孔子说得果然不错，包围已经松懈下来。子贡轻易地脱出包围，迅速和楚军取得联络。

翌日，陈蔡边境上的包围解除了，孔子一行受到楚军的热情款待。但想不到的是，在孔子继续上路以后，却传来楚昭王卒于城父的消息，他们一行只好暂时停在蔡境。

第二十节　叶公问政

叶公问政。

子曰："近者说，远者来。"

——《子路篇》

叶公语孔子曰："吾党有直躬者，其父攘羊而子证之。"

孔子曰："吾党之直者异于是。父为子隐，子为父隐，直在其中矣。"

——《子路篇》

叶（音 shè）公沈诸梁，自从孔子带着弟子们，来到他治理下的蔡地以后，就变得闷闷不乐。

他还没有和孔子见面,其实他并不喜欢会见孔子。因为他原来只是楚国的大夫;四年前,蔡国的昭侯,害怕一向是仇敌的楚国日渐强大,威胁有增无减,便在吴国军队的保

叶公问政

护下,带领臣民迁到州来(今安徽凤台)另建新邑,于是楚国不但轻而易举地占领了蔡国原来的邑城(今河南信阳),并且在两年前派他前来震慑蔡的遗民,徭役赋税,一如楚国的百姓。由于这是侵略行为,他不愿意孔子此时当面向他提起任何有关治理蔡地的问题。此外,令他心虚的是,楚国不过是周天子的诸侯之一,竟僭称为王,身为臣下的他,也在当年食有叶邑之后,跟着称公,现在则俨然是一位国君。总之,孔子对于这些,一定很不以为然,说不定就会当面讲些什么。

不仅如此,他根本没有实行先王之道的意思。在他看来,依现今的时势,那些迂腐不易做到的道德论调,只会妨碍实际政治。就拿楚国来说吧,所以能够称霸南方、大有立盟中原之势,还不是雷厉风行地使用峻法的结果。至于道理上能不能站住脚,用不着请教孔子,他自信有相当把握。一旦和孔子见面,他一定会提出一些谁都无法正面加以反驳的建议,这样一让他大放厥词,老百姓就会轻易相信,以为这种建议马上可以实现而空欢

喜一场。这种空欢喜，只会对政治造成令人不敢想象的危害。就像小孩子在没有让他看到糖果以前，还很听话，一旦让他看到而不给他时，那问题就会跟着而来。现在百姓之中已有政治即将会因孔子地来到而有改善的传言。因此，如果和他见面，接受有关政治方面的指导，后果一定不堪设想。还是不做这种弄巧成拙、得不偿失的事为好。

但是，像那样声望极高的人，不畏尘劳、千里迢迢来到蔡地，做主人的却不加理睬，也说不过去。如果因此让老百姓怀疑他待人缺少诚意，结果一样非常糟糕。而且碍着邻国，无论如何也必须顾虑到面子问题；万一被邻国宣扬他这个小地方不知道礼遇圣人，或者被说成孔子瞧不起这个小地方，所以不理睬他，那真是极大的耻辱。说不定将来会因为这件事，而招来外人的轻侮。

不过，听说每一个国家都不大欢迎孔子。即使是他自己的家乡所在地鲁国，虽然一度重用他，如今也完全不理他。或许圣人之称只不过是个虚名，其实并不是大家所敬仰的那种人物。如果是这样的话，见他反而好些。因为如此一来，就可以揭开他的假面具，百姓也就能够安下心来。

想到这里，他不禁想起一件奇怪的事。他称得上是一国之君；初次访问一个国家，不论是不是圣人，不，尤其是圣人，礼貌上更应请求谒见国君，但孔子却只派了一位弟子子路无端地前来见他，看样子好像要用子路做饵来引一国之君的他上钩。照说礼貌和一个国家的大小无关，但他总有孔子看轻蔡地是小地方的感觉。而且子路那家伙，根本就十分惹人烦厌。态度倨傲还不要紧，竟连问他孔子的为人如何，都不回答。而且听说孔子知道这事时，对他说：

"女奚不曰：'其为人也，发愤忘食，乐以忘忧，不知老之将至云尔！'"

（你为什么不对他这样说："他这个人嘛，一用功读起书来，连饭都忘了吃；并且乐天知命，把一切忧苦都抛得无影无踪，以致连老了都不知道！"）

什么忘不忘的，孔子对子路所说的这段话，越发使他相信孔子确是冒牌货没错。

然而，不论什么样的想法，都渐渐被他逐一否认。尽管他故意无视孔子的存在，但相对地反而使他觉得未曾见过面的孔子的形象，在他心中造成了很沉重的压迫感。又觉得好像是一座山峰，突然横挡在他的宫殿面前，并且一天一天地高大起来。

部分僚属，内心对叶公不见孔子，一直暗暗自喜，只是不敢说出来而已。

另一部分忠贞的僚属，则对叶公的优柔寡断，大为忧虑。他们知道叶公是因为孔子是当代伟大的人物，自卑心理作祟，一直怕见到他，于是他们一再以暗示的方式鼓励叶公。但就叶公本人来说，这种鼓励对他毋宁说是很大的侮辱。他心理上反而起了微妙的反感：

"等着瞧吧，总有一天我会轻易地折服孔子。"

其实在他脑子里，对政治上的种种问题，并没有任何足以折服孔子的高明见解。还因此又使他心中十分焦急，甚至非常苦闷。好不容易熬过十天半个月；不久，那些忠贞的僚属，为了顾及社会的议论，都认为至少他们也应先去拜访孔子，于是陆续地前去孔子的旅邸向他求教。还有一些年轻的僚属，以及不得志的青年，也纷纷效仿，没几天时间，孔子的旅邸便门庭若市，名声一天一天地传开。这些事情，对叶公更加不利。以至于大家不约而同地说：

"叶公不敢去见圣人，一定是心中有什么愧疚。"

街头巷尾，到处都可以听到这种风传。忠贞的僚属，认为不能再任其发展下去，便丝毫不敢怠慢，立刻设法消除流言，同时决意把这些事告诉叶公。叶公听了，当然感到非常不高兴。他真想对他们说：

"你们擅自访问孔子，应该对这事负完全责任。"

可是他还是忍住一肚子的不快，要他们告诉他所看到的孔子的为人。他很留神地听着，即使是一句也好，想从他们的话中，找出孔子的缺点来。

他这种企图却完全落了空。他们都交口称赞孔子。

"全都是一些不中用的奴才！"

叶公不禁在心里破口大骂。虽然他强迫自己认为这是因为他们没有看出孔子为人的虚假，但这却不能作为当面拒绝和孔子见面的理由。最后只好很不高兴地对他们说：

"既然你们都说孔子是那么伟大的人物，我就去看看他。不过，话得说明白，如果我谈论的政治见解胜过他，今后绝对不准你们进出孔子之门。"

他本人虽然毫无自信，却终于由于说了这么狂妄强硬的话，而答应和孔子见面，并把接见的日期排定在第二天。

那天晚上，他的心情真是烦到极点。他想从过去的政治经历中，找出自问无愧的事，却发现非常困难。经过不断的苦思，也只有一项最有自信。那就是他采取严刑峻法，结果使得法令在他的治理下，得以彻底推行。不过严刑峻法是百姓所憎恶的，他自己心里十分清楚，到底不能毫无顾忌地公开说出来。如果要讲，最好不提严刑峻法，只说百姓们普遍都有守法的精神。

他忽然想起几个月以前，在有司的报告中，有一件使人非常感动的事。

"对了，那是不易见的案例，十分可贵。无论说给谁听，都会认为这是老百姓遵纪守法的结果。总之，那是为了遵守国法，而超越父子关系的最好的例子。"

到了天亮，他急忙传令有司送来这份档案资料，再次详细研究这件案子的内容。这份档案这样记载着：

"某某，偷偷将邻家跑失的羊据为己有，邻家来告某某占有他的羊，但因为没有确切的证据可以证明那只羊是邻家的，除了反过来判邻家诬告罪外，别无办法。但某某的儿子，却适时来到衙门，告诉有司说：'国法是神圣的，我爱正直无隐。'而将邻家的羊如何跑进他家的经过，一五一十地说了出来。衙门便依据法律，从严罚某某侵占罪，同时按照规定，颁发奖金给那位告发父亲的儿子。"

叶公对那位儿子所说的"国法是神圣的，我爱正直无隐"的话，印象特别深刻，在心里反复念了好几遍，兴奋地等待和孔子见面的时刻。

见到孔子，叶公觉得很意外，孔子的外貌竟那样衰老。他的脸看来已是六十五六岁，被太阳晒得很黑。穿的衣服也很旧，显得太寒碜。此外，那种诚恳谦恭的态度，也完全出乎他的意料。他觉得自己先前那种过分紧张很可笑，马上以轻松的心情，急急地问孔子说：

"您远道来到我国，我希望能听听您在政治方面的高见。"

孔子一听叶公的话轻躁且缺乏诚意，有点儿为他担心，稍微看了他一会儿，才慢慢地回答：

"最重要的是，要使领内的百姓心悦诚服，都能安居乐业。"

叶公突然有被针刺着要害的感觉。但他继而一想，这是孔子到任何一个国家都会说的千篇一律的老话，不禁又感到有点儿好笑。

"我的百姓都过着安居乐业的生活，尤其是住在这邑城附近的。"

叶公淡淡地回答。孔子则正好借这个机会问他：

"那么，远方的老百姓，是不是也仰慕您的作风，纷纷搬来这附近住呢？"

这一来，却使叶公想到情形恰恰相反，最近有不少百姓，还陆续移到他政令所不能到达的境外去住。他不觉愕然，心想这个老头儿，懂得的倒相当多。

"哦，惭愧、惭愧。敝境还没有达到那种完美的地步，今后会在这方面多加努力。"

他只好坦白地这样说，并且想赶快把话题转到准备好的内容上面去，于是他立即接着说：

"不过，政治并不是只做到使百姓高兴，最要紧的还是要能正民，不知尊意如何？"

"嗯，说得很对。政不就是正吗？……但是，在位的人，必须先了解什么是正道；只要自己能够先依正道而行，还有谁敢不依照着正道呢！否则有时会演变成不堪设想的后果……"

"我对教导百姓绝对遵守正道这点，自信有相当的成果。"

叶公以一副很有自信的样子，断然地说。孔子有点儿意外，盯着他的脸说：

"那很好。如果真的已经做到这点的话，也就可以与尧舜的政治比美了。"

叶公顿时睁大了眼睛。他觉得孔子的话未免过奖，有些不好意思。孔子却笑着问他：

"贵地的百姓，如何遵守正道？能不能举出一两个例子？"

这正合叶公的意思。同时，他又顾虑到昨天晚上只准备了一个例子，恐怕不够。所以，他尽可能作势叙述，想详细地慢慢说明。

孔子在静听叶公的话之时，皱了好几次眉头。叶公每看到这种表情，就会失去几分信心，到了最后，对颁奖金给身为人子的那位告发者一节，他再也没有勇气说出口了。

孔子听完以后说：

"贵地所谓遵守正道的人，就是这类吗？"

叶公因已说出这事，兴奋得失去自制，这时为了捡回信心，忍不住站起来高声地说：

"他不愿枉曲国法，他把正直无隐看得比父子之爱还要重要。"

"哦，请先坐下。"

孔子怜悯似的对他说：

"如果您有心认真考虑政治问题的话，不妨听听我的看法。您因一心想折服我，而没想到自己的话是不是站得住脚，甚至提出了不合情理的例子。为了证明您的百姓绝对遵守正道，您特地举出这个例子，其实这只是说明两位百姓之中，有一人是小偷，另一人是告发者而已。"

叶公张口结舌，失神地坐了下来。

"而且被告发的小偷，正是告发者的生身之父。在贵地，把这种人视为正直无隐，但我国认为的正直无隐的人，则完全和这相反。我国百姓出于亲情，父亲替儿子隐瞒过错，儿子也替父亲隐瞒过错；大家都相信正直无隐的道理就在这人伦之间。如果您能去掉一心想折服我的念头，相信一定也会有同感。"

叶公的脸色，顿时变得苍白，脸上的肌肉也因受到过度刺激而颤动着。

"人所遵守的正道，在于使彼此间的友爱，获得成功的孕育和最后的保护。法律本身并不一定都完美公正，必须以能够使人与人之间充满友爱为先决条件，才称得上是完美公正。请您好好记住这一点。尤其父子之间的爱，是人类自然流露的至情至性，是孕育世间众善的根本。如果容许假借法律之名，而任意加以蹂躏，那这种国家绝对无法推行正道。"

孔子的话，一句比一句严肃有力。

叶公的心，受到前所未有的震撼。虽然他垂下了头，但并没有虚心接受孔子这些话的意思。在他那苍白的脸上,仍然可以看出一丝倔强不服的神色。最起码,他绝不会取消一直采用的严峻政策。因为一旦取消那严峻的政策,则赋税的稽征,恐怕立刻就会发生困难。

前些时候,孔子就对叶公这种人物感到失望,所以这时也就觉得再说下去没有意义。

会谈很快就告结束。孔子又和刚来时一样,悄然离去。他一走出去,就同时决定尽早离开蔡境,继续他的漂泊之旅。

第二十一节 子路问津

长沮、桀溺耦而耕。孔子过之,使子路问津焉。

长沮曰:"夫执舆者为谁?"

子路曰:"为孔丘。"

曰:"是鲁孔丘与?"

曰:"是也。"

曰:"是知津矣。"

问于桀溺。

桀溺曰:"子为谁?"

曰:"为仲由。"

曰:"是鲁孔丘之徒与?"

对曰:"然。"

曰:"滔滔者,天下皆是也,而谁以易之?且而与其从辟人之士也,岂若从辟世之士哉?"耰而不辍。

子路行以告。夫子怃然曰:"鸟兽不可与同群!吾非斯人之徒与而谁与?天下有道,丘不与易也。"

时序已入初春,但天气还冷得很。落日的余晖,偶被天边的乌云遮蔽,田野上因而有时忽明忽暗。

子路问津

不能受到叶公以诚礼待的孔子,失望地打算自蔡取道陈国返卫。一路上,孔子的内心难免有些寂寞。于是他闭上眼睛,任由车子颠簸着,自个儿陷入冥想中。车前执辔的子路,静悄悄地,已经有半个钟头没说一句话。其他的弟子,似乎也很疲倦。他们都在黄色的沙尘里,拖着又酸又软的双脚,摇晃着显得笨重的身体,落在车子后面,已经有很长的一段距离。

"休息一会儿,怎么样?"

孔子忽然从车厢里探出头,回顾背后一行弟子,对子路说。

"是——"

子路无精打采地回头漫应了一声,但嘎嘎的马车声还是继续响着。

"大家不也都累了吗?"

孔子这次改以略带责问的口吻,轻轻地说:

"快到渡口了,我想。"

子路似乎觉得孔子的话太啰唆了,随便回答了一句。孔子也就不再多说。

过了一刻光景,子路突然刹住车子。以为到了渡口的孔子,探出头来察看,却看不到渡口,前面是分成两条的歧路。子路正不停地摇着马缰,在胸前抱起手来眺望着前面的歧路发呆。

"怎么啦?……要休息了?"

孔子探出半个身子说。

"我是在想哪一边的路通往渡口。"

孔子听了不觉莞尔。他默默望着年过五十的子路看来仍是那么健壮的背影。但子路想了半天,却像木偶似的,呆着纹丝不动。

"光想就能知道吗?"

于是,孔子故意挖苦了他一句。近来,只有对子路,孔子才偶尔会说这类的话。

子路脸上的表情,并没有像往日那样,马上就起反应。他仍睨视着前方,倔强地回答:

"知道!我会知道的。"

孔子不再微笑了。他知道子路心中有疑难时,每次都对自己视若无睹,听若无闻;这是他一直改不掉的恶癖。

"子路,他并不只是在想通往渡口的路。"

孔子这样想着。他已大略猜想得到子路正在烦恼些什么。

"这也难怪。在弟子之中,子路最不适合过这种平淡寂寞的漂泊生活。他应该过像做季氏宰时那般的生活。"

但是,孔子什么话都不说,他向子路侧着的脸,深深地投以怜悯的眼光。过了一会儿,他将视线转向路旁附近一带。在距马路不远的左前方,有一座微微隆起的小土丘;土丘之前,有两个农夫正在忙着翻土。

孔子突然笑嘻嘻地说:

"你看！那里有人。老是站在这里想，倒不如去问人好些。"

"哦——是。"

这时，子路才转回头来。他的精神恍恍惚惚地，好像还没听清楚孔子到底告诉他些什么，只凭直觉漫应着。

"快过去问他们通往渡口的路，这儿让我来执辔好了。"

"是，是！就请老师多费心。"

子路忙不迭地行了几个礼，把马缰交给孔子，然后很快地朝那两个农夫的方向跑去。这时，孔子望着子路那失态不稳、令人发笑的背影，反而在心底产生了深刻的感触。

"喂——！"

子路跑了一半，就停住向农夫挥手大声喊叫。

出乎他意料的是，那两个农夫并没有抬起头来。子路只好走前又喊了几声。可是，他们仍然没有半点反应。

这边执辔的孔子，望见这种情形，心想那两个农夫或许不是普通的人，并且为子路的冒失感到不安。

"如果又是丈人一类的隐者，恐怕又将使子路难于应付。"

孔子这样想着。不过，他另外还很有趣地想象着即将发生在他们之间的谈话。他既不放心，又急于想要知道，不觉入神地望着子路，不知子路会带着什么表情回来。

子路看到那两个农夫全然不理会，心中非常不高兴，但又无可奈何，只有先按住性子，继续走到他们跟前，才以诘问的口吻高声斥责：

"喂——我这么大声叫你们老半天，难道都没有听到吗？"

其中那位高个子的农夫，这才抬起头来，向子路看了一下，咧了咧嘴角，发出一声嘲笑似的怪声，又低头去做他的事。他名叫长沮，正是孔子所料的隐者；年纪大约六十岁开外，留了一把及胸的长髯，看起来仪表不凡。

子路这才感到情形有些不对。于是，他立刻改变态度，并且以不安的口气礼貌地说：

"哎呀！真是失礼。因……因为不知道渡口要往哪一边走……"

这时,长沮再度抬起头来望了望子路,表情比刚才认真多了。子路一看到他的眼神,赶紧点头鞠躬,更礼貌地说:

"我们要到渡口……"

但是,他只顾另往道路那边望去,仍然不理会子路的话。

不过,这情形马上就随着他望见孔子的座车而不存在了。他回过头来,终于以一种怀疑的眼光瞪着子路问:

"那是谁? 在车上执辔的……"

子路觉得这人实在欺人太甚了。不但完全不理会他问的话,反而毫不在乎地倒过来问他车上的人是谁,真是岂有此理。不过子路虽然对这种目中无人的态度,生了满肚子的气,但也没有什么办法,只好尽量客气地回答:

"他叫孔丘。"

"孔丘? 就是鲁国的孔丘吗?"

"是的。"

"既然是他,就应该知道渡口在哪里啊! 他不是一年到头都在外徘徊的吗?"

说完,长沮弯下腰,继续挥动锄头做他的翻土工作。任凭子路再怎么问,都像哑巴似的,一句话也不回答。

到这时为止,另一个身材既矮又胖的农夫——他是名叫桀溺的隐者——始终不曾抬起头来看子路一眼,似乎完全无视于身旁的动静。子路心里想,这个胖子的性情,可能要比高个子的好些。于是,他稍稍走上前去,问桀溺通往渡口的路。

"什么? 渡口? ……"

桀溺漫应着,他连头都没有抬起来。

"是的,往渡口的路,不知是左边还是右边?"

"左边也行,右边也行,就走你喜欢走的。"

"两条路都可以?"

"不。"

说到这里,桀溺忽然抬起头来。他脸色红润,由于过度肥胖,双颊凹凸,眼睛则小小的,只有一小撮胡须,看起来要比长沮年轻几岁。

"不。"

他又说了一遍,同时咧嘴而笑。原来已够细小的眼睛,在肥胖的大脸的一压一张之下,变成两条大皱纹。

子路被弄得莫名其妙,正在啼笑皆非之际,桀溺倏地停住笑容,上下仔细打量着他,说:

"你是谁啊?"

"我叫仲由。"

"仲由? 又是孔丘的同伙吧?"

"是的,我是他的弟子。"

"哈哈哈——"

桀溺突然笑起来。那种笑声,就像锅子里面在煮蒟蒻一类的东西,因为滚烂膨胀后所发出来的气泡声一样。

子路没想到一说是孔丘的弟子,反而招来一阵嘲笑,心中非常愤恨,显得异常激动。但桀溺好像无视于子路的表情,望着别处说:

"原来是孔丘的伙伴,难怪找不到渡口。可怜!"

子路再也不能忍耐了,他摩拳擦掌,怒形于色。

"喂,仲由兄,别这样吧。你再怎样摩拳擦掌,也无济于事啊! 这样好了,我倒请教你:你认为当今的社会怎样?"

子路只好先垂下双手,松开紧握的拳头,眨一眨眼睛。

"到处都像泥沼,这不就是目前的社会情形吗? 仲由兄,是不是呢?"

"不错! 一点儿也不错。所以……"

"所以正在找渡口。你想这么说是吗? 不过,哪一个渡口都不能中意,你的老师不就是这样吗?"

子路觉得对方又要拿孔子开玩笑，再次捏起拳头，可是不知怎的，对方的观点竟在心底起了微妙的共鸣；他觉得这个人说得很有意思。于是，他忽然想从这个人嘴里，听一些平日他自己也同样对孔子所抱有的不平和牢骚话。念头一动，子路不觉兴奋地凝视着对方的脸。

"既想涉过泥沼，又不要泥水玷污了他，说来你的老师未免太贪求了。现在是什么时代了，哪里还能够找到你们中意的渡口呢？仲由兄，你不是知道吗？既然现在社会的动荡不安，有如洪水泛滥，那么，尽量逃往洪水无法侵袭的地方，才是上策啊！光是大声悲叫着：'洪水啊！洪水啊！'却自个儿在这边缘躲来闪去，岂不是一大笑话？这副样子，不是怪难看的吗？"

像是被感动，又像是十分愤慨，子路竟莫名其所以然地呆立不动。

"你怎么啦？哦——难怪是和孔丘一伙儿的，看来你也很不懂事。如果对尘世仍旧念念不忘，那自然无话可说。可笑的是，这个诸侯也不中意，那个诸侯也不中意，这不是五十步笑一百步吗？只要稍微超越这层狭隘的观念，不就会起了看破这个社会的念头吗？这样一来，不就能无牵无挂地放观一切尘事，飘飘然有如神仙般地自得其乐吗？哈哈哈！"

"不过……"

子路很认真地想说些话。但桀溺这时已转过身子，圆圆的屁股朝着他，又弯着身子开始播种了。不论子路再怎么说，他一句话也不答。

不过，子路此时也不再生气了。虽然在此之前碰到的好几位隐者，都不像今天这般愚弄他；虽然他们不但不告诉他问的渡口在哪里，反而把孔子和自己两人都说得一文不值。但今天他却意外地沉默温和，若在往常，他早就不会罢休了。

对这些隐者玩世不恭的态度，他一向就无好感。可是，他们的生活，过得那么安详、自在，而且达观，这又在他心里留下了很深的感动。他们似乎都认识到孔子所没有认识到的一种高雅的哲理。子路心里不禁油然兴起了这种向往。

他，悄悄地回去。

他,悄悄地走着。望着孔子的座车,想起弃官如弃敝屣、如今正寂寞地坐在车上的孔子,他的眼睛,陡然红了。他竟莫名地起了必须恣意诘问孔子,让孔子反省的念头。于是,子路蓦地跑回了孔子身边。

落在后面的弟子,这时也陆续到达了。他们不知站着在和孔子谈论什么,团团围住了车子。他们一看到子路回来,都停止谈话,一起别过头来望着子路。可是,子路看都不看他们一眼,很粗暴地拨开他们,突然把双手放在车框的横木上,一语不发。

孔子微笑着说:

"怎么了? 花了那么长时间?"

子路激动得不知从何说起,只见他喘息不已,好几次用拳头揉眼睛,以掩饰他的失态。

"好像见到隐者?"

孔子想镇定子路的情绪,先轻轻地这么说。

"是的,是隐者,是了不起的隐者呢!"

子路用高亢的声音爆发似的说着,并刻意地盯住孔子。

孔子的脸,却显得那么安详,那么明朗;这使子路大感意外。他曾想象到,坐在车上的孔子,一听这话,脸色必定更加黯淡恓惶。

"哦! 那很好。你跟他们说了些什么?"

再经孔子这么一问,子路压根儿就没办法发牢骚了。他原来想坦白地说出他的不满和意见,以促使孔子改变做法,但是,现在连报告刚才的经过都觉得很勉强,哪里还敢提呢?

孔子把眼闭上,弟子们却睁大了眼,大家在静听了子路断断续续的报告之后,弟子们个个不约而同地面面相觑;每个人都以不安的眼光,偷偷地瞥了孔子一眼。

孔子仍闭着眼,像是在沉思。一会儿,才深深地叹息着对子路说:

"那么,渡口往哪边走呢?"

子路愕然,内心忽然觉得自己似置身于庄严的殿堂,正接受审问一般,顿时为之穆然肃立。

"我要走人间的路,不和人们在一起,我的心便不能安宁。"

孔子把视线从子路身上转向其他弟子,然后又接着说:

"放吟山野,与鸟兽为友,这或许有时也是一种惬意的生活方式吧。但我决不学这种标榜清高的做法;我认为这是一个不能面对现实,或是完全自私自利的人,才会去走的路。我唯一想的,是如何朝着人类进化过程所应走的方向,去尽自己应尽的责任。换句话说,和人们一起同甘共苦、谋求解决问题之道,才是我衷心地愿望。也只有这样,我才觉得快乐、安宁。子路说那两个隐者认为目前这个污浊的社会,根本没有值得留恋之处,不该再有所追求。但我倒认为唯其如此,才更应投身其间,和人们分担苦难。如果天下有道,社会秩序已入正轨,我当然就不必这样风尘仆仆地过这种几近流浪的生活了。"

弟子们悄然倾听孔子的话。子路的双眼,不知何时已闪着泪光。他使劲把眼睛眨了几下,凝视着孔子。在落日的余晖下,他发现这时才看清楚那紧紧抱住人生的苦难不放、圣洁无比的圣人尊容。

"老师,我刚才对您抱过不敬的想法……"

面对孔子,子路不觉潸然泪下。

孔子默默地从车上把马缰交还给子路。然后,他愉快地回顾大家说:

"我们让子路选吧! 走错了,再转回来就是了。"

大家不禁笑了起来,子路也红着眼眶,不好意思地笑了。

这时候,那两个隐者,竖起锄头,斜倚身子,也正望着这边。现在,子路觉得他们像是杖着竹竿的草人。他怀着像是高兴又像是寂寞的心情,拉动马缰,驾着孔子的座车,继续上路。

第二十二节　子路请祷

子疾病,子路请祷。

子曰:"有诸?"

子路对曰:"有之。诔曰:'祷尔于上下神祇。'"

子曰:"丘之祷久矣。"

——《述而篇》

一向精神爽朗的子路,今天完全失去了往日的活力,萎缩地坐着沉思。

自从孔子卧病以来,他几乎不离半步,夜以继日地看护。但是将近一个月,孔子的病势始终未见好转。尤其是这两三天,身体更形衰弱。昨夜的情况,就显得相当危急。

"万一……"

子路请祷

一想到这上面,子路就茫然若失,只觉得全身无力,再也提不起一点儿精神。

当他的视线再度触及这心目中最敬爱的恩师时,不禁鼻子一酸,热泪盈眶。他怕孔子醒来看到他这副样子,便急急退到邻室。在邻室,他望着天井,脸上仍然满是茫然之色。孔子的房间偶尔会传来弟子们低微的交谈声。但他整个人已因极度空虚而逐渐失去知觉,就好像即将死亡的是他自己似的。

"不管老师到哪里,我都要跟随着他。"

他的思绪只要回到现实边缘，就会很认真地这么想。然而，想到死，他的记忆犹新；远在十余年前，当他问孔子人死后的情形会怎样时，孔子对他说：

"未知生，焉知死！"

（活着时的道理都还没有弄清楚，怎么能够知道死后的情形呢？）

孔子的意思是叫他研究实学，不要想些不着边际的事。从那时以后，他就真的不再往这方面想。可是此时回忆起进入孔门以来的情景，他就顾不得这些话了。

三十五六年前，他还是一位二十刚出头的青年，仗着一身勇力，再加上那个年龄特有的方刚血气，行事往往流于粗暴，动辄逞身挥剑。有一天，他又在为人打抱不平的时候，正好被年纪刚过三十的孔子看见，对他讲了一句年轻人应该读书学礼的话，使他事后越想越不是味道，于是就用雄鸡的毛插在帽上，用豭猪的皮装饰佩刀，扮成勇士的模样，大摇大摆地去找孔子，打算出一口气。想不到却被孔子那了无惧色的态度和义正词严的言语给折服了。这使他发觉人生必须有礼，才能俯仰于天地之间，最后竟投拜在孔子的门下，从此成为他的近身弟子。这三十多年来，不论雨雪之晨还是风月之夕，都影响不了他们师生活泼相处的心；孔子对他始终诱掖谆恳，教爱亲切，使他内心的充实感与日俱增。自从十余年前孔子辞去鲁国大司寇，抱着行道天下的决心，不畏尘劳，毅然奔走于诸侯之间以来，他更深深体认到孔子的伟大。如今孔子竟因长年风尘仆仆而卧病异国；感受浩荡师恩的他，眼见孔子病势一直未见好转，除了悔恨以前不该使气逞强，固执自己对某些事物的看法，让孔子多为他费了许多苦心以外，不知不觉更开始胡思乱想起来。

"人死了会怎样？这个问题不知道也没关系。只要死后还有一个世界，能够让我永远跟随着老师，那就好了。"

于是，在恍惚之中，他觉得似乎明天就要跟随孔子，一起走向那遥远而不可知的世界了；因此引起的喜悦，淡去了刚才的几许落寞。

但是，这只是一瞬间的想法；他蓦地愕然站了起来。

"什么话！这不是希望老师赶快死吗？"

他像是要赶走心中那不净的念头似的，两手在胸前乱挥一阵，然后站定倾听孔子房孔子的房间，此时静悄悄的。他极力放轻脚步，来回绕着刚才所坐的位子，不断地自责着。

"我一定要使老师再度康复。"

他那天生的急躁个性，迅速在心中抬头了。他忘了放轻脚步，一心想着各种医治的办法，但是，任他如何苦思，就是想不出一个比现在更好的办法。

"人力无法救治了。"

想着，他不禁感到有点儿黯然。

他在叹息声中，又坐了下来。但他这时也决定只要能医治好孔子的病，无论要他做什么，他都愿意一试。他觉得此时再怎样自责也无济于事，何况连自责的气力也没有了。

"看来最好的办法，只有祈祷鬼神保佑了。"

想到这里，他的心也悲痛起来了。过去，孔子经常教诲他要坚定心志，确实践守人道。那一次，他除了向孔子问起人死了会怎样，还请教了祭祀鬼神的问题，当时孔子告诉他"未能事人，焉能事鬼"，要他把这种诚敬用来事人。从那时起，他就严守这个教诲，无论在多么困苦的时候，也从未想到过祈求鬼神降福，想不到现在竟要祷告鬼神来保佑孔子早日康复。

"我怎么如此无能！"

他不禁痛苦地咬紧了牙齿。

不过，当他想到这并不是为了自己而祈求鬼神保佑时，又稍稍感到安慰。而且，如果幸而能使孔子的生命因此获救的话，即使被人说成是求道者的耻辱都可以，甚至被孔子逐出师门，他也一点儿都不会后悔。

抱着这种复杂的情感，他再度在室内来回踱着。最后，他终于下定决心，要立即付诸行动。未告诉任何人，他就偷偷地走出了门外。

过了几个时辰。

其他的弟子，发现一向最热心看护的子路，竟突然失去行踪，都觉得很奇怪，并且为他担心；可是当他们看到子路挟着一卷书，匆匆忙忙地走进孔子的房间时，又大感意外。

"老师，我想请您允许一件事。"

子路走近孔子的枕边，不断喘着气说。

"什么事？"

孔子微微睁开紧闭的眼睛。

"我想为您祈祷，祈祷您的病能够早日康复。"

"怎么突然这么说？在先王之道中，并没有这样的祈祷啊。"

"有，有！就在老师编纂的《周礼》上面。其中的诔词说：'祷尔于上下神祇。'"

子路急急把带来的书打开，指给孔子看。

孔子露出笑容，但却静静地阖上眼睛，没有回答他。

"老师！"

子路有点儿着急地说：

"老实说，我早知道老师会责骂，但我仍然决心偷偷去祷告；因为不知道祷告的方法，所以我就先去研究，最后终于在这卷书上，找到刚才那句话。既然古时候有这种做法，我就不必背着老师偷偷去祷告，因此，我才回来请老师允许我这么做。老师，为了您自己，为了同学，为了全天下的人，请您允许我祷告。"

孔子睁大了眼睛，目光炯炯有神，使人难以相信他是一个卧病的人。他盯着子路的脸，停了一会儿才说：

"你不用替我祷告，我自己已经在祷告了。"

"您自己？"

子路吃了一惊，不禁把脸凑到孔子面前；其他弟子也一脸惊讶地望着孔子的眼睛。

"是啊，我已经祷告了好几十年。"

"几十年？"

"你们都不知道我一直在祷告吗？"

弟子们面面相觑。孔子有感而发似的深深吐了一口气，又阖上眼睛。经过片刻的沉默以后，孔子闭着眼睛问子路说：

"究竟要怎么祈祷呢？"

"就是把自己的愿望向诸神祈……"

孔子不等子路说完，就睁开眼睛说：

"祈愿？祈什么愿？"

"……"

子路一时不敢贸然回答，不禁显得踌躇不安。因为他发觉孔子的话里，包含着他所想不到的深意。

孔子说：

"祈祷本身是很好的，但绝不能出于私情、私欲；它必须是一种超越私情、私欲的深心宏愿，完全符合天地神明之意，不掺丝毫杂念。你想真正的祈愿，是不是应该如此呢？"

子路有如石像，木然呆立。

"我再告诉你，我绝不否定天地间的诸神，更不敢轻视袖们。我至今所以不断地修身明道，就是为了尊崇诸神，不敢违背生生之德。我的人生，就是不断祷告的人生。你带来的那卷书，里面的谏辞也必须这样解释，才算体会了其中的深意。"

"老师，实在对不起，我的见解肤浅，反而让老师费心。"

"不，不，这也是学问。尤其是你这样关心我，更使我感到高兴。你的苦心，也可以说是一种道了。不，应该说是道的力量。但是，你千万不要为了我肉体的存在，而忽略我最重要的精神。我希望我的精神能够永远不死，借宣扬通于万古的先王之道而永恒存在。"

孔子这样说着，他那深邃的双眼，好像同时在凝视遥远的过去和遥远的未来。子路和其他弟子们，都有一种未曾有过的感动，他们不禁庄严地阖上眼睛，跪了下来。

"嗯，现在你们似乎已具有真正在祷告的心了。如果你们想为我祈祷，就必须有像现在这样清澈的心境。……好了，我想睡一会儿，你们也去休息吧。"

说也奇怪，第二天起，孔子的病就慢慢好了起来。但是，事不可测，命不可卜；五六年以后，卫国发生内乱，蒯聩父子争位，子路勇敢地殉难，孔子反而以七十二岁高龄，为子路

第二十三节　申枨之欲

子曰:"吾未见刚者。"

或对曰:"申枨。"

子曰:"枨也欲,焉得刚?"

——《公冶长篇》

近来,孔子觉得一向认为可靠的弟子,一做了官,就失去了刚强的德性,而轻易地向权臣妥协,这使他非常失望。就拿冉有来说吧! 冉有不仅个性温和,而且多才多能,足以临事应变,是弟子中最长于政治的,可是没想到一做了季氏的宰,就替他聚敛,使原来已比从前周天子王朝的周公还要富有的季氏,更加富有。孔子气得对弟子们说:

"非吾徒也,小子鸣鼓而攻之可也。"

(冉求,他不是我的学生,你们可以揭发他的罪行,起来声讨他!)

所以,他近来常常对弟子们说:

"吾未见刚者! 吾未见刚者!"

(我没有见过刚强不屈的人! 我没有见过刚强不屈的人!)

并且,总要为之叹息不已。

不过,很多弟子都觉得很奇怪。他们想:像仁者、智者或中庸这种至高至美的德行,就不敢说了,但是,具有刚强这种德行的人,一定多得很。首先,谁都会想起子路,其次,在年轻的弟子中,也有一位极具魄力的申枨。

申枨,虽然只不过是二十出头的青年,可是,在那长满胡子的脸上,却有一双炯炯有神的大眼。每当与人谈论时,他那雷鸣般的声音,总会压得对方无法开口。那种刚强的个性,不论在长者还是任何人面前,都不会稍做让步。有时候,他甚至会挑衅地耸耸肩膀,像是准备和人打架似的,大有一扑向前之势。同学们都对他退让三分,连孔子有时也感到头痛。

申枨这种刚强的个性,对年轻一辈的弟子来说,除了感到困窘之外,有时却也觉得很痛快。因为,年轻的弟子,大都有一种同感:就是年纪较大的师兄,尽管在孔子面前显出谦虚恭敬的样子,甚至有时连说话都紧张得有点儿口吃,但是,对他们这些年少的师弟,却摆出一副十足的架子。那种傲慢自大的脸孔,他们都吃不消,真有咽不下这口气的感觉。而申枨对这种师兄,经常毫不保留地加以痛斥。虽然难免有强词夺理的地方,但这些弟子就觉得申枨始终在为他们辩护、出气,每次总会因而欢喜得大为称

申枨之欲

快。因此,在这年轻一辈的弟子心目中,申枨是最受欢迎和尊敬的人物。他们一谈到这上面来,都会异口同声地说:

"就刚强来说,还是要数申枨最够资格、最当之无愧了,恐怕连子路,也比不上他。"

这已成为他们之间的定评。

有一天,这些年轻的弟子之中,有几个正陪侍孔子在内厅聊天;这是孔子教诲弟子的一种方式。他们恰巧又听到孔子感慨地说:

"吾未见刚者!……吾未见刚者!"

于是,有个弟子立刻问道:

"申枨如何?"

孔子有点儿诧异,看了大家一会儿。他的眼光充满怜悯,回答说:

"枨也欲,焉得刚?"

(申枨多欲,怎能算得上刚强不屈呢?)

一听孔子这么回答,这些弟子都觉得孔子的话很难了解,甚至感到不服。因为,第

一，申枨对金钱，向来极为冷淡，他对善于理财的子贡，始终抱有反感。和颜回比，申枨当然不能较他更能超越贫富观念，但他们绝不相信申枨会是个多欲的人。孔子竟会这么说，真是不可思议。其次，就算申枨多欲吧，但仍然不失为一个刚强的人，这是谁也不能否认的；他平日的生活和为人，就是很好的佐证。要不然，为什么连孔子本身对申枨刚强的个性，有时也想不出好的对策呢？因此，这是他们万万不能同意的。于是另外一位弟子马上抱不平地说：

"老师，您说申枨嗜欲，我想也许太苛求了吧？"

孔子莞尔，说：

"太苛求了吗？不过，我倒以为申枨比谁都还要多欲呢。"

弟子们愕然地望着孔子。孔子只顿了一下，又接着说：

"欲，并不单指贪财；它有各种不同的形态。明确地说，不等辨别是非，就下意识地想要胜过别人，这种私心，就是'欲'。顺着取之有道的原则积聚钱财，不能说是嗜欲。相反，对金钱虽不贪婪，但用意气和别人相争，虽然他的性格正直，但因早已怀有好胜逞强的心理，表现出来的只是一味地感情用事，这就是一种欲，一种极端的欲！申枨负气争强，执迷倔强，不就是这种欲吗？如何配得上称为刚强不屈呢？"

听完孔子对欲的阐明，弟子们才明白了孔子的意思；也才清楚申枨是个负气争强的人。不过，他们仍不了解何以负气争强就不能被称为"刚"，所以仍迷惑地望着孔子。

"还不了解吗？"

孔子叹了一口气，又说：

"刚，这种德行，是指克己的功夫，绝不是和人负气争强的意思。能克制自己的私欲，做人行事都顺乎天理，那么任何权势利害都阻挠不了他；始终保持坚定不移的初衷，不为外物所役，这才是真正的刚！"

听到这里，弟子们都不约而同地低下了头。孔子微笑着说：

"不过你们还是要多向申枨学习才是。申枨的负气争强，并不是为了权势和利害，而是为了追求义理。"

这些年轻的弟子，好像在最紧要的关头，忽然被击中要害似的，面面相觑，个个显得尴尬不安，并且为以前那些想法，感到非常惭愧。

第二十四节　陈亢探异闻

陈亢问于伯鱼曰："子亦有异闻乎？"

对曰："未也。尝独立，鲤趋而过庭，曰：'学诗乎？'对曰：'未也。''不学诗，无以言！'鲤退而学诗。他日，又独立。鲤趋而过庭，曰：'学礼乎？'对曰：'未也。''不学礼，无以立！'鲤退而学礼。闻斯二者。"

陈亢退而喜曰："问一得三：闻诗、闻礼，又闻君子之远其子也。"

——《季氏篇》

陈亢，字子亢，一字子禽。

虽然他为了跟从孔子求学，不辞辛劳地远从陈国备束脩之礼来到鲁国，但是，孔子的门人太多了，而他又是二十刚出头的年轻新生，要想有个别接受孔子教诲的机会，短期之内还不可能。通常他都是向孔子的高弟子贡请益；因此，陈亢在师兄子贡的辅导之下，为了间接地也能学得孔子的言行，可说无时无刻不在特别注意子贡的一举一动。

有一天，陈亢突发奇想地向子贡提出妙论：

"子为恭也，仲尼岂贤于子乎？"

（您对老师，不过是为了表示尊敬，才委曲师事罢了。依我看来，其实您比老师还要贤明呢！）

陈亢敢于这样说，当然是希望多从子贡身上了解孔子之故，但未尝不是他的真心话。因为他曾听孔子公开说过：

"我非生而知之者，好古，敏以求之者也。"

（我并不是生下来就知道一切道理的，我是喜好古圣先贤留下的文物制度，勤快地学

陈亢探异闻

习得来的。）

"德之不修,学之不讲,闻义不能徙,不善不能改,是吾忧也。"

（我所忧虑的是:自己不能修明德行,学业不能精益求精,听到好的道理,不能取以改进自己,有了缺失不能革除。）

"默而识之,学而不厌,诲人不倦,何有于我哉!"

（把听到、见到的,默默悟记在心里,孜孜勤学不厌,谆谆诲人不倦,我这三件事,实在是不足称道的。）

陈亢难得听到孔子讲道,可是每一次听到的,总是这类他觉得平淡无奇的话。这和子贡比较起来,子贡明敏生动的辩才以及华贵的气派,更容易使陈亢感到耀眼。

但是,对陈亢这种疑问,子贡则俨然地这么回答:

"君子一言以为知,一言以为不知,言不可不慎也! 夫子之不可及也,犹天之不可阶而升也。夫子之得邦家者,所谓'立之斯立,道之斯行,绥之斯来,动之斯和。其生也荣,其死也哀'。如之何其可及也?"

（君子说话是不可以不谨慎的,你只说一句话,别人就可以看出你是聪明,或是不聪明。我们老师的崇高不可及，就好比天无法用梯子爬上去一样。如果老师能够掌理国政，那么，就真如古人所说的："教人民生计自立，人民就能够自立；引导人民行德，人民便能够跟从；安抚民众，便能使他们归附；役使人民，他们也能和乐顺从。生时，人民讴歌他的德政；死后，人民没有不像失去父母一样悲悼的。"我哪有这种能力啊！你拿我来和老师比，叫我怎么敢当呢？）

但是，陈亢听了子贡这似是告诫的说明，并不能真正对孔子有所了解。有一次，他又问子贡说：

"夫子至于是邦也，必闻其政。求之与？抑与之与？"

（我们老师每到一个国家，便和这一国家的政治发生某种程度的关系，这究竟是老师自己去求得的？还是人家自动给他的？）

陈亢这种疑问，还有一层藏在心里的看法，就是他认为孔子功名之心太大了，说不定每次就是因为无法满足他的权欲，所以才不能长期留在任何国家。

对于这个问题，子贡回答他说：

"夫子温、良、恭、俭、让以得之。夫子之求之也，其诸异乎人之求之与？"

（我们老师具有温厚、善良、恭敬、俭约、谦让五种美德，各国诸侯一见老师，都会自动拿他们国家的政事来请教老师。这和那些极尽谄媚之能事，企图向诸侯取得一官半职的说客，是绝对不同的。）

"这大概就是老师不愿在不能以德为政的诸侯间久留的原因吧。"

听了子贡的回答，陈亢才改变了他心里的想法。

就这样，陈亢时常听子贡讲解这些道理，在子贡的熏陶下，才逐渐了解孔子的人格。同时，也更遗憾很少有机会能当面接受孔子的教导。

不过，陈亢这个人，天生就有一种多疑的个性，虽然不很严重，但总喜欢妄自揣测一件事情。而且，他本身也没有想到，应该有直接向孔子请益的勇气，这样才有更多直接受教的机会。

"大概是新生，或不是鲁国人的缘故，孔子才不太关心我。照理说，像我这种远从他国来向他学习的人，应更加受到照顾才对……对了，就拿孔子非常宠爱的颜渊、子路、闵子骞以及冉伯牛来说吧，他们不都是鲁国人吗？譬如我最尊敬的子贡，听说他就不如颜渊和子路受宠。这可能就因为他是卫国人，和孔子不是同乡的缘故。"

他虽然不敢肯定地这么认为，然而他脑子里，难免会想到这一点。忽然，他想到了伯鱼：

"伯鱼，他是老师的独子。从表面上看，孔子似乎像对待其他弟子一样地在教育他，但这恐怕只是装样子而已。难道老师不想使唯一的儿子超过其他弟子吗？我想孔子很可能会在没人在旁的时候，将私下保留的学问传授给他。"

想到这里，并没有使他感到不快。因为他脑子又很快一闪——如果能多和伯鱼亲近，那么，他便能够打听到孔子不曾传授给其他弟子的精髓。

于是，他好像发现了什么似的，不觉会心一笑。从此，每当遇见伯鱼，他总会先上前打招呼，然后与他聊天。但他并不愿意让别的弟子听到他们的谈话，所以每次总要尽量选择不引人注意的地方。

可是，陈亢这番苦心，没有多大的效果。因为伯鱼天生寡言，每次和他谈话时，都不会多说什么。他不但没有从伯鱼的话中，打听到他所期望的孔子对儿子特别指导的宝贵学问，而且就连一点儿平常的道理也听不到。

"我想，还是子贡比孔子伟大。"

失望之余，他不免又起了这种念头，并且下意识地拿自己和伯鱼比较一番。

"不过，伯鱼并不是傻瓜，也许孔子特别传授给他的学问，他一样也隐藏不讲。"

想到这一层，他的心又黯然了。于是，有一天又和伯鱼并肩走着的时候，他就开门见山地问伯鱼：

"您是老师的公子，可以说是日夜不离地随侍在老师身边，我想您一定听过不少老师还没有告诉弟子们的最有用的学问。您是否可以说些给我这个刚来的新生听听？"

他刻意地修饰着。

"不敢，不敢！其实我并没有什么特别——"

伯鱼说着，想了一会儿，又接着说：

"勉强说来，也曾经只有两次。有一天，我匆匆忙忙地走过院子，他正独自站在堂上，就叫住我说：'你开始读诗了没有？'我回答他没有，他责备我说：'《诗经》上说的事物包罗万象，可以使人事理通达，心气和平。你不学诗，怎能和人交谈应酬呢？'我学诗就是从这一件事情开始的。"

"是啊。"

"又过了几天，情形也和上次一样，他又叫住我说：'你开始学礼了没有？'我回答还没有。他又责备我说：'文化的基本精神在礼，礼可以使人品节详明，德行坚定。你还不学礼，怎能在社会上立身呢！'所以，我退下来以后，又开始专心学礼。"

"是啊。"

"是啊！如果要说家父特别教我什么，大概就只有这两件事。除此之外，你也是知道的，我受家父的教育，和大家一点儿也没有差别……"

"哦，是的。"

陈亢不停地点头，"是、是"的应着，他脸上的表情，好像很满意，又好像很失望。这时，他偶然把视线移到前面，却意外地看见孔子正向这边走来。孔子大概是读完了书，走到院子里来散步的。他们两人立刻迎上前去，恭恭敬敬地向孔子行礼。孔子停住微笑着说：

"你们两个人刚才好像一起在这里散步，看来很要好嘛。"

被孔子认为他俩很亲密，陈亢心里非常高兴。可是，孔子只默默地望着伯鱼。伯鱼说：

"最近我们才特别亲密，他常常教我很多事哩，我很高兴和他一起。"

"嗯，那很好。年轻时代，朋友之间互相切磋勉励是很要紧的事。今天我也来参加。"

说着，孔子继续向前走，他们两人则跟在后面。

"今天运气真好。"

陈亢这样一想，内心兴奋不已。

"说来——"

孔子边走边说：

"你们两人亲密是很好的事，但可不能因而使你们对友谊的衡量有所偏失。四海之内皆兄弟，君子之待人是绝对公正无私的，小人则正好和这相反；他们以好恶与利害来决定友谊，交友往往有很大的偏失。虽然表面上友谊的偏失还不算什么，但因为以个人的好恶、利害之心为基础，实质上已没有真挚的友谊可言了。真挚的友谊，自始至终都是以真理大道为基础的。"

陈亢的心，刚刚还很兴奋，这时却僵住了。

"咳，但是——"

孔子润了一下喉咙，回顾他们两人说：

"我并不是说你们是小人之交，我不过说说自己心中对交友的感想而已。"

陈亢这才恢复平静。不过，他心头却涌上一阵苦味，久久不能消失。

"哦，对了，对不起得很，中途打断你们的谈话；今天你们在讨论些什么呢？"

陈亢忽然觉得心上一凉。他一面听着伯鱼老老实实把刚才他们讲的话告诉孔子，一面注视着孔子的背影，显得忐忑不安。

孔子默默地走着，听完，他意味深长地说：

"我这样教过你，是吗？不错，君子之学，以诗、礼最为重要。诗，能够感发人的心弦，振奋人的情绪，使人考见得失，培养认识人生的眼光。它的和而不流，可以维系人际的平衡；怨而不怒，可以教导我们如何以最高尚的情操纾解郁结。至于人伦之道，更无不备于诗中，讲到近的，可以使人懂得如何侍奉父母；讲到远的，可以使人学会侍奉君上。并且，还可以从诗里面学到很多鸟、兽、草、木等天地自然的广博知识。至于礼，它是人类协调心灵活动的最具体的表现，它根植在敬、让上面。敬，则行为合宜；让，则上下无争。诚敬笃让之心表现于外的，就是礼；不论礼存于内还是形之于外，都必能使人的心灵达到和谐的境地。但是，礼让之道，必须完全发挥整体的作用，才能成其为礼让之道。因此，如果能运用礼让之道来治国，不仅政事没有什么困难，礼让的存在价值也会因此而确立；如果不能运用礼让之道来治理国家，那么，不仅政事办不好，而且礼让本身也会失去内涵，徒具形式，个人的和谐也从此大成问题。总之，诗和礼，绝对不单是语言和形态上的存在而已。你们千万要切记这一精神，好好用功。"

孔子一面走一面说，陈亢和伯鱼两人紧随着孔子听得出神，几乎踩到他的脚跟。孔子讲完以后，很久他们都没有说话。

"对了——"

孔子忽然停下脚步，回顾他们两人说：

"刚才我已说了不少，你们只是听而已，这并不能求得真正的学问。与其只想以私意到处寻找一些高深的道理来听，倒不如靠身体力行来慢慢思索领悟。因为不配合实际的领会，光凭听、想得来的'道理'，中间还隔着一层，是不真切的。因此，面对一件事，除非能先熟思审处，惕厉自己怎样去做，否则我也不知该如何指导。以私意来打听别人的道理，这种人除了显示他的轻率以外，是不会有什么收获的。所以，子路就非常值得称赞。当他听到好的道理，在还没有完全身体力行以前，他总是不敢再去听别的道理，以免分心而不能彻底地实践好。真正有心探求真理的人，应该先具备像他这样认真实在的精神。"

陈亢听完孔子的话，像突然摔倒似的惊惶失色，原先因感幸运而兴奋的心理，不知跑到哪里去了。他发呆似的站着，以失神的眼光望着正转回头去的孔子。

"老师真是一位厉害的人啊！"

他回到宿舍以后，不断地这样想着。他再也不敢以私意来揣测孔子，或借向伯鱼打听来满足他的好奇心了。

"我虽然向伯鱼打听不到所想的特别传授，并被老师指为不实在。但我却因此意外获得了三个道理。第一，知道诗的重要；第二，知道礼的重要；第三，知道君子对自己的儿子并没有私心，所教育弟子的，完全和教育儿子的没有差别。"

翌日，他把这件事的经过告诉了子贡，并说：

"由于这件事，我才多少能了解老师人格的伟大。"

这时，子贡趁机对陈亢说：

"这么说，那是很值得高兴啰。不过，要真正了解我们老师，并不容易。关于老师诗书礼乐等修己安人的道理，我们还可以因他的讲述而得到。至于老师对宇宙以及与人生有关的问题，也就是对'性理'、'天道'等这些最深奥的本质问题的看法，我们即使听了老师的讲述，也是很难了解的。老师的学问，可以说是博大精深。"

第二十五节　伯牛有疾

伯牛有疾。

子问之；自牖执其手，曰："亡之！命矣乎！斯人也而有斯疾也！斯人也而有斯疾也！"

——《雍也篇》

冉伯牛的病，从最近的症候已可以明显看出是一种恶疮了。疮毒扩散到他全身，手上脸上，到处都出现赤肿；暗红色的皮肉，看来有如熟透的柿子，随时都会溃烂，有的甚至已开始化脓穿裂。

这时候，前来探问的友人几乎没有，他本身也不愿让人见那难看的脸，所以这样反而使他觉得很安静。但在另一方面，无法排遣的寂寞，却像冰冷的秋水，不断地渗入他的心底；因此而生的对人生的诅咒，就像滚滚浊流中的漩涡一样，在他寂寞的内心深处起伏回荡。

尤其是天朗气清的日子，每每站在窗口，静看阳光照耀下的生机盎然的树叶时，他便会觉得天地间的一切，对他是那么残酷无情。

伯牛有疾

"在清明的阳光下，竟然有活生生的肉体一直在腐烂下去！这不是上天恶意的安排，又是什么？上天既然会如此恶意安排，人们向上的心，又怎么会受到正常的孕育呢？"

因此，他不禁冒出这种想法，同时也把视线转到室内阴暗的角落。

不过，他现在的心情，和当初得知是这种病时的惊慌相比，可说已恢复平静了。在那段日子里，他失去了一个人应有的感性，毫无理智，整天有如木偶似的绕室彷徨。其间他曾经几度试图自杀，但是，事后回想起来，只觉得那是一种没有意识的行为。

后来，他所以能够在绝望中面对现实，再度感受到人生的色彩，完全是孔子不断鼓励的结果。

孔子时常来看他，一再地安慰、责骂，给他很多的教诲。在那些话里，孔子最常提到一起周游列国时所经历的劳苦，尤其是在陈蔡边境绝粮时的情形。对伯牛来说，孔子这类回忆的话语，最令他低回不已。单是纯粹的安慰、责骂，对他并没有多大作用，可是一旦从孔子本人的嘴里，听到师生在周游列国途中所遭遇的危险时，这种教诲却有如滴滴清凉的露水，滴入他那原已日渐枯萎的心，使他再度萌生对生命的执着。

同时，他也渐渐恢复了原来的理智。最近他已经努力地在思索怎样才能克服悲观和怨尤的心理，怎样才能不去忧虑身上恶疾的变化；他要求自己要和以前一样，必须在学道方面继续精进；此外，还要想办法超越生死观念。

"虽然老师赞许我在德行方面，能够和颜渊、闵子骞、仲弓等人并称，我自己心里也一再引以为傲；但现在想起来，我的德行，却只不过是一堆好看的积木而已。最好的证明，就是一旦受到外力，便立刻归于崩解。这种经不起疾病和命运考验的德行，又算是什么德行？……

"想到这个问题，就会使我想起在陈蔡遭难时的情景，记得当时老师对我们说过这么一句话：

'君子固穷，小人穷斯滥矣！'（请参阅本书"陈蔡之野"）

"可不是吗？处在任何境遇都能够不滥的人，才称得上是真正有德行的人。但是，这种力量要如何修养呢？……

"还有，记不得是什么时候了，老师曾说：

'大军的主师虽勇，只要用更大的力量，绝无不被生擒之理；但是，一位普通的人，若能坚守心志，任何强力也无法动摇他的操守。'

"多么了不起的话！我的心情只因疾病就这样烦乱，说来真是可耻。这种坚定的操守，到底怎么拥有呢？我竟然一无所知。可见根本问题的探究，已经被我忽略了；过去，我只不过是在形式上模仿老师的言语动作罢了……"

在不断地反省之中，他不再那么痛苦了。虽然他在思想上还有无法突破的地方，但在心灵上，却依然有着人生的光明。但是，每当他偶然在床上翻动身体，皮肤因碰触而疼痛时，他就立刻会下意识地检视自己的双手，然后轻轻抚摸他那赤肿的脸，用指头小心地压压眉头和鼻子，于是战栗、萎缩、猜疑和诅咒，就占据了他的心房。

不知道为什么，今天一大早开始，他的心就静不下来；对朋友们的胡乱猜想，越来越深。

"他们怕被我的病传染，一定不会再来看我了。当然，他们也会找借口，互相说些怕打扰病人静养、要了解病人此时心情的理由。我看老师经常说的'恕'、'己所不欲，勿施于人'这些话，这时候对他们倒是特别有用。"

于是，一连串挖苦的想法，就很自然地浮现在他脑际。最后，他甚至猜想到孔子身上，竟有孔子和他们也差不了多少的想法。

"可不是吗？老师已经一个月没有来看我了；记得我脸上完全变形，是在他最后那次来看我时开始的。老师到底也不敢来了……

'岁寒，然后知松柏之后凋也。'

"老师既然经常装模作样地这么说，那么老师本人究竟是不是这类长青的松柏呢？所谓圣人，我现在才真正看清他的真面目。幸亏患了这种病，不然我还不晓得呢！"

伯牛的眉毛和睫毛都已脱落，他扭曲着那张变形的脸，发出挖苦的笑声。但是，笑罢以后，一股极端的憎恶感立刻袭上心头。他觉得所以会患上这种病，正是因为他负有揭穿孔子假面具的责任。因此，他认为自己已是一位牺牲者。

"为了孔子一人,过去大家不知已尝了多少苦头,为什么还要让我染上这个病,然后才能看清他的真面目?孔子这个人,难道这么值得大家为他牺牲吗?"

他越想越觉得这种荒唐的想法是对的,整个人几乎都要疯狂起来了。

"老师又来看你了。"

这时候,仆人突然出现在门口对他说。

伯牛吓了一跳。他有如从噩梦中惊醒一般,望着屋梁上面的方形木架发呆。然后慌慌张张地从床上坐起来,可是一瞬间又忽然躺了下去,并且用被子紧紧蒙住头;肩头上的被子,微微地颤抖着。

"是不是仍然请他到这里来?"

仆人走近床前向他请示。

伯牛没有回答。仆人低头想了想,好像想起什么似的,转身走出房间,轻轻把门带上。

约莫过了五六分钟光景,伯牛仍然蒙在被子里颤抖,但这时忽然从窗口传来了孔子的声音:

"伯牛,我不勉强一定要看你的脸;但是,起码也要让我听听你的声音。因为我已经很久没来看你了。"

"……"

"最近的病况怎样,仍不大好吧?可是,你一定要保持内心的平静,内心不能平静,是君子之耻。"

"老师,请……请……请您原谅我。"

伯牛在被子里抽噎着说。

"不,你尽管这样说好了。我了解你此时的心境,你不想使人为你难过。这种想法是对的,可是——"

孔子停了一下,接着再说:

"万一是你认为自己的病可耻,所以才将脸蒙住的话,那就不对了。你的病是天命;

对于天命，唯有接受一途。能够顺从天命也是一种道，并且是一种大道。唯有通过这条大道，才能完全具备智仁勇三达德，才能开拓不惑、不忧、不惧的心境。"

伯牛呜咽着。孔子虽然站在窗外，还是能够清楚地听到他的哭声。

"伯牛，把你的手伸出来。"

说着，孔子就把手从窗口伸进去；他的脸被窗户的木框遮住，屋内无法看到他。

伯牛把那有如象皮般粗糙的手，从被子里畏怯地伸出来。不知在什么时候，孔子已紧紧地握住了他的手。

被子里面，又传出了悲伤的呜咽声。

"伯牛，我跟你离开人世的日子，不会太远。你一定要保持内心的平静。"

孔子说完，放开伯牛的手，慢慢地步出大门。他好几次回过头来对随从的弟子说：

"这是天命，这是天命。但是，这样好的人，为什么会得这种病呢？这真是一件凄惨的事情。"

差不多过了半个时辰，伯牛才把那有如淋了雨的毒茹的头，从被子里伸了出来。等将湿透整身的汗水全部擦干以后，他就在床上坐定。这时候，他似乎觉得有一道凉爽的清风，吹进了他那悔悟的心湖。

"朝闻道，夕死可矣。"

他想起孔子这句意味深长的话，并且反复加以玩味。

"永恒就是眼前的这一瞬间。现在为道而生存的心情，正是超越生命而永生的心情。"

他这样想着。

"天命，不错，一切都是天命。不论是有病的人，还是健康的人，无不生存在天命这一不可测的怀抱里。天意无私，天道无亲，它没有丝毫恶意，它只是依照自然之理而行。只有能够深深体会天命的人，才能确实领受到生命存在的价值。"

此刻他已真正了解了孔子的心，他望着刚才被孔子紧紧握住的手，注视了很久。

他的心已非常平静，而且无比明朗。他对自己丑陋的身体，不复有丝毫感到羞耻的想法了。怀着这种心情坐在垫褥上,他觉得不论什么时候死去都可以。

第二十六节　一以贯之

子曰:"参乎! 吾道一以贯之。"

曾子曰:"唯。"

子出。门人问曰:"何谓也?"

曾子曰:"夫子之道,忠恕而已矣!"

——《里仁篇》

"老师的年纪已大了。"

"好像快七十的样子。"

"哪里,整整七十了。"

"师母去世,是在大前年吧?"

"嗯。"

"那七十就没错。难怪这一两年来衰老多了。"

"都到七十岁了,哪会不衰老。不过,老师的心,倒是越来越澄澈。"

"确实是这样。近来每到老师面前,总觉得恍如置身在水晶宫,连自己的身体都会变得透明。"

"能够变得透明最好,只怕仍旧是一块不干净的石头。"

"别损人好不好?"

"我最近一走到老师面前,就有一种奇妙的被滋润的感觉。"

"那种感觉怎样?"

"这种感觉,除了那样说以外,实在想不出其他的句子来表达。总之,那是一股无法言喻的喜悦。"

将近十个年轻活泼、二十来岁的孔子弟子,正凑在一起聊天。其中二十五岁的子游年纪最大;子舆和子柳同年,二十四岁;较小的是子张、子鲁、子循、子析和子石等人,其中子张二十二岁,子鲁以下三人,都是二十岁,子石最小,十七岁。在他们之中,子舆虽还年轻,但很受人尊重。他的姓名叫曾参,乍看起来虽然有些鲁钝的样子,却是一位反省能力很强的青年,是最受孔子瞩目的年轻弟子。如果大他三岁的有若,和大他两岁的子夏也来的话,那么今天这场聊天,必是棋逢对手,相当热闹。可惜他们两人都不在场。

一以贯之

他们继续聊天。

"虽然这么说,但是老师近来却沉默寡言,很少指导我们。"

"那不见得。时常被责骂的也有啊!我就是其中之一。"

"你是特别的。"

"胡说!你还不是一样,有时不也被来上一两句吗?"

"喂、喂!不要吵嘴。……事实上,老师近来真的是很少开口。"

"哦,我倒不这样想。"

"不,的确比以前沉默多了。"

"其实并不是最近才忽然变成这样子。除了必要的话之外,他本来就不随便说话。"

"对了!前几天还因此发生了一件很有趣的事呢。"

"有趣的事?和老师有关?"

"嗯,那些人也和你们一样对老师的沉默寡言不能了解,于是五六个人讲好一起去向老师提出抗议。"

"真是有趣。怎么抗议呢?"

"意思是说老师对有些人教得很认真,对他们却连教都谈不上。"

"哦!那太没有礼貌了。"

"哪里没有礼貌?我们都有同感。"

"那也有不这样想的人。"

"我们先听他说。老师怎么回答呢?"

"那又是必然的结果,用不着我讲。"

"不要卖弄聪明,难道你早就预料得到老师的回答?"

"没有预料到。如果能事先预料得到,就不会跟他们一起去抗议。"

"什么?原来你也一道去了。那你怎么可以说用不着讲?"

"老实说,我们听了都无话可说。"

"到底怎样?他回答些什么吗?"

"只要了解老师平常的为人,就不难想象。"

"喂、喂!算了吧,别再故弄玄虚了。"

"我并没有故弄玄虚啊!其实我已发现你也和我一样,对于老师还不能真正了解,这倒先使我觉得放心不少。"

"咦!你怎么可以扯出这种欺负人的话?"

"何必生气嘛,我现在说就是了。……但是,不用我说,子舆兄也能想象得到。"

大家不约而同把视线投向曾参。曾参笑而不答,他先看看年长的子游,接着环视大家一遍以后,轻轻把头低下。

"既然子舆兄也不知道,那我可以放心了。老师当时这样回答:'总而言之,你们的意思就是以为我有什么隐瞒不教的地方吧?其实我并没有什么隐瞒,我一天到晚所想的和所做的,就是如何使道具体实现。你们有心来向我学习,就要同时多观察我的日常生活。道不是光在嘴上,我对你们从来没有什么隐瞒,没有什么行动不让你们知道。孔丘就是这种人。'怎么样?你们也都无话可说了吧?"

大家默默地想着话中的意思,只有曾参仍旧露着微笑。

"那当时你们还怎么样呢?"

过了一会儿,一位弟子再开口问起。

"大家很不好意思,全都一声不响地站着。"

"除了这些,老师没再说什么吗?"

"有啊!后来他的语气很沉痛。……我现在已经记不全了,意思是这样:'就话本身来说,是没有多大用处的;对于不肯自动探求学问的人,即使费尽千言万语去教他,也是枉然。所以,不到你们求通而不得,发愤于心,我是不会去启发的;不到你们欲言而不能,郁结于胸,我是不会去教导的。只要看到你们发愤苦思,急于寻求理解,我一定会适时地加以点拨。而且,当我向你们举出道理的一隅时,你们就应根据这一隅加以领会,然后推想出其他的三隅来。否则,我就不再给予进一步的教导。'大意是如此。"

"噢,原来如此。这样大概就明白老师不说话的用心了。"

"这么说,那被责备过的人,就比没被提起的人来得好啰?"

"不见得,那也要看被责备的是什么。"

"那当然。……可是,你们这些抗议的人,就这样铩羽而归了吗?"

"除了这样又有什么办法呢?"

"实在太没用了,换是我,就要再说几句。"

"嘿,了不起,能不能说来听听?"

大家不禁改变了一下姿势,曾参也睁大了眼睛。

"是这样的,老师注重实践的教育精神,我们不是不懂;而且,他对有些人不惮其烦地谆谆教导,对有些人则只淡淡说了几句,也不讲些什么理由,这我们也可以约略知道是什么缘故。但是,同学们请教同一个问题,老师所做的回答却不一样,这我就不了解了。"

"那就是因材施教,因为各人的程度不齐。"

"是啊!"

一时引起的紧张气氛,立刻弛缓了。曾参的脸上也再次露出了笑容。

"因各人程度而作不同的回答,这我知道。可是老师的回答,有时却前后矛盾。"

"举个例子来听听吧！"

"有人问老师如果听到合于道理的事，是不是立刻就去做，当时老师回答说应该先和父母兄弟商量；但后来有人同样再问起时，老师却断然地说要赶快去做。"

"是谁问的？"

"这我就不大清楚了，只听说是子路和冉有这两位老学长问的。公西华听到这事，也感到矛盾，并且特地跑去问老师。如果找到机会，我也想问问看。"

"我想这也是因为子路和冉有个性不同，才作不同的回答吧！"

"也许是这样也说不定。但是，因材施教也该有个限度。如果原则不能站稳的话，那就会使我们无所适从，做人做事都会失去准则。我们所以到老师门下求学，还不是为了求得不移的哲理，如果这个不移的哲理，可以因父母兄弟的意思而左右的话，那还算得上是不移的哲理吗？我们不需要这种随时都会动摇的东西，我们所要的，是那种不被时地限制，能普遍适用于任何人的真理。"

"赞成，赞成！"

有好几个弟子不约而同地嚷起来。其中一位弟子注意着其他同学的表情说：

"看来老师过去所教的那些，都是没什么用的啰。"

"说是没用，未免有点儿过分了。"

"但是，关于道德方面的技巧，不是学到很多吗？"

"技巧？说到技巧那还可以。不过，那些技巧都相当零碎。"

"究竟是不是零碎没有整体性，我是不知道。但它只和个人有关倒是事实。"

"子舆兄，你一直沉默不语，有什么意见吗？"

曾参的脸上，显出很担心的样子。他一直在听他们谈论各自的看法。他对同学们那种浅薄的态度，感到十分痛心。他原想借这个机会，说明自己的观点，但继而一想，又怕孔子对他们这些不满的言辞，会有不同的看法。因此，现在马上就他们的谈论加以澄清，表面上是没有多大困难，困难的是，要绝对能够不引起其他可能发生的问题，不破坏孔子的教育方针；何况正如他们刚才所说的，孔子对于只靠言语的解决，是不会满意的。并且，孔子对任何问题，都抱着高度利用的教育态度，在这种场合，不知又会变得怎样；这也是他很想知道的。因为心里有这些想法，所以曾参委婉地回答说：

"现在老师差不多要来了。这个问题很重要，我们最好还是向老师请教。"

"当然要向老师请教。不过，如果你有意见，我们也想听听。"

话中隐然带有挖苦的味道，曾参这时干脆回答他们说：

"不，我并没有什么特别的意见。"

他们仍旧在这个问题的表面谈论不休；不但没有谈到问题的要点，甚至毫无顾忌地说出冒渎孔子的话。曾参认为这就不对了；如果再这样下去的话，就应该说出自己的看法，以结束这种浮浅失礼的场面。

但是，孔子这时来了。

"真热闹啊！"

孔子一面说着，一面走过正起立恭敬迎接他的弟子面前，在当中的位子坐下。

这时，年纪最长的子游，代表大家向孔子敬礼，然后客气地将刚才谈论的话题报告给孔子。

孔子注意听着，眼睛有如湖水一般澄澈。当子游讲完回到座位坐下以后，他好像点名似的，一一注视每位弟子的表情，最后他再看了看曾参，才以平静但有力的声音说：

"曾参，吾道一以贯之。"

（曾参，我的道浑然一体，贯通万事万物。）

曾参用力点了一下头，满怀自信地回答：

"是的。"

孔子听了曾参的回答，立刻站起来，留下那些因诧异而茫然相顾的弟子，悄悄地走了。

等孔子的脚步声消失之后，弟子们仍然满脸惊疑，彼此面面相觑。过了一会儿，还是没有人开口说话；这时曾参向他们点了点头，起身要走。

大家看曾参即将离去，这才像忽然想起似的，急急把他喊住。

曾参停住脚步,转身望着大家。

"刚才老师说的是什么意思?"

其中一位弟子先开口问他。

"只说一以贯之,实在想不出是什么意思。"

另外一位弟子也紧跟着这么问。

"子舆兄,我看你答得很有自信,是不是真的了解?"

又有一位弟子不客气地说。

他们竟把曾参围在中间,样子很紧张地等着他回答。

曾参环视着他们,然后静静地说:

"夫子之道,忠恕而已!"

(老师的道,除了尽己之诚、推己及人之外,没有什么奥秘。)

他们还是一脸不解。曾参进一步加以说明:

"你们刚才一直很不客气地批评老师,不是说老师所教的没有多大用处,就是说只是一些道德的技巧,又说零碎没有整体性,只和个人有关,但是你们只要想一想,就可以发现这些都是一贯之道所具体发展出来的。老师平常无不视当时实际事物来教导我们,如果将老师刚才话中的意思,当成是在表示他的道抽象玄奥,那就错了。因为你们的观念,一开始就执着在这上面,自然就越发认为是零碎的、个人的;不过,据我的经验看,老师说的即使是片言只语,也无不有哲理上的依据。自从我最近发现这一点事实以后,就一天比一天惊叹老师学问的平实淹贯;越是加以思索,就越加了解老师平常所教导的,的确都能加以贯通,浑然成一整体。小自民生日用彝伦之间,大至礼乐刑政之详,都是丝毫不差的。"

这样,大家才总算颔首表示会意。但曾参还是不放心地再说:

"可是,这并不是说老师的脑力高于常人。仅有高于常人的脑力,绝不可能构成这种浑然一贯的道体。依老师的情形看来,他的哲理并不是理论,那是历尽人生各种体验后,发自内心的愿望,是一种至高无上的生命象征。老师一旦失去了它,便一刻也不能感受到生命的意义,当然再也没有什么乐趣可言。总之,老师就是因为有了它,才能毫无做作地使一切言语行动,浑然成一不带任何色彩的玲珑整体。"

说到这里,曾参同时一愕。原来他发觉自己不知不觉间,正在向同学们说教。于是马上住口不说,脸上一阵羞红,逃窜似的溜了出去。

他们再度茫然地目送着他的背影。过了一会儿,大家才纷纷离去;每个人都是一脸像是了解,又像是不了解的样子。

第二十七节　子在川上

子在川上曰:"逝者如斯夫! 不舍昼夜。"

——《子罕篇》

夕阳保持着伟大的沉默,慢慢地浸入草原的地平线,旷野一片寂静。缓缓流淌的河水,深深地溶解着天边金红的残照,然后逐渐被四面八方迷蒙的雾色所吞噬。

孔子孤独地站在河边。今天他只带了一个小僮,在暮霭苍茫的天地间,他的影子显得那么渺小而又庄严。

七十多年来,不断地探求真理而一再切磋琢磨的生活,如今回想起来,竟是一段孤寂而漫长的旅程。其中十四年的长期漂泊生涯,始终没有遇到能够采用他政见的明君。和他同甘共苦将近五十年的夫人,已经永别了;并且,独生子伯鱼也已先他去世;最令他伤心的是颜回的短命而亡。在三千弟子之中,他认为颜回是唯一能够传他圣学的弟子;他把绝大的希望都寄托在他身上,想不到他竟只活了四十一岁。能够忍受丧妻丧子之痛的他,一接到颜回的凶耗,却受到濒于绝望的打击。

"噫! 天丧予! 天丧予!"

(啊! 天要亡我! 天要亡我!)

当时,他站在颜回的灵柩前面,不知不觉地这样悲叫着。接着更忍不住满腔的悲伤,

子在川上

终于放声恸哭。随从的弟子们,对这种异乎寻常的举动,大感惊讶,慌得不知所措。所以,在归途上,弟子们对他说:

"子恸矣!"

(老师哭得太过伤心了!)

他心中的悲痛没有平复,并不这么觉得,就回答他们说:

"有恸乎? 非夫人之为恸而谁为?"

(太伤心了吗? 我不为颜回而哭,要为谁而哭呢?)

转眼日子很快地过去,虽然近来他不再轻易地痛哭流涕,但失去颜回的创伤并未平复。在他那静如止水的心里,充满了"永远的孤独";"沉默"已成为他最好的伴侣。而他每天在河畔散步、沉思之际,西下的夕阳,就和一去不还的流水一样,同样令他低回不已。

今天,他又来到河畔远眺沉思:

"我的余年已不多了,回顾这一生,我自问不曾虚度光阴,即使是现在,我仍不肯放过一分一秒。我一直不断提高自己的修养,努力探求古圣先贤的大道,然后把体会于心中的道理,尽最大的能力推广到各国诸侯和三千弟子之中。近年来,我开始删定《诗》

《书》，作《春秋》，正《礼》《乐》，并赞明《周易》。这些流传给后世的文献，可说全部完成了。但是，我现在可以无牵无挂地离开这世间吗？自从颜回死后，真正能以身行道、遵奉仁德的人，现在在哪里呢？有谁能来继承我的道？真理不是概念，仁道更非巧言。我所期待于后人的，并非凭空高谈、表里不一，而是诚笃的身体力行！如果我现在就死了，到底我这辈子真正做了什么呢？不！在未找出一位适当的继承人之前，我绝对不能死！"

然而，眼前的流水，不停地滚滚向前流着，一去不复返。在遥远的草原深处，深红的夕阳，正一秒一秒地往下西沉。这些情景，使他意识到生命之终结，已渐渐地迫近他了！

"颜回啊！颜回！"

倏地，一股寂寞无比的呼啸声，起自他石像似的身体内部，他不禁呜咽起来。这一瞬间，原来他那"永远的孤独"，似已被推入"无尽的虚无"之中。

但是，七十多年来苦练所得的超人意志，已使他像沉静无波的湖底一样，足以紧紧地支持住他心头的悲伤情绪。他的步伐，在这感情与意志冲突的紧要关头，并没有显出丝毫的动摇。

"天行健……"

并且，他还轻轻地吟出《易经》中的一句。

水，始终滚滚地流着。本来正凝视水流尽处的他，这时轻轻把头转过来，向上溯望水流来处。他想：

"生命的源泉，永无穷尽。颜回死了，我不久也同样将告别这个世界。但是，化育万物的生生之德，是不会有息止的一天；古圣先贤的大道，也是永远不会消失的。"

夕阳先沉落在草原的地平线下，把它的余晖，留在一片烟霭中。河畔，暮色正浓，然而这时在孔子心胸之间，已经照耀着朝阳的闪闪光辉了。他带着小僮告别晚霞，喃喃自语地说：

"水，流着，流着，不分昼夜地流着；生生之德，不就像流水一样，永不止息吗！"

第二十八节　泰山其颓

子曰："吾十有五而志于学，三十而立，四十而不惑，五十而知天命，六十而耳顺，七十而从心所欲，不逾矩。"

——《为政篇》

孔子站在泰山顶上；在阳光的映照中，默然地凭高远眺。围绕着他垂手而立的弟子们，也像石头般地默不出声。

万里无云，蔚蓝的苍穹，有如翡翠般透明。在蔚蓝的苍穹底下，四周似乎一片寂静，其实却蕴含着无尽的烦恼；整个中国正在呼吸着已陷入无可避免地扰攘命运的气息。在地平线上，天地无法分辨出来，似乎只有靠蓝天的裙裾，才能消除大地上的烦恼。

"登泰山，这是最后一次了。"

过了许久，孔子才回顾弟子们这么说。

除了把道传给弟子们之外，孔子生平唯一的事业，就是对古典的究明。在掌管实际政治上面，他的智慧与诸侯的私心迥然不同。而他自己也很清楚，他这一生最后所能做的，并且也是最大的贡献，就是为天下制定仪法，垂六艺的统纪给后世，孜孜不倦地去究明古典。

泰山其颓

泰山，对他自己或整个中国来说，都是一座神圣的山岳。他最近一直有很强烈的冲动，想登上这座神圣的山岳。但那并不是因为他对书斋中的工作感到厌倦，而是认为古圣先贤之道的究明，必须由他本身站在泰山顶上，才能真正完成。他的这一意愿，今天已经达成了。他的眼睛、耳朵以及内心，如今在无限的过去和永恒的未来之间，是一片澄澈的寂然状态。

"虽是最后一次,其实也是第一次。"

孔子自言自语地这样说着,再度眺望远处。

弟子们面面相觑。孔子以前已登过好几次泰山。他到过了七十岁的最近这一两年,才完全成了书斋里的人;过去在行旅之中,曾几次登上这座山。对于"第一次"这句话,弟子们都感到有点儿莫名其妙。

然而,孔子并没注意弟子们的表情,反而向前移动两三步,仔细地审视起附近的一石一木。弟子们只好默默地望着他的背影。

"泰山的心胸多么幽邃啊!到了今天,我才走进泰山的怀抱。"

像是触到电流,在一瞬间,每位弟子心里都不禁一震。他们再度面面相觑,但仍不发一语。

"不死的精神!"

他们的眼神似乎在这样私语着。

"我现在对于世间已没有什么遗憾了。今后,只剩下书斋里还没做完的一小部分工作而已。"

弟子们再三面面相觑,仿佛觉得孔子马上会舍下他们,从泰山顶上升天而去似的,不约而同地走近他的身边。

不过,孔子这时已经转过身来,面带微笑地走向他们。在这微笑之中,无限的忧虑,和无限的喜悦,浑然地融在一起。那是只有能在人生的苦恼中经得起任何磨炼的人才有的微笑。弟子们在触及这种微笑的刹那间,看到了"圣人孔子",同时也看到了"人间孔子"以及"我们的孔子"。

气氛忽然变得很轻松,同时他们嘴里也流出活泼的话来:

"老师,您累不累啊?"

"在爬那个陡峭的险坡时,老师轻快的脚步真令人惊叹不已。"

"我还以为只有爬山不会输给老师,可是看今天的样子,连这点自信都要没有了。"

"我想希望老师活到百龄高寿的人,一定不是我们;这真让人高兴。"

这类的话,不断从年轻弟子的口中说出来。孔子就像是在和孙辈对话那样,轻快地一一应答,然后他忽然想起什么似的,阖上眼睛,独自频频颔首。

"嗯,大家随便坐下吧。我今天有些话想对你们说。"

说着,他就在身旁一块扁平的石头上坐下,两手把拐杖拄在面前。

弟子们随即在树根、石头或草地上坐了下来,大家的眼睛都闪着异样的光彩注视着孔子。

孔子先环视大家以后,才缓缓地说:

"今天,我想把一生的故事告诉你们。——虽是故事,却和普通的故事不同,应该说是心境的故事。这个故事直到今天我的心和泰山融为一体为止。我要将一生立志向学、历经人事、静观世变的心境,说给你们听听。"

他说到这里,脸上掠过一抹寂寞忧伤的影子。因为他再也不能在弟子之中,看到最喜爱的颜回和子路了。颜回因为疾病,子路则在卫国内乱中被杀,他们都已不在人世。此时此地,想到这两位爱徒不能随在身边听他讲这些话,内心不禁倍感痛惜。

如今优秀的弟子,只有子贡一人在场。他最近的进境,颇有令人刮目的地方;但是比起死去的两人,尤其是颜回,真可以说是山顶与山腰之差。现在所要说的话,子贡是否真能了解,然后在心里面细细体会,从而实践于日常之间,就已是一大疑问,何况是其他的弟子……想到这里,他不禁有些失望。

可是,孔子并无意终止这一话题。

"诚恳的言语,一定会永恒存在,就好像落在泰山上的雨水,虽然渗进泥土里面,但终会汇入大海一样。"

这样想着,他继续开口说下去:

"我立志求学时,已经十五岁了。"

弟子们都感到很诧异。因为一般士大夫的子弟,十三岁就要开始学诗习乐;孔子虽然少孤家贫,但到了十五岁还没有受到正式的教养,实在令人难以置信。

"当然啦,在此之前我多少也受过教育;但是,要到了十五岁的时候,我才开始知道学问的可贵，自己也才抱有追求学问的热望。说起来还有点儿难为情呢，在此之前的我，有如生活在梦境，毫无自觉，只是将日常所看到的，加以模仿而已；而表面的模仿并不是学问。真正的学问，必须自己多方刻苦自励才能求得。"

弟子们大多频频点头；其中也有听了不觉垂下了头，甚至脸红的。

"我好不容易才自我觉醒，立志追求学问，却由于受到生活贫穷的影响，不能一心不乱地用功。但反过来想，正因为贫穷，我才能够学习各种事物。所以，我现在对于金钱的出纳、谷物的管理，以及家畜的繁殖，都还很有自信。哈哈哈！"

"老师，这么说我想起了——"

子贡突然插嘴说：

"吴的大（音 tài）宰，曾说老师是圣人。"

"哦，吴的大宰？"

"是的。他说老师从诗书礼乐起，以至于日常生活琐事，没有一样不通晓；大宰大为惊叹，认为这种人就是圣人，实在多才多能。"

"哦，那你当时是怎么回答的？"

"老师具有与天意一体的大德，这就意味着是一位圣人，所以又能多才多能；我当时是这么回答他的。不过，我却认为圣人和多才多能是有分别的。"

"哦。但是大宰说我多才多能是很对的。刚才我已经对你们说过了，我年轻的时候因为贫穷，所以能学习各种事物。只是大宰并不明白君子之志；多才多能不是君子之道，君子之道还要具有体会生生之德的条件。"

孔子对于被称为圣人这方面，并没有说什么。子贡确认了他对大宰的回答绝对没有错，不禁觉得非常高兴。

"听说老师曾经告诉子张，因为没有见用于世，所以才熟习各种才艺……"

一位年轻的弟子这么说。

"对了，因为未见用于世，加上贫穷，又有很多空闲的时间，自然就经常有机会学习各种技艺。那并不限于我的早年时代。虽然如此，但从十五岁以后，我始终没有忘记学问的根本而离开正道一步。十六岁那年，在一个偶然的场合，由于缺乏礼的知识而觉得很难为情以后，一直到三十岁，我始终没有一天放松研究它。因此，在二十二三岁时，我就有教育他人的自信，同时对于自己的立身行己之道，也逐渐有明确的把握。我主张的道，从那个时候到现在，就一直没有丝毫的改变。我一向只以忠实的态度专心地去祖述古圣人之道；我主张的道，绝对没有自己的创意在里面。古圣人之道已经完美无缺，只要信奉它、喜爱它，完完整整地将它传给后世就可以了。殷朝的贤大夫老彭，就是这样的人。我的能力虽然不及，却很想学习老彭。"

"老师！"

这时，一位年轻的弟子叫着说：

"我们实在不相信老师所教的道，只是祖述古圣人而已。那是老师太谦逊了。如果只有把古老的事物传留后世才是人们应该践行之道，那么社会上首先就不再会有任何进步了。所以，殷代汤王的盘铭就有'苟日新，日日新，又日新'的话。在记忆中，老师曾一再告诉我们这句话的含义……"

孔子微笑着听完以后，马上严肃地说：

"你所说的，完全是想错了。现在姑且将圣人之道比做泰山。假如你我都不能登上泰山之顶，又怎能使它加高一分一寸呢？如果想在圣人之道上面再加一点儿创见的话，也必须先完全理解圣人之道。而这种理解，又不能光靠脑筋，还必须身心合一；也就是在实践方面，要能自如地把握才行。我到现在始终是在为做到这一层而努力；而努力的结果是，我更为发现古圣人之道的完美无缺而惊叹不已。你希望社会不断地进步，但是要使社会进步，本身必须先求进步；这才是一条最近的捷径。怎么样？你现在对古圣人之道是否有了真正的了解？你想要我告诉你超越古圣人的那种道，你自己本身是不是已经准备得很好？如果还没有准备好的话，就要像汤王盘铭上说的那样，每天洗涤自己身上的污垢，使你日新又新。"

弟子们都把头垂了下来。孔子又微笑着说：

"我再继续说下去吧。我深切地感到音乐不可忽视，差不多也是在这段时期。刚好是三十岁的时候,我跟乐师襄子学琴。当然,我从小就开始学习音乐,而且从没有间断;因为襄子是当时音乐方面的第一人,所以我就觉得应该去接受他的教导。"

"襄子的音乐造诣怎么样?听说他的名气很大。"

一位弟子这么问。

"确实很难得;除了他,几乎再也听不到那么好的音乐了。不过后来想想,却觉得还差一点点……"

"还差一点点?是说——"

"最后还是涉及个人的修养问题。这本来是不容易在你们面前说得清楚的,但到底还是学问。我先将当时的经过情形说清楚。是这样的:我刚刚到他那里的时候,他马上教我从未听过的曲子;等把这个曲子练习了十天以后,襄子就说:'可以了,现在再换另一支曲子。'可是我虽知道这支曲子的音调,却还摸不准它的节拍,因此我就这样告诉他,希望能再多练习一段日子。不过,又过了十天,他又说:'节拍已经很好了,再换下一个曲子吧。'但是,我还不能了解这支曲子的意境。于是我再继续练习下去,而十天以后他又说:'曲子的意境也已知道了,是不是可以换另一个曲子?'然而我仍执意要等到了解作曲者是怎样的一位人物以后,才愿意学其他的曲子。结果,有一天襄子看到我弹琴的样子时,非常惊讶地说:'你一定了解作曲者是怎样的一个人物了。'当时,因为我的内心已非常沉静,所以觉得似乎有一位肤色略黑、脸庞较长、两眼望着海洋的水平线、看来是一位帝王的人站在我的眼前。我觉得他一定是文王。于是,我就把这种情形告诉他,果然被他证实了。"

弟子们的眼睛闪着奇异的光芒。他们似乎把孔子习乐时所看到的文王形象,联想成了站在他们眼前的孔子。

"老师,襄子本身虽然知道这支曲子是文王作的,可是他是不是始终没有达到看见文王形象的境界?"

有一位弟子这样问。

"对了,我刚才说的还差一点点,指的就是这个意思。从这一点来看,无论如何,襄子还只是把音乐当作技巧爱好而已。如果只靠技巧，就想看到文王的形象，了解文王的心境，那是不可能的。必须真正地爱道，有一颗求道的心，换句话说，就是要有开拓人生的心，才能真正了解文王的乐曲。"

"听说襄子后来反而对老师执弟子之礼，是不是就因为这件事呢？"

孔子只是笑笑。不过，他想了一想说：

"襄子是一位很谦让的人。那时，他立即退到下席，对我一再揖拜。以他几十年熟练的技巧，再加上那样的精神，如果多活几年，一定能成为古今的名人。"

经过一会儿的沉默之后，孔子环视了叔鱼、子木、子旗、子羔这几位四十岁左右的弟子，接着说：

"如今回想起来，在我三十岁到四十岁这中间，实在是精神最苦闷的时期。因为刚上三十岁，我就被社会上的人士推许为礼的大家，不少权贵之门的子弟都来向我学礼，这自然就使我渐渐慢了心；而另一方面，我又发现自己所学到的学问，不过是一些极为平常的知识，谈不上是经过深刻思索的学问，因而感到很不安。内心既然感到很不安，又不能轻易使自己在社会上的权威地位发生动摇，如此一来，内心的处境就变得非常难堪。虽然直到今天为止，我始终在鞭策自己，没有须臾背离正道，但在当时，却确实因事事迷惑而苦闷万分。即使是一件小小的事情，也是左右犹疑，无法决定，最后总要费上三四天的心神，再也不能电光石火般地当机立断；而且，等到下定决心要付诸行动的时候，竟往往要再回头迟疑一下。现在回想起来，实在是不够练达所致。究其原因，不外乎学到的学问没有经过实践的磨炼。可是，一过了四十岁以后，那种迷惑不决的情形就不再有了；不论是什么事情，我都能立刻判别，下定决心。"

"老师去周都洛阳，是什么时候的事？"

"我记得是三十五岁那一年。当时，可以说是我一生感铭最深的时候。在明堂上看到尧、舜和桀、纣的图像的刹那间，心里真是充满了愤然而起的情怀。"

"和老子见面，也是在这个时候吧？"

"是的，我已经告诉过大家很多次，老子有如不可捉摸的龙那般神秘。虽然我不能同意他对现实人生所抱持的那些态度，但是，他与天地同生的心境，自然而幽邃，这种生存智慧，实在使我深为感动。他对我说的良贾深藏若无、君子盛德、容貌若愚等，都在告诫我必须舍弃骄气、多欲、饰态与淫志，这对当时还算年轻的我，都是非常适切的话，我到现在还感激不已。从那时以后，我所以能把学问由头而心，由心而行，在行上，则开始为开拓自然的境地而不断认真地努力以求，都是受到老子教示启发的结果。"

弟子们过去一直认为在学问上是和他们对立的老子，现在居然受到孔子这样极口称赞，他们都感到有些莫名其妙。

"但是——"

孔子忽然面露忧色地说：

"当时还有许多可厌的事。鲁国的政治乱到极点，昭公被季氏放逐到齐国，就是在这个时候。我因为痛心权臣乱政，社会动荡，也避到齐国。途中经过泰山附近时，丛莽夹道，古木阴森，遇到一位妇人在路旁的一座新坟前哭得很哀伤，于是我就上前问她是为了什么。她回答说公公和丈夫先后都被老虎咬死了，现在她的儿子也不能免于被咬死的噩运。我听了之后，问那位妇人为什么还要住在这个荒僻可怕的地方，那位妇人的回答真是令人震惊。她说：'因为这里没有苛虐的政治。'苛政确实要比老虎可怕。我当时立刻觉得上天将要交给我很大的使命，政治并不是书斋里的空言；尽管老子笑我有骄气，责我多欲，但我总是认为在这个社会上，若要实现古圣先贤之道，就必须掌握实权。不过话虽如此，但就像我刚才说的一样，如果连自己本身都不能治理好的话，那就谈不上其他的事。所以，在四十岁以前那段时间，我一直在努力地作自我建设，使自己不被任何事物所迷惑。"

"到了齐国，有没有直接参与政治？"

"权臣之中有人作梗，所以没有。而且齐景公是一位没有魄力、意志薄弱的人，结果我毫无可为。"

"对于景公，老师进过什么谏言没有？"

"那时他正好问起为政之道，所以我就回答他说，君臣父子各守其道，是当政者必须做好的第一件事。因为在齐国的宫廷权臣之间，这种根本之道早已紊乱，如果还要谈到实务的问题，那是绝对无法行得通的。"

"景公对老师回答的这句话，有什么反应吗？"

"他说：'如果君臣父子都不能践守其道的话，三餐再怎么丰盛，我也不能安心食用。'然而，他因为怕大夫陈氏和宠妃，连太子都不敢册立。不能尽己之道，光是这样说，又有什么用。"

"这么说，老师实际担任政治工作，是从鲁国开始的？"

"是的，鲁国是开始，也是结束。可是，当时我已年过五十，已经能够知道天命的所在了。因此，我就根据这一信念，无所忧虑地去推行政事。现在回想起来，从中都宰到司空，再到大司寇任上，在这三四年的政治生涯里，我确信没有做错什么事。天命是不易的，任何一个人都无法违背天命而行。我因为遵照了不易的天命，了解一般人事变化的通则，所以在推行政事时，始终没有什么不安的感觉。至于个人的成败利钝，完全在整个问题之外。但是——"

说到这里，孔子的脸色显得极为沉痛。

"知道天命，以上天此一不易之心构成信念以后，有时在潜意识中，我却还会对这一信念有所臆想，还不能说已经穷究了其中的道理。现在回想起来，当时我的政治作风，实在是还有不够圆通的地方。定公虽已起用我，但后来终于被齐国设计送来的美人所诱惑，受到季氏的甘言所左右，这就是我只了解一般人事变化的通则，而欠缺圆通所致。我和我的信念，当时并不能真正地豁然成为一体；信念变为含有臆想的信念，就是最好的证据。真正的信念，不能含有任何臆想的成分，必须穷究天命，通幽明之变，虔敬而自然地把信念和自己融为一体，这样才能算是真实地存在着。直到离开鲁国，在周游列国途中，我才渐渐体会出来。我开始对《易》有深入的认识，是在五十岁的时候，但完全了解其中的奥义，也是在周游列国的途中。天、地、人以及过去、现在、未来，都浑然地织在《易》这匹布里面；能够体会到《易》的奥义，就能进入相对的境界。使自己的信念克服潜意识里的臆想，从而没入天理之中，达到和天理融为一体的境界。一旦到了这种境界，只要眼睛看见,耳朵听到,就都能够知道其中的微旨,不会有丝毫的偏差;是非善恶,理曲理直,一切都明明白白地映照在自己的心中,而自己的心也能确确实实地有所取舍。这种人生的境界,我称之为耳顺。换句话说,就是心中毫无成见,任真、自然,不假思索,使天、地、人以及过去、现在、未来实在地契合的境界。我到达这一人生境界,已经是过了六十岁的事了。"

对弟子们而言,他们听到这里,所能了解的,只是孔子话中的表面部分而已,就好像抬头看到一片蔚蓝的苍穹,可望而不可即那样。在他们之中,就有人因此想起颜回在世时,有一天喟然而叹所说的话来:

"老师的德行,好比一座山峰,越是仰望,就越觉得它的崇高。老师的信念,好比一块金石,越是钻研,就越觉得它的坚实。老师的道,高远得难以捕捉,好像看到它在前面,一下子却又像在后面。老师确立顺序次第,谆谆地诱导我们,用古圣先贤之教来增广我们的学识,以礼来规范我们的行为。因为被他那精微的指导方式所吸引,我们即使想停止学习都不可能,不得不用尽所有的才能努力向学。尽管如此,然而到现在为止,我们还只能看见老师道的本体,而无法把握得住。"

"但是——"

孔子继续说:

"那种心境,并不是活生生的道,那只是自己一个人的心灵生活。在仙人或隐士之中,也有达到那种心境的。对我来说,如果不能进一步把它运用于日常之间,是不会满足的。就像磨得很亮的镜子,即使能映出万物的形象,然而所映出来的,毕竟是空的。同样的道理,假如我已将天、地、人和过去、现在、未来,映在心中,而不能再有进一步的作用,和死物又有什么分别。真理要能直接引导行为,才能使真理具有生命。我因为这样想,所以从那时以来仍然继续不断地在努力着。在继续努力中,我发现人们的行为往往很不单纯。我刚才说我到了四十岁就不惑,就行为所本而言,诚然是不惑了。我又说我到了五十岁能知天命,从所知的天命来说,的确未曾在根柢上有所违背。不过,在达到耳顺的境界之前,我行为尺度的刻码,还欠精密。虽然同样是一尺的尺度,其中就难免有一分一寸的刻码,含有我的主观。在不惑的生活目标中,在我所感受到的天命中,我的私心在作祟,我照着自己的意思去制定刻码。等到了耳顺,能够真实地把握一切以后,一校正刻码,我的行为却不能和那刻码完全符合。我的目标虽然没有错,并且所行的路程也是正确的,然而,所踏出的每一步,却总是难免有恣情与徒劳的地方。虽然我想改正,但是自己的脚还是不能完全照着自己的意思行动。我认为不能再这样下去。因为如果这样是对的话,就和为了孝亲而去做小偷一样了。于是,经过努力再努力的结果,我已能够随心所欲地行动,而和正确的刻码相符合了;这是七十岁以后的事。我能悠然自得地体会到心灵的自由,也要到这个时候。"

孔子把要讲的话说完以后,将眼睛阖上。风的声音,呼啸过林梢,消失在远处的山谷间。孔子一面听着风的声音,一面回想自己长久以来的苦斗。不求神秘,不盼奇迹,循着常道,靠自己的力量一步一步地向前深究,深究那人生的终极之所,从而把握人间的一切。他从自己身上看到,只要能在诚的上面,不断地积极努力,自己所达到的境界,是任何人都能达到的境界。这样想着,他感到无限喜悦。

"我所走过的道,是万人的道。现在,我对于任何一个能照着我的话,去走我走过的道的人,不会感到丝毫不安。因为我所说的话,没有一句空想。我说的话,已经全部经过实践证明。不,应该说我的话是在经过实践后,才产生出来的。"

想到这里,他站起来仰望天空。天空依然是一片无边无际的蔚蓝。而泰山的土地,正踏实地支撑着他的双脚。

弟子们各有不同的心境,他们细细咀嚼孔子的话,抬头仰视孔子的姿态。大家始终不发一语。

孔子把望着天空的眼睛转向他们。他在这一瞬间,忽然想到即将和他们永远离别。当他想到他们之中,一个也好,是否真正能理解自己所说的话时,一股深刻的孤独感袭上心头;他喃喃自语地说:

"谁都不会了解我。"

子贡听到这句话,有点儿兴奋地站起来。他走近孔子,诘问似的说:

"老师为什么要说这样的话？老师的大德哪里会没有人了解呢？"

然而，孔子并没有回答，他仍然自言自语地说：

"我不怨天，也不尤人。我只是照着自己所信的，就像从泰山之麓往顶上爬一样，由低处一步一步往高处走。我的心只有天会知道。"

子贡脸上露出失望的表情，似乎想再说些什么。可是，孔子已直瞪着他说：

"子贡，你懂了吗？我的道只是这样而已。"

子贡不敢再开口。不久，他们就下了泰山。

根据传说，孔子回家以后，为了纪念古典编纂事业的完成，悄悄举行了一个祭典，同时召集了弟子，严肃地向他们诀别，并这样声明：

"身为老师的我，任务已经终了。以后我不再是你们的老师，而是你们的朋友。"

孔子一生幕落的时候，是七十四岁那年春天。听说在死前七日，他对子贡流着眼泪，唱了下面这一首歌：

"泰山坏乎！

梁柱摧乎！

哲人萎乎！"

第十一章 名家品《论语》

第一节 读《论语》法

梁启超

梁启超（1873~1929），广东新会人。字卓如，号任公，别号饮冰室主人。近代思想家、文学家、学者。《论语》作为中国古代最重要的儒家典籍之一，集中体现了先秦的礼乐德治思想，"实为千古不磨之宝典"（梁启超语）。本文介绍了《论语》一书的读法，言简意赅，为初学者指引了登堂之门径。

先圣小像

吾侪对于如此有价值之书，当用何法以善读之耶？我个人所认为较简易且善良之方法如下：

第一　先注意将后人窜乱之部分剔出，以别种眼光视之，免使蒙混真相。

第二　略依前条所分类，将全书纂抄一过，为部分的研究。

第三　或作别种分类，以教义要点——如论"仁"、论"学"、论"君子"等为标准，逐条抄出，比较研究。

第四　读此书时，即立意自作一篇孔子传或孔子学案。一面读便一面思量组织法且整理资料，到读毕时自然能极彻底极正确地了解孔子。

第五　读此书时，先要略知孔子之时代背景。《左传》《国语》实主要之参考书。

第六　此书文义并不艰深，专读白文自行绅绎其义最妙。遇有不解时，乃翻阅次条所举各注。

右所学者，为书本上智识方面之研究法。其实我辈读《论语》之主要目的，还不在此。《论语》之最大价值，在教人以人格的修养。修养人格，绝非徒恃记诵或考证，最要是身体力行，使古人所教变成我所自得。既已如此，则不必贪多务广，果能切实受持一两语，便可以终身受用。至某一两语最合我受用，则全在各人之自行领会，非别人所能参预。别人参预，则已非自得矣。要之，学者苟能将《论语》反复熟读若干次，则必能肃然有见于孔子之全人格，以作自己祈向之准鹄。而其间亦必有若干语句，恰与自己个性相针对，读之别有会心，可以做终身受持之用也。《论语》文并不繁，熟读并不费力，吾深望青年勿蔑弃此家宝也。

第二节　孔子的智慧与幽默

林语堂

林语堂（1895~1976），生于福建省龙溪（漳州）县。原名和乐，后改玉堂，又改语堂，知名学者，在语言学、哲学、文学等领域都颇多建树，并以英文书写而扬名海外。本文以明白晓畅的语言，中西贯通的视野，漫谈孔子的智慧与人品、孔门弟子的性情、《论语》的语言风格和阅读方法。文章第二部分以轻松闲逸的笔调，透过孔门语录引导我们认识一个更真实、更鲜活的孔子——他的真性情、真面目，以及他的欲念与追求，在"幽默大师"林语堂先生的笔下，渐次展现在我们面前，夫子那"一点也不装腔作势"的可敬可爱的一面因之愈发鲜明。

一、孔子的智慧

《论语》一书，一般认为是儒家至高无上的经典，就犹如西洋耶教的《耶经》一样。其实这部书是未经分别章节未经编辑的孔子混杂语录。所论涉及诸多方面，但对所论之缘起情况则概不叙明，而上下文之脉络又显然散乱失离。读《论语》，犹如读 Bartlett 之《引用名句集》（*Familiar Quotations*）令读者觉得那些警语名句津津有味，引起无限沉思想象，而对那些才子的文句，不禁讶异探索，窥求其真义之所在。如将《论语》的内容与《礼记》和《孟子》，以及其他古籍各章相比，就会发现那些简洁精辟的文句都是从长篇论说文字中节录而来，而所以得存而不废者，正因为深受人喜爱之故。比如说，读了《论语》的"吾未见好德如好色者也"，然后再读司马迁《史记·孔子世家》上记载的：

> 居卫月余，灵公与夫人同车，宦者雍渠参乘，出，使夫子为次乘，招摇过市之。孔子曰："吾未见好德如好色者也。"于是丑之，去卫，过曹。

《论语》本文上并未提到孔子当时说"吾未见好德如好色者也"的实际情况，只是把这句话做一句抽象的话来说的。另外，《论语》中颇多四五个字的短句，如"君子不器"，意思是说君子不是只有一种长处的技术人才。又如"乡愿者德之贼也。"关于乡愿，我们幸而在《孟子》一书中找到了"乡愿"一词详细的解说。我想，谁也不会相信孔夫子每次说话只说三四个字就算了事。若说，有人向孔夫子发问，发问者整个的意思，读者若不了解较为充分，孔子所做的回答整个的含义就能充分了解，这也是无法相信的。清人袁枚曾经指出，《论语》这部书是孔子的语录，编纂者把弟子的问题部分尽量缩短了。因此在

《论语》中发问都简单得只剩下一个字,如某某问"政",某某问"仁",某某问"礼"。于是,虽然是同一问题;因发问之人不同,孔夫子也就以各式各样的话回答。结果为《论语》作注的学者也会因种种情况而误做注解,此种注解,自然不足以称公允之论。另有如下文:

子谓仲弓曰:"犁牛之子,骍且角,虽欲勿用,山川其舍诸?"

注释《论语》的人解作"仲弓之贤,自当见用于世。"但袁枚则认为此系孔子与弟子凭窗外望,见牛犊行过,偶有所感而发,并非指仲弓而言。

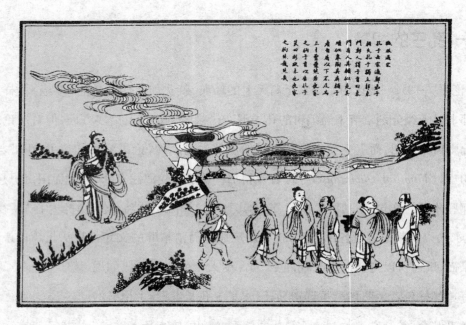

微服过宋

那么,除去书中所见孔子的智慧之外,《论语》之美究竟何在? 其美便在孔夫子的人品性格,以及他对同代人各种不同的评论,那美是传记文学的美,是孔夫子的语言之美,是随意漫谈,意在言外,而夫子的这些如珠的妙语却出之以寥寥数语,自富有弦外之音。《论语》之美正如英国十八世纪包绥艾所写的《约翰森传》(*Life of Samuel Tohnson by Boswell*)一书之美妙动人一样,而与孔夫子在一起的那批人物,他的弟子,他的朋友,也是与约翰森周围那些人物一样富有动人之美。我们随时都可以翻开《论语》这部书,随便哪一页都会流露出智者的人品之美,纵然有时极其粗暴,但同时又和蔼可亲。这就是《论语》这部书对中国人所显示的魔力。至于武断偏执也自有其动人的力量,孔夫子与约翰森的武断偏执之论,永远有动人的力量,因为这两位先哲把自己的见解都表现得那么断然无疑,那么坚定有力,其势堪称咄咄逼人。

《论语》这部书整个的特色只是阐释说明,并没有把孔子的思想系统做一个完备周全的叙述,孔子学说之真面目则端赖读者去深思明辨了。

孔夫子周围的人物,我们也可以借着《论语》这部书,得以略窥一斑。有时孔夫子与二、三得意门生欢乐相处,夫子欣然,就单凭文中的片语只字,我们可以稍得一些暗示。与孔夫子的话混在一起的,有些是孔门几位大弟子如曾子、子夏、有子、子张等人的话。这是因为《论语》内那些章文字的来源不同,有若干章根本是孔门弟子的弟子所记载的。比如颜回,为孔门弟子之长,沉静而富有深思,孔子对他亦极爱慕,每每对他赞不绝口。另一方面,又有子路,等于耶稣的大弟子彼得,他时常对夫子大人的行为也会质疑问难,不稍宽容。在《论语》一书中,提到子路时,往往缺少恭维之辞,那是因为在《论语》这部书记录成文之时,子路已经去世,没有门徒替他辩护的缘故。还有能言善辩,但有一些絮聒的子贡,还有比他们年纪颇轻但却恬静明达的曾子(将来弘扬孔教最为重要的就是他),还有文学气质最重的子夏,最为实际的政客冉求(最后孔子把他逐出了师门)。孔子的门墙之内广阔得无所不包,各式各样的学生都有,据说,每个弟子在学问上之所得,都只是孔子的一部分。后来,曾子子思孟子这个传统,发展成为儒家道统理想哲学的一面。而子夏荀子的儒学则顺着史学及学术的路线发展下去。正像基督教中圣约翰发展了耶稣教义的理想一面,当然其中也加上了圣约翰自己本人的一部分思想。所以,我们在《中庸》一书中可以看出来,看得出曾子把《中庸》里的哲学,人道精神,与中和诸重要性,予以发展引申了。一言以蔽之,我们可以把子思与孟子比做耶稣的门徒圣约翰,把荀子比做圣杰姆斯(St.James)。

《论语》本文是属于零星断片而飞跳飘忽的风格,阅读时自然需要读者的凝神苦思。懒惰的读者往往需要作者谈论个没结没完,自己只采取消极的态度,若是那样来读《论语》,便得不到益处了。读《论语》时,读者必须全神贯注,文句中包含的真理必须要凭读者自己的悟力才会彻底了解。读者必须要凭自己的经验去印证,才能有所得。在古代那种教育制度之下,当然并不立即要学童了解世界上那样思想极为成熟的哲学。当年之所求,不过要学生精读,以便牢记在心永不忘记,是留到若干年后作为智慧的泉源而已。不过,儒家对这部书,仍然教人以适当的研读之法。宋儒就论到读《论语》的方法。程伊川就曾说,要把《论语》中的发问者的问题,当作你自己的问题,把孔子的答话当作对你而发,如此,必得到实在的益处。朱熹也曾说,先读《论语》,每日读一两段。不管难懂与否,也不管深奥不深奥。只将一段文字从开头读,若是读而不了解其含义,就思索一下;若思索之后仍然不能了解,就再读。反复阅读探索其滋味。长久之后,便了解其中的含义了。朱熹在给朋友的书信里曾说,在读书时,千万留心不要贪多。读少一点儿,便容易彻底了解。读书能悟到真义,都离不开这种方法。在他著的《语类》中也这样说,明白原文的字面是一件事,体会其意义又是一件事。一般读者最大的弱点就是只了解字表面,而未能把握住书中真正的好处。他又说,读书的正当办法是要费苦心思索。最初,你会觉得如此了解,是要大费思索与精力,但是等你一般的理解力够强大之后,再看完一本书,就轻而易举了。最初,一本书需要一百分精力去读;后来,只需八十、九十分精力就够了,再后只需六十或七十分就够了,最后,以四十、五十分的精力也就够了。把阅读与思索,在求知识的进程上,看作相辅相成的两件事,这是儒家基本的教育方法。关于这两种方法,孔子本人也提到过,在《论语》上也有记载。

二、孔子的幽默

孔子自然是幽默的。《论语》一书,有很多他的幽默语,因为他脚踏实地,说很多入情入理的话。只惜前人理学气太厚,不曾懂得。他十四年间,游于宋、卫、陈、蔡之间,不如意事,十居八九,总是泰然处之。他有伤世感时的话,在鲁国碰了季桓子、阳货这些人,想到晋国去,又去不成,到了黄河岸上,而有水哉水哉之叹。桓魋一类人,想要害他,孔子"桓魋其如予何"的话,虽然表示自信力甚强,总也是自得自适君子不忧不惧一种气派。为什么他在陈、蔡、汝、颍之间,住得特别久,我就不得而知了。他那安详自适的态度,最明显的例,是在陈绝粮一段。门人都已出怨言了,孔子独弦歌不衰,不改那种安详幽默的态度。他三次问门人："我们一班人,不三不四,非牛非虎,流落到这田地,为什么呢?"这是我所最爱的一段,也是使我们最佩服孔子的一段。有一次,孔子与门人相失于路上。后来有人在东门找到孔子,说他的相貌,并说他像一条"丧家犬"。孔子听见说:"别的我不知道。至于像一条丧家狗,倒有点像。"

须知孔子是最近人情的,他是恭而安,威而不猛,并不是道貌岸然,冷酷酷拒人于千里之外。但是到了程朱诸宋儒的手中,孔子的面目就改了。以道学面孔论孔子,必失了孔子原来的面目。仿佛说,常人所为,圣人必不敢为。殊不知道学宋儒所不敢为,孔子偏偏敢为。如孺悲欲见孔子,孔子假托病不见,或使门房告诉来客说不在家。这也就够了。何以在孺悲犹在门口之时,故意取瑟而歌,使之闻之,这不是太恶作剧吗? 这就是活泼泼的孔丘。但这一节,道学家就难以解释。朱熹犹能了解,这是孔子深恶而痛绝乡愿的表示。到了崔东壁(述)便不行了。有人盛赞崔东壁的《洙泗考信录》。我读起来,就觉得赞道之心有余,而考证的标准太差。他以为这段必是后人所附会,圣人必不出此。这种看法,离了现代人传记文学的功夫(若 Lytton stvochey《维多利亚女王传》那种体会人情的看法),离得太远了。凡遇到孔子活泼泼所为未能完全与道学理想符合,或言宋儒之所不敢言("老而不死是为贼"),或为宋儒之所不敢为("举杖叩其胫","取瑟而歌,使之闻之"),崔东壁就断定是"圣人必不如此",而斥为伪作,或后人附会。顾颉刚也曾表示对崔东壁不满处。"他信仰经书和孔孟的气味都嫌太重,糅杂了许多先入为主的成见。"(《古史辨》第一册的长序)

读《论语》,不应该这样读法。《论语》是一本好书,虽然编的太坏,或可说,根本没人敢编过。《论语》一书,有很多孔子的人情味。要明白《论语》的意味,须先明白孔子对门人说的话,很多是燕居闲适的话,老实话,率真话,不打算对外人说的话,脱口而出的话,幽默自得的话,甚至开玩笑的话,及破口骂人的话。

总而言之,是孔子与门人私下对谈的实录。最可宝贵的,使我们复见孔子的真面目,就是这些半真半假,雍容自得的实录,由这些闲谈实录,可以想见孔子的真性格。

孔子对他门人,全无架子。不像程颐对哲宗讲学,还要执师生之礼那种臭架子。他一定要坐着讲。孔子说："你们两三位，以为我对你们有什么不好说的吗？我对你们老实没有。我没有一件事不让你们两三位知道。那就是我。"这亲密的情形，就可想见。所以有一次他承认是说笑话而已。孔子到武城，是他的门人子游当城宰。听见家家有念书弦诵的声音。夫子莞尔而笑说："割鸡焉用牛刀。"子游驳他说，夫子所教是如此。"君子学道则爱人，小人学道则易使也。"孔子说："你们两三位听，阿偃是对的。我刚才说的，是和他开玩笑而已。"（"前言戏之耳。"）

　　这是孔子燕居与门人对谈的腔调。若做岸然道貌的考证文章，便可说"岂有圣人而戏言乎……不信也……不义也……圣人必不如此，可知其伪也。"你看见过哪一位道学老师，肯对学生说笑话没有？

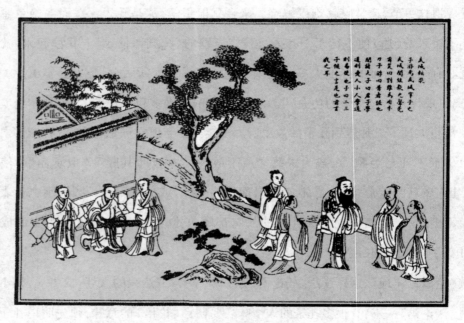

武城弦歌

　　《论语》通盘这类的口调居多。要这样看法才行。随举几个例：言志之篇，"吾与点也"，大家很喜欢，就是因为孔子作近情语，不做门面语。别人说完了，曾皙以为他的"志愿"不在做官，危立于朝廷宗庙之间，他先不好意思说。夫子说："没有关系，我要听听各人言其志愿而已。"于是曾皙硁甸一声，把瑟放下，立起来说他的志愿。大约以今人的话说来,他说:"三四月间,穿了新衣服到阳明山中正公园。五六个大人,带了六七个小孩子,在公共游泳池游一下,再到附近林下乘凉,一路唱歌回来。"孔子吐一口气说,"阿点,我就要陪你去。"或作"我最同意你的话。"在冉有公西华说正经话之后,曾皙这么一来放松,就得幽默作用。孔子居然很赏识。

有许多《论语》读者,未能体会这种语调。必须先明白他们师生闲谈的语调,读去才有意思。

"御乎射乎?"章——有人批评孔子说"孔子真伟大,博学而无所专长。"孔子听见这话说:"教我专长什么? 专骑马呢? 或专射箭呢? 还是专骑马好。"这话真是幽默的口气。我们也只好用幽默假痴假呆的口气读它。这哪里是正经话? 或以为圣人这话未免煞风景。但是孔子幽默口气,你当真,煞风景是你,不是孔夫子。

"其然,岂其然乎?"章——孔子问公明贾关于公叔文子这个人怎样,听见说这位先生不言、不笑、不贪。公明贾说"这是说的人夸大其词。他也有说有笑,只是说笑的正中肯合时,人家不讨厌。"孔子说:"这样? 真真这样吗?"这种重叠,是《论语》写会话的笔法。

"赐也,非尔所及也"章——子贡很会说话。他说:"我不要人家怎样待我,我就不这样待人。"孔子说:"阿赐,(你说得好容易。)我看你做不到。"这又是何等熟人口中的语气。

"空空如也"章——孔子说:"你们以为我什么都懂了。我哪里懂什么。有乡下人问我一句话,我就空空洞洞,了无一句话作回答。这边说说,那边说说,再说说不下去了。"

"三嗅而作"章——这章最费解,崔东壁以为伪。其实没有什么。只是孔子嗅到臭雉鸡作呕不肯吃。这篇见乡党,专讲孔子讲究食。有飞鸟在天空翱翔,飞来飞去,又停下来。子路见机说,"这只母野鸡,来得正巧。"打下来供献给孔夫子,孔夫子嗅了三嗅,嫌野鸡的气味太腥,就站起来,不吃也罢。原来野鸡要挂起来两三天,才好吃。我们不必在这里寻出什么大道理。

"群居终日"章——孔子说:"有些人一天聚在一起,不说一句正经话,又好行小恩惠——真难为他们。""难矣哉"是说亏得他们做得出来。朱熹误解为"将有患难",就是不懂这"亏得他们"的闲谈语调。因为还有一条，也是一样语调，也是用"难矣哉"，更清楚。"一天吃饱饭，什么也不用心。真亏得他们。不是还可以下棋吗？下棋用心思，总比那样无所用心好。"

幽默是这样的，自自然然，在静室对挚友闲谈，一点不肯装腔作势。这是孔子的《论语》。有一次，他说，"我总应该找个差事做。吾岂能像一个墙上葫芦，挂着不吃饭？"有一次他说，"出卖啊！出卖啊！我等着有人来买我。"（"沽之哉，沽哉，我待贾者也。"）意思在求贤君能用他，话却不择言而出，不是预备给人听的。但在熟友闲谈中，不至于误会。若认真读他，便失了气味。

孔子骂人也真不少。今之从政者何如，孔子说，"噫，斗筲之人，何足算也。""斗筲"是盛米器，就是说"那些饭桶，算什么！"骂原壤"老而不死是为贼"，骂了不足，还举起棍子，打那蹲在地上的原壤的腿。骂冉求"非吾徒也。小子鸣鼓而攻之，可也。"真真不客气，对门人表示他非常生气，不赞成冉求替季氏聚敛。"由也不得其死然。"骂子路不得好死。这些都是例。

孔子真正属于机警（wit）的话，平常读者不注意。最好的，我想是见于《孔子家语》一段。子贡问死者有知乎。孔子说，"等你死了，就知道。"这句话，比答子路"未知生，焉知死"更属于机警一类。"一个人不对自己说，怎么办？怎么办？我对这种人，真不知道怎么办。"（"不曰如之何，如之何者，吾未如之何也已矣。"）"知之为知之，不知为不知，是知也。"也是这一类。"过而不改，是谓过矣。"相同。"不患人之不己知，求为可知也。"——这句话非常好。就在知字做文章，所以为机警动人的句子。总而言之，孔子是个通人，随口应对，都有道理。他脚踏实地，而又出以平淡浅近之语。教人事父母，不但养，还要敬，却说"至于犬马，皆能有养"，这不是很唐突吗？"富而可求也，虽执鞭之士，吾亦为之。"就是说"如果成富是求得来的，叫我做马夫赶马车，我也愿意。"都是这派不加修饰的言辞。好在他脚踏实地，所以常有幽默的成分，在其口语中。美国大文豪 Carl Van Doren 对我说，他最欣赏孔子一句话，就是季文子三思而后行。孔子说："再，斯可矣。"这真正是自然流露的幽默。有点煞风景，想来却是实话。

第三节　孔子和他的学说

姜亮夫

姜亮夫(1902~1995)，云南省昭通人。原名寅清，字亮夫。著名国学大师，成就卓著的语言学家、教育家。本文第一部分"孔子的生平"，并未详录孔子生平事迹，而是从情理出发，结合考据，否定"孔子修删《六经》"说和"孔子见学于老子"说；第二部分"孔子的学说"指出孔子学说的核心是"以人生问题为中心而偶然论及宇宙及'知识'"，并辨析了"仁""忠恕""礼文""孝""性与大道"等概念；第三部分"释儒"梳理了"儒"这一名称之所指的演变，简明清晰。

一、孔子的生平

孔子名丘，字仲尼，鲁国人。周灵王二十一年庚戌(即鲁襄公二十二年，西历纪元前五五一年)生于昌平乡陬邑。周敬王四十一年壬戌(即鲁哀公十六年，西历纪元前四百七十九年)卒。他生平的事迹，《史记·孔子世家》载得最详，我们不必再来详录。我这儿只想提供几件与他的学术有大关系的事说说。(一)是孔子与《六经》，(二)是孔子见老子。这两件事对于学术上的关系很大。

(一)孔子与《六经》

《六经》成为"儒家"的专经，这的确是汉以后的事。但汉以前的《六经》，应当是诸子的共业。"儒家"自然也是读《六经》的人；不过汉以前的《六经》，其面目决不与汉以后的《六经》相同。这是我们所要预先知道的。孔子是个"博学于文，约之以礼"的人，《六经》想来当然也读过，甚至读得很熟。不过可断言者，读的绝不是现存的《六经》。至于"删诗""定礼""笔削《春秋》"的话，那决不可相信。偌大一件事，倘若孔子真是这样干了，孔子自己即算不声不响，他这般大弟子由夏之徒，还怕不诵芬漱芳，再三言之的吗？就是好扯谎的孟子，也不过仅仅说过《春秋》是孔子著的而已。而堪称孔子与《六经》有关的，倒反是"老家"的《庄子》。这真是不可解说的难题。《易经》显然有"五行""阴阳家"的思想，《书经》显然是靠不住的，是夏商之品（《周书》大概是真的），我虽不愿说《六经》全是战国以后之作，但孔子所读的《六经》也绝不是战国以后的这些东西。所以我们要把现代的《六经》归之孔子的修删，却是大错。不过它大半确是经过后来的"儒家"所修删，故仍不失为可为儒家经典的资格。

问礼老聃

（二）孔子见老子

孔子问礼于老聃的事起于《庄子》《吕氏春秋》《史记》诸书，但老子本身"便是个大问题"。《史记》以为适周在昭公二十年（时孔子年三十），《水经注》云："孔子十七适周"，是为昭公七年。《庄子》云："孔子年五十一，南见老聃"，是为定公九年。清人阎若璩琚又据《礼记·曾子问》："昔吾从老聃助葬于巷党，及堩，日有食之。"推得昭公二十四年夏五月己未朔巳时日，恰入食限，孔子年三十四岁（江慎斋亦主此说）。这真是异说纷纭，年龄上又有这些矛盾。这些话要说真，便应当都真。因为这些材料本身并无高低可说。这个问题的是否应当成立，只在老子这个人的本身上去求是非，便能明白。

老子这个人，自太史公便已不能确知为谁。《史记》于是乎闹出了三个莫名其妙的人。那么我们要问："孔子学礼的是李耳？是老莱子？是太史儋？传五千言的是否即此三人中的一人？"依照"儒家"经典的《礼记·曾子问》篇看来，当然是老聃。再以《庄子》各篇中所举的孔子与老聃问答的地方看，则老家也认为是老聃。儒道两家都有相同的传说，当然是老聃无疑，而《天下篇》中所称引老子之语，与今老子书所载亦多相同，则作五千言的老子，当然是老聃无疑。

既然孔子见的即是著五千言的老聃，则：

失道而后德，失德而后仁，失仁而后义，失义而后礼。夫礼者，忠信之薄，而乱之首。

——《老子》第三十八章

这样一种议论的人，而孔子会去问"礼"，这不是很可能诧异吗？以这样一个排斥"仁义"的人，而《论语》里一个字也不提起，甚至连无人不加批评的孟子书中，也一字不提，这真是奇怪！并且"仁义"对立，明明是"儒家"的后期哲学，老子处处针对着来说；这显然是起在孟子以后的书，《老子》中又以"忠臣""孝子"对举，又有"阴阳"之说等等，这些都是书成于战国的好事实。

梁任公先生也说，老子书中用侯王、王公、万乘之君等字样者，凡五处；用取天下字样凡三处，不似春秋时人语。偏将军居左，上将军居右，官名均出战国。

由这点看来，孔子见老子是假的！这都是道家欲自重其说，而造作的谣言。这个问题，关于孔子学说的本身太大，所以我们不能不辨。不过老子学说的中心思想，也应当是春秋时就已发生了的！不过到战国时才成立。春秋前老家思想，似乎在孔子学说中也不无一些"镞知之影"，这待后面去说。

二、孔子的学说

孔子学说的核心是什么？这是近今讲古代哲学的人所喜欢探讨的。有人以为是"仁"（如阮元，这大概不错），有人以为是"忠恕"（己所不欲勿施于人的恕），胡适以为是《易经》的"变易""象""辞"……等等，但我觉得都不对。"儒家"的学说，实在还未真真成为哲学的体系。它不仅无本体论，认识论也不曾完全。所以胡先生的话，不见得可靠。我以为"儒家"哲学是承袭古代哲学的"制度"而来的（"周监于二代，郁郁乎文哉，吾从周"的文）。它是以人生问题为中心，而偶然也论及宇宙，也以人生问题为中心而偶然言及"知识"。所以天帝也"人"化了。鬼神地祇物彪都不讲，只留下一个"慎终追远"的祖宗来。要说孔子学说中心，只好说孔子要教人做"人"。人的描绘——或勉强说人的本体——是"仁"。"仁"是做人的全德，从自己修养来说，则是：

子曰："巧言令色，鲜矣仁。"（《学而》）

子曰："刚毅木讷近仁。"（《子路》）

"仁者不忧。"（《子罕》）

"仁者寿。"（《雍也》）

而告颜渊的话，更是从中心点推到极则。

颜渊问仁。子曰："克己复礼为仁。""一日克己复礼，天下归仁焉。""为仁由己，而由人乎哉！"颜渊曰："请问其目。"子曰："非礼勿视，非礼勿听，非礼勿言，非礼勿动。"（《颜渊》）

从对人来讲，则是：

樊迟问仁，子曰："爱人。"

夫仁者，己欲立而立人，己欲达而达人，能近取譬，可谓仁之方也已。（《雍也》）

为什么要"爱人"？为什么"己立立人，己达达人"？这即是从"己所不欲勿施于人"来的。这即是所谓恕。恕是什么？是推己及人的意思。以人事方面言，即是己所不欲勿施于人。从消极方面说，己所不欲，勿施于人谓之恕；从积极方面而言，己立立人，己达达人即是"为人谋而不忠乎""与人忠"的忠。忠是什么？即周以察物的意思。所以忠恕二字，成了仁之对人的两面。忠恕为孔子一贯之道。从此而推，则对父母是"未有仁而遗其亲者"成其"孝"，对人君是"未有仁而后其君者"成其为忠（此忠与忠恕之忠不同），推之则对于政治是：

如有王者必世而后仁。（《子路》）

孔子要叫人做个有全德之仁的人。仁字不过是个空洞的名词，所谓"刚毅木讷"，所谓"仁者不忧"，所谓"仁者必有勇"（《宪问》），所谓"爱人"，都不过是仁字的描绘。如何能达到此境地，大约有两个步骤。从修养方面来说，即是"忠恕"，也就是"未知焉得仁"的"知"。从威仪来说，即是"克己复礼为仁"的"礼"。

何以说"忠恕"是仁的方法，这，我们要先知忠恕二字的原义。这件事章太炎先生论得最好：

……道在一贯，持其枢者忠恕也。躬行莫先，而方逊以为学。则守文所不省矣，心能推度曰恕。周以察物曰忠。故夫闻一以知十，举一隅而以三隅反者，恕之事也……周以察物，举其征符而辨其骨理者，忠之事也。故疏通知远者，恕。文理密察者，忠。身观焉忠也，方不障恕也……

"己所不欲勿施于人"的恕，是从"心能推度""疏通知远"上得出来的。己立立人己达达人，即《曾子·制言》篇所谓的："人之相与也，譬如舟车然，相济达也。人非人不济，马非马不走，水非水不流。"的意思。人相济，即是从"周以察物""举其征符而辨骨理"推来的。所以太炎先生的话，恰恰与子夏说的"博学而笃志，切问而近思，仁在其中矣"相同。也即是孔子所谓"能近取譬，可谓仁之方矣"的意思。这样说来，忠恕的原意，只是个求"真"，因求真而得到一个"诚"。于是成了后来的"忠信""忠恕"等等。由此看来，则《大学》之所谓"致知""格物""诚意""正心""修身"的内圣之道，"齐家""治国""平天下"的外王之道，也不过由于一个"忠恕"而可完成，故"忠恕"为孔子一贯之道。一切做"人"的方法，都从此出。做到一个全德的人——仁——便是孔子学说的最高点，所以孔子很客气地说："惟圣与仁，则吾岂敢。"但这所谓全德的仁，应当分两半橛，前半橛是修己，后半橛是安人，修己以安人，既是孔子的人生目的，也是孔子的政治最高理想，《大学》中的致知格物以至平天下而以修身为本，也即是这意思，此即所谓内圣外王之道。

更从外表的威仪来讲，则仁是"克己复礼"，礼字自然是礼文、礼制的礼。这是孔子外王之术，礼本来不过是一种分齐，一种好听的规律，其最重要点，只在要人守秩序。礼本来是自古世传的治国大典，为孔子所采用的，孔子要人造成"内圣外王"之道，礼正是成其为外王的一种威仪。并且孔子又是个传习礼文的人（详刘师培《论孔子无改制之事》与《典礼为一切政治学术之总称考》）。礼也即是"博学于文""子以四教文行忠信"的"文"。学习礼文，以为将来致用，这是孔子教育的目的，孔子看得很重要，生怕一旦坠失，所以虽然是仁了，倘仍是"好仁不好学，其蔽也愚"。孔子之切望仁人，以收拾礼乐，其情甚迫。故曰："人而不仁如礼何！人而不仁如乐乎！"（详《挐经堂集·释仁》与《性命古义》诸文。）

内在的修养有了忠恕一贯之道，是得了内圣之道，外表再加以礼文之学，则具备了外王之学，庶几可以为世用矣。

孔子礼文的用处，还有一点，是欲以矫富世之蔽（《季氏》："天下有道，礼乐征伐自天子出"一章可见）。矫世之蔽，即是"拨乱世而反之正"，即是要反于秩序。他的方法是："必也正名乎"的"正名"。因为"名不正则言不顺，言不顺则事不成"，因为在孔子看来，社会上事事物物，都只要各安其秩序，各守其本分，便无纷争。而秩序本分，都各有一定的界限与名义。礼乐征伐本天子的事，而今是"自诸侯出"。这即是不守本分，即是乱之由。所以"卫君待子而为政，子将奚先？子曰：必也正名乎"。这即是要使"君君、臣臣、父父、子子"，倘若"君不君，臣不臣，父不父，子不子，虽有粟，吾得而食诸？"

还有几件零零散散的事，也得分别说之：

孝的学理 《论语》说："君子务本，本立而道生。孝悌也者。其为人之本与！"这个本字，是"为仁"（为字动词）之本。意犹为仁之第一步。并不是仁的前面还有个孝在那儿；孝也是从仁中来，不过孔子是承袭古代哲学中礼制之学，而仍承认有祖先——即人鬼——的人。所以对于孝的观念，非常之重。这当然也是受当时农业社会的影响——不遇受他的中心思想的关系更大——但是孝的积极的理论，孔子不曾有，《论语》中只言孝的方法，而其重要的话，也不过："生事之以礼，死葬之以礼，祭之以礼。"则厚葬久丧的"慎终追远"，都无非是"守礼"。这在后来的儒家，则成了曾子的《孝经》的学理，子夏等的丧服讨论。不过孔子本来看家族是国家的缩影，故于家能孝，推而至于国能忠是相等的。不过从祖先本身着想，因而推为五伦之说，其所以恢殖之故，实不过从祖先崇拜而来。

性与天道 《论语》说:"夫子之文章可得而闻也,夫子之言性与天道不可得而闻也。"实在的"天道远,人道迩","未知生,焉知死","未能事人,焉能事鬼。"孔子是时时只着意在现在的,他并不去追索那渺冥无际的天。至于性呢? 孔子也只是说"性相近,习相远",并不曾分别善恶。孔子既不言性与天道,所以他的行事也即是个不计功、不计利的人。"知其不可而为之也。""君子之仕也,行其义也。道之不行,已知之矣。"

三、释　儒

后人称孔子为"儒家",似乎是个独立学派。其实在古初并不是如是,现在略略说说他的原衍。

儒的最早的意思是:

知天文古候,谓其多技,其号偏施于九能、诸有术者。

所以《庄子》"儒服",《庄子·说剑》篇齐稷下先生淳于髡、慎到、田骈之徒,亦称儒。《盐铁论·论儒》。王充《儒增》举鲁般刻鸢,养由基中杨,女娲炼石,诸书言"道""墨""刑法""阴阳""神仙"之论,谓之儒。可见《说文》训儒为卫士,这话是不错的,所以扬雄《法言·吾子》篇说:"通天地人为儒",这样看来最初的儒,不过是个巫师之流罢了!

缓缓地从巫师之义,变为教官,即《周礼·天官》的"儒以道得名"的"儒",也即《地官·保氏》"养国子以道,乃教之六艺"的保氏。"六艺"有小学大学之分,小学是礼乐射御书数,大学是六经。

到了孔子来,周家失败,师保失职。孔子是第一个把自古相传的教人之学传授与平民,从贵族阶级解放下来,而自来所传的六艺,只有孔子习之最精。于是"儒"的名称,遂被孔子所独占了。稍后,则以读《六经》者谓之儒。

总括起来说,最早的"儒"是一切术士的总名,甚至于诸子百家的总名,稍变则为师保。"游文于六艺之中,留意于仁义之际,于道为最高。"到孔子解放平民,而后人尊之曰儒,儒遂为专名。这个问题,太炎先生的《原儒》言之最详。

第四节 《论语》是一部未来派的小说（外二篇）

金克木

金克木（1912—2000），祖籍安徽寿县。我国梵学研究、印度文化研究大家，对东西方文化很多领域有广泛研究，著名的诗人、学者和散文作家。文章从现代人的角度，以幽默犀利的笔触、哲学家式的追问，剖析了《论语》一书及其中的人情世态，指出"《论语》是一部未来派小说"，"颜回是一个荒诞的人"，而孔子则是"一位超现实主义者"，这些独树一帜的观点令人读来耳目一新。此外，《〈论语〉中的潜台词》则尝试透过语言的表层，挖掘其言外之意。金克木先生对《论语》的一系列解读无疑为我们换个角度去看《论语》提供了思路上的指导。

《论语》是一部现代派或后现代派或未来派的小说。虽是两千几百年以前的作品，但恐怕要到公元二千年以后才有可能逐渐被人真正认识。

我背诵《论语》，是在五岁前后。那时还不到"五四"，陈独秀才在上海创办《新青年》，"新文化运动"刚刚开始，"批孔"不过是萌芽。从此一别《论语》，直到 70 年代初期，不知为什么忽然"批孔"大潮掀起，《论语》又时兴。不过来潮快，退潮也快。到了 80 年代才渐渐知道"批孔"只是借招牌，《论语》照旧是《论语》，从世纪初到世纪末，屡经风潮仍安然无恙。

我过了八十岁才想起这位幼年老友，有了一点再认识：原来《论语》是小说。

小说必有人物，英雄或非英雄或反英雄。《论语》里的英雄是超英雄。他们又在往古，又在未来，又存在，又不存在。孔门首席弟子颜回就是一个。

颜回这样的人物，《论语》里写了很多。不仅有只露一鳞半爪的神龙式人物，还有对话、故事、议论和人物互相穿插，突破时空程序，另有逻辑结构，越想越觉得奥妙无穷。说是小说,也是戏剧,既是文学,又是哲学,还是历史。总之,说它是什么,它就是什么,想要找什么,它就有什么,而且可以非常现代化,甚至"超前"。开头第一句"学而时习之"的"之"是什么,我至今不知道。下半句是"不亦说乎",一学习这个"之",就不会不悦,那是什么? 说是什么,就是什么。假如学习而不"说"呢? 那就不知道了。

无力去查书抄书,只在脑袋里回想幼年背诵过的古书,记起来的一些话都不懂了,可是又有些懂了。原来古书可以当作现代新书。想把自己古代化,书就难懂。想把古书古人现代化,那就不难懂。两千年前的,一百年前的,前年去年的,昨天的,古话都可以化作今天或者明天的话。这就是说把文字语言当作可以含有各种意义因而能够传达各种信息的符号,只看你用什么密码本去破译。什么经史子集,禅师或朱熹或王阳明或其他人的什么"语录"都和最早的"语录"《论语》一样,和八八六十四卦形象的"爻辞"解说以及越来越多的直到今天明天的解说一样。这是不是人类文化中的中国特色? 不敢说是,也不敢说不是,说不定。

一、荒诞颜回传

孔子给颜回的评语是一个字:"愚"。说他和颜回谈了一天话,颜回"不违,如愚"。然后,"退而省其私,亦足以发。回也不愚。"又不是愚,而是好像愚。老师说什么,他都说"是,是,是","不违",像是傻瓜。可是他退下以后,怎么"省其私"? "省"就是"审查"。圣人不会去私访或者派侦探,或者听小报告抓"活思想",搞"背靠背揭发",怎么"审查"? 而且什么叫作"发"? 绝不会是"发财"的"发"。

孔门弟子有位子贡,全名是端木赐。他会"方人",即议论人的长短,或说是对当代活人做比较研究,曾受过老师的善意批评。然而孔子有一次问他比颜回谁更强些。这明明是叫他"方人"了。子贡回答说:"回也闻一以知十,赐也闻一以知二,赐也何敢望回?"他很谦虚。可是颜回听到老师讲话只点头鞠躬称是,子贡怎么知道他听到"一"就知道"十"? 当然是背后议论过。这种私自议论会不会有人向孔子禀报?

孔颜师徒对话有一项记录。孔子率领门人正在周游列国,中途遇难。好不容易逃了过去,却不见了颜回。随后颜回赶到了。孔子说:"吾以汝为死矣。"颜回答复:"子在,回何敢死?"对话很生动。一个说是"我以为你死了。"一个说是"你没死,我怎么敢死?"针锋相对,哪里像是愚人?

为人称道一千年以上直到现在的是所谓"孔颜乐处"。原来孔子称赞颜回时说他"一箪食,一瓢饮,在陋巷,人不堪其忧,回也不改其乐,贤哉回也!"这就是"贫而乐"。什么叫"一箪食"?他一个人还是一家,吃一顿还是一天?难道他一人一顿要吃一大锅饭?还是说只吃饭没有菜?"一瓢饮"是不是只有一瓢水喝?一次水太多,一天又太少。住在陋巷里是出不起高价房租吗?受不了这种"其忧"的"人"是谁?是左邻右舍吗?"巷"是北京的胡同,上海的里弄,住客个个愁眉苦脸,只颜回一个人"乐",所以真是"贤"哪!是"不改其乐",可见在这以前一直是"乐",到了"陋巷"里只剩一箪一瓢吃喝了还是"乐",这才叫"不改"。这是能上又能下,不管环境遭遇饮食居住变坏,照旧乐呵呵,好极了。可是为什么会变化?他是一个单身汉吗?《论语》里只说他有父亲,未说有妻子儿女。他靠什么生活?是待业青年吗?奇怪的是,当过"大夫"即部长级的官的老师孔子竟不帮助,反而叫好。孔子说过,"君子周急不继富。"他有个门人去做官,他送去"粟九百"门人不受,"辞",他还坚决给,说可以转送"邻里乡党"。这不是"继富",接济富人吗?颜回受苦,急需救援,他不送一点"粟"去,怎么不肯"周急",援助急需的人?这位最可爱的大弟子死时,颜回的父亲颜路去请孔子给车子"以为之椁"。孔子不肯,说是自己当过大夫,是官,不是百姓,不能"徒行"不坐车。孔子的门人,也就是颜回的同学,"厚葬"颜回。孔子不赞成,说自己的儿子死时也没有给他车子,叹道:"回也视予犹父也,予不得视犹子也。"这是父子师徒之间的"礼"吗?生不送粮,死不给车,自己一定要摆官架子,还不是现任,是退休了的。

颜回死后,有一回鲁国国君问孔子,有哪位弟子"好学"。孔子回答说:有个颜回"好学",然而"不幸短命死矣。今也则无。未闻好学者也。"又有个掌权的大官季康子问过同样的话,孔子也做了同样的答复。两次记录都很难懂。圣人门徒有谁不"好学"?不"好学",去拜老师做什么?《论语》一开头就记孔夫子教导我们说:"学而时习之。"怎么颜回一死，学生里"好学"的就一个也没有了？三千弟子，七十二贤，除颜回外，全不"好学"？他说，"好学"的，听都没听说过（未闻）。什么叫"好学"？

颜回大贤对孔子大圣的称赞是："仰之弥高，钻之弥坚，瞻之在前，忽焉在后。"这几句话是诗的语言，意识流、象征派。仰头看，好比望泰山越望越高，不错。可是"钻"什么？当然是钻研"夫子之道"了。越钻越坚固，钻不动。"闻一以知十"的还说钻不动，那"十"是怎么知道的？都是下文说的用"文""礼"，"诱"出来的？忽然在前，忽然在后，团团转也，看不见摸不着，这倒像是《老子》说的"道"，"恍兮忽兮"了，怎么是孔子？

看来颜回是个荒诞的人，孔子是一位超现实主义者。

二、《论语》中的潜台词

不到一百年前，读书的小孩子在"发蒙"以后正式读的第一部书是《论语》，这里面有不少"至圣先师"孔子和别人的对话记录。书中有注，多半是揭露潜台词，同时也是作注者的台词。里面还有他的潜台词。小孩子不知道这些，心中无数。可是用小孩子的眼光一看，又会看出另外的潜台词，会发出小孩子的问题。这会遭到大人谴责：小孩子懂得什么？书上讲的还有错？不可胡思乱想自作聪明。一句句读下去，能背熟就好，将来受用无穷。不懂不要紧。"书读千遍，其义自见"嘛。一遍遍重复，书上的也就变成你的了。

《论语》是孔子的对话或独白的记录。不见得忠实，但花样很多。研究并发掘孔子的潜台词的人和书古今中外多不胜举。他是圣人，自当如此。不过大家都重视圣人之言，不大注意谈话对方。对话的门人弟子是贤人，还有人注意。此外的对手就进入冷宫了。他们好像是陪圣人说话的道具。其实，将圣人和非圣人的对话合看，加上可以挖出来或则加上去的潜台词，也许别有风光。

例如孔子和阳货的对话。一个是圣人，一个是奸臣吧？总之，是掌权的坏人。这两人怎么谈得起来？记的是，开头阳货找孔子，"孔子不见"。送来了礼，一口猪。圣人不能缺礼，必须回拜。可是又不愿见他。于是打听到阳货大人不在家才去拜访。这个行动也是语言。其中的潜台词是："还了礼，可还是不见。你不在家，这不怪我。"偏偏运气不帮忙，在路上遇见了。很可能是阳货权大，手下人多，消息灵通。孔子名气大，行动无法隐瞒。所以阳货一得到情报，立刻堵上路口。这有点像廉颇堵蔺相如演"将相和"的形式，内容可大不同。这一相遇，圣与非圣之间出现了来回几次对答。阳货很不客气，到末了，直逼中宫，将了一军，说："年岁不饶人啊！"（岁不我与。）孔子回答："好吧，我答应你，我要出来做官了。"（诺，吾将仕矣。）这里有什么潜台词？一个心里说："我知道你不愿意在我手下工作，偏要逼你出来，看你怎么说？"一个心里说："你是掌权大官。我不过是个退休的老头，我拗不过你。你用一层又一层大道理（仁、智）逼我不能不承认。可是答应尽管答应，这是口说无凭。做不做官，还是我自己做主。大不了我跑出鲁国，再去周游列国便了。"这一篇精彩对话的记录者或则报告文学作者自然也附有潜台词。那就是，大家看看圣人怎么对付小人的。他以礼来，我以礼去，他讲道理，我顺着他。我本来要做官，答应也不是假话。可是到不到他的手下，那就不一定了。这类报道也许起先口头流传，也可能书面抄写，用篆字刻在竹简上。到汉朝，成为经典，从此又有一代一代人一层层发掘潜台词并且写出或讲出或想出自己的潜台词，也就是所谓心得体会。这一段话便是我的读后潜台词写成了台词，同当年初读时的小孩子想法差不多，不免"贻笑大方"。

　　不明白谈话的对手，难以追寻潜台词，圣人的话也就难以明白。《论语》中有个原壤，不知是什么人，挨了孔圣人一顿骂，又挨了一棍打，也没答话，或者是答话没有记下来。他怎么得罪了孔子？书中只说他"夷俟"，据说是蹲在那里等待孔子来，无礼已极。朱熹老前辈注解说，这位是孔子的老朋友，大概是老子一派，放弃礼法的，因为据说他曾经"母死而歌"。这是顺手给老子一棒槌。孔子说他幼年时不听话，长大了无所作为，"老而不死是为贼"。于是用手杖敲他的腿（以杖叩其胫）。大概潜台词是："看你还伸不伸出腿来！"那时没有椅子，古人是跪坐在席上的。伸出腿来当然是不敬，所以要挨打。原壤年纪不小，一辈子不知做了什么错事，说不定什么事也没做，惹得圣人这样大发脾气，一点也不心平气和，不但动口，而且动手。孔子这时应当比原壤还要大几岁，为什么会骂一句"老而不死是为贼"？这句话竟然流传后世。孔子骂"贼"在《论语》中记的不止一次。"乡原，德之贼也。""贼夫人之子"。圣人教导人"非礼勿言"，"非礼勿动"。圣人骂人、打人不用说都是合"礼"的。平常人可就不行了。只有圣人才配说,"礼法岂为我辈设哉?"(说这句话的不是圣人。)不是守礼才成为圣人,而是圣人的一切都是"礼"。孔子"七十而从心所欲不逾矩"。圣人到了七十岁就可以随心所欲了。非圣,例如原壤,那就是"贼"了。圣人就是对,"贼"人就是错。那还用说?这话本身就是潜台词,不需要说出来。习以为常,众所周知。

第五节 品读《论语》

吴小如

吴小如(1922~)原名吴同宝,安徽泾县人。著名学者。北京大学中国中古史研究中心教授,中央文史研究馆馆员。发表小说、戏剧及诗词研究著作十余部。《〈论语〉还宜细读》指出论语虽然是语录体的义理之书,却很有文学特色,可以当作文学小品来读,但须细读,才可以有所收获。《歪批〈论语〉》论及对于《论语·里仁》中"父母之年不可不知也,一则以喜,一则以惧"的理解,又以嘲谑的口吻谈到时人对于此句的歪批,于幽默之外,批评人性的扭曲,具有一定的现实针对性。

一、《论语》还宜细读

清人章学诚认为"六经皆史",我则以为"五经""四书"多具文采,正宜把它们当文学作品读。《诗经》之为文学自不待言;《礼记》乃秦汉间儒家后学所辑杂著,有些篇当然不算文学作品,但如《檀弓》《学记》之类,作为散文佳品,正有其特色;《周易》中保存了不少民间神话传说,很可玩味;而《春秋三传》与《今文尚书》,从来就受到文学家的重视。《孟子》的散文久负盛名;而《论语》虽为义理之书,却具有文学特色,我一向是把它作为精炼的小品文来欣赏的(《老子》亦具备同样特点)。

如果从文学角度来看这些古代所谓"经典"，我们在阅读时自与封建科举时代"读经"者的立场观点迥异其趣，那么也就无所谓什么提倡或废止"读经"的问题了。不过据我自童稚之年即开始读《论语》，直到在大学里教书还开过《论语》专书选读的经验来看，这部书并不易懂。我曾写过一段小文章，题为《教孙女读〈论语〉》，仅就"论"字的读音（此处"论"字应读平声而非去声，与杜诗"重与细论文""分明怨恨曲中论"的"论"字音义全同）便研讨了好几百字。清人治学，认为义理、考据、辞章三者不可偏废，《论语》一书恰可成为体现此话的代表著作。今姑举"君子不重则不威"一章为例：

君子不重则不威。学则不固，主忠信，无友不如己者，过则勿惮改。（《学而》）

仅"学则不固"一句便有两种截然不同的解释。依朱熹说，此是承首句"不重"而言的，杨伯峻先生即用朱说，其译文云："君子如果不庄重，就没有威仪：即使读书，也不会把所学的巩固下来。"（《论语译注》第6页）但汉儒解此句却与上文无关，意谓如果你肯用功求学便不会固执己见，见识浅陋。这从《论语·子罕》"子绝四：毋意（主观），毋必（认定非此不可），毋固（固执，因陋），毋我（以我为中心，只相信自己）"和《宪问》中"疾固也"两处"固"字的训释都可得到证明。从下文看，每句各有一义，可能后说近是。

"主忠信"句，通常解为以忠信为主，这并不错。但《孟子·万章上》说孔子"于卫主颜雠由"，"于宋主司城贞子"，这里的"主"则是以某人为居停主人之意。李璟词："风里落花谁是主"，陆游词："寂寞开无主。"可见此句是说人做任何事都应以"忠信"为准则，它是人的主宰和主心骨。清人刁包《四书翊注》认为此章主旨全在"主忠信"一句，这话是不错的。若平平读过，便失去全章真谛了。

下文"无友不如己者"，历来众说纷纭，争论不休。你想交一个一切比你强的朋友，而那位一切比你强的人如果也坚持这一条，自然不会交你做朋友。以此类推，则天下几乎无人可以找到朋友了，岂不谬哉！忆往昔读此章，先父为我释此句云："这是针对初学者而言。若其学已成，正应诲人不倦，岂能因其人不如己而拒之于千里之外乎？"这是经验之谈，书本上自然找不到。回首前尘，已是半个世纪以前的话了。

最末一句"过则勿惮改"，看似易解，意实深微。朱熹《集注》："……有过则当速改，不可畏难而苟安也。"刁包释云："'畏难'正解'惮'意，'苟安'申明'畏难'意……言不可畏改过之难而苟安不改也。"又云："'惮'字有数义：或濡忍而不断，或系恋而不肯舍，或吝惜己力，或避讳人知，皆惮也。"这就不仅谈义理，而且饶有文学意味了。所以我说，《论语》虽属语录体，却是富有趣味性的文学小品，必须玩味细读，始能真正得到效益。

二、歪批《论语》

传统相声段子有《歪批〈三国〉》，今乃听到有歪批《论语》者。如有人释宰予昼寝为白日做爱，我在另一篇拙文中已谈到；又如有人释"唯女子与小人为难养也"的"女"应作"汝"解。不少读者也持异议。我以为这还不算"歪批"的典型。这里要谈的是《论语·里仁》中的一章："父母之年不可不知也，一则以喜，一则以惧。"

在谈"歪批"以前，先介绍一下正确的解释。这章书本不难懂，意指为人子者对父母应时刻关心。父母的年龄大了，做子女的既高兴又担心。何晏《集解》引孔安国说："见其寿考则喜，见其衰老则惧。"皇侃《义疏》引李充说："孝子之事亲也，养则致其乐，病则致其忧；忧乐之情深，则喜惧之心笃。"朱熹《集注》："知犹记忆也。当知父母之年，则既喜其寿，又惧其衰，而于爱日之诚自有不能已者。"清人刘开《论语补注》说得更深一层："人子于父母之年，无时不当知、无日可以忽者也。一则以喜一则以惧者，既喜其尚强，然恐父母强健之时不可多得也；既喜其寿考，然父母至寿考之日而其后已可危也。故惧即生于喜。终身在喜之内，即终身在惧之中也。若专言喜其寿而惧其衰，则于老年之父母如此；而人子少时，父母尚在强盛之年者，岂无所用其喜惧乎？"

撇开封建伦理道德观念（即所谓孝道）不谈，味诸家注释之意，其中都贯穿着一个重要的合理内核，即子女之于父母的亲情是也。一个家庭乃至社会、国家，除了义务与权利的关系之外，维系其存在的纽带还有"情"的一面。父母、子女之间的亲情，夫妻男女之间的爱情，同志、朋友之间的友情，都缺一不可。我们之所以重视爱国主义教育，正是为了加强人民对国家民族的向心力、凝聚力。如果缺少情谊和爱心，则人际关系只剩下唯利是图，绝对自私；于是损人利己，招摇撞骗，暗偷明抢，一切坏事都肆无忌惮地做得出来，从而国家民族的前途也就岌岌可危了。

正是由于人们的心态被扭曲，《论语》那一章"父母之年不可不知"的歪批邪讲才公然出笼。我所知的这种歪批邪讲是这样的："父母的年纪必须时时留心：如果他们老了，当然值得高兴，因为他们会很快死掉，则子女将减少经济负担和赡养义务，岂不是一件大喜事！但也有父母老而不死的，即使健康也缺乏劳动力，何况十之七八的老人都是体弱多病，成为子女的累赘和包袱，岂不太可怕了吗？"最初我以为这样讲法乃是说反话，后来才知道这是郑重其事的"正面"讲法。呜呼！这可算得上最典型的"歪批《论语》"了。如果孔老二的话当初真是这个意思，则难怪今日之世道人心到了如此不可收拾的地步！夫复何言！

第六节　孔子学说与中国古代社会

傅斯年

傅斯年(1896～1950)，山东聊城人，初字梦簪，又字孟真，著名历史学家。针对顾先生提出的秦汉以后孔子的时代地位及其学说的影响力等问题，傅先生首先探讨了看待历史问题的思维逻辑，随后分析孔子学说何以适应于秦汉以来的社会，其间旁征博引了诸多文史现象，深入浅出地研讨了"历史的积因"对于历史事实的产生所起的作用。而在言及秦汉以来的社会思想和一些儒、法人物时，对于相关史事信手拈来并予以精当、恰切地评析，使人不得不对其卓异史识深表折服。

一

孟真兄：

弟有一疑难问题，乞兄一决：

在《论语》上看，孔子只是旧文化的继续者，而非新时代的开创者。但秦汉以后是一新时代，何以孔子竟成了这个时代的中心人物？

用唯物史观来看孔子的学说，他的思想乃是封建社会的产物。秦汉以下不是封建社会了，何以他的学说竟会支配得这样长久？

商鞅、赵武灵王、李斯一辈人，都是新时代的开创者，何以他们造成了新时代之后，反而成为新时代中的众矢之的？

弟觉得对于此问题，除非作下列的解释才行：

孔子不是完全为旧文化的继续者，多少含些新时代的理想，经他的弟子们的宣传，他遂甚适应于新时代的要求。

商鞅们创造的新时代，因为太与旧社会相冲突，使民众不能安定，故汉代调和二者而立国。汉的国家不能脱离封建社会的气息，故孔子之道不会失败。汉后二千年，社会不曾改变，故孔子之道会得传衍得这样长久。

兄觉得这样解释对吗？请批评，愈详细愈好。

弟颉刚　十五、十一、十八

二

颉刚兄：

十八日信到，甚喜。

你提出的这个问题，我对于这个问题本身有讨论。你问："在《论语》上看……何以孔子成了这个时代的中心人物？"我想，我们看历史上的事，甚不可遇事为他求一理性的因，因为许多事实的产生，但有一个"历史的积因"，不必有一个理性的因。即如佛教在南北朝隋唐时在中国大行，岂是谓佛教恰合于当年社会？岂是谓从唯物史观看来，佛教恰当于这时兴盛于中国？实在不过中国当年社会中人感觉人生之艰苦太大（这种感觉何时不然，不过有时特别大），而中国当年已有之迷信与理性不足以安慰之，有物从外来，谁先谁立根基，不论他是佛，是妖，是摩尼，是景教，先来居势，并不尽由于佛特别适于中国。且佛之不适于中国固有历史,远比景教等大。那种空桑之教,无处不和中国人传统思想相反。然而竟能大行,想是因为这种迷信先别种迷信而来,宣传这种迷信比宣传别种迷信的人多,遂至于居上。人们只是要一种"有说作"的迷信,从不暇细问这迷信的细节。耶稣教西行,想也是一个道理。我们很不能说那萨特的耶稣一线最适宜于庞大而颓唐的罗马帝国,实在那时罗马帝国的人们但要一种"有说作"的迷信以安慰其苦倦,而恰有那萨特的耶稣一线奋斗的最力,遂至于接受。我常想,假如耶稣教东来到中国,佛教西去欧洲,未必不一般的流行,或者更少困难些。因为佛教在精神上到底是个印度日耳曼人的出产品,而希伯来传训中,宗法社会思想之重,颇类中国也。(此等事在别处当详说。)

我说这一篇旁边话,只是想比喻儒家和汉以来的社会,不必有"银丁扣"的合拍。只要儒家道理中有几个成分和汉以来的社会中主要部分有相用的关系,同时儒家的东西有其说,而又有人传,别家的东西没有这么多,也没有这么多人传,就可以几世后儒家统一了中等阶级的人文。儒家尽可以有若干质素甚不合于汉朝的物事,但汉朝找不到一个更有力的适宜者,儒家遂立足了。一旦立足之后,想它失位,除非社会有大变动,小变动它是能以无形的变迁而适应的。从汉武帝到清亡,儒家无形的变动甚多,但社会的变化究不曾变到使它四方都倒之势。它之能维持二千年,不见得是它有力量维持二千年,恐怕是由于别家没有力量举出一个 Alternative(别家没有这个机会)。

儒家到了汉朝统一中国,想是因为历史上一层一层积累到势必如此,不见得能求到一个汉朝与儒家直接相对的理性的对当。

这恐怕牵到看历史事实的一个逻辑问题。

说孔子于旧文化之成就,精密外,更有何等开创,实找不出证据。把《论语》来看,孔子之人物可分为四条。

(一)孔子是个人世的人,因此受若干楚人的侮辱。

(二)孔子的国际政治思想,只是一个霸道,全不是孟子所谓王道,理想人物即是齐桓管仲。但这种浅义,甚合孔子的时代(此条长信已说)。

(三)孔子的国内政治思想,自然是"强公室杜私门"主义。如果孔子有甚新事物贡献,想就是这个了。这自然是甚合战国时代的。但孔子之所谓正名,颇是偏于恢复故来的整齐:(至少是他所想象的故来,)而战国时之名法家则是另一种新势力之发展。且战国时之名法家,多三晋人,甚少称道孔子,每每讥儒家。或者孔子这思想竟不是战国时这种思想之泉源。但这种思想,究竟我们以见之于孔子者为最早。

(四)孔子真是一个最上流十足的鲁人。这恐怕是孔子成为后来中心人物之真原因了。鲁国在春秋时代,一般的中产阶级文化,必然是比哪一国都高,所以鲁国的风气,是向四方面发展的。齐之"一变至于鲁",在汉朝已是大成就,当时的六艺,是齐鲁共之的。这个鲁化到齐从何时开始,我们已不可得而知,但战国时的淳于髡邹衍等,已算是齐色彩的儒家。鲁化到三晋,我们知道最早的有子夏与魏文侯的故事。中央的几国是孔子自己"宣传"所到,他的孙子是在卫的。荀卿的思想,一面是鲁国儒家的正传,一面三晋的色彩那么浓厚。鲁化到楚,也是很早的。陈良总是比孟子前一两辈的人,他已经是北学于中国了。屈原的时代,在战国不甚迟,《离骚》一部书,即令是他死后恋伤他的人之作,想也不至于甚后,而这篇里"上称帝喾,下道齐桓,中述汤武,远及尧舜"四端中,三端显是自鲁来的。又《庄子·天下》篇,自然不是一篇很早的文,但以他所称与不称的人比列一下子,总也不能甚迟,至迟当是荀卿吕不韦前一辈的人。且这文也看不出是鲁国人做的痕迹。这篇文于儒家以外,都是以人为单位,而于邹鲁独为一 Collective 之论,这里边没有一句称孔子的话,而有一大节发挥以邹鲁为文宗。大约当时人谈人文者仰邹鲁,而邹鲁之中以孔子为最大的闻人。孔子之成后来中心人物,想必是凭借鲁国。

《论语》上使我们显然看出孔子是个吸收当时文化最深的人。大约记得的前言往行甚多,而于音乐特别有了解,有手段。他不必有什么特别新贡献,只要鲁国没有比他更大的闻人,他已经可以凭借着为中心人物了。

鲁国的儒化有两个特别的色彩:

(一)儒化最好文饰,也最长于文饰。抱着若干真假的故事,若干真假的故器,务皮毛者必采用。所以好名高的世主,总采儒家,自魏文侯以至汉武帝。而真有世间阅历的人,都不大看得起儒家,如汉之高宣。

（二）比上项更有关系的，是儒家的道德观念，纯是一个宗法社会的理性发展。中国始终没有脱离了宗法社会。世界上自有历史以来，也只有一小部分的希腊及近代欧洲，脱离了宗法社会。虽罗马也未脱离的。印度日耳曼民族中，所以能有一小部分脱离宗法社会的缘故，想是由于这些民族的一个最特别的风俗是重女子（张骞的大发明）。因为女子在家庭中有力量，所以至少在平民阶级中，成小家庭的状态，而宗法因以废弛。中国的社会，始终以家为单位。三晋的思想家每每只承认君权，但宗法社会在中国的中等阶级以上，是难得消失的，这种自圆其说的宗法伦理渐渐传布，也许即是鲁国文化得上风的由来。

本来宗法社会也但是一个有产阶级的社会，在奴婢及无产业人从来谈不到宗法。宗法的伦理必先严父，这实于入战国以来专制政治之发达未尝不合。那样变法的秦伯，偏谥为孝公。秦始皇统一后，第一举即是到峄山下，聚诸儒而议礼，迨议论不成，然后一人游幸起来。后来至于焚书坑儒，恐惧非其本心。秦王是个最好功喜名的人，儒家之文饰，自甚合他的本味。试看峄山刻石，特提"孝道显明"，而会稽刻石，"匡饬异俗"之言曰，"有子而嫁，背死不贞，防隔内外，禁止淫佚，男女絜诚，夫为寄豭，杀之无罪，男秉义程，妻为逃嫁，子不得母"。看他这样以鲁俗匡饬越俗的宗旨，秦国的宗法伦理，在上流社会上是不会堕的。故始皇必以清议而纳母归。孝之一字必在世家方有意义，所以当时孝字即等于 decency，甚至如刘邦一类下等流氓，亦必被人称为大孝，而汉朝皇帝无一不以孝为谥，暴发户学世家，不得不如此耳。有这个社会情形，则鲁儒宗之伦理传布，因得其凭借。

封建一个名词之下，有甚多不同的含义。西周的封建，是开国殖民，所以封建是谓一种特殊的社会组织。西汉的封建是割裂郡县，所以这时所谓封建但是一地理上之名词而已。宗周或以灭国而封建，如殷唐等，或以拓新土而封建，如江汉，其能封建稍久的，在内则公室贵族平民间相影响成一种社会的组织。其中多含人民的组织。人民之于君上，以方域小而觉亲，以接触近而觉密。试看《国风》那时人民对于那时公室的兴味何其密切。那时一诸侯之民，便是他的战卒，但却不即是他的俘虏。这种社会是养成的。后来兼并愈大,愈不使其下层人民多组织(因为如此最不便于虏使)。其人民对于其公室之兴味,愈来愈小。其为政者必使其人民如一团散沙,然后可以为治。如秦始皇之迁天下豪杰于咸阳,即破除人民的组织最显明的事。封建社会之灭,由于十二国七国之兼并,秦只是把六国灭了罢了。封建的社会制早已亡,不待秦。

中国之由春秋时代的"家国"演进为战国时代的"基于征服之义"之国,是使中国人可以有政治的大组织,免于匈奴鲜卑之灭亡我们的;同时也是使中国的政治永不能细而好的。因为从战国秦的局面,再一变,只能变到中央亚细亚大帝国之局面,想变到欧洲政治之局面是一经离开封建制以后不可能的。(从蒙古灭宋后,中国的国家,已经成了中央亚细亚大帝国之局面了。唐宋的政治虽腐败,比起明清来,到底多点"民气"。)

在汉初年,假如南粤赵氏多传一百年,吴濞传国能到宣元时,或者粤吴重新得些封建社会的组织。但国既那么大,又是经过一番郡县之后,这般想是甚不自然的。汉初封建只是刘家家略,刘邦们想如此可以使姓刘的长久,遂割郡县以为国。这是于社会的组织上甚不相涉的。顶多能够恢复到战国的七雄,决不能恢复到成周春秋之封建。封建之为一种社会的组织,是在战国废的,不是在秦废的。汉末尝试着恢复这社会的组织,也正不能。

我觉得秦国之有所改变,只是顺当年七国的一般趋势,不特不曾故意的特为改变,而且比起六国来反为保守。六国在战国时以经济之发展,侈靡而失其初年军国之精神,(特别是三晋),秦国则立意保存,从孝公直到秦皇。

汉初一意承秦之续,不见得有一点"调和二者"的痕迹。这层汉儒是很觉得的。太史公把汉看得和秦一般,直到王莽时,杨雄剧秦美新,亦只是剧汉美新耳。东汉的儒家,方才觉得汉不是秦。

儒家虽由汉武定为国教,但儒家的政治理想,始终未完全实现。东汉晚年礼刑之辨,实是春秋理想与战国理想之争,鲁国理想与三晋理想之争。鲁国以国小而文化久,在战国时也未曾大脱春秋时封建气。儒家的理想,总是以为国家不应只管政刑,还要有些社会政策,养生送死,乃至仪节。三晋思想总是以为这都非国家所能为,所应为,国家但执柄。其弊是儒家从不能有一种超予 Ethics 的客观思想，而三晋思想家所立的抽象的机作，亦始终不可见，但成君王之督责独裁而已。

近代最代表纯正儒家思想者，如顾亭林，其封建十论，何尝与柳子厚所论者为一件事。柳子厚的问题是：封建（即裂土，非成俗）于帝室之保全，国内之秩序为便呢，或是但是郡县？亭林的问题是：封建（即成俗，非裂土）能安民或者郡县？亭林答案，以为"郡县之弊其弊在上"必层层设监，愈不胜其监。刺史本是行官，旋即代太守，巡按本是行官，旋即代布政，愈防愈腐，以人民之中未有督责也。

中国离封建之局（社会的意义），遂不得更有欧洲政治的局面，此义我深信深持，惜此信中不能更详写下。

商鞅赵武灵王李斯实在不是一辈人。商鞅不是一个理想家，也不是一个专看到将来的人。他所行的法，大略可以分做四格：（一）见到晋国霸业时之军国办法，以此风训练秦国；（二）使警察成人民生活的习惯；（三）抑止财富的势力侵到军国。此亦是鉴于晋之颓唐。（四）使法令绝对的实行。商君到底是个三晋人。自孝公以来秦所以盛，我试为此公式"以戎秦之粗质，取三晋之严文"。

过浦赞政

商鞅这种变法，是与后来儒家的变成法家，如王莽、王安石等，绝然不同的。

赵武灵王不曾变法，只是想使人民戎俗而好战，以便开拓胡地中山，并以并秦。他是一个甚浪漫的人。但不见得有制度思想。

李斯的把戏中，真正太多荀卿的思想。荀卿所最痛言的"壹天下建国家之权称"，李斯实现之。他的事作与商君的事作甚不类。商君是成俗，李斯是定权衡。

这些人不见得在当时即为"众矢之的"。我们现在读战国的历史，只能靠一部《史记》。《战国策》已佚，今存当是后人辑本（吴汝纶此说甚是），而这部《史记》恰恰是一部儒家思想的人做的。商君的人格，想也是很有力量而超越平凡的。看他答公孙痤之言，何其有见识而有担当。且后来依靠孝公，不为私谋，秦国终有些为他诉冤的人。即令有人攻击他，也必是攻击他的私人，不闻以他之法为众矢之的。至于李斯，后人比忠者每称之。《史记》上有一个破绽"人皆以斯极忠而被五刑。察其本，乃与俗议之异。不然，斯之功且与周召列矣。"可见子长时人尚皆称许李斯，非子长一人在《史记》上做翻案文章耳。子长最痛恨公孙弘，最看不起卫霍一流暴发户，最不谓然的是好大喜功，故结果成了一部于汉武帝过不去的谤书。他这"一家之言"，我们要留神的。陈涉造反，尚用扶苏的名义，可见当时蒙将军之死，必是世人歌泣的一件事。蒙氏有大功，而被大刑，不合太史公的脾胃，把他一笔抹杀，这岂能代表当年的舆论战。如果《史记》有好处，必是他的"先黄老而后六经，退处士而进奸雄，羡货利而羞贱贫。"但头一句尚是他的老子的好处，他的儒家思想之重，使这书但成"一家之言"。假若现在尚有当年民间的著述，必另是一番议论。我们现在切不可从这不充足的材料中抽结论。

到了后世甚远，儒家思想，儒家记载，专利了。当年民间真正的舆论，就不见了。

宋前曹操在民间的名誉不坏，从宋起，儒家思想普及民间，而曹公变为"众矢之的"。当年何曾是如此的。

以上一气写下，一时想到者，意实未尽也。

弟斯年　　十五、十一、廿八

三

颉刚兄:

兄第六信提出一事,弟于上次信叙了我的意思很多。我现在补说下列几句:

中国社会的变迁,在春秋战国之交,而不在秦。七国制、秦制、汉制,都差不多。其得失存亡,在政而不在制。

商鞅一般人不见得在当时受恶名,我又举下列两事:(一)李斯上书,举商君以为客之益秦之例;(二)公孙衍张仪,孟子的学生大称之,大约是当时时论,而遭了孟子大顿骂。孟子是儒家,不见得能代表当时时论。

有一人颇有一部分像商君者,即吴起,在其能制法明令以强国。而吴起所得罪的人,也正是商君所得罪的,即是当时的贵族。大约战国初年的趋势,是以削贵族的法子强国。

弟斯年　十五、十二、七

第七节　孔子与音乐

徐复观

徐复观(1903~1982),湖北浠水人。著名学者。原名秉常,字佛观,后由熊十力更名为复观。在先秦两汉思想史研究方面颇有建树。中国古代文化常以"礼乐"并称,并有"乐教"的传统,本文作者认为,孔子对于音乐的重视,来自他对古代乐教的传承和对乐的艺术精神的新发现。根据典籍记载,他推测孔子对音乐曾下过一番功夫,"对音乐后面的人格的把握,即是孔子自己人格向音乐中的沉浸、融合。""乐教"不仅仅是个人修养的需要,更是政治的要求,这体现了艺术在孔门政治理想中的重要性。

从《论语》看，孔子对于音乐的重视，可以说远出于后世尊崇他的人们的想象之上，这一方面是来自他对古代乐教的传承，一方面是来自他对于乐的艺术精神的新发现。艺术，只有在人们精神的发现中才存在。可以说，就现在所能看到的材料看，孔子可能是中国历史上第一位最明显而又最伟大的艺术精神的发现者。

《史记·孔子世家》称"孔子学鼓琴于师襄"；《韩诗外传》五，《淮南子·主术训》，《家语·辨乐篇》，所载皆同。由此推之，《世家》采《论语·述而篇》"子在齐闻韶"之文，加"学之"二字，也是可信的。由此可以想见孔子对音乐曾下过一番功夫。又《孔子世家》在"孔子学鼓琴于师襄"下，更详细记载他学习进度的情形说：

孔子学鼓琴于师襄，十日不进。师襄子曰，可以益矣。孔子曰，丘已习其曲矣，未得其数也。有间曰，已习其数，可以益矣。孔子曰，丘未得其志也。有间曰，已习其志，可以益矣。孔子曰，丘未得其人也。有间曰，有所穆然深思焉；有所怡然高望而远志焉。曰，丘得其为人，黯然而黑，几然而长，眼如望羊，如王四国，非文王其孰能为此也。

按"曲"与"数"，是技术上的问题。"志"是形成一个乐章的精神；"人"是呈现某一精神的人格主体。孔子对音乐的学习，是要由技术以深入于技术后面的精神，更进而要把握到此精神具有者的具体人格，这正可以看出一个伟大艺术家的艺术活动的过程。对乐章后面的人格的把握，即是孔子自己人格向音乐中的沉浸、融合。《论语·宪问篇》："子击磬于卫，有荷蒉而过门者曰，有心哉，击磬乎！"此一荷蒉的人，是从孔子的磬声中，领会到了孔子"吾非斯人之徒与而谁与"（《论语·微子》）的悲愿。由此可知，当孔子击磬时，他的人格是与磬声融为一体的。又《世家》载孔子被困于陈蔡之野的故事，而谓"孔子讲诵弦歌不衰"；此故事分见于《庄子》的《山木》《让王》两篇，此两篇之作者并非一人，则此故事乃出自先秦传承之旧，当为可信。在危难之际，以音乐为精神安息之地，则其平时的音乐生活，可想而知。歌是音乐活动中最重要的一部分。《论语·述而》"子于是日哭，则不歌"，由此可知其在"是日哭"以外，都会唱歌的。《礼记·檀弓》记孔子于将死之前，犹有泰山、梁木之歌。并且他对于歌，也如对于一般的学问一样，是随地得师，终身学习不倦的；这由"子与人歌而善，则必反之，而后和之"（《论语·述而》）的话，可以得到证明。

歌的主要内容可能即是诗,诗在当时是与乐不分的。孔子的诗教,亦即孔子的乐教。《史记·孔子世家》引《论语·述而》"子所雅言,诗书执礼"之言,而稍加以变通地说"孔子以《诗》《书》《礼》《乐》教",于是一直到战国之末,《诗》《书》《礼》《乐》,成为公认的儒家教典。

因为乐教对孔子个人及他的学生,都居于非常重要的地位,所以他曾和当时的乐人,不断有交往。这由《论语·八佾》"子语鲁太师乐曰"一章,及《卫灵公》"师冕见,及阶,子曰,阶也"一章,可以得到证明。《微子》"大师挚适齐,亚饭干适楚"一章,必系孔子对于鲁国这七位乐人的风流云散,发出了深重的叹息,所以他的学生才这样把叮咛郑重地记下来。

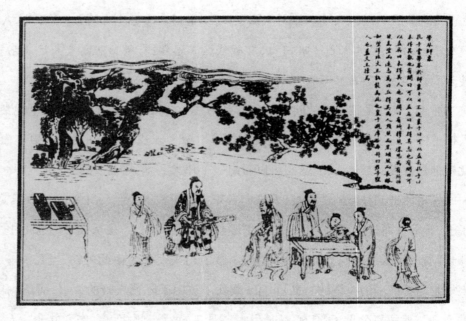

学琴师襄

孔子对音乐的欣赏,《论语》上有下面的记载:

子在齐闻韶,三月不知肉味,曰,不图为乐之至于斯也。(《述而》)

子曰,《关雎》乐而不淫,哀而不伤。(《八佾》)

子语鲁太师乐曰:乐其可知也。始作,翕如也。从之,纯如也,皦如也,绎如也,以成。(《八佾》)

子曰,师挚之始,《关雎》之乱,洋洋乎盈耳哉。(《泰伯》)

孔子不仅欣赏音乐,而且曾对音乐做了一番重要的整理工作。所以他说,"吾自卫反鲁,然后乐正,雅颂各得其所"(《子罕》);这使诗与乐,得到了它原有的配合、统一。《史记·孔子世家》说"三百〇五篇,孔子皆弦歌之,以求合韶、武、雅、颂之音,礼乐自此可得而述",这种陈述也是可信的。

孔子不但在个人教养上非常重视乐,并且在政治上也继承古代的传承,同样地加以重视;这只看《论语》下面的记载,便可了解:

子之武城,闻弦歌之声。夫子莞尔而笑曰:"割鸡焉用牛刀?"子游曰:"昔者偃也闻诸夫子曰:君子学道则爱人,小人学道则易使也。"子曰:"二三子,偃之言是也。前言戏之尔。"(《阳货》)

"弦歌之声",是以乐为中心的教育。此处的"君子""小人",是就社会上的地位来分的。在这一段话里暗示了三种意思:一是弦歌之声即是"学道",二是弦歌之声下逮于"小人",即是下逮于一般的百姓。三是弦歌之声,可以达到合理的政治要求。这是孔门把它所传承的古代政治理想,在武城这个小地方加以实验,所以孔子特别显得高兴。而孔子答"颜渊问为邦",也特举出"乐则韶舞",并将"放郑声"与"远佞人"并重(《卫灵公》),这也可以反映出乐在孔门的政治理想中的重要性,亦即是艺术在政治理想中的重要性。

第八节　礼乐与人生

杜维明

杜维明(1940~),祖籍广东南海,国际汉学界和当代新儒家的代表,其研究以中国儒家传统的现代转化为中心。探讨人自身的发展与完善是《论语》的重要内容之一。《诗》启发心智,"礼"规范行为,"乐"陶冶性情,三者是修养的不同阶段。作者指出,学《诗》标志着迈向自我修养实现之路的第一步，"礼"是一个成熟之人的品质借以建立起来的结构和活动，而和谐完美的"乐"则是使人的"七情"臻于完美之境的重要因素。作者更着重论述了作为人性化过程的礼实质上包含着人类文化的所有方面，并分析了礼的他人性与内在性。这些论说为我们深入了解先秦礼乐文化的特性提供了参考。

一、兴于诗立于礼

认为少、壮、老是成人三个不可分割层面的思想，与孔子所谓一个完全发展了的人，首应兴于诗，然后立于"礼"，最终成于"乐"的思想是合节的（《论语·泰伯》）。把成人的变化过程看作是一段从"诗"到"乐"的接连不断"礼仪化"的过程，这或许不是太牵强的吧！

可以这么说，诗意的境界象征着已发展了内在方向感的青年人所具有的热切和激动，用专门的术语来表示这种承诺就叫作"立志"。"立志"按其字面的意思就是"建立自己的志向"，必须要有一个存在的决断，不仅是作为开端而且也是作为持续不断实践的保证，在儒家的文献中这看法被认为是理所当然的。因而，孔子坚决主张"不愤不启，不悱不发"（《论语·述而》）。严格说来，除非一个青年人自觉地去履道，否则就没有一个教师能强迫他去追求道。由于完全意识到特别是在青年人中"未见好德如好色者也"（《论语·子罕》），所以孔子建议以学诗来引导人们协调他们的基本感情。他认为古典传统中的"诗"除了其他一些作用外，还"可以兴""可以观""可以群""可以怨"。孔子进一步指出，如仔细研读诗，不仅可以学会"迩之事父，远之事君"，而且还能学到有关自然现象诸如鸟兽草木等知识（《论语·阳货》）。反之，若不学诗就会"其犹正墙面而立也与？"（《论语·阳货》）这样他就简直不能向自我修养实现的方向迈出步履。学诗标志着履道的第一步，且是关键性的一步。

同样地，象征着成年时期的"礼"既是结构，也是一个活动，正依于这个结构和活动，一个成熟之人的品质才得以建立起来。像诗的传统一样，"礼"也有一套高度整合的礼义规则。为了成为一个真正的社会参与者，青年人必须学习社会上已习以为常的准则。如同诗一样,"礼"调和及导引人们的感情,使这些感情的表达符合社会认可的模式。因为从儒家的观点看来,一个人总是关系的中心而非自身圆足并可与他人分离的个体,因此他在与人发生关系的脉络中借以表现自身的结构和活动,成了界定他人性的特征。这样构思的礼仪,绝非消除人性的工具,相反地,是学习成为人类一分子的必要途径。然而,孔子指定的先后次序,清楚地显示"礼"本身也必须是以人的感情为基础的,"人而不仁,如礼何?"(《论语·八佾》)。理想上,礼仪化应完全与人性化一致。并且"礼"不应被认为是社会强加于人性之上的东西,而应被看作是根据清晰表达之文化价值所创造出来的人性精品。或许正是在这个意义上孔子强调只有借着"礼",那些呈显基本德性的人类感情才能适当地表达出来:

> 恭而无礼则劳,慎而无礼则葸,勇而无礼则乱,直而无礼则绞。(《论语·泰伯》)

也正是基于此,孔子认为他才能与子夏讨论诗的真实含义,因为子夏已经认识到"绘事后素"的道理,同样地,"礼"对于诗说也是后起的。(《论语·八佾》)

二、乐

如果说"礼"规范着我们的形体,那么,"乐"(六艺之中的第二项内容)则是期望形体达到和谐,从而以井然有序的形式表现出我们与生活韵律相一致的艺术。在儒家的教育思想中,音乐的重要性是不容忽视的。乐与礼同作为象征文明的范式,也是学做人的必由之路。既然所有真正的音乐都被视为是人心所产生的,那么,音乐就能够将身体的活动调整到内在自我的完美表现状态。在儒家文献中,不单是宫廷舞蹈家的表演,而且文人的举止也都被认为是优美韵律的显现。从沉重的石钟敲击到轻柔的琵琶弹奏,各种乐器所产生的奇妙音响,激发了我们与之相通的"七情",从而使它们进入完美的境界。

一个人学习弹奏琵琶或吟唱抒情歌曲,并不单单是为了与他人建立情感上的联系,或许更重要的是为了体验人与自然之间的内在共鸣。我们所听到的美妙音乐,远不是在我们的感觉中仅留下短暂的印象,而是为我们提供了一种永恒的德行的意境。音乐作为天地之和谐的体现,它引导我们遵循着天地间的基本秩序。乐——和谐完美的乐,而不是郑国的靡靡之音——能够使人的身体进入到一种美的显现的境地。正如《论语》所指出的,听过韶乐的孔子便沉浸于一种极乐状态之中,居然整整三个月都不察觉肉食的滋味。

三、作为人性化过程的礼

具体地来说,作为人性化过程的"礼"表现为四个发展阶段,即一修身,二齐家,三治国,四平天下。应该强调指出,这四个发展阶段不能被认为是直线式的。要齐家,人们首先要修身;要平天下,人们首先要治国等等,当然这些都是正确的。但是,我们或许也可以这样说修身必然地要导致齐家,因为在儒家学说的脉络内,认为自我修养可以离开人际关系而独立进行是不可思议的。因为家庭关系为人际关系的基本的层面,是自我修养的一个必要的部分。从最终发展的观点来看,自我修养也必然地要导致平天下。事实上,除非自我修养最终导致平天下,那么它就不算是充分地表现了。因此,从实际的观点来看,自我修养是一个延伸的渐进含摄过程。

我们运用类推法就可以知道齐家一方面是自我修养更富含摄性的表现,另一方面它又是治理国事必要的一面。因为完成齐家的任务最终必须平天下。这样在儒学的理想中自我修养导致了宇宙的和谐,反过来说宇宙和谐实际根基却在于每一个人生活的修养。但作为一个具体的渐进的含摄过程,自我修养却不能不顾齐家或治国。那种认为人们可以以某种方法超越齐家或治国而导致全宇宙和谐的想法是同儒家的思路背道而驰的。

孟子抨击墨子的"兼爱"说就是这样一个例证。孟子认为使人的基本价值承诺普遍化并非必要,问题是如何借具体的步骤使这种需要能够普遍地表现出来。由于提倡"兼爱",墨子没有考虑到人的现实面;父子之间真挚的感情是一个我们经常遇到的事实。不顾及具体的人类处境而建立"兼爱"这样抽象的原则就是忽视人的生存脉络,而正是在这样的生存脉络中他的理想才能得以实现。因此,儒者坚信博爱的实现必须以一个具体渐进的含摄过程作为起点。

这个含摄过程的特征,是以意识到既定的结构,同时以超越任何有限的既定形式为其途径。这一过程必须以个人作为它的出发点,但完全的自我修养却蕴含着对整个宇宙的含摄。实际上,个人所处的结构必然是他的自我实现中不可少的组成部分,但是对他而言要完全地发展自己,他就必须超越任何既定结构的狭隘观点,像自我中心主义、族阀主义、民族中心主义及人类中心主义等。理想上说,人所处的结构正如同宇宙一样也是含摄一切的。用常见的表达方式来说,就是人的真实存在是"无所不包"的。然而,在发展的某一特定时刻,对个人来说认识到他的精神和肉体的"位置"是很重要的。这样,"礼"牵涉到的不仅是一个既定的结构,且是使人们超越任何有限的限制之形式的方法(动态的过程)。

描述性地说,"礼"呈现出一个整合了人格、家庭、国家、天下这四者的形式。这样"礼"作为一个可理解的概念就包含着关于个人行动、社会关系、政治组织及宗教行为的种种礼仪。它实质上包含着人类文化的所有方面:心理的、社会的和宗教的方面。在儒家学说的脉络内,一个人如不经过"礼仪化"的过程而能成为一个真正的人,这是不可想象的。而这个礼仪化在这里即是人性化。对现存的有关"礼"的历史文献作一概观,就足以显示在儒学传统中礼仪化与人性化其实同指一事。如《周礼》《礼记》及在清朝才编辑成的《五礼通考》等著作都包含有众多不同性质的礼仪,因此理解这些礼仪的范围的唯一方法就是把它们看作是儒家观点中人类文化的缩影。像孔子时代所使用的夏礼、殷礼或周礼等这些术语,我们也应把它们看作是指涉夏、商、周文化传统的一般概念。根据现在讨论的角度来看,《礼记》中著名的《礼运》篇被认为是以"大同"的理想代表着人类文化的最高成果。

四、礼的他人性与内在性

自身与他人发生联系就是"礼"的深层结构。当一个人没有任何东西可与其发生关系时,"礼"的问题就不会产生。在"礼"的实现中,他人具有首要地位在"恭敬之心,礼也"(《孟子·告子上》)的思想中得到最好的说明。除了自我陶醉的极端形式外,这种

"恭敬之心"是以被恭敬的某物或某人的存在为前提的,一个人不同别人往来而具有这种感情是完全不可能的。《论语》中有这样的一句"礼之用,和为贵"(《论语·学而》),可以想象,这里的"和"意味着与自身的协调,这样他就能以一种平和的心境来履行"礼"了。但只要"礼"是人的内在感情的表现,那么不可否认,"礼"也就包含着与他人相往来的行为。

如果我们坚持客体(这个客体是处于自我的)是"礼"的结构所固有的,这个思想是否必然要同孟子把"礼"看成根于人心而非外烁的思想相牴牾呢? 注重"礼"的他性,我

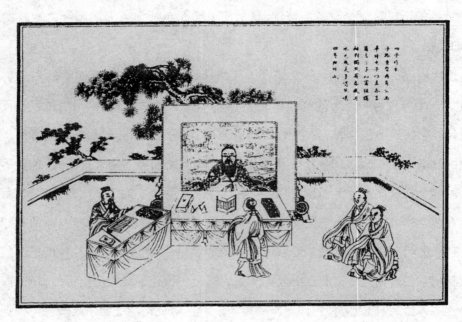

四子侍坐

们岂不是犯了把"礼"归属于一系列外在原则之下的错误吗? 我们将怎么样解释这种明显的不一致的现象呢? 根据孔子的观点,人的自我实现的最终基础存在于他自己的本性之中,然而他要获致自己人格的真实性,他必须经历一个自我转化的过程。这样的过程所包含的不仅是本能要求的升华。与禁欲主义大不相同,儒学认为自我转化必须在人际关系的脉络中才能得到表现。然而它并未采取社会价值内在化形式。从儒学观点来看,人的真实性不是由社会规范所决定的。事实上,人如不加区别地让自己臣属于社会的限制之下,那他就不能是真实的。应该顺便指出,在《论语》中,"乡愿"即遵从习俗并装出

一副有道德外貌的人，与君子代表的理想人格是格格不入的。

从更深层的意义上说，儒学的自我转化不是以孤立的自我压抑及集体的社会制裁为基础的，它的基础却在这两者之间。如果我们遵循这一思想路线，那么成圣之道应是介于精神的个人主义及伦理的社会主义之间的"狭窄的山脊"。然而我的企图不过是要指出，儒学的方法不是削弱了社会的集体性，也不是削弱了个体的自我。实际上，针对这一课题来说，儒学中的主要问题从未被认为是"非此即彼"的命题，而毋宁说是认为一个真实的人对于自身的个体性及社会性都是真诚的。孔子本人的人格就是这样的范例。他实现内在自我的专一努力表现在他净化自我那些虚假表现的能力之中："子绝四。毋意，毋必，毋固，毋我。"（《论语·子罕》）另一方面，他对自我修养的关注从未阻止他经常地献身于社会，"鸟兽不可与同群，吾非斯人之徒与，而谁与？天下有道，丘不与易也"（《微子》）。

作为一个道德的乐观主义者，孔子愉悦地在自我隔绝的岩礁和社会强制的漩涡之间平稳前进，如我们有这样的看法，当然是会引起误解的。确实，孔子曾明白地宣称："仁远乎哉？我欲仁，斯仁至矣。"（《述而》）但只是在他达到七十高龄的时候，他才能自信地声称自己从心所欲而不逾越道德原则。这种把天真的自发性与道德的责任感融为一体的能力是以意识到他人的存在为前提的，而这种能力是在漫长的、持续的自我修养的过程中培养起来的。然而，从人际关系着眼，这个"他人"象征着一条具体的道路，通过这条具体的道路真实的自我才能展现出来。在理想中，如果能对用二分法来体察自我与社会之间的关系的途径做一基本改变，那么自我隔绝和社会强制的危险就能够消除。从实际的观点来看，这一变化的根源既不完全在自我自身也不完全在社会自身，而必须在这两者之中并且也只有在这两者之"间"去寻找。

孟子坚决主张"义"及"礼"的内在性，实质上是认为人的道德内在性是自我实现的必要条件，不能化约为一套外在的力量。不管多么精巧地把社会价值强加到个人身上，如果一个人没有自己的内在决断，那么他所能得到的最好的结局也不过是一个使人联想起如同"乡愿"般的消极顺从。因此，孟子的看法并不排斥这种认识，即他体的存在，特别是在人际关系形式中，他体的存在是人努力取得自己人格真实性的一个不可缺少的组成部分。孟子说"礼"是人心所固有的，并非意指礼的实现所需要的只不过是内省式的自我修持。"礼"的问题"若火之始然，泉之始达"（《孟子·公孙丑上》），它的根源在于人的心灵的自然感情。但如果这种"礼"的原理寓于其中的感情得不到发展，那么它将最终消失殆尽。像火或泉水一样，"礼"是种活动，是一个持续的扩充的过程。（节选自杜维明文集《一阳来复》，上海文艺出版社，1997年。）